本书由"中央高校基本科研业务费专项资金"资助

华侨大学 哲学社会科学文库·法学系列

"一带一路"倡议下
竞争法区域合作机制研究

RESEARCH ON REGIONAL COOPERATION REGIME OF
COMPETITION LAW UNDER "THE BELT AND ROAD" INITIATIVE

骆旭旭　著

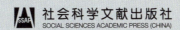

社会科学文献出版社
SOCIAL SCIENCES ACADEMIC PRESS (CHINA)

构建原创性学术平台　打造新时代精品力作

——《华侨大学哲学社会科学文库》总序

　　习近平总书记在哲学社会科学工作座谈会上提出："哲学社会科学是人们认识世界、改造世界的重要工具，是推动历史发展和社会进步的重要力量。"中国特色社会主义建设已经进入新时代，我国社会的主要矛盾已经发生变化，要把握这一变化的新特点，将党的十九大描绘的决胜全面建成小康社会、夺取新时代中国特色社会主义伟大胜利的宏伟蓝图变为现实，迫切需要哲学社会科学的发展和支撑，需要加快构建中国特色哲学社会科学。当前我国的哲学社会科学事业已经进入大繁荣大发展时期，党和国家对哲学社会科学事业的投入不断增加，伴随我国社会的转型、经济的高质量发展，对于哲学社会科学优秀成果的需求也日益增长，可以说，当代的哲学社会科学研究迎来了前所未有的发展机遇与挑战。

　　构建中国特色哲学社会科学，必须以习近平新时代中国特色社会主义思想为指导，坚持"以人民为中心"的根本立场，围绕我国和世界面临的重大理论和现实问题，努力打造体现中国特色、中国风格、中国气派的哲学社会科学精品力作，提升中华文化软实力。要推出具有时代价值和中国特色的优秀作品，必须发挥广大学者的主体作用，必须为哲学社会科学工作者提供广阔的发展平台。今天，这样一个广阔的发展平台正在被搭建起来。

　　华侨大学是我国著名的华侨高等学府，多年来始终坚持走内涵发展、特色发展之路，注重发挥比较优势，在为侨服务、传播中华文化的过程中，形成了深厚的人文底蕴和独特的发展模式。新时代，我校审时度势，积极融入构建中国特色哲学社会科学的伟大事业中，努力为学者发挥创造力、打造精品力作提供优质平台，一大批优秀成果得以涌现。依托侨校的天然优势，以"为侨服务、传播中华文化"为宗旨，华侨大学积极承担涉侨研究，努力打造具有侨校特色的新型智库，在海外华文教育、侨务理论与政策、侨务公共外交、华商研究、海上丝绸之路研究、东南亚国别与区域研究、海外宗教文化研究等诸多领域形成具有特色的研究方向，推出了以《华侨华人蓝皮书：华侨华人研究报告》《世界华文教育年鉴》《泰国蓝皮书：泰国研究报告》《海丝蓝皮书：21世纪海上丝绸之路研究报告》等为代表的一系列标志性成果。

围绕党和国家加快构建中国特色哲学社会科学、繁荣哲学社会科学的重大历史任务，华侨大学颁布实施"华侨大学哲学社会科学繁荣计划"，作为学校哲学社会科学的行动纲领和大平台，切实推进和保障了学校哲学社会科学事业的繁荣发展。"华侨大学哲学社会科学学术著作专项资助计划"是"华侨大学哲学社会科学繁荣计划"的子计划，旨在产出一批在国内外有较大影响力的高水平原创性研究成果。作为此资助计划的重要成果——《华侨大学哲学社会科学文库》已推出一批具有相当学术参考价值的学术著作。这些著作凝聚着华侨大学人文学者的心力与智慧，充分体现了他们多年围绕重大理论与现实问题进行的研判与思考，得到同行学术共同体的认可和好评，其社会影响力逐渐显现。

《华侨大学哲学社会科学文库》丛书按学科划分为哲学、法学、经济学、管理学、文学、历史学、艺术学、教育学8个系列，内容涵盖马克思主义理论、哲学、法学、应用经济、国际政治、华商研究、旅游管理、依法治国、中华文化研究、海外华文教育、"一带一路"等基础理论与特色研究，其选题紧扣时代问题和人民需求，致力于解决新时代面临的新问题、新困境，其成果直接或间接服务于国家侨务事业和经济社会发展，服务于国家华文教育事业与中华文化软实力的提升。可以说，该文库是华侨大学展示自身哲学社会科学研究力、创造力、价值引领力的原创学术平台。

"华侨大学哲学社会科学繁荣计划"的实施成效显著，学校的文科整体实力明显提升，一大批高水平研究成果相继问世。凝结着华侨大学学者智慧的《华侨大学哲学社会科学文库》丛书的继续出版，必将鼓励更多的哲学社会科学工作者尤其是青年教师勇攀学术高峰，努力打造更多的造福于国家与人民的精品力作。

最后，让我们共同期待更多的优秀作品在《华侨大学哲学社会科学文库》这一优质平台上出版，为新时代决胜全面建成小康社会、开启全面建设社会主义现代化国家新征程作出更大的贡献。

我们将以更大的决心、更宽广的视野、更精心的设计、更有效的措施、更优质的服务，加快华侨大学哲学社会科学的繁荣发展，更好地履行"两个面向"的办学使命，早日将华侨大学建成特色鲜明、海内外著名的高水平大学！

华侨大学校长　徐西鹏

2018 年 11 月 22 日

摘　要

随着通信、人工智能和交通技术的发展，国家间的经济交流增多，形成全球市场是必然发展趋势。但是，全球市场的形成并非一蹴而就的直线过程，而是双边、区域性和多边的多层次的发展进程。2008年金融海啸以及之后的新冠疫情深刻影响了国际格局，国际经济形势日益复杂和严峻，国际多边主义和市场化进程受阻，单边主义和"逆全球化"趋势抬头。与此相对应，地缘政治的区域经济一体化成为国际经济一体化的主要推进形式。全球市场的形成，要求市场竞争机制成为国际社会资源配置的基础手段。但是，跨国垄断问题以及随之而来的竞争法域外适用法律冲突却降低了全球市场机制的配置效率。国际竞争法合作机制是解决经济全球化带来的国际垄断问题、减少竞争法冲突的国际制度安排。

为了摆脱市场垄断困境，国际社会从第二次世界大战后就尝试构建国际多边竞争法机制，但迄今尚未成功。与此相对应，晚近的区域经济一体化安排纳入竞争议题，这成为构建国际竞争法合作机制的主要路径。上述现象引发以下问题：第一，国际社会是否需要构建国际竞争法合作机制？为何迄今国际多边竞争法合作机制的创建皆未能成功？第二，竞争法区域合作机制与竞争法多边合作机制的关系如何？第三，竞争法区域合作机制的现状、演变和发展路径如何？其有无理论解释？第四，"一带一路"倡议下，我国应在区域经济一体化协议中倡导构建何种模式的竞争法合作机制？

本书立足于法学、国际关系学和经济学理论对竞争法区域合作机制的构建现状和发展趋势进行研究，并为我国"一带一路"倡议下自由贸易协定的竞争法合作机制的完善提出建议。绪论提出问题，介绍本书的研究方法，界定"区域经济一体化""国际竞争法合作机制"等主要概念。第一章论证国际竞争法合作机制的制度需求，也就是国际社会需要构建国际竞争法机制的原因。第二章分析构建国际竞争法机制的路径选择。第三章分类实证研究区域竞争法机制的现状和发展趋势。第四章对竞争法区域合作机制进行模式概括和理论解释。第五章研究我国区域经济一体化协议中的竞争法合作机制，重点分析和研究"一带一路"倡议下我国自由贸易协定竞争条款的演进与发展。

全球化和地缘经济背景下，我国积极推进区域经济一体化进程，特别是签订"一带一路"倡议下的自由贸易协定。截至2022年，我国已经初步构建了以周边国家为重点，以"一带一路"为核心，遍布全球的自由贸易区网络。实证研究发现，我国与共建"一带一路"国家的自由贸易协定竞争合作条款仍相对简单。我国应进一步完善自由贸易协定的竞争条款，提高竞争文化倡导能力，并进一步完善我国与共建"一带一路"国家的竞争法合作机制。

关键词：区域经济一体化　竞争法合作机制　自由贸易协定　"一带一路"倡议

目　录

绪　论 …………………………………………………………………… 1

第一章　国际经济法律自由化与国际竞争法机制 …………… 12

　　第一节　国际经济法律自由化与国际垄断问题 …………… 14

　　第二节　困境的出路：国际市场需要国际竞争法机制 ……… 28

第二章　构建国际竞争法机制的路径选择 ………………… 49

　　第一节　构建国际多边竞争法机制的尝试及失败 ………… 50

　　第二节　国际竞争法机制的路径选择

　　　　　　——从区域竞争法机制到国际多边竞争法机制 ……… 81

第三章　竞争法区域合作机制的实证考察 ………………… 99

　　第一节　北北型区域经济一体化的竞争法机制 …………… 100

　　第二节　南北型区域经济一体化的竞争法机制 …………… 124

　　第三节　南南型区域经济一体化的竞争法机制 …………… 160

　　第四节　晚近自由贸易协定的竞争法机制实证考察 ……… 190

第四章　竞争法区域合作机制的模式及理论解释 ………… 202

　　第一节　经济宪政模式的竞争法区域合作机制 …………… 203

　　第二节　硬法模式的竞争法区域合作机制 ………………… 214

　　第三节　软法模式的竞争法区域合作机制 ………………… 222

　　第四节　竞争文化协调模式的竞争法区域合作机制 ……… 232

第五节 竞争法区域合作机制的模式选择及演变……………… 241

第五章 "一带一路"倡议下自由贸易协定的竞争法合作机制 …… 256
第一节 "一带一路"倡议及自由贸易区战略 ……………… 257
第二节 "一带一路"倡议下自由贸易协定的竞争条款 ……… 267

参考文献…………………………………………………………… 289

绪　论

一　选题的背景及意义

随着全球化的推进和市场经济的全球化扩展，新自由主义理论成为席卷全球的强势话语之一。新自由主义理论秉承着古典自由主义"看不见的手"的观点，高举"自由、竞争"的大旗，将自由市场视为资源配置的最佳手段。1998 年的诺贝尔经济学奖得主阿马蒂亚·森认为市场竞争不仅仅是市场资源的最佳配置方式，更是人们交往的最佳方式。森认为："应自由看待发展的视角，应重视市场中的交易自由与竞争自由，并不仅是由于这类自由促进了有利的后果，而是因为交易自由本身就是人们在市场经济中基本的交往方式。"[①] 在自由主义的强势话语推动下，自由竞争成为全球市场经济一体化发展背景下的主要资源配置方式。但自由与竞争的光环，并不能掩盖私人经济权利的滥用。正如格伯尔教授认为："在西方文明中，竞争一直既是上帝又是魔鬼。它许诺并提供了财富与经济进步；它也改变财富的分配，动摇共同体的根基，向道德规范发起挑战。"因此，在提倡自由、竞争的过程中，"出现了一种强有力的观念，即制定一部保护竞争过程使其不受限制和歪曲的一般性法律"。在这种观念下，竞争法逐渐成为欧洲大多数国家和美国的法律及经济秩序的核心内容。[②]

[①] 阿马蒂亚·森：《以自由看待发展》，任赜、于真译，中国人民大学出版社，2002，第 7 页。

[②] 戴维·J. 格伯尔：《二十世纪欧洲的法律与竞争：捍卫普罗米修斯》，冯克利、魏志梅译，中国社会科学出版社，2004，第 1 页。

受到这种理念的影响，主权国家纷纷出台国内竞争法以保护本国的国内市场竞争秩序。因此，全球化将国内市场扩展成国际市场之后，相应也诞生了这样一种观念：国际社会同样需要建立完善的国际竞争法机制，以保护国际市场的自由竞争秩序。早在第二次世界大战（以下简称"二战"）结束初期，创建国际贸易组织（International Trade Organization）的《哈瓦那宪章》（Havana Charter）就包含了规制限制竞争行为的国际竞争规则。但是，《哈瓦那宪章》的难产导致二战后的国际经济法体系中没有专门的国际竞争规则。事实上，这一时期国际经济自由化出现的主要问题聚焦于降低关税壁垒、稳定汇率以及促进国际自由贸易，国际竞争规则的缺位并未引起国际社会的太多关注。《关税与贸易总协定》（General Agreement on Tariffs and Trade，以下简称《关贸总协定》或 GATT）作为一个临时适用的协定，经过了八个回合的贸易谈判，大幅度降低和削减了关税壁垒与非关税壁垒，大幅度提高了国际经济自由化程度。在此背景下，私人限制竞争行为对国际经济自由化的阻碍及各国竞争法域外适用的冲突问题越来越成为必须解决的问题。基于此，20 世纪 90 年代初，国际竞争议题在乌拉圭回合谈判中再一次被提上国际谈判的议程。

秩序自由主义学者认为，国际社会有必要进行经济立宪，而经济立宪的法律表现之一就是建立一个强有力的国际竞争法机制。[①] 在这种理论的影响下，GATT 的一些缔约方提出在乌拉圭回合谈判中进行竞争议题谈判的建议。虽然 1995 年达成的世界贸易组织（World Trade Organization，WTO）最终文本并没有采纳这些学者及缔约方的建议，没有将竞争议题作为诸边协定议题列入 WTO 的文本，但是，在随后召开的 WTO 第一届部长级会议——新加坡会议上，竞争议题被 WTO 列为四个需要研究的新议题之一。这在一定程度上体现了 WTO 对构建国际竞争法机制的建议的积极反馈。不过，一方面，随着议题谈判的逐步深入，议题谈判的难度逐

---

① 有关国际竞争法机制与国际经济立宪的观点，See Robert D. Andersono, "International Cooperation in Competition Policy: Approaches Currently Under Consideration in the WTO," *International and Comparative Competition Laws and Policies* 1(2001): 220; Eleanor M. Fox, "Antitrust in Global Environment: Harmonization of Law and Procedures in a Globalized World," *Antitrust Law Journal* 2(1991): 12。

步增大；另一方面，乌拉圭回合谈判中发展中国家与发达国家之间在新议题上的权益得失不平衡，这引起了发展中国家对 WTO 新议题的担心和不信任。① 在这种背景下，WTO 成立后的新议题谈判显得困难重重，多次部长级会议均未有进展。2006 年 7 月 24 日，WTO 总干事帕斯卡尔·拉米主持召开贸易谈判委员会非正式会议，建议中止多哈回合谈判。拉米表示，由于缺乏政治意愿，主要谈判方立场分歧巨大，23 日在日内瓦举行的欧盟、美国、印度、巴西、日本、澳大利亚六方磋商未能就农业和非农谈判模式达成一致，谈判已陷入危机，无法实现 2006 年底结束谈判的目标；拉米提议无限期中止所有议题的谈判，在谈判中止期间，各方应认真反思各自的谈判立场，待时机成熟时再考虑恢复谈判。在坎昆会议上，WTO 更是正式宣布放弃进行关于竞争议题谈判可行性的研究。

2008 年国际金融海啸以后，国际经济政治格局发生重大变化。特别是 2019 年突如其来的新冠疫情，给动荡的世界经济带来更大的不确定性。美国特朗普政府试图通过多种方式压制中国的崛起，实行"美国优先"的经济政策。其中，杯葛世界贸易组织（以下简称"世贸组织"）的争端解决机制、退出世界卫生组织等多边机制是美国试图重构"国际秩序"所采取的措施。虽然拜登政府上台后，重申加入国际社会、支持 WTO 的观点，但是，美国仍在多个场合强调，WTO 必须进行充分改革是美国不变的立场。② 作为超级大国，美国的"退群"行为给世界贸易组织本已暗淡的谈判进程再蒙上一层不确定性。

与世界经济一体化谈判受阻相反，在 WTO 成立以后，兴起了新一轮的区域经济一体化的浪潮。在这新一轮区域经济一体化浪潮中，很多新的区域（双边）协定的积极带头者，不仅有发达国家和国家集团（如美国、澳大利亚、日本、欧盟），也有发展中国家（如墨西哥、智利）；不但有大经济体（如美国、欧盟、日本），也有小经济体（如新加坡、以色列、泰国、墨西哥、东盟）。坎昆会议刚落幕，欧盟、美国等发达经济体便积

---

① 王衡：《WTO 框架下竞争规制研究：现状与未来——兼评我国应有对策》，《社会科学研究》2006 年第 5 期。

② 王联合、张翔：《美国与世界贸易组织改革：战略考量与潜在影响》，《复旦国际关系评论》2020 年第 1 期。

极推进与亚洲国家（如新加坡）、拉美国家（如巴西、乌拉圭）、中东欧国家、地中海国家、非洲国家签订高水平的区域经济一体化协议。① 在欧美大国的示范带动下，发展中国家积极地参与，主要通过南南合作与南北合作两种方式进行双边和区域合作，从而形成了"西边不亮东边亮"，区域经济合作成为地缘政治经济合作主要方式的国际浪潮。与国际多边合作相比较，区域经济一体化合作程度更高，合作议题范围更广。特别是 2008 年金融海啸以后，巨型区域自由贸易协定如《全面与进步跨太平洋伙伴关系协定》（CPTPP）、《美墨加协定》（USMCA）、《区域全面经济伙伴关系协定》（RCEP）等涌现，区域经济一体化协议的国际造法功能进一步凸显。这些巨型区域经济一体化协议已根据相应区域的特点构建了竞争法区域合作机制，这种机制成为区域经济一体化安排中的一项重要制度。在这种国际趋势下，我国也积极作为，不断加快实施"双循环"新发展格局下的自由贸易区战略，构建"一带一路"倡议下的自由贸易区网络。

上述趋势和现象给国际社会和学术界提出了一系列亟须解答的理论问题：第一，百年未有之大变局的国际格局中，国际竞争法合作机制的制度需求和发展趋势如何？第二，为何区域自由贸易协定成为竞争法机制的主要国际造法平台，而非世界贸易组织？第三，自由贸易协定竞争法合作机制的演变和发展路径如何？如何从理论上解释这一路径？

基于中美"国际法"竞争的格局初现，区域贸易协定成为国际规则的主要谈判场所，为了促进我国经济更快速增长，维护我国的合法权益，我国积极参与和推进全球化和区域经济一体化进程。② 也就是说，目前我国的外贸战略重点已经包括作出符合我国外贸战略的区域经济一体化安排。在这种背景下，在"一带一路"倡议下，我国的区域经济一体化协议中的竞争条款现状如何？不同的自由贸易协定中的竞争条款应如何发展和完善？这些问题已经不仅仅是理论上的问题，而且有了实践的迫切需

---

① 周永生：《加快推进"中日韩自由贸易协定"谈判的机遇与挑战》，《东北亚论坛》2019 年第 6 期。

② 刘志云：《新时代中国在"国际法竞争"中的大国进路》，《法学评论》2020 年第 5 期。

求。只有对上述提出的一系列法律问题进行合理的论证及解释，才能为我国在"一带一路"倡议下的区域经济一体化实践提供理论指导。因此，本书采用学科交叉的研究方法，从法学、国际关系学、经济学多角度切入，试图解答上述一系列法律问题，并为我国"一带一路"倡议下区域经济一体化协议的竞争条款提出完善建议。

二　本书的研究思路与方法

本书的研究目的在于借助法学、国际关系学和经济学的理论，分析上述一系列关于国际竞争法机制的法律问题，并为我国构建"一带一路"倡议下竞争法区域合作机制提出完善建议。上述问题构成相互关联的问题链，并非分立的，而是相互联结、互为条件的。也就是说，第一个问题是第二个问题的前提，第二个问题又和第三个问题有密切的联系。因此，本书的研究思路是按照解答上述问题的顺序进行分析。

为了分析国际竞争法机制的法律问题，本书采用了多种研究方法。首先，历史研究方法。不懂制度的历史渊源，则无法把握制度的发展趋势。为了分析国际竞争法机制的发展趋势，本书先采用历史研究方法对国际经济法律的自由化发展过程和趋势，及国际社会与理论界关于构建国际竞争法机制的讨论进行梳理和分析。其次，实证比较分析方法。研究理论的前提是实践。为了把握区域经济一体化背景下的竞争法区域合作机制现状，本书将区域经济一体化协议划分为北北型、南北型和南南型三种主要类型，以文本分析和案例分析的方式实证研究三种类型的区域经济组织中的竞争法合作机制，并进行综合比较分析。最后，跨学科研究方法。科学研究过程中，学科之间的渗透与合作是科学发展的一个总趋势。法学研究也是如此，不能脱离社会和经济现实，或者说，"法学研究绝不可能在真空中进行"[①]。在这种趋势下，法学研究需要不断走出法学独立楼阁，借助其他学科的知识体系，解释法学的一些理论问题。为了更好地解释国际竞

---

① 舒国滢：《法理学学科的缘起和它在当代面临的问题》，载沈宗灵、罗玉中、张骐主编《法理学与比较法学论集——沈宗灵学术思想暨当代中国法理学的改革与发展》，北京大学出版社、广东高等教育出版社，2000，第919页。

争法合作机制背后的经济和社会基础，本书采用"科际整合"的多学科分析方法。借助国际关系理论和经济学理论，解释区域经济一体化下的国际竞争法合作机制的功能和制度演进。

尽管在一国范围内制定竞争法，维护国内市场的自由竞争已经成为一种实然的观点，但这种观点却不能因市场经济的全球化扩展而理所当然地扩展到全球范围，原因在于国内市场与国际市场存在一定"质"的差异。一方面，国内市场存在有权力等级的政府，而国际市场却仍处于"主权平等"的威斯特伐利亚体系的无政府状态。在主权平等的无政府国际体系中，各个国家的政策制定是相互独立、互不隶属的。① 因此，在"主权林立"的无政府状态下的国际社会，建立一种有序的、公正的、谋求共同利益的国际竞争法机制并非易事。② 另一方面，不同国家在国际竞争议题上的利益差异大，主权国家的竞争法实施历史、传统和文化也不同，国际社会构建统一的国际竞争法机制也存在意识形态方面的障碍。③

为了摆脱经济全球化带来的市场垄断困境，解决竞争法域外适用带来的主权国家制度冲突，国际社会和学术界提出构建国际多边竞争法机制的建议并进行尝试。根据制度经济学的理论，仅仅存在制度需求，并不必然导致制度的创建。国际竞争法机制的创建不仅取决于国际社会存在制度需求，而且，更重要的是，国际社会要有相应的制度供给的能力。④ 由于现阶段主权国家间的市场经济发展水平和竞争观念的差异很大，国际社会构建国际多边竞争法机制的尝试一直难以成功。

---

① 倪世雄：《当代西方国际关系理论》，复旦大学出版社，2001，第12页。
② 当然，主权国家在一定程度上或在一定条件下也可能基于共同利益思考问题。在这里，国际关系的理想主义者和现实主义者发生了分歧。理想主义者认为主权国家可以从国际社会的共同利益出发思考问题，而现实主义者认为主权国家为共同利益思考的出发点还是自身利益。事实上，笔者认为，虽然主权国家可以在一些共同利益问题上达成共识，构建国际机制，但是在无政府状态下的威斯特伐利亚体系中，以本国利益为出发点仍然是主权国家考虑问题的主要方式。See Genest Mar C. A., *Conflict and Cooperation*：*Evolving Theories of International Relations* (Harcourt Brace & Company, A Division of Thomson Learning, 1996), pp. 12 – 24.
③ 德雷克舍：《坎昆会议后的国际竞争政策：新加坡议题纳入多哈发展议程》，聂孝红译，载王晓晔主编《经济全球化下竞争法的新发展》，社会科学文献出版社，2005，第180~213页。
④ 卢现祥：《西方新制度经济学》，中国发展出版社，1996，第15页。

作为经济全球自由化的两种方式，区域经济一体化与经济全球化是世界经济发展的两大趋势。许多区域经济一体化组织已经构建了其本区域的竞争法合作机制。特别是晚近的自由贸易协定中，竞争议题俨然已经成为独立核心议题之一。从区域竞争法机制发展到国际多边竞争法机制是构建国际竞争法机制的可行途径之一。

实证研究发现，区域竞争法机制可以划分为四种不同模式：经济立宪模式、硬法模式、软法模式和竞争文化协调模式。采取何种模式是由区域经济一体化合作程度和区域竞争法观念的融合程度两个变量共同决定的。随着区域经济一体化合作程度不断加深，区域内主权国家的竞争观念相互融合，竞争法区域合作机制逐渐向合作强度大的模式演化变迁。

随着我国"一带一路"倡议的推进，区域经济一体化程度不断提高，我国区域贸易协定中的竞争法合作机制强度也应提高。目前，我国自由贸易协定的竞争条款仍偏简单，未能体现我国国际经济实践和国内反垄断法经验，我国应结合"一带一路"倡议下自由贸易协定的不同情况，完善我国区域贸易协定中的竞争条款，积极提出中国版本的"一带一路"倡议下竞争法区域合作机制。

三　相关问题及概念的界定

（一）区域经济一体化

地理学中的"区域"是指区别于邻近地区或其他地区的、在自然条件方面具有某些同质性的地理地区范围。在经济学领域中，"区域"这个词所代表的空间范围可大可小，可用于表示一国内部某一地域的经济活动，也可以视作两个或两个以上的经济体因某些经济共同特征或政治、文化的共同利益而联合在一起。经济学领域所指的"区域"不一定具有地理位置上相邻的特点。① 从晚近签订的区域经济一体化协议来看，不在邻近地区的两个国家签订国际经济协定形成区域一体化组织的现象不断增多。② 因此，本书所称的"区域"并不局限于地理位置临近，而是指两个

---

① Fritz Machlup, *A History of Thought in Economic Integration*(Columbia Press, 1977) , p. 2.

② 朱彤、蒋玲媛：《区域经济一体化的新浪潮特点和动因》，《国际问题研究》2005 年第 6 期。

或两个以上的经济体由于共同的利益通过法律制度联合在一起。

区域经济一体化同样存在广义和狭义的定义。狭义的定义是地缘相近的国家为了共同的利益让渡部分国家主权,联结成经济利益共同体的过程;而广义的定义不局限于地缘相近的国家,是两个或两个以上国家或地区为了实现共同经济利益,通过消除彼此间经济交往的制度差异、障碍或歧视性政策,并在对外贸易、投资、知识产权、金融等所有经济领域进行合作和政策协调,或实行一致的经济政策,甚至将这些领域内的部分或全部国家主权让渡给共同建立起的区域超国家机构,使区域内形成某种结合的国际性制度活动。这种国际性制度活动,既是一种状态,也是一个运行过程。区域经济一体化的贸易、投资、金融合作程度可能很紧密(如欧盟),也可能只是贸易自由化的松散联合。本书的"区域经济一体化"指广义的区域经济一体化。①

(二)国际机制、竞争法机制、国际竞争法机制

"机制"是 20 世纪 70 年代兴起的新自由制度主义国际机制理论的核心概念,源于 20 世纪 70 年代的国际政治经济学分析。关于国际

---

① 关于区域经济一体化的定义,有的学者认为,区域经济一体化是指若干国家联合成一个更大的经济体,在成员方之间保持特殊的关系。有的学者把区域经济一体化表述为整体内部各个部分的联盟,是利益相近的国家之间的联合,它包含着取消不同民族国家之间的歧视性措施,必然导致货物销售的自由市场以及资本、劳动统一市场的建立。有的学者认为,区域经济一体化是数个国家的货物、资本、劳务等生产要素的联合过程,通过一体化,成员方之间实行政策协调,采取措施加强它们之间的相互依赖,取得共同的好处。有的学者认为,区域经济一体化是指宏观经济政策的一体化和生产要素的自由移动以及成员方之间的自由贸易。有的学者认为,区域经济一体化是通过共同的商品市场、共同的生产要素市场促成生产要素价格的均等和自由流通以及成员方之间的自由贸易。有的学者认为,区域经济一体化是指一个消除国际贸易、收支和生产要素流动限制的过程,它必然导致的结果是,两个或两个以上的国家经济体联合成一个地区贸易组织。有的学者认为,一体化主要是经济发展水平相近的国家在国民经济问题上维持深刻的相互联系并开展分工的客观进程。它不仅涉及这些国家的对外经济交往领域,也不仅包括市场联系,而且渗透到物质生产领域,使这些国家再生产过程的相互联系越来越密切,各国民族经济紧密地结合起来,并建立区域性经济综合体。在这种情况下,为统治阶级利益服务的、指导着一体化发展方向的某些国家机构及跨国家机构起着积极的作用。关于区域经济一体化的定义,参见彼得·林德特、查尔斯·金德尔伯格《国际经济学》,上海译文出版社,1985,第 204 页;Richard Baldwin, Daniel Cohen, Ander Sapir, Anthony Venables, *Market Integration, Regionalism and the Global Economy* (Cambridge University Press, 1999), p. 12。

机制的性质，霍夫曼指出，其反映了国际关系学领域的新自由主义思潮，旨在将国际体系发展为国际机制；诸如透明度、责任性、一致性、可靠性、非武力，是其基本要素。① 目前学界最广泛接受的"机制"定义是斯蒂芬·克莱斯勒所提出的，即"机制可定义为特定国际关系领域的一整套明示或默示的原则、规范、规则以及决策程序。原则是关于事实、原因和公正的信念，规范是指以权利和义务方式确立的行为标准，规则是对行动特别的指示或禁止，决策程序是作出和应用集体选择的普遍实践"②。

法是反映统治阶级意志的，由国家制定或认可并以国家强制力保证实施的行为规范体系，它通过规定人们在相互关系中的权利和义务，确认、保护和发展对统治阶级有利的社会关系和社会秩序，是统治阶级实现阶级统治和社会管理的工具。③ 法本质上是由国家强制力保证实施的一系列原则、规则、制度的总称。

分析机制与法的定义，我们发现机制与法是相近的概念，只不过机制的范畴要远远大于严格意义上的法的范畴。但是在强制力比较薄弱的国际法领域，国际机制与国际法的联系更紧密。国际关系学者认为，被定义为"一系列原则、规则、规范以及决策程序"的国际机制实质上只是国际法的另一个名称而已。④ 刘志云博士在充分比较了国际法与国际机制的定义、特征及功能后，同样提出"国际机制与国际法紧密相连，两者实际是相同或相似的概念"⑤。

但是，机制与法在概念上还是存在一定区别的，即使是国际法与国际机制也是如此。国际机制的经典定义出自国际关系大师基欧汉和奈："相互依赖关系发生在调节行为体行为并控制其行为结构的规则、规范和程序

---

① 关于机制的定义，参见倪世雄《当代西方国际关系理论》，复旦大学出版社，2001，第368~372页；王杰主编《国际机制论》，新华出版社，2002，第76~92页。
② 有关鲁杰、基欧汉、克莱斯勒等人对国际机制的定义，See Robert O. Iceohane, "Cooperation and International Regime, "in Willimas et al. (eds.), *Classic Readings of International Relations*(Wadsworth, A Division of Thomson Learning, 1999), p. 292。
③ 沈宗灵：《法理学》（第三版），北京大学出版社，2009，第15页。
④ Craig J. Barker, *International Law and International Relations*(Continuum, 2000), p. 76.
⑤ 刘志云：《国际经济法律自由化的若干理论问题研究》，博士学位论文，厦门大学，2004。

的网络中，或受到该网络的影响。我们将对相互依赖关系产生影响的一系列控制性安排（governing arrangements）称为国际机制（international regimes）。"① 根据此定义，国际机制并不完全等同于国际法。国际机制的范围广于国际法，它不仅包括国际法，还包括组织设置、习惯做法等不能严格定义为国际法的制度性安排。国内国际关系学者提出国际法与国际机制存在以下两个方面的区别。第一，国际机制是"一整套明示或默示的原则、规范、规则以及决策程序"，这一整套内容可表现为明确的国际条约，也可以以纯粹主观方式存在，如国际惯例。国际法渊源也包括这两种形式，但并非国际机制所包括的所有规范性内容都可以视为国际法的组成部分。第二，从活动空间而言，国际机制可以有多个作用层次，如全球性机制、地区性机制和双边机制等；而国际法只有一个作用层次，即全球层次。② 结合上述分析，笔者认为，国际机制与国际法的区别体现在两个方面。第一，国际机制的范围不仅包括对主权国家产生确定法律拘束力的国际条约、国际习惯等，而且也包括还未产生确定法律拘束力但在主权国家的内部建构中被认为应当的制度安排。从效力的角度可以把国际机制划分为具有确定法律拘束力的国际硬机制和不具有确定法律拘束力的国际软机制。第二，国际法更多以法律渊源的形式表现出来，也就是体现在条文关于主权国家的权利与义务的规定中；而国际机制不仅包括法律渊源，而且包括法律在现实中的实施效果，即国际机制不局限于条文关于主权国家的权利与义务的制度安排，而且体现在主权国家如何互动以实现这些制度安排上。

基于以上关于国际机制的界定，本书所研究的竞争法机制是调节国家规范限制竞争行为的原则、规则与程序，并控制国家行为结构的规则、规范和程序的一系列控制性安排。具体而言，竞争法机制包括以下几个方面：第一，竞争法的目的及原则；第二，竞争法的实体性规定；第三，实施竞争法的程序性规定；第四，竞争法的变动及互动过程。国际竞争法机制存在广义与狭义的定义：狭义的国际竞争法机制仅仅指国际多边竞争法

---

① 罗伯特·基欧汉、约瑟夫·奈：《权力与相互依赖》（第三版），门洪华译，北京大学出版社，2002，第20页。

② 王杰主编《国际机制论》，新华出版社，2002，第18~20页。

机制，也就是国际社会大多数国家或主要国家形成的一套统一规范限制竞争行为的控制性安排；而广义的国际竞争法机制不仅包括多边竞争法机制，而且包括区域竞争法机制和双边竞争法机制。本书的"国际竞争法机制"采取广义的概念，而狭义的国际竞争法机制在本书中专称为"国际多边竞争法机制"。

第一章　国际经济法律自由化
与国际竞争法机制

竞争法历史不长，它是自由资本主义发展到垄断资本主义阶段，为了维护自由竞争而出现的政府管制性法律。按照历史唯物主义的观点，经济基础决定上层建筑，法律作为上层建筑是生产力发展的必然结果。① 无疑，自由竞争的市场经济的产生与发展是制定和执行竞争法的社会经济背景及物质基础。特别是，当资本主义从自由竞争发展到垄断阶段，由于私人垄断权力对自由竞争机制的限制与破坏，出台竞争法以限制私人经济权力对市场自由竞争的破坏成为学术界的共识。

市场经济是通过自由竞争的市场机制实现资源优化配置的经济形态，因此维护自由竞争机制对于市场经济有着至关重要的意义。而根据经济学理论，一个放任自由的市场必然走向垄断。② 垄断的产生会破坏市场的自由竞争机制，市场的自发机制存在自身无法克服的缺陷。在这种情况下，需要政府通过竞争法和其他行政管理手段恢复市场的良好竞争秩序。也就是说，一个自由的市场秩序需要以维护市场自由竞争的竞争法保驾护航。发达的市场经济国家都建立了完善的国内竞争法机制，以维护本国的市场

---

① 马克思曾在《〈政治经济学批判〉序言》中写道："这些生产关系的总和构成社会的经济结构，即有法律的和政治的上层建筑竖立其上并有一定的社会意识形式与之相适应的现实基础。物质生活的生产方式制约着整个社会生活、政治生活和精神生活的过程。"参见《马克思恩格斯选集》（第二卷），人民出版社，2012，第2页。

② 从经济学的角度看，自由竞争的结果是优胜劣汰，产生生产集中和垄断现象。从微观经济学的角度分析，垄断可以逃避激烈的竞争，获得高额的垄断利润，因此，企业有垄断的动机。当然，现代经济学认为完全竞争的市场是不可能存在的，而完全垄断也不可能发生，市场处于垄断与竞争之间的动态平衡中。参见肯尼斯·W. 克拉克森、罗杰·勒鲁瓦·米勒《产业组织：理论、证据和公共政策》，上海三联书店，1989，第172页。

竞争秩序。① 从这个意义上分析，竞争法在市场经济体系中发挥着保护经济秩序的根本性作用。经济法学者将竞争法视为市场经济的经济宪法。② 竞争法作为维护市场竞争的经济宪法，其主要功能在于维护市场竞争结构，保障市场的自由竞争等。③

　　晚近，新自由主义理论勃兴，经济新自由主义思想扩展到全球。在新自由主义理论的影响下，一方面，市场经济国家进一步放松对本国经济的行政管制；另一方面，大多数计划经济国家进行市场经济体制改革。与此同时，在5G、大数据、人工智能等新技术革命的基础上，由贸易自由化引发的国际经济自由化浪潮带动了资本的自由流动，加速了国际经济自由化和全球化的发展趋势。④ 市场扩展到全球范围，国际社会逐步形成产业链分工合作的统一全球市场。但是，对国际社会是否需要建立以及建立何种模式的国际竞争法机制却存在不同的观点。⑤ 这种争论主要根源于国际社会的无政府状态。新加坡会议中，WTO曾成立竞争议题的工作小组对国际竞争规则进行研究。但是，在坎昆会议宣布中止竞争议题的谈判后，国际社会在构建国际多边竞争法机制方面的进程缓慢。⑥ 结合国际多边竞

① 例如，美国国会于1890年7月2日通过了俄亥俄州参议员谢尔曼（John Sherman）所提出的反托拉斯即反垄断法案——《保护贸易及商业不受非法限制与垄断危害的法案》，这个法案又称《谢尔曼法》（Sherman Act），它成为现代反垄断法的标志性和示范性法律。德国于1957年7月27日颁布了《反限制竞争法》，该法于1958年1月1日起生效施行。日本在1947年颁布了《关于禁止私人垄断和确保公正交易的法律》（以下简称《禁止垄断法》），主要禁止私人垄断、不正当限制贸易和不公平的商业行为。

② 参见孔祥俊《反垄断法原理》，中国法制出版社，2001，第1页。

③ 对于反垄断的价值，不同经济学派的观点并不一样，传统的经济学派认为反垄断法的价值是维持市场结构，而芝加哥学派则认为反垄断法的价值是经济效率。参见游钰《反垄断法价值论》，《法制与社会发展》1998年第6期。

④ 随着国际经济的自由化和一体化发展，国际经济法律出现了自由化的趋势。国际经济法律自由化是国内经济法律自由化在国际层面的延伸。国内经济法律自由化包括两个阶段，国际经济法律自由化亦应包含两个阶段：第一个阶段是消极自由化，第二个阶段是积极自由化。消极自由化阶段体现在，国家让位于市场，国家干预减少；而积极自由化阶段则意味着国家积极采取措施维护市场的。See Balassa B. , *The Theory of Economic Integration* (Allen & Unwin, 1961) , p. 23.

⑤ 国际社会建立国际竞争法机制的模式存在经济立宪模式、框架协定模式和网络论坛模式，详见本书第二章的论述。

⑥ WTO贸易与竞争政策工作小组于1996年成立，到2002年提交了五个贸易与竞争关系的报告，并在2002年对前面的工作报告进行了总结。参见WGTCP, http://www.wto.org/english/tratop_e/comp_e/wgtcp_docs_e.htm，最后访问日期：2009年10月13日。

争机制的历史发展进程，本章首先从理论上论证国际社会对于国际竞争法机制的制度需求。

第一节 国际经济法律自由化与国际垄断问题

一 国际经济法律自由化与国际经济一体化

（一）国际经济法律的自由化发展趋势

关于经济自由化的概念，学术界并没有统一的观点。经济自由化的观点起源于古典自由主义的学说，古典自由主义理论认为国家应尽量不干预经济，保持经济自由。古典自由主义大师亚当·斯密认为："在一个自由放任的制度之中，利己的润滑油会使经济的齿轮奇迹般地正常旋转。不需要计划者；不需要政府颁布法令来控制价格或管理生产。市场会解决一切问题。"① 时至今日，理论和实践已经证实完全排除国家干预的经济自由化是不可行的。经济自由化的目的在于使政府对市场的管制与干预最小化。经济自由化存在广义和狭义两种观点。狭义的经济自由化要求国家尽量不干预经济，以市场为资源配置的主要手段。广义的经济自由化包括两重含义：对内的中性化和对外的开放性。中性化是指国家对国内市场包括涉外经济的干预应该采取不偏不倚的态度，将"国民待遇"与"最惠国待遇"作为基本要求。开放性则是允许外来活动在国民经济中的比重增加，在政策法律上的具体体现是各国市场准入不断放松管制。至此，我们可以看出，经济自由化实际上是一个动态推进的过程，开放性是它的起点，中性化是朝向自由化的重要阶段，而完全的无障碍甚至没有干预性法律制度的约束，才是自由化的理想性终端状态。②

从历史发展的角度看，经济自由化和国际化伴随着资本主义而发展这

---

① 转引自保罗·A.萨缪尔森、威廉·D.诺德豪斯《经济学》（第14版），胡代光等译，北京经济学院出版社，1996，第692页。

② 金芳：《双赢游戏：外国直接投资激励政策》，高等教育出版社、上海社会科学院出版社，1999，第175页。

一情况已经存在几百年。① 但是，进入 21 世纪以后，新科技革命、跨国公司的大发展和信息社会的来临，使经济自由化进入了一个全球化的新阶段。无疑，一方面，市场经济的全球化扩张是经济法律自由化的物质基础和根源；而另一方面，上层建筑的经济法律自由化对经济自由化也具有重要的推动作用。

古典自由主义在自由资本主义阶段提出自由贸易理论，要求政府对内实行放任自由的经济体制，对外削减贸易壁垒并实行自由贸易。② 体现在立法上，此时期的国内法律自由化表现出两方面的趋势：一方面，政府退场，减少对市场的干预，以实现市场的自由竞争，这具体体现在私法的兴起、政府管制立法的减少方面③；另一方面，为了防止自由竞争产生的垄断导致"市场失灵"，政府出台和有效执行反垄断法，防止私人权利破坏市场自由竞争。

二战以后，随着生产力的进一步发展，以及交通工具、通信技术、网

---

① 正如美国经济学家保罗·斯威齐所指出的那样："自四五百年前资本主义作为一种活生生的社会形态在世界上出现以来，这一过程就开始了。"Paul M. Sweezy, "More (or Less) on Globalization, "*Monthly Review* (1997).

② 古典自由主义理论之父亚当·斯密在这个时期提出了绝对优势和自由贸易理论，改变了重商主义理论中限制经济自由的观点，从理论上支持经济自由化。古典自由主义理论认为，经济自由不仅可以促进经济生产力的提高，而且从根本上来说是一项基本人权。对经济自由和贸易自由的限制"不只是压制，而且是僭越"。相反，只要政府保持克制，那么市场机制这只"看不见的手"就能有效地配置资源，并促进经济的发展。以"经济人"的假设出发，斯密在《国富论》中精彩地论述了促使私益与公益天然一致的这只"看不见的手"对市场的作用，他作出这样的经典性论述："确实，他（指营业者——引者注）通常既不打算促进公共的利益，也不知道他自己是在什么程度上促进那种利益……他只是盘算他自己的安全；由于他管理产业的方式目的在于使其生产物的价值能达到最大程度，他所盘算的也只是他自己的利益。在这场合，像在其他许多场合一样，他受着一只看不见的手的指导，去尽力达到一个并非他本意想要达到的目的。也并不因为事非出于本意，就对社会有害。他追求自己的利益，往往使他能比他在真正出于本意的情况下更有效地促进社会的利益。"只要充分发挥市场机制交换的作用，就能建立起合乎规律的"自然秩序"。参见亚当·斯密《国民财富的性质和原因的研究》（下卷），郭大力、王亚南译，商务印书馆，1972，第 27 页。

③ 主要体现在罗马私法的再次勃兴。这个时期的资本主义国家都注重私法的立法，并提倡私法自治，如德国民法典中合同形式的简化、商法典中商事主体设立制度的登记制度。在这个时期，自由资本主义奉行着一系列的法治原则，如私有财产神圣不可侵犯原则、契约自由原则、私法自治原则。这些原则都促进了这些国家国内经济法律的自由化。

络技术的发展，人类进入全球化的时代。以哈耶克为代表的新自由主义经济理论再次勃兴，成为国际社会的经济主流理论之一。[①] 在全球化阶段，自由化的浪潮不局限于传统的商品贸易自由化，而是扩展到了服务贸易、知识产权贸易自由化的领域。自由化趋势不仅发生在国际贸易方面，而且扩展到国际投资、国际金融和国际人员流动方面。体现在法律上，国际经济法律同样出现了自由化的趋势。这种趋势一方面表现为各国法律的趋同化和一体化[②]，另一方面表现为国际经济组织对国际经济法律自由化的国

---

① 面对全球化的国际经济，国内政府调节国内经济而产生"政府失灵"的现象。凯恩斯主义对于政府失灵产生的经济滞胀束手无策，以哈耶克为代表的新自由主义经济理论则再次勃兴。哈耶克的主要观点在于人类的无知，由于人类的无知，人类并不能有效地设计出经济运行的规则。正如哈耶克在《自由秩序原理》第二章开篇所指出的："苏格拉底认为，承认我们的无知（ignorance），乃是开启智慧之母。苏氏的此一名言对于我们理解和认识社会有着深刻的意义，甚至可以说是我们理解社会的首要条件；我们渐渐认识到，人对于诸多有助于实现其目标的力量往往处于必然的无知（necessary ignorance）状态之中。社会生活之所以能够给人以益处，大多基于如下的事实，即个人能从其所未认识到的其他人的知识中获益；这一状况在较为发达的社会……中尤为明显。我们因此可以说，文明始于个人在追求其目标时能够使用较其本人所拥有的更多的知识，始于个人能够从其本人并不拥有的知识中获益并超越其无知的限度。"所以人类应尽量减少对经济自由的限制，通过自发演变而出现的市场经济秩序，是社会经济自发进化过程的最新进展，是迄今为止人类社会出现过的最有效率的一种经济结构体系。作为一种"相对晚近的产物"，市场秩序"是在对各种行为的习惯方式进行选择中逐渐产生的。这些新的规则得以传播……是因为它们使遵守规则的群体能够更成功地繁衍生息，并且能够把外人也吸收进来"。参见弗里德利希·冯·哈耶克《自由秩序原理》（上册），邓正来译，三联书店，1997，第19页；弗里德里希·奥古斯特·冯·哈耶克《致命的自负》，冯克利、胡晋华等译，中国社会科学出版社，2000，第13页。

② 关于法律趋同化与一体化的讨论，主要集中体现在学者关于是否存在法律全球化的争论中。西方有些学者认为，随着经济全球化的推进，出现了全球化的问题，法律全球化的现象也必然出现。我国学者对于法律全球化也有不同的观点。持肯定说的学者认为这是国际经济全球化发展的必然结果，是经济基础决定上层建筑的必然要求。持否定说的学者认为法律全球化基本上是不切合实际的幻想，是当年美国"世界法""超国家法"的翻版，不宜接受。学者普遍赞同，虽然对于法律全球化的概念及法律是否全球化，学术界存在不同的观点，但是，从法律现实的角度分析，随着全球化的展开，法律趋同化也成了一个明显的趋势。详见 Gunther Teubner(ed.), *Law as an Autopoietic System* (Blackwell Publishers, 1993); Gunther Teubner, *Global Law Without a State*(Dartmouth Publishing Co. Ltd. , 1997); Gunther Teubner, "Substantive and Reflexive Elements in Modern Law, " *Law and Society Review* 17(1989); 车丕照《法律全球化——是现实？还是幻想？》，载陈安主编《国际经济法论丛》（第四卷），法律出版社，2001，第31页；沈宗灵《评"法律全球化"的理论》，载陈安主编《国际经济法论丛》（第四卷），法律出版社，2001，第36页；等等。

际制度化。[①]

（二）国际经济一体化的形成

在市场经济的内在张力推动下，国际经济朝着全球化市场方向不断发展。相应地，国际经济法律也出现了自由化发展的趋势。而国际经济法律自由化发展反过来又推动了国际经济全球化。国际经济自由化与国际经济法律自由化互相促进，共同促成全球统一市场。

国际生产力发展是国际经济和国际经济法律自由化的根本推动力。资本主义阶段，两次工业革命的结果是生产力的高速发展。生产力的高速发展突破了国内狭隘的市场，要求建立更广阔的国际市场。工业革命带来的通信科技、交通科技的迅速发展又为全球的交流创造了条件。因此，生产力作为最积极的变量不断突破原先的国内市场范围，带动市场经济制度席卷全球，推动全球形成统一的国际市场。从这一意义上分析，生产力的迅速发展是全球市场经济形成的物质基础。国际经济发展的历程特别是20世纪80年代之后经济全球化的趋势表明：市场经济以其强劲的扩张力，通过种种形式（甚至是削弱国家主权的形式）向全球范围扩展，使市场经济越来越支配世界经济的运行。[②]

自由主义经济理论迎合了市场经济对外扩张的内在需求，自然而然地成为国际经济法律自由化的理论基础。自由主义经济理论成为主流理论后，又反过来加速了经济全球自由化的进程。因此，在生产力发展和

---

① 国际经济法律自由化的国际制度化的最主要体现是二战后 GATT/WTO 国际贸易体制和布雷顿森林国际金融体制的建立。三大国际经济组织的产生和发展则标志着国际经济法律自由化从自发过程开始走向制度化过程。而国际社会也在这三大组织的推动下进入了更加快速自由化的阶段。参见姜圣复《WTO 法律制度：国际经济法学的新发展》，中华工商联合出版社，2002，第 335 页；徐崇利《国际货币基金组织贷款条件的利益分析和法律性质》，《中国法学》1999 年第 5 期。

② 关于全球市场经济的例证主要在全球市场、自由贸易和跨国公司的全球战略三方面。以跨国公司的全球战略为例，学者们对跨国公司的论述主要集中在如下几个方面：（1）跨国公司总部的分布及属国情况，以及由此作出的关于跨国公司并非真正"跨国"的论述；（2）跨国公司和全球收入及分配不平等的加剧之关系问题；（3）跨国公司通过其一系列运营机制绕开主权国家，从而带来的对国家主权的某种削弱或淡化问题；（4）跨国公司与相关文化多元化的关系问题；（5）跨国公司的税收规避以及由此带来的治理困难问题。从相关论述中可以看出，跨国公司面对的市场不再是简单的主权国家范围内的市场，而是全球市场。

新自由主义理论的共同作用下，市场机制成为全球普遍认可的资源配置方式，并突破了主权国家的经济壁垒，在全球范围内形成了市场经济体系。

从法律角度分析，全球市场的形成有赖于两个前提条件：第一，各主权国家在国家内部实行市场经济制度；第二，各主权国家对国外经济限制进行去管制化。国际经济法律自由化促进了这两个条件的成熟。国内经济法律自由化一方面使各主权国家对内实行市场经济，另一方面又放宽了主权国家对国外经济限制的管制。WTO、国际货币基金组织（International Monetary Fund）、区域性国际组织推动了经济自由化的法制化和机制化。通过国际协定，主权国家让渡部分经济主权，放宽对国外经济的限制。这两个条件成就后，市场竞争机制逐步成为全球市场资源配置的主要方式，世界市场经济体系形成。在宏观层面，世界市场经济体系的形成意味着企业进行全球化的大生产，商品、资本、金融在全球化范围内自由流动；在微观层面，企业需要面对全球竞争，全球市场竞争体系已然形成。

但是，也应该清醒地看到，国际经济法律自由化的发展趋势是渐进的、螺旋式发展的，而非一蹴而就的。它是随着国际生产力的不断提高而逐步发展深入的。从地域分析，经济法律自由化起源于国内，而后扩展为区域性和全球性自由化；从领域分析，经济法律全球化首先从商品贸易的自由化开始，而后扩展到服务贸易、知识产权贸易领域，进一步是投资的自由化，再进一步则是金融合作，最终到全面性经济一体化。丁伯根教授在分析欧洲一体化进程的发展路径时，基于一体化程度将经济一体化划分为消极一体化和积极一体化两个不同的阶段。消除主权国家之间的歧视和管制制度，取消国家间商品、资本和人员流动的限制，实施经济和贸易自由化属于消极一体化阶段；而运用强制的力量改变现状，实施新的自由化政策和制度去纠正自由市场的错误信号、强化市场效果为积极经济一体化阶段。[①] 丁伯根教授认为，国际经济一体化的发展进程是从消极一体化向积极一体化发展的过程。根据丁伯根教授的理论，国际经济法律自由化的

---

① J. Tinbergn, *International Economic Integration*(Elsevier Press, 1954) , p. 12.

路径也应该从消极一体化逐步走向积极一体化。① 简而言之，国际经济法律自由化的消极一体化阶段就是货物贸易法律自由化、服务贸易法律自由化，进而发展到投资法律自由化；而国际经济法律自由化的积极一体化阶段则要求国际社会提供维护货币汇率稳定、国际自由竞争等维护市场竞争秩序的公共制度。

二　国际市场困境：国际垄断对国际经济自由化的破坏

国际经济法律自由化给国际社会提供了一个自由竞争的国际市场环境。但是，国内市场自由化的经验告诉我们，市场机制作为资源配置的方式并非尽善尽美和自洽的，自由竞争会产生垄断现象。而垄断对自由竞争的破坏会导致市场在资源配置中失灵和无效率。市场失灵的垄断问题作为自由市场机制的伴生物，随着市场机制的国际化从国内扩展到全球范围。

需要特别指出的是，由于国际社会的无政府状态，国际垄断行为对国际市场自由竞争机制的破坏和影响更加明显。

首先，国际社会无政府状态导致国际限制竞争行为的规制缺位。全球市场中，国际资本冲破了传统主权国家的制约，在国际市场自由流动。国际资本具有资金、技术和管理等资源优势，容易造成国际私人垄断力量支配市场力量，阻碍竞争者进入市场。但是，国际限制竞争行为发生在国际社会层面，主权国家的竞争机构存在信息不对称、规制资源不足等问题，难以有效地规制国际限制竞争行为。

其次，主权国家间的制度竞争进一步恶化了规制缺位问题。② 除了国内竞争机构信息和能力不足导致难以规制国际限制竞争行为外，主权国家政府采取"以邻为壑"的措施或竞争政策，使国际限制竞争行为

---

① 与丁伯根教授相似，美国著名经济学家巴拉萨把经济一体化的进程分为四个阶段：（1）贸易一体化，即取消对商品流通的限制；（2）要素一体化，即实行生产要素的自由流通；（3）政策一体化，即在集团内促成国家经济政策的协调一致；（4）完全一体化，即所有政策的全面统一。而经济一体化则是从低级一体化向高级一体化发展的过程。

② 关于主权国家之间的体制竞争，参见张幼文《体制竞争：全球化经济机制与开放战略》，上海财经大学出版社，2004，第23～35页。

的规制缺位问题更加突出。在无政府状态下，主权国家是否对限制竞争行为进行规制，取决于限制竞争行为是否对其本国市场造成损害。对有利于国内市场，而仅仅对国际市场产生限制竞争效果的垄断行为，主权国家不仅不会规制，而且会通过豁免适用竞争法的方式放任其发生。例如，各国竞争法普遍对出口卡特尔行为豁免适用本国的竞争法。

最后，竞争政策作为国家经济战略之一，被主权国家视为维护本国产业利益的法律和经济工具。主权国家还可能采取竞争政策或产业政策阻碍国际经济的自由化进程。① 由于 WTO 的规制作用，私自提高关税来保护本国产业利益已经被国际社会所唾弃。但是，为了保护本国产业利益，竞争政策替代关税成为主权国家维护本国贸易利益的非关税贸易壁垒的一种手段。

具体而言，全球化背景下，国际垄断行为表现为三种类型：跨国卡特尔、跨国公司滥用市场支配地位和国家管制行为。

（一）跨国卡特尔破坏市场竞争

卡特尔行为作为共谋限制竞争行为是各国竞争法共同规制的行为。例如，美国《谢尔曼法》第 1 条规定，任何契约和托拉斯形式或其他形式的联合、共谋，用来限制州际或与外国之间的贸易或商业，是非法的。任何主体签订上述契约或从事上述联合、共谋，是严重犯罪。如果参与者是公司，将处以不超过 100 万美元的罚款；如果参与者是个人，将处以 10 万美元以下罚款，或三年以下监禁，或由法院酌情合并处罚。《欧盟条约》第 101 条规定，企业之间的所有协议、企业之间的所有联合决定以及所有协调行为，如果可能影响成员国之间的贸易，以及旨在阻碍、限制和扭曲共同市场内部竞争，则都与共同市场不相容，并且是受

---

① 竞争政策是政府制定并实施的促进和保护竞争的策略选择，竞争法是竞争政策的主要表现形式，是规范和限制私人反竞争行为的法律规范的总称。有学者认为，贸易政策和竞争政策某些基本理念的不同，或者对同一事实或制度往往有不同的评判，造成了两者之间存在差异与冲突，竞争政策有可能成为非贸易壁垒的一种形式。参见黄勇《论贸易政策和竞争政策的相互关系及其对策建议》，《国际贸易》2006 年第 6 期。

到禁止的。① 我国《反垄断法》第 17 条也规定："禁止具有竞争关系的经营者达成下列垄断协议：（一）固定或者变更商品价格；（二）限制商品的生产数量或者销售数量；（三）分割销售市场或者原材料采购市场；（四）限制购买新技术、新设备或者限制开发新技术、新产品；（五）联合抵制交易；（六）国务院反垄断执法机构认定的其他垄断协议。"第 16 条规定："本法所称垄断协议，是指排除、限制竞争的协议、决定或者其他协同行为。"

由于卡特尔属于比较典型的限制竞争行为，许多国家甚至将卡特尔共谋行为视为自身违法行为。② 然而关于卡特尔的定义，则存在不同的观点。根据 1998 年经济合作与发展组织（OECD）《反对核心卡特尔的有效行动建议》（Recommendation Concerning Effective Action Against Hard Core Cartels）对卡特尔的定义，卡特尔通常指竞争者之间限制竞争的协议、共谋做法或安排，包括固定价格、操纵投标、安排出口限制或配额、分享或分割市场等行为。③ 这一定义主要指核心卡特尔，亦即危害性最大、最典型的卡特尔行为，也从本质特性上高度概括了卡特尔，成为公认的"卡特尔"定义。根据这一定义扩展，国际卡特尔是指两个或两个以上生产销售同类商

---

① 欧盟（欧共体）基本条约经过三轮变化。《欧共体条约》（亦称《罗马条约》）是建立欧洲经济共同体的基础条约，自 1958 年 1 月 1 日起生效，竞争规则的主要条款为第 85~86 条。1993 年，《马斯特里赫特条约》生效，欧盟成立。《马斯特里赫特条约》吸收了《欧共体条约》的内容，竞争条款内容未变，序号修改为第 81~82 条。2009 年《里斯本条约》生效，对《罗马条约》《马斯特里赫特条约》再次进行修改和增补。《里斯本条约》生效后，竞争条款内容也未发生实质变化，只是序号进一步修改为第 101~102 条。基于此，本书将《罗马条约》《马斯特里赫特条约》《里斯本条约》视为《欧盟条约》的不同阶段。为叙述方便，本书将三个阶段的条约概括称为《欧盟条约》。同时，除条约名称和特殊说明外，本书所涉欧盟竞争法（涵盖欧共体期间的竞争法）均统一采用最新编号（《欧盟条约》第 101 条和第 102 条）。

② 自身违法原则又可译作"本身违法原则""当然违法原则"，它是指，对市场上的某些限制竞争行为，不必考虑它们的具体情况和后果，即可直接认定这些行为严重损害了竞争，构成违法而应予以禁止。美国在最初适用《谢尔曼法》第 1 条时，直接适用本身违法原则。但随着实践经验的积累，对此类卡特尔的司法处理之历史是一个在本身违法原则和合理原则间摇摆的波动过程。参见曹士兵《反垄断法研究》，法律出版社，1996，第 201 页。

③ 除了上述定义，该行动建议还排除了三种情况："核心卡特尔的种类不包括下列协议、共谋做法或安排：（1）与实现合法的降低成本或提高生产效率有合理的联系；（2）被成员国国内立法直接或间接地排除在适用范围外；（3）是依据这些法律的授权。"参见 OECD，http://www.oecd.org/daf/clp/recommendations/rec9com.htm.，最后访问日期：2008 年 9 月 7 日。

品的不同国家的经营者之间为限制竞争而形成的一种违法联合。

经济全球化背景下,卡特尔组织的国际化发展趋势日益明显。数目众多、形态各异的国际卡特尔成为不可忽视的国际经济现象。2002 年 OECD《关于核心卡特尔的性质和影响以及依国内竞争法对其制裁的报告》(Reports on the Nature and Impact of Hard Core Cartels and Sanctions Against Cartels Under National Competition Laws)指出,核心卡特尔每年造成的国际经济损害保守估计也有数十亿美元。[①] 相应地,各国竞争执法机构逐步加大对国际卡特尔的处罚,欧盟于 2001~2008 年对国际卡特尔的处罚数据可作为典型实例(见表 1-1)。

表 1-1 欧盟对国际卡特尔的处罚情况 (2001~2008 年)

单位:亿欧元

行　业	时　间	处罚数额
维生素行业	2001 年 11 月	7.9
化工行业	2006 年 5 月	3.88
有机玻璃行业	2006 年 5 月	3.44
树脂行业	2006 年 11 月	5.19
电气设备行业	2007 年 1 月	7.5
电梯行业	2007 年 2 月	9.92
啤酒行业	2007 年 4 月	2.74
拉链行业	2007 年 9 月	3.28
平板玻璃行业	2007 年 11 月	4.87
氯丁二烯橡胶行业	2007 年 12 月	2.43
石蜡行业	2008 年 10 月	6.76
汽车玻璃行业	2008 年 11 月	13.9

资料来源:笔者根据欧盟网站的资料整理,http://ec. europa. eu/competition/index_ en. html,最后访问日期:2009 年 4 月 30 日。

晚近,互联网技术和大数据发展,谷歌、微软等跨国科技公司通过信息和数据垄断形成的国际卡特尔对国际经济的破坏效果更大。与此同时,主权国家竞争机构单方面对国际卡特尔组织的管制也更加无力。

[①] OECD, Reports on the Nature and Impact of Hard Core Cartels and Sanctions Against Cartels Under National Competition Laws, DAFFE/COMP(2002)7.

虽然国际卡特尔对国际竞争造成了严重的破坏，但要发现并成功规制国际卡特尔并非易事。大多数的国际卡特尔分布在全球市场，它们之间的通信是保密的，且没有正式的、成文的协议，同时，卡特尔成员熟悉不同国家的竞争法规定及漏洞，并通过共同研究合理方案来规避主权国家对其进行调查和处罚。在国际卡特尔规制方面，美国司法部国际竞争政策咨询委员会所提交的报告也承认，被发现的国际卡特尔只占实际存在的很小一部分。①

国际卡特尔对发展中国家的影响更大。由于国际卡特尔成员主要是发达国家的跨国企业，为了确保对市场的占有率，国际卡特尔会采取行动阻止或减缓发展中国家生产者的市场进入。例如，卡特尔成员影响当地政府使用关税壁垒和反倾销关税对发展中国家生产者加以限制，或要求政府设置非关税壁垒（如配额限制、政府规制）从而实施准入限制或惩罚。除政府有意无意设置的障碍外，卡特尔也通过设置私人障碍阻止相关生产者进入市场。国际卡特尔通常会建立一套完善的内部机制，从生产、销售到资源分配与信息共享，尤其是对核心技术和设备的严密保护，将发展中国家的生产者排除在外。② 而发展中国家竞争机构的技术、资金、经验相对不足，难以发现并有效规制国际卡特尔。例如，在著名的石墨电极卡特尔案件（Graphite Electrode Catel Case）中，韩国的竞争机构就声称自己很难对位于国外的六家卡特尔公司进行有威慑力的处罚。③ 在赖氨酸卡特尔案件（Lysine Catel Case）中，巴西的竞争机构等到美国司法部已经开始起诉、案情公开后，才知道该卡特尔也对巴西的市场造成了严重的实质影响。④

---

① The International Competition Policy Advisory Committee Final Report, http://www. usdoj. gov/atr/icpac/icpac. htm，最后访问日期：2008 年 12 月 2 日。

② 自 1988 年至 1994 年，欧盟钢梁市场存在固定价格合谋卡特尔，合谋固定价格的钢铁制造商就曾试图将新的竞争者排除在外，官方对于生产商努力限制何种信息并没有明确记录，但是在许多行业中，技术信息保护、专利内部共享等手段都曾被许多卡特尔用来建立进入障碍。See Steven W. Useelman, "Organizing a Market for Technological Innovation: Patent Pools and Patent Politics of American Railroads 1860 – 1900," *BUS. AND ECON. HIST.* 19(203)(1990).

③ OECD, Hard Core Catels: Recent Progress and Chanllenges Ahead, CCNM/COMP/TR(2003) 7.

④ "Ways in which posssible international agreements on competition might apply to developing countries, including through preferential or differential treatment, with a view to enabling these countries to introduce and enforce competition law and policy consistent with their level of economic development. "See UNCTAD, TD/COM. 2/CLP/46/Rev. 3. 10.

（二）跨国公司滥用市场支配地位

根据联合国跨国公司委员会制定的《跨国公司行动守则》（Code of Conduct for Transnational Corporations）的规定："跨国公司是指一个企业，组成这个企业的实体设在两个或两个以上的国家，而不论这些实体的法律形式和活动范围如何；这种企业的业务是通过一个或多少个决策中心，根据一定的决策和共同的战略；企业的各个实体由于所有权或别的因素有联系关系，其中一个或一个以上的实体能对其他实体分享知识、资源以及分担责任。"[1] 由此可见，跨国公司与一般的商业公司不同，它不是一个单一的经济实体，而是由若干个既有联系又各自独立的子公司组成的集合体。

滥用市场支配地位，是指拥有市场支配地位（市场优势）的公司滥用其市场支配力，并在一定产品市场实质性地限制竞争，违背公共利益，而应受到竞争法谴责的行为。滥用市场支配地位行为，是各国竞争法规定的另一种类型的典型限制竞争行为。[2] 根据反垄断法的原理，占据市场支配地位本身并不违法，只有滥用这种市场地位限制竞争才构成垄断行为。与卡特尔适用自身违法原则不同，滥用市场支配地位一般适用合理原则。[3]

随着国际经济的发展，跨国公司在国际经济中的作用越来越重要。许多发达国家大型跨国公司的经济实力已经远远超过了发展中国家的整体经济能力。传统国际法上，跨国公司并不被视为国际法的主体，但是，随着

---

[1]　曾华群：《国际经济法导论》，法律出版社，1997，第152页。

[2]　欧盟、德国、法国在各自的竞争法中都提到市场优势滥用这一术语，并且都以各自的方式解释了市场支配地位的含义和考察方法，如《欧盟条约》第102条规定："一个或数个企业在共同市场或在共同市场的重大部分上滥用控制市场的地位……应该予以禁止。"德国《反限制竞争法》第22条第4款规定："控制市场的企业在市场上对这种或那种商品滥用其控制市场的地位时，卡特尔局对该控制市场的企业拥有第五款所指权限。"法国《新竞争法86-1243号命令》第8条第1项规定："企业或企业集团在国内市场或其重要部分，居控制地位而有滥用行为者……应受禁止。"

[3]　合理原则是指市场上的某些限制竞争行为并不必然地被视为违法，其违法性得依具体情况而定。具体而言，对某些限制竞争行为的案件，反垄断主管机构或法院应具体地、仔细地考察和研究相关企业的行为目的、方式和后果，以判断该限制竞争行为合理与否，如果经调研认为该限制竞争行为属于"不合理"地限制竞争，则该限制竞争行为构成违法而将被禁止；如果经调研认为该限制竞争行为属于"合理"地限制竞争，则该限制竞争行为属于合法的限制竞争行为，应当得到许可。该原则在美国联邦最高法院1911年的"标准石油公司案"（Standard Oil Case）中确立。See A. D. Neale and D. G. Goyder, *The Antitrust Laws of Unite States of America*(Cambridge University Press, 1980), p. 27.

跨国公司的重要性提升，跨国公司越来越进入国际法的视野。虽然对于跨国公司是否可以作为国家法主体仍存在不同的观点，但跨国公司在国际经济社会中发挥了越来越重要的作用的确是不争的事实。同时，跨国公司利用其拥有的经济实力、技术力量和信息优势滥用独占地位，破坏市场竞争秩序的现象也越来越普遍。[①]

限制跨国公司的滥用市场支配地位行为是各国竞争法的主要内容之一。德国《反限制竞争法》第22条规定了三种主要的滥用行为，即阻碍行为（低价倾销）、滥用价格和条件以及歧视行为。日本《禁止垄断法》第2条第9款、第19条以及日本公正交易委员会于1982年发布的《不公正交易方法》规定了拒绝交易、价格歧视、掠夺性定价、附加限制条件的交易、优越地位的滥用和非价格歧视等滥用行为。《欧盟条约》第102条规定了四种滥用行为：直接或间接地强行要求不合理的购货或销售价格或其他交易条件的行为；损害消费者利益的，限制生产、销售和技术发展的行为；对商业伙伴，为同等价值的交易使用不同的条件，使之在竞争中遭受损害的行为；订立合同时附加条件，要求商业伙伴接受在实质上以及根据商业惯例都与合同标的物无关之义务的行为。[②] 我国《反垄断法》第22条也明确规定了七种滥用市场支配地位的行为。[③]

尽管各国竞争法对跨国公司的限制竞争行为进行列举规制，但是效果却不明显。跨国公司在多个主权国家拥有子公司，却以共同战略行动，因此，其可以通过转移定价、合同规避等方式逃避主权国家等的监管，在国际监管中乘间抵隙。虽然跨国公司滥用其优势地位破坏国际竞争的行为层出不穷，但是，主权国家的成功监管案例却不多。特别是对于发展中国家来说，跨国公司经济实力强大、资源多，不仅会破坏国际市场的自由竞

---

① 赵树文、王嘉伟：《跨国公司垄断（限制竞争）行为及反垄断法规制分析》，《政治与法律》2007年第1期。

② 曹士兵：《反垄断法研究》，法律出版社，1996，第143页。

③ 这七种限制竞争行为是：以不公平的高价销售商品或者以不公平的低价购买商品；没有正当理由，以低于成本的价格销售商品；没有正当理由，拒绝与交易相对人进行交易；没有正当理由，限定交易相对人只能与其进行交易或者只能与其指定的经营者进行交易；没有正当理由搭售商品，或者在交易时附加其他不合理的交易条件；没有正当理由，对条件相同的交易相对人在交易价格等交易条件上实行差别待遇；国务院反垄断执法机构认定的其他滥用市场支配地位的行为。

争，而且可能通过政治游说等方式干预和影响发展中国家的经济主权。例如，危地马拉就曾爆发游行，抗议矿业跨国公司掠夺其国家财富。①

（三）国家管制行为对国际市场自由竞争的破坏

现在的国际社会是一个二元结构的社会。② 国际社会中，主权国家不仅仅是高高在上的主权者，更是平等参与国际社会活动的参与者。虽然随着市场的扩张，国际社会逐步融合为全球市场，市场机制成为统一的资源配置方式。但是，国际社会发展过程中，政治、社会、文化等因素同样发挥了重要的作用。不可否认，现实的国际社会仍处于平权分治的无政府状态，不同国家的历史、文化和能力差异仍然很大。因此，国际市场经济驱动的经济一体化与主权国家条块分割的现状成为自由主义浪潮下的二元悖论。在这一国际格局下，主权国家虽然认可全球化的发展趋势，但为了本国利益仍会采取一定的管制措施以提高本国产业的国际竞争力。

第一，制定产业政策，增强本国企业的国际竞争力。许多国家通过制定形形色色的产业政策保护本国产业的竞争力。产业政策是由国家政府实施的，为了弥补市场机制缺陷、引导国内产业发展而出台的各种政策的体系，它既包括产业发展的引导政策，也包括纠正产业发展偏差的调整政策，还包括为企业有效经营而制定的产业组织政策等。因此，产业政策应该是包含产业结构政策和产业组织政策的复合政策体系，同时，也应包括实施产业政策的组织框架和政策工具。一方面，国家的政策性引导行为有利于提高本国产业的国际竞争力③；但另一方面，政府采取产业政策的行为会对国际市场的自由竞争产生影响。没有产业政策支持的企业在国际竞争过程中将处于不利的地位。日本是世界上产业政策体系发展最完善的国

---

① 管彦忠：《危地马拉群众抗议矿业跨国公司掠夺国家财富》，http://news.sohu.com/20060615/n243750611.shtml，最后访问日期：2009 年 6 月 1 日。
② 二元社会是指国际法的权利义务主体主要是国家，而国内法的权利义务主体主要指向私人。国家在国际社会中具有双重的作用：一方面，国家在国际层面是参与者；另一方面，国家在国内层面是主权管理者。
③ 对于产业政策的含义及作用存在不同的观点，一般包括以下几种：（1）产业政策是有关产业的一切政策的总和；（2）产业政策主要是为了弥补市场机制可能造成的失误，而由政府采取的一种弥补政策；（3）产业政策是旨在提升本国产品的国际竞争力的政策；（4）产业政策是国家系统设计的有关产业发展特别是产业结构演变的政策目标和政策措施的总和。参见芮明杰《产业经济学》，上海财经大学出版社，2005，第 460～466 页。

家之一，其实施的产业政策所取得的效果也最明显。二战后，日本经历了短暂的恢复期和高速增长期，成功地在 1968 年成为世界第二经济大国。在日本经济的赶超发展过程中，产业政策发挥了巨大的作用。① 日本产业政策也一直被美国视为日本产业取得不正当竞争优势的手段。

第二，国有企业垄断经营，限制基础设施的市场准入。为了维护本国产业的经济安全与利益，许多国家将对本国具有重要利益的产业交由国有企业垄断经营。许多国家特别是经济转型国家，其金融、电信、电力、航空机场等核心企业都由国有企业垄断经营。这些国有企业控制基础设施或基础服务，采取限制交易、滥用垄断地位等方式排挤国外竞争对手。

第三，将限制竞争的"贸易措施"作为非关税壁垒，保护本国产业的利益。基于 WTO 关税减让义务的规定，主权国家采取提高关税等传统的贸易保护措施越来越受到限制，而为了保护本国产业的国际竞争力，在失去关税这一贸易壁垒后，反倾销、反补贴等可能限制竞争的"合法"措施成为新贸易保护措施，甚至竞争政策等都成为限制自由贸易的新壁垒。例如，在 2001 年，美国国际贸易委员会（Untied States International Trade Commission）依据 1974 年《贸易法》的"201 条款"，就外国进口钢铁对美国钢铁行业的影响和损害进行调查，并自 2002 年 3 月 20 日起，对某些外国进口美国的 10 类钢铁产品采取"保障措施"，分别加征从 8% 至 30% 的额外关税，为期 3 年。② 陈安教授在分析该案时一针见血地指出：美国钢铁产业竞争失败的根本原因在于美国钢铁产业自身的"技术落后"，美国采取"保障措施"只是为了限制国外钢铁产业在美国的竞争。③

上述主权国家干预经济的行为同样破坏了国际市场的自由竞争秩序，影响国际市场竞争机制发挥其资源配置的功能，是国际二元社会出现的利

---

① 管宁：《日本资本主义的形成》，天津人民出版社，1997，第 85 页。

② Proclamation No. 7529 of 5 March 2002, To Facilitate Positive Adjustment to Competition from Imports of Certain Steel Products Register, Vol. 67, No. 45, 7 March 2002, 553.

③ 陈安：《美国单边主义对抗 WTO 多边主义的第三回合——"201 条款"争端之法理探源和展望》，《中国法学》2004 年第 2 期。

益背离困境。国家在国际社会利益博弈中的行为产生共同背离困境,并无法通过国家之间的博弈实现均衡。而打破这种共同背离困境,要求国际社会从逐步自由化向共同管制化发展。[①] 在国际法学界兴起的关于国际组织宪制的研究就是对这种困境的回应之一。

概言之,全球市场的形成和发展本质上是生产力发展推动的结果。市场体制配置资源的核心在于自由竞争机制的优胜劣汰,目的是使市场达到帕累托最优状态。但是,这种理论模型是建立在交易成本为零、市场竞争机制充分发挥作用的基础之上的。[②] 现实中,交易费用为零的条件不可能存在。全球化市场伴随着国际垄断行为的出现而产生市场失灵的垄断问题。国际垄断问题带来的国际市场竞争机制失灵,无法通过国际市场机制的自发调整得到有效解决。基于此,如何解决国际垄断问题成为国际经济法律自由化趋势下需要面对的问题。

第二节 困境的出路:国际市场需要国际竞争法机制

在市场经济的内在张力及新自由主义理论的影响下,朝着自由化和一体化方向发展成为国际社会发展的必然趋势。市场自由竞争机制成为全球市场的资源配置方式。[③] 但是,国际社会发展的终极目的却不是消除国家一切管制的"自由",而是有效提高经济效率,增进全人类的福祉。伴随着自由化而来的国际垄断问题,使自发的自由化国际经济秩序无法实现

---

① 逐步自由化是主权国家取消国家壁垒对国际经济的限制,而共同管制化则要求国际社会建立一个良好的经济秩序,维持经济的自由和国际社会的公正。消极自由化阶段就是逐步自由化阶段,积极自由化阶段则是逐步管制化阶段,而国际经济法律自由化阶段就是从逐步自由化向逐步管制化发展的阶段。See Thomas Cotier, "From Progressive Liberalization to Progressive Regulation in WTO Law," *Journal of International Economic Law* 9 (2006).

② 如果没有市场充分竞争、产权明确以及零交易费用,个人自主自利的活动就会趋向低效率的"纳什均衡",市场失灵就可能出现,从而达不到所谓的"帕累托最优状态"。参见 R. 科斯、A. 阿尔钦、D. 诺斯等《财产权利与制度变迁——产权学派与新制度学派译文集》,刘守英等译,上海三联书店、上海人民出版社,1991,第41页。

③ 冯·哈耶克:《个人主义与经济秩序》,贾湛、文跃然等译,北京经济学院出版社,1989,第16页。

上述目标。① 维护国际市场自由竞争机制是全球化市场形成后的一种不可
缺少的公共产品。只有维持国际自由竞争秩序才能使国际资源得到优化配
置，促进企业创新和发展，保障消费者福利。然而，全球化自身无法自发
地形成自由竞争机制。恰恰相反，放任国际经济自由化发展必然加剧国际
垄断困境。依据制度经济学的理论，解决"无形之手"的市场失灵必须
借助"有形之手"的政府干预。② 扩大竞争法域外适用范围是目前主权国
家解决国际垄断问题的主要途径。但是，竞争法域外适用不仅无法摆脱国
际经济自由化带来的市场困境，而且产生了竞争法冲突和产业保护等新问
题。从制度需求的角度分析，解决国际经济自由化带来的垄断问题需要建
立国际竞争法机制。

一　竞争法域外适用：单边措施无法解决国际垄断问题

为了解决国内市场自由化过程中出现的垄断问题，主权国家纷纷制定
并有效执行符合本国国情的竞争法，规制国内垄断行为。市场范围延伸到
国际社会，国际垄断行为随之而来，损害国际竞争秩序。为了保护本国的
经济利益，防止国际垄断行为损害本国产业的经济利益，主权国家赋予本
国竞争法域外适用的法律效力，试图通过采取单边措施解决国际垄断
问题。

（一）竞争法的域外适用

根据传统的国际法理论，公法效力具有地域性，仅具有域内效力，不
具有域外适用效力。竞争法属于典型的公法，因此，理论上其不应具有域
外适用效力。但是，随着国际经济的自由化和一体化发展，国际垄断行为
不仅会影响国际竞争秩序，而且会对国内经济的自由竞争产生实质性损
害。为了维护本国的经济利益，美国开创先河，采取效果原则赋予本国反
垄断法域外效力。竞争法的效果原则是指发生在一国域外的垄断行为如果

---

① 事实上，哈耶克的这种只强调自由和程序公平而忽视实质公正的观点正是哈耶克新自由
主义理论受到学者批评的主要焦点。参见顾肃《自由主义基本理念》，中央编译出版社，
2003，第120~126、409、493页；朱贻庭主编《伦理学大辞典》，上海辞书出版社，
2002，第272页。
② 青木昌彦、奥野正宽、冈崎哲二编著《市场的作用　国家的作用》，林家彬等译，中国
发展出版社，2002，第45页。

对本国经济产生实质性影响，那么该国就可以基于此对该行为行使管辖权。反垄断法效果原则的国际法基础是国际法管辖权原则中的客观属地原则。①

　　竞争法域外适用始于美国的司法实践。早在 1911 年，美国联邦最高法院在审理"美国诉美国烟草公司案"（United States v. American Tobacco Company）时就主张美国反垄断法具有域外效力。在该案中，美国联邦最高法院认为，美国对一家英国公司享有管辖权，并判定一家美国公司与该英国公司划分市场的协议违反了《谢尔曼法》。而在 1945 年审理的"美国诉美国铝业公司案"（United States v. Aluminum Co. of America）② 中，美国联邦最高法院第一次明确提出反垄断法域外适用的效果原则。该案中，美国第二巡回法院的法官汉恩德指出，《谢尔曼法》适用于外国企业在美国境外订立的所有协议，只要"它们的意图是影响对美国的出口，而且事实上也影响了对美国的出口"③。这就确立了美国反垄断法域外适用的效果原则。根据这个原则，发生在美国境外且与美国反垄断法相抵触的任何行为，不管行为者的国籍，也不管行为的实施场所，只要这种行为能够对美国的市场竞争产生不良影响，美国法院对之就有管辖权，这个原则成为美国反垄断法域外适用的主要法律依据。

　　美国确定了反垄断法具有域外适用效力后，通过增加连接点的方式不断扩展反垄断法域外适用的范围。无论是当事人国籍还是所在地，只要同美国有最基本的联系，对国内交易或进口贸易造成所谓直接的、实质的影

---

① 客观属地原则是 1927 年国际常设法院在"荷花号案"中确立的国际法的管辖权原则。在该案中，法院认为，如果公海上的犯罪行为在另一个船旗国的船舶上产生影响，这应当适用与两个国家领土相关的原则。所以，这个案件的结论是，如果一个犯罪行为在另一个国家的船舶上产生了后果，国际法不妨碍这个船旗国可以将这个犯罪行为视为在自己领土上作出的，从而就可以起诉这个犯罪行为。参见刘家琛主编、陈致中编著《国际法案例》，法律出版社，1998，第 45 页。

② 该案的焦点在于：有许多外国制造者加盟的"限制性协议"是否构成一个"限制州际或国际商业或贸易的合同、联合……或共谋"。如果构成，则其是《谢尔曼法》所规定的"违法行为"。法院最终指出，"案中的两合同虽然签订于美国境外，但它们试图影响美国的进口贸易，并实际上造成了影响，因而，这种合同应受美国法院及美国的反垄断法管辖"。也就是说，限制竞争行为只要在美国国内市场产生影响效果，不管这种行为是在什么地方发生的，都可以适用美国《谢尔曼法》。

③ United States v. Aluminum Co. of America, 148 F. 2d 416, 444, 443 (2d Cir. 1945).

响以及有合理预见可能性的影响，美国反垄断法就能够对其主张管辖权。美国反垄断法域外适用范围扩展的主要目的明显是维护美国的国家利益。① 因此，美国反垄断法域外适用一直被其他国家视为美国霸权主义的体现，许多国家还专门立法抵制美国反垄断法的域外适用。②

虽然许多国家反对美国反垄断法的域外适用，但该制度仍被大多数国家所效仿。例如，德国《反限制竞争法》第 130 条第 2 款规定："本法适用于在本法发生效力的领域内产生影响的所有限制竞争的行为，即使这种限制是由境外的行为引起的。"波兰于 1990 年 2 月 24 日颁布的《反垄断法》第 1 条也指出，"本法规范与经济主体以及它们的同业公会在波兰共和国领土上有影响的垄断行为做斗争的基本原则和程序"。我国《反垄断法》中第 2 条也规定"中华人民共和国境外的垄断行为，对境内市场竞争产生排除、限制影响的，适用本法"。反垄断法对影响本国的国际垄断行为具有域外效力俨然已经成为国际社会的通行制度。③

（二）竞争法域外适用无法解决全球市场垄断问题

由于国际社会的无政府现状，竞争法的域外适用是主权国家针对国际市场垄断问题单方面开出的药方。这个药方是否"对症"？是否有助于摆脱国际市场经济的垄断困境？实践表明：竞争法的域外适用并非治理国际经济自由化垄断问题的良方。竞争法域外适用在解决国际经济自由化带来的垄断问题时存在以下问题。

1. 竞争法域外适用难以规制国际私人垄断行为

从维护本国利益角度出发，主权国家单方面采用竞争法域外适用的方式解决国际垄断问题。但国际私人垄断行为具有隐蔽性、全球性和规避性，竞争法域外适用无法有效规制国际垄断问题。以美国为例，美国竞争法实施历史最长，拥有强大的竞争执法机构，有强大的能力收集丰富的市

---

① 这种目的从《维伯—波密伦出口贸易法》对某些不正当竞争行为的豁免中可以看出。按该法的豁免规定，美国出口商的某些限制性做法可以不受禁止；与此相反，外国出口商的限制性行为却要受到美国反垄断法的禁止。

② 例如，澳大利亚制定了 1979 年《（限制执行）外国反托拉斯判决法》，加拿大颁布了 1980 年《外国诉讼与判决法》，新西兰制定了 1980 年《证据修正法案》，英国颁布了 1980 年《保护贸易利益法》。

③ 参见许光耀《反垄断法的域外适用》，《时代法学》2004 年第 3 期。

场信息，具有充足的执法资源，但是美国竞争法域外适用规制国际垄断行为的效果仍不甚明显。

第一，国际私人垄断行为的证据资料难以收集。跨国限制竞争行为发生在全球范围，而主权国家的执法资源主要集中于其地域内。虽然效果原则允许主权国家将其管辖权延伸到其地域之外，但是由于跨国限制竞争行为的隐蔽性和多样性，即使是经济实力强大和竞争执法经验丰富的美国竞争执法机构也难以发现和规制全部国际私人垄断行为。美国司法部关于规制国际私人垄断行为的报告认为："国际卡特尔的行动隐秘，往往难以被竞争执法机构发现，因此，能够发现的国际卡特尔只是现实存在的国际卡特尔中的极小的一部分。"其在规制国际卡特尔的过程中，"往往由于证据处于境外，而难以收集证据"，"如果不进行合作而仅仅由美国司法部进行调查将是十分困难的"①。

第二，单边措施容易遭到其他主权国家的抵制。一方面，跨国私人垄断行为的信息难以收集；另一方面，域外适用的单边措施会遭到其他国家的抵制。美国反垄断法域外适用的真正目的在于维护美国的利益和霸权，因此，其已经遭到许多国家的不合作对抗及抵制。② 严格的属地原则是传统国际法中最基本的管辖权原则。美国法院依据美国法律惩处一个不受其管辖的外国法人在其境外所实施的违反其法律的行为，这实际上是要求美国境外的其他国家的公司在美国境外也要遵守美国的法律，显然是对他国主权的侵犯。③ 因此，美国反垄断法域外适用经常引发外国政府和外国企业的强烈抗议。国际限制竞争行为的信息获取、调查取证需要各主权国家相互积极配合。由于遭到其他国家的不配合和抗议，美国单方面的反垄断法域外适用的结果并不理想。

---

① ICPAC Final Report, http://www.usdoj.gov/atr/icpac/finalreport.htm，最后访问日期：2009年4月13日。

② 事实上，美国在域外适用其反垄断法也表现出了霸权主义。例如，在1980年美国第七巡回法院审理的"铀卡特尔（Uranium Catel）案"中，美国政府和法院认定外国企业存在卡特尔，损害了美国市场的竞争。案件背后的真实原因却是：美国对外国铀生产商关闭了美国市场，而美国市场是世界上的主要市场，外国生产商不得不联合起来，限制美国产品在美国境外销售。

③ 中川淳司：《国际竞争法的若干问题》，白巴根译，《太平洋学报》2006年第11期。

外国针对美国反垄断法制定"阻挡法规"（blocking statutes）是主权国家抗议美国反垄断法域外适用的集中体现。① 阻挡法规为美国政府和法院的调查取证设置了法律障碍，而且授权国内公司、个人拒绝美国政府和法院的反垄断调查。鉴于此，美国不得不对其反垄断法域外适用的范围进行限制。美国作为现有国际经济秩序下的最大获利者和霸权者，在采取竞争法域外适用的过程中，仍无法解决国际垄断行为对本国经济造成的损害，更毋论发展中国家竞争法域外适用的效果。联合国贸易和发展会议（United Nations Conference on Trade and Development，UNCTAD）关于国际竞争法机制与发展中国家的报告尖锐地指出，许多发展中国家根本无法发现国际垄断行为，更难以利用本国竞争法域外适用的制度规制国际垄断行为。②

2. 竞争法域外适用的制度目的不是解决国际限制竞争行为

国际市场的垄断困境除了私人限制竞争行为外，还有主权国家为了保护本国产业采取经济措施限制国际自由竞争的行为。因此，解决国际经济自由化带来的垄断问题，不仅要规范私人限制竞争行为，而且要规制主权国家限制国际竞争的政府行为。但是，主权国家域外适用竞争法是建立在其本国利益上的，主权国家不会从维护国际社会自由竞争的公共利益出发禁止政府限制竞争行为，而只会基于本国利益豁免政府行为。

为了增强本国企业的国外竞争力，许多国家采取出口卡特尔豁免制度或将反倾销反补贴制度作为贸易保护主义的工具。③ 从自由竞争的角度分析，这些措施对国际竞争秩序造成损害。除此之外，晚近许多主权国家对

---

① 反垄断领域的第一个阻挡法规是 1947 年加拿大安大略省的《商业记录保护法》，当时纽约的美国联邦地区法院在审理一起可能违反《谢尔曼法》的案件时，要求一家位于加拿大的美国公司的子公司必须提供其在加拿大境内的文件和资料。此后，荷兰、英国、法国等先后制定了阻挡法规，其中英国在 1980 年制定了《保护贸易利益法》以阻挡美国反垄断法在英国的适用，该法对美国反垄断法域外适用影响最大。

② UNCTAD, TD/B/COM. 2/CLP/46/Rev. 3. 10, http://www.unctad.org/templates/Download.asp?docid=8328&lang=1&intItemID=1，最后访问日期：2009 年 9 月 2 日。

③ 有学者分析了美国采取反倾销等措施的发展情况，认为美国采取的大多数反倾销措施从竞争法的意义上说都是违反自由竞争的。参见吴瑞、姚家儒《论 WTO 规则与美国反倾销法的趋同及冲突——从反垄断法到贸易保护主义的最新发展》，《法治研究》2008 年第 10 期。

本国的垄断企业也采取越来越宽松的态度，通过放宽反垄断法的适用标准扶持企业做大做强，以增强本国企业的国际竞争力。① 以美国为例，美国早期严格适用反垄断法，但是，随着美国国际经济竞争实力的相对减弱，美国经济学界开始反思并批判以前的反垄断实践，以至于有的学者提出，美国20世纪70年代以前的反垄断法是一种智识上的耻辱。② 因此，从70年代末期开始，美国司法实践对竞争法的态度发生了根本性转变。最主要的变化在于效率抗辩成为美国反垄断法的主要抗辩理由。

随后，美国司法实践对竞争效果的分析完全建立在经济效率分析的基础上。有的学者甚至认为，美国反垄断法已经变成了一套经济学的理性原则。美国反垄断法的这种转变表面上是反垄断经济理论转变的结果，但实质上是美国国家利益使然。二战结束后，美国毫无争议地成了西方社会的领头羊，这表现在经济实力和政治形势上。在经济方面，经历了二战的欧洲百废待兴，经济颓势延续，这时的欧洲不是美国的竞争对手，而是美国的后花园。欧洲期待美国的经济援助，而美国则希望通过对欧洲的经济援助实施其全球政策。在政治上，东西方的对峙，使欧洲与美国更紧密地结合成整体，以对抗苏联与东欧的社会主义。但随着苏联解体、东欧剧变，特别是一些东欧国家加入欧盟，欧盟开始希望能在国际上发出自己的声音；同时，经过了短暂的调整，欧洲的经济，特别是德国、法国等欧盟主要国家的经济，得到了复苏并高速发展。20世纪70年代，布雷顿森林体系"双挂钩"制度的崩溃意味着美国经济相对强势状态的削弱。因此，美国开始重新定位自身的全球经济战略。反垄断法作为"替罪羊"成为许多学者攻击的对象，学者普遍认为反垄断法削弱了美国大企业的实力，从而导致美国国际竞争力下降。因此，不应该是"反垄断法"，而应该是

---

① 从经济学的角度分析，虽然垄断行为会损害自由竞争，并最终损害消费者的利益，但是垄断企业与国外企业相比，有竞争的优势。许多学者认为二战前德国经济的快速崛起就和德国存在大量的卡特尔有关。因此，从这个意义上分析，垄断企业虽然损害消费者利益，但在一定程度上却有利于国家的对外竞争力。参见危怀安、喻琼《完全竞争与经济效率：另一种观点》，《江汉论坛》2004年第2期；马鹏飞《垄断效率论》，《安阳工学院学报》2008年第5期。

② 理查德·A. 波斯纳：《反托拉斯法》（第二版），孙秋宁译，中国政法大学出版社，2003，第10页。

"反反垄断法"。反垄断法本应该保护美国企业的效率和国际竞争力。① 因此，从 80 年代开始，美国反垄断法采取了双重的标准，对国内的大企业采取宽松政策而严格适用于国外企业，以便更好地维护美国的经济利益。

从上面的分析中，我们可以看出主权国家反垄断法域外适用的真正目的是维护本国的利益，而不是解决国际经济自由化后出现的市场垄断问题。在这种情况下，反垄断法域外适用并不能真正解决国际市场垄断问题。

3. 竞争法域外适用加剧了国际社会的不公平

国际市场自由化后出现的垄断问题不仅破坏了国际自由竞争秩序，而且造成发达国家与发展中国家不公平的现象，导致国际社会"正义"的丧失。发达国家的跨国企业可以轻易击垮发展中国家的国民产业，占据国际市场。对于跨国公司实施的国际垄断行为，国际社会缺乏强有力的纠正方法，这极大地破坏了国际市场竞争秩序。而发展中国家的国内公司由于本身缺乏相应的竞争实力，只能被迫离开市场或接受跨国公司高额的盘剥。因此，国际社会自由化的结果是，国际市场的竞争从"适者生存"转变为"弱肉强食"。具体而言，这使弱者和强者处于同一地位竞争，侵害发展中国家及其中小企业，破坏实质正义。②

社会正义的缺失动摇了主权国家特别是发展中国家，对国际经济自由

---

① 魏建文：《美国反托拉斯法的价值理念述略》，《中南林业科技大学学报》（社会科学版）2008 年第 5 期。

② 随着国际经济法律自由化的发展，经济发展与社会问题的冲突日益加剧。这种冲突不仅影响到发展中国家内部，也影响到发达国家内部。实际上，贫富分化、劳工标准、环境生态、消费者权益保护等社会问题，已经成为全球性问题。据统计，从 1960 年到 1999 年，最富的 20% 国家在世界财富中所占的份额从 70.2% 上升到 82.8%；而最穷的 20% 国家在世界财富中所占的份额则从 2.3% 降至 1.3%。而联合国开发计划署公布的《2003 年人类发展报告》继续指出："研究表明，1980～1996 年全球只有 33 个国家保持人均 GDP 3% 的增长，59 个国家的人均 GDP 有所下降，而至少有 80 个国家人均收入低于十年前或更早时期的收入水平。" 2008 年在美国爆发的国际金融风暴，影响最大的不是美国而是广大的发展中国家。这些都说明了在国际经济法律自由化机制下国际正义的丧失。参见 UNCTAD World Investment Report 2003, http://www.unctad.org/en/docs/wir2003light_en.pdf，最后访问日期：2009 年 3 月 5 日。

化发展的信任。① 竞争法域外适用制度不仅没有真正解决社会正义缺失的问题，而且进一步加剧了这种不平等。由于国际社会的无政府状态，竞争法域外适用的效果取决于国家竞争执法机构的能力和资源。竞争执法机构的能力越强，资源越多，竞争法域外适用的效果就越好。实践中，发达国家与发展中国家竞争执法机构的能力不同，在资金、经验和信息等方面存在巨大的差距。美国在 1890 年就已经颁布了反垄断法，而且拥有庞大的经验丰富的反垄断经济学专家和法学专家群体；广大发展中国家虽然"依样画葫芦"，也设计了竞争法域外适用的制度，但是，基于现实原因，发展中国家的竞争法域外适用制度面对强大的跨国公司往往力不从心。发达国家为了维护本国的产业利益，变相维护和保护本国的跨国公司，对本国的跨国公司的限制竞争行为不仅豁免适用反垄断法，更有甚者，还设置信息保护制度。发展中国家则只能忍受跨国公司国际垄断行为的盘剥。这种仅依靠国家自身实力而不考虑规则公平的国际竞争制度现状，进一步加剧了国际层面上基本正义的丧失。②

对于发展中国家来说，竞争法域外适用制度的不利集中体现在以下两个方面。

首先，大多数发展中国家缺乏竞争执法经验。许多发展中国家制定竞争法不久甚至仍未制定竞争法。直到 20 世纪 80 年代后期，尽管有联合国大会的号召，联合国贸易和发展会议还就管制限制性商业实践提供了技术援助，但是颁布了竞争法的发展中国家仍然仅有 10 个左右，包括亚洲的韩国、印度、巴基斯坦和斯里兰卡。80 年代后期以后，随着世界各国经济政策总体上出现去国有化和市场化导向，减少行政对经济的干预和限制

---

① 国际社会也开始对自由化的国际经济制度产生怀疑，如《多边投资协定》（MAI）的流产、WTO 西雅图会议与坎昆会议的无"果"而终、反经济全球化运动的全球兴起以及 2008 年爆发的国际金融危机等都动摇了人们对全球自由化的信心。参见徐艳玲《反全球化思潮的多维透视》，《中州学刊》2007 年第 2 期；爱德华·S. 赫尔曼《全球化的威胁》，载李惠斌编译《全球化与公民社会》，广西师范大学出版社，2003，第 8 页。

② 国际秩序存在两种权力分配方式：市场导向型和权威导向型。对于市场弱势方，权威导向型的国际制度更具有吸引力，因为它能够提供更为稳固和可预见的制度安排；对于市场强势方，选择自由市场分配模式的市场导向型是它们的利益所在。而竞争法域外适用则采取市场导向型，这不利于发展中国家。参见赫德利·布尔《无政府社会——世界政治秩序研究》（第二版），张小明译，世界知识出版社，2003，第 101 页。

垄断行为成为大趋势，发展中国家大大加快了竞争法的立法步伐。90 年代以来，中欧和东欧地区的绝大多数国家包括保加利亚、罗马尼亚、克罗地亚、爱沙尼亚、哈萨克斯坦、立陶宛、波兰、俄罗斯、匈牙利等都颁布了竞争法。不过，发展中国家的竞争法一般是以美国或欧盟的竞争法为模版的，还缺乏本土经验。

其次，发展中国家竞争执法机构的资金和信息不足，难以通过域外适用本国竞争法来保护国内市场秩序。即使发展中国家采取竞争法域外适用制度，以"实力"为基础的域外适用制度也无法实现预期的效果。这通过 GATT 争端解决机制的例子可以说明。在 GATT 时期，由于采取"外交取向"的争端解决方式，发达国家以本国经济实力拖延争端解决的时间，阻挠判决的通过，并以本国实力对发展中国家施加压力，实施本国的贸易政策以实现目标。而相反，发展中国家的利益在"外交取向"的机制下无法得到切实的保护。① 因此，单纯依靠权力博弈，而不构建公正的国际制度，无疑对发展中国家是不公平的。

总体而言，竞争法域外适用制度不仅无法真正解决国际经济自由化后出现的市场垄断问题，而且加剧了国际社会的不公平现象。

（三）竞争法域外适用导致竞争法的国际冲突产生

虽然通过竞争法域外适用的方式解决国际垄断问题存在种种问题，但是，作为无政府状态下的次优选择，竞争法域外适用仍是主权国家面对国际垄断问题采取的主要方式。这种情况是主权国家基于维护本国利益而进行理性经济人选择的结果。国际社会中，这种理性选择的自利行为会导致博弈论中"囚徒困境"（prisoner's dilemma）模型的出现，即引发竞争法的国际冲突。也就是说，竞争法域外适用不仅没有完美解决国际经济自由化后出现的垄断问题，而且带来了竞争法冲突的新问题。

竞争法域外适用的管辖权依据是国际垄断行为对本国经济造成限制竞争的影响。在全球化的今天，国际垄断行为会影响国际竞争秩序，在多个国家产生限制竞争的经济效果。因此，不同国家都可以基于效果原则对其

---

① 赵维田：《论 GATT/WTO 解决争端机制》，《法学研究》1997 年第 3 期。

主张竞争管辖权，出现竞争管辖权冲突。从管辖权冲突的效果分析，竞争管辖权冲突有两种情况：积极冲突和消极冲突。

1. 积极冲突

积极冲突是指两个或两个以上的国家（国家集团）对同一国际垄断行为同时主张竞争管辖权。反垄断法积极冲突的典型例子就是国际兼并行为的多国重复管辖。由于管辖权的积极冲突，国际兼并行为往往需要经过多个国家（国家集团）的反垄断兼并审查程序和批准程序才能产生效力。全球化推进过程中，全球正经历前所未有的兼并热潮。根据美国司法部最后报告的数据，1999 年全球的兼并总额达到约 34000 亿美元。随后，企业兼并浪潮不断出现。① 与此相应的是，越来越多的国家（国家集团）要求国际兼并在实施之前，应接受竞争执法机构的事先审查和批准。② 因此，一个具有国际因素的兼并行为同时应向多个国家（国家集团）的竞争执法机构申报，接受多个国家（国家集团）的竞争执法机构的实质审查。

更有甚者，不同国家（国家集团）的兼并审查的要求和标准不同。一方面，并购当事方在实施跨国兼并行为时，需要根据不同国家（国家集团）的竞争法准备不同的审查资料，这大大增加了兼并的制度成本；另一方面，不同国家（国家集团）的兼并审查标准的差异也增加了兼并审查结果的不确定性。表 1-2 列出德国、欧盟、美国和澳大利益的兼并审查标准。比较这些国家（国家集团）的兼并审查标准，可以看出，各国（国家集团）的兼并审查标准不仅有程序性规定差异，还涉及经济分析指标差异。国际兼并审查标准的差异，不仅加大了国际并购商业行为的不确定性，也容易导致国家（国家集团）间的政治摩擦。

---

① 从 20 世纪 90 年代开始，国际社会出现多个兼并浪潮，企业兼并数额不断增加。参见《全球兼并收购风起云涌 跨国经营重在促进联系——介绍〈2001 年世界投资报告〉》（续），《国际经济合作》2001 年第 10 期；UNCTAD/PRESS/PR/2007/029，http://www.unctad.org/Templates/Webflyer.asp?docID=9100&intItemID=2068&lang=1，最后访问日期：2009 年 6 月 7 日。

② 1970 年仅有 12 个国家制定了竞争法，而到 2020 年已经有 125 个国家制定了竞争法。参见 OECD Competition Trends 2020，http://www.oecd.org/competition/oecd-competition-trends.htm，最后访问日期：2023 年 6 月 8 日。

表1－2　不同国家（国家集团）的兼并审查标准

标准	德　国	欧　盟	美　国	澳大利亚
禁止标准	可能产生加强垄断地位的集中行为	产生或加强垄断的集中行为，它将阻碍有效的竞争	实质性削弱竞争或可能产生垄断的收购	具有或可能具有在某一市场上实质性削弱竞争影响的收购
参与企业的市场份额/量化底线	可能产生市场垄断地位的兼并：≥33%可能产生联合市场垄断地位的市场集中度：三企业指数* ≥50%，并且五企业指数≥67%	考察参与企业的市场地位；不可能阻碍竞争的兼并：≤25%	可能产生限制竞争效果的兼并：≥35%（除非顾客们可找到其他替换的供应来源）HHI标准**	可能实质性削弱竞争的兼并：>15%，并且市场集中度为四企业指数>75%；或者>40%
市场发展程度	市场状态（成长、创新速度、竞争条件的变化）	供需倾向	市场条件的变化（新技术、市场份额的提高）	市场动态特征（成长、创新、产品多样化）

　　* 三企业指数，表明行业集中度的指数，等于行业内排名前三位的企业市场份额之和。四企业指数等于行业内排名前四位的企业市场份额之和。

　　** 赫芬达尔·赫兹曼指数（HHI），HHI等于市场份额的平方和。如果某行业只有一家企业，则HHI为100×100＝10000，如果该行业由1000家企业构成，并且每一家占有0.1%的市场份额，则HHI为0.1×0.1×1000＝10。因此，HHI越大，行业的集中度越高，竞争程度也越低。

　　资料来源：王中美《竞争规则的国际协调与统一》，博士学位论文，厦门大学，2003，第185～186页。表注同。

　　实践中，由于兼并标准的不同，不同的国家（国家集团）对同一并购行为形成不同审查结果的案例，并不罕见。在著名的"美国航空公司波音（Boeing）—麦道（McDonnell Douglas）兼并案"中，案涉并购行为在美国通过而被欧盟所禁止就很好地说明了这一问题。[①] 该案中，欧盟和美国得出完全不同的审查结论，很大的原因是欧盟委员会考虑了波音的欧洲竞争对手空中客车的利益，而美国当然愿意增强本国企业在国际市场的垄断优势。但是，从经济学的角度分析，大多数兼并行为的经济效果是存在争议的，一定数量的兼并行为是市场竞争的结果。高效的国际兼并可以

---

　　① 《波音与麦道的联姻》，http://jgx.zjwchc.com/qygl/anlie/view.asp?id＝846，最后访问日期：2009年4月13日。

淘汰生产率低的企业，优胜劣汰，达到国际资源的最佳配置。提高兼并行为的审查制度成本，是对市场竞争的变相扭曲。

2. 消极冲突

竞争法管辖权的消极冲突是指国际垄断行为损害国际竞争秩序，但没有国家对其主张和行使竞争管辖权。管辖权的消极冲突主要体现为以下两种情况。

第一，出口卡特尔。出口卡特尔虽然是典型的反竞争行为，但是它并不会给国内市场造成损害或只会造成轻微的损害，出口国往往对出口卡特尔豁免适用竞争法。而受到出口卡特尔损害的进口国，只有在法律存在域外管辖权规定的情况下，才有法律依据对其实施竞争管辖权。如果进口国没有制定竞争法或竞争法没有规定域外适用制度，出口卡特尔将成为一个不受竞争法管辖的法律漏洞。例如，2000 年美国的"BP 阿莫科公司（BP Amoco）—美国大西洋里奇菲尔德公司（ARCO）兼并案"，适用了出口卡特尔豁免原则。[①] 美国联邦贸易委员会（Federal Trade Commission）在 2000 年 13 日批准了英国 BP Amoco 和美国 ARCO 的合并。该合并案件使 BP Amoco 成为世界上第三大石油公司。尽管该合并可能使该公司控制足够的市场份额，同时可能在对亚洲出口时操纵价格，但是美国联邦贸易委员会还是不愿意限制这一行为。因为 BP Amoco 的限制出口行为不会对美国造成损害，而只会损害亚洲国家的利益。美国联邦贸易委员会大多数成员认为没有必要也不合适对限制出口行为进行规制，而亚洲也并没有任何国家对这个案件实施管辖权，这使此案成为竞争管辖权的法外领域，结果是卡特尔组织破坏了亚洲石油市场的正常竞争秩序，抬高了亚洲石油的销售价格，损害了亚洲石油消费者的利益。

第二，法律避风港。现在还有一些国家没有出台竞争法。跨国公司会将这些国家作为实施国际限制竞争行为的法律避风港。跨国公司具有全球性经营战略，因此，其为了规避各国的竞争法规定，可能会将从事限制竞争行为的地点移到没有竞争法的国家，逃避母国竞争法的制裁。2000 年美国的"吸着剂（sobates）案"，涉及吸着剂、化学保鲜剂等市场，该案

---

① 王晓晔：《竞争法研究》，中国法制出版社，1999，第 449～450 页。

历时 18 年，并影响了美国 10 亿美元的商业利益。吸着剂的主要生产商每年至少会面两次，并对吸着剂在世界四个地区的销售价格和数量进行协商。[①] 生产商通过不及时公布协商结果、把协商的地点移到美国境外、在协商后销毁一切的会议文件等方法逃避监管。对于这种在没有竞争法的国家进行垄断协商的行为，母国等国家往往难以收集到相关的证据，这些没有竞争法的国家成为限制竞争行为的法律避风港。

二　制度呼唤：国际竞争法机制

在国际社会的无政府状态下，主权国家为了维护本国利益，采取竞争法域外适用制度纠正国际市场失灵的垄断偏差。但是，从实际效果上看，竞争法域外适用制度不仅无法解决国际经济自由化带来的垄断问题，而且导致主权国家之间竞争法的管辖权冲突产生。以经济学理论和国际关系理论分析，摆脱国际市场失灵带来的垄断困境必须构建国际竞争法机制。

（一）规制国际垄断行为需要构建国际竞争法机制

自由竞争是市场经济的本质属性和基本特征。正如新自由主义大师哈耶克所指出的："只有市场机制才是有效率的，才能实现个人自由同时又兼有公平的特征。"[②] 虽然哈耶克的这种只要经济自由竞争，而忽视实质社会公正的观点遭到了学者的批评[③]，但是，在亚当·斯密提出"看不见的手"的理论后，市场经济即竞争经济的观点也得到了学者的普遍承认。只要实行市场经济，就要维护市场自由竞争。市场竞争机制这只"看不见的手"本来是具有较强自我调节功能的，但当市场经济发展到一定阶段，市场竞争机制就越来越难以完全依赖自身功能来维护。这就要求建立

---

① 刘岩：《国际卡特尔的有效威慑机制研究》，博士学位论文，东北财经大学，2005，第120 页。

② 弗里德利希·冯·哈耶克：《法律、立法与自由》（第二、三卷），邓正来等译，中国大百科全书出版社，2000，第 190~191 页。

③ 有经济学家在分析哈耶克自由即公正的观点时提出，"自由市场"并非如哈耶克所描述的那样，是一种自发的秩序，它也不是西方社会发家的"秘诀"，"自由市场"中的"自由"是片面的，它能实现的"公平"本身就是不公平的。参见张庆《我国在非对称贸易条件下外贸问题的思考》，《中国经济问题》2006 年第 4 期。

反垄断法律制度，由政府对市场活动进行适度干预，用这只"看得见的手"来矫正市场发展进程中产生的扭曲和失真。经济法律的自由化应包含两个方面：第一个方面是减少公权力对国内经济的限制，通过国内法律的自由化实现市场的自由竞争；而第二个方面则是通过制定竞争法防止私人垄断行为对自由竞争秩序的破坏。

随着国际生产力的发展，自由化的市场经济逐渐扩展到全球范围，出现了国际垄断行为。国际卡特尔或跨国公司的限制竞争行为难以通过主权国家单方面适用竞争法来进行有效规制。在全球市场经济体系中，国际社会同样需要构建国际竞争法机制以纠正国际垄断行为，维护国际市场的自由竞争秩序。事实上，国内经济法律自由化与国际经济法律自由化相比，只是自由化范围从国内扩展到全球，而基本范式并没有本质区别。① 因此，国际经济法律自由化同样需要两方面的内容：一方面，各主权国家拆除经济壁垒并推动非管制化，实现国际经济要素的自由流动；另一方面，对私人国际垄断行为进行有效规制，维护国际市场竞争秩序。

但是，国际经济法律自由化只是完成了自由化进程的一部分，也就是拆除主权国家的关税与非关税壁垒，实现国际经济的自由竞争；而另一部分，即建立国际竞争法机制，防止国际垄断行为对自由竞争秩序的破坏，仍未完成。因此，规制国际垄断行为需要在国际社会构建国际竞争法机制。

（二）解决竞争法冲突需要构建国际竞争法机制

在无政府状态下的国际社会中，国家作出决策的立足点是本国的利益。"国家是一块人类居住的领土……它总是意味着在分配、保存和转移

---

① 从前文分析中可以看出国际经济法律自由化与国际经济法律自由化的哲学基础都是"个人权利主义"，在传统的国际法理论中，国际法与国内法是两个相互联系而又相互区别的法律体系，国际法的主体是主权国家而非私人，而国内法的主体则以私人为主。在经济全球化的浪潮中，私人的作用不断扩大。国际法学界开始认为私人可以有限度地成为国际法的主体，而国际经济法学界更是认为私人是国际经济法的重要主体。参见劳特派特修订《奥本海国际法》（上卷第二分册），王铁崖、陈体强译，商务印书馆，1971，第140页；汪自勇《对个人国际法主体地位的反思——对新近国际法主体理论之简要分析》，《法学评论》1998年第4期。

权利中的利益。这一利益决定着问题的回答和问题的裁决。"[1] 因此，在决定是否适用竞争法时，主权国家是以自己的国家经济利益为出发点进行判断的。如果主权国家认为国际垄断行为影响到本国经济利益，即使国际垄断行为发生在境外，主权国家也主张对其进行管辖。反之，国际垄断行为即使发生在境内，但只要不影响本国的经济利益，主权国家也不愿意对其进行管辖。

主权国家以本国的利益为出发点决定是否对国际垄断行为进行规制的现象，在无政府状态下产生了竞争法冲突的"囚徒困境"[2]。此种"囚徒困境"引发了主权国家在竞争法域外适用方面的不合作，产生了对国际社会整体不利的后果。

根据博弈论理论，假设国际社会存在 A、B 两个国家，如果两个国家对所有垄断行为都进行规制，则 A 国与 B 国可以获得（3，3）的收益，而国际社会的总收益为 6；如果 A 国只规制影响本国的垄断行为，B 国规制所有垄断行为，A 国可以获得相对于 B 国的额外利益，则 A 国与 B 国可以获得（5，－2）的收益，国际社会的总收益为 3；如果 B 国只规制影响本国的垄断行为，A 国规制所有垄断行为，B 国可以获得相对于 A 国的额外利益，则 A 国与 B 国可以获得（－2，5）的收益，国际社会的总收益为 3；如果 A 国与 B 国均只规制影响本国的垄断行为，则 A 国与 B 国可以获得（－1，－1）的收益，国际社会的总收益最小化，为－2（见表 1－3）。从理想的角度分析，A 国与 B 国应采取都规制，以达到国际收益的最大化。但是，出于理性人的考虑，避免另一方不规制产生的不利后果，A 国与 B 国都会选择只规制影响本国的垄断行为，而放任不影响本国的垄断行为，国际社会在这种状态下，将形成收益最小化的均衡——（－1，－1）。

---

① Micheal Smith, *Realist Thought from Weber to Kissinger* (Louisiana State University Press, 1986), p. 25.

② "囚徒困境"是博弈论的非零和博弈中具有代表性的例子。1950 年，就职于兰德公司的梅里尔·弗勒德和梅尔文·德雷希尔拟定出关于困境的理论，后来由顾问艾伯特·塔克以囚徒方式阐述，并命名为"囚徒困境"。See Stephen W. Littlejohn and Karen A. Foss, *Theories of Human Communication* (Waveland Press, 2002).

表 1 - 3 竞争法域外适用博弈的"囚徒困境"模型

	A 规制全部	A 规制部分
B 规制全部	(3, 3)	(5, -2)
B 规制部分	(-2, 5)	(-1, -1)

从上述分析中可以看出，主权国家出于自利会采取"以邻为壑"的竞争法域外适用政策，这种信息不对称的博弈后果在竞争法方面表现为竞争法的冲突无法通过单边措施得到解决。从经济学的角度分析，解决"囚徒困境"的主要方法在于合作与信息沟通。"博弈者要建立这样的信念：合作的行为将使所有的参加者受益。"[①] 至于主权国家在国际社会如何合作，国际机制理论认为"建立国际机制是国际社会合作的最有效形式"[②]。国际机制在帮助国家实现共同利益方面发挥了重大作用，活跃在特定问题领域的不同国家拥有只能通过合作才能实现的共同利益；国际机制会帮助主权国家达成互利的安排。换言之，没有国际机制，则国际合作无法达成。国际机制可以降低合作的不确定性，并通过降低合作的不确定性来促进国际合作。[③] 国际机制理论大师基欧汉曾如此评价合作与国际机制之间的关系："合作并不都是善意的，但没有合作，我们将迷失。没有机制，我们将很少合作。"[④]

就解决竞争法冲突而言，主权国家之间的合作也可以有效解决无政府状态所带来的信息不对称问题。构建国际竞争法机制可以有效摆脱竞争法域外适用不合作带来的"囚徒困境"，消除竞争法冲突，为国际社会带来共同的利益。

（三）国际竞争法机制可一定程度缓解竞争法域外适用带来的不公平

竞争法域外适用不仅没有能力解决国际经济自由化带来的社会正义丧

---

① 苏长和：《全球公共问题与国际合作：一种制度的分析》，上海人民出版社，2000，第146 页。

② Anderas Hasenclever et al., *Theories of International Regimes* (Cambridge University Press, 1997), p. 1.

③ Robert Keohane, *International Institutions and State Power: Essays in International Relations Theory* (Westview Press, 1989), p. 234.

④ 罗伯特·基欧汉：《霸权之后——世界政治经济中的合作与纷争》，苏长和等译，上海人民出版社，2001，第135 页。

失问题，而且由于发展中国家与发达国家在竞争法域外适用上的能力存在很大的差异，竞争法域外适用放大了这种不公平现象——发展中国家的经济发展要忍受跨国公司限制竞争行为的侵害。UNCTAD 对发展中国家规制跨国垄断行为进行了研究，并得出结论：单边域外适用竞争法对发展中国家是"不现实的"①。

经济自由化与社会公平之间的悖论早就引起了学者的关注。从亚当·斯密开始，西方学者就反复警告：市场不仅具有垄断的倾向，而且会导致强弱分化的"马太效应"②。经济自由主义的价值基点在于洛克的"个人权利至上主义"，"它相信如果保持每个人都是自由的，往往会超出个人理性所能设计或预见到的结果"③。而个人主义就在于维护平等，但"公平与平等有时候是近义的，有时却是径庭的"。陈安教授分析公平与平等时，作出了经典的论述："对于经济实力悬殊，差距极大的国家'平等'地用同一尺度去衡量，用同一标准去要求，实行绝对的，无差别的'平等待遇'。其实际效果，有如要求先天不足，大病初愈的弱女与体魄健壮，训练有素的壮汉，在同一起跑点上'平等'地赛跑，从而以平等的假象掩盖不平等的实质。"④ 从国际经济自由化的过程中可以看到，国际经济自由化过程中一直存在发展中国家与发达国家之间的不公平现象，而且议题的谈判越深入，不公平的现象就越深刻。⑤ 纠正经济自由化带来的社会正义丧失需要政府介入以提供公共产品。国际社会的无政府状态无法提供这种公共产

---

① Bapbara Rosenberg, "Competition Law and Policy Provisions in International Agreements: Assessing the Low Level of International Implementation,"in UNCTAD, *Implementing Competition—Related Provisions in Regional Trade Agreements*: *Is It Possible to Obtain Development Gains?*, UNCTAD/DITC/CLP/2006/4.6.

② 陆象淦：《经济全球化与当代资本主义民主危机——西方学者的若干论述》，《国外社会科学》2001 年第 1 期。

③ 冯·哈耶克：《个人主义与经济秩序》，贾湛、文跃然等译，北京经济学院出版社，1989，第 11 页。

④ 陈安：《国际经济法专论》（上），高等教育出版社，2002，第 301 页。

⑤ 在 GATT 和 WTO 的谈判过程中，从单纯的货物贸易到服务贸易、知识产权贸易的多议题，谈判和合作不断深入。但是，越是高级合作的议题如知识产权贸易，发达国家与发展中国家之间的差距越大，平等表面下的不公平也就越明显。在 MAI 的谈判中，对发展中国家的不公平比单纯的货物贸易体现得更为明显，最后在 NGO 的反对和多方分歧下，MAI 宣告破产。参见罗伯特·吉尔平《全球政治经济学：解读国际经济秩序》，杨宇光、杨炯译，上海人民出版社，2003，第 200 页。

品，在国际经济法理论界，一些学者提出国际经济法宪制化理论。①

国际经济法宪制化的讨论源于对多边贸易体制未来发展的讨论。关于多边贸易体制的改革早在 GATT 时期就已经提出，而 WTO 成立后相关议题进展缓慢的事实将这场关于世界贸易体制宪制问题的学术大辩论推向高潮。众多学者参与了这场学术辩论，他们的观点主张各异，共同推动了对世界贸易体制宪制问题的深入研究。在国际经济法宪制化的讨论中，杰克逊教授和彼得斯曼教授处于相当核心的地位，杰克逊教授基于 GATT 制度的不足提出对国际经济进行宪制组织化的观点。杰克逊教授在 1969 年出版的专著分析了 GATT 在制度上的不足，并提出多边贸易体制宪制组织化改革的观点。② 彼得斯曼教授则从人权价值的角度提出国际经济法的宪制化。彼得斯曼教授认为，在经济一体化的情况下，有必要对 WTO 进行规制化改革，解决全球化下世界经济一体化和滞后的二元分立管辖模式之间的内在矛盾。③ 各国国内社会的公民通过直接或间接的方式大规模地参与世界经济一体化的活动，传统意义上国际事务由国家垄断的局面被打破。在人类社会的经济生活中，开始出现一种超越国内社会与国际社会的私人间利益结构。作为主要调整国家间关系的管辖体制，传统国际法体制无法有效规范世界经济一体化活动中涉及的私人间跨国利益关系。而解决这个难题的出路就在于国际经济法的宪制化，通过国际组织发挥部分政府的职能，适度进行干预。

---

① 晚近，运用或借鉴国内宪法与宪制理论，尤其是联邦制国家的宪法与立宪理论解释国际组织的章程及运作成为一种潮流，尽管有学者对这种把国际组织章程与主权国家宪法进行类比的做法予以严厉批评，力行者也承认国际组织与主权国家在权力结构方面存在颇多不同，但是，国际组织宪制化无疑已经成为许多学者讨论的热点问题之一。See E. Jose Alvarez, "Constitutional Interpretation in International Organizations," in Jean – Marc Coicaud and Veijo Heiskanen, *The Legitimacy of International Organizations* (United Nations University Press, 2001), pp. 104 – 106, 110.

② 虽然杰克逊教授并未在其著作中明确提出宪制化的观点，但是杰克逊教授认为，GATT 的组织建构是国际贸易宪制化的基础。See H. John Jackson, *World Trade and the Law of GATT* (The Boobs – Merrill Company, Inc., 1969), p. 785.

③ Ernst – Ulrich Petersmann, *Constitutional Functions and Constitutional Problems of International Economic Law* (University Press Fribourg Switzerland, 1991); Ernst – Ulrich Petersmann, "Constitutionalism and International Adjudication: How to Constitutionalize the U. N. Dispute Settlement System?" *New York University Journal of International Law and Politics* 31(1999).

虽然国际经济法的宪制化改革并不仅仅指建立国际竞争法机制，但是，建立国际竞争法机制以克服市场失灵的垄断问题无疑是国际组织宪制化的重要组成部分之一。在自由化发展的国际经济体系中，市场竞争机制是国际市场配置资源的基本方式。发达国家与发展中国家在竞争法域外适用方面的能力不对等加剧了市场竞争机制带来的不公平。因此，在国际宪制理论下，建立一个适度干预国际经济运行，维护国际市场竞争秩序的国际竞争法机制可以有效弥补能力不对等带来的公平缺失。

（四）国际竞争法机制减少国际经济自由化的交易成本

在经济增长和社会发展领域，制度具有决定性的作用。制度变迁的原因之一就是相对节约交易费用，即降低制度成本、提高制度效益。所以，制度变迁可以理解为一种收益更高的制度对另一种收益较低的制度的替代过程。制度变迁的动力来源于作为制度变迁的主体"经济人"的"成本—收益"计算。主体只要能从变迁预期中获益或避免损失，就会去尝试变革制度。制度供给、制度需求、制度均衡与非均衡形成了制度变迁的全过程。制度供给是创造和维持一种制度的能力，一种新制度供给的实现也就是一次制度变迁的过程。制度需求是指当行为者的利益要求在现有制度下得不到满足时产生的对新的制度的需要。制度变迁首先是从制度的非均衡开始的。制度变迁的模式主要有两种。一种是自下而上的诱致性制度变迁，它受利益的驱使。"诱致性变迁指的是现行制度安排的变更或替代，或者是新制度安排的创造，它由个人或一群（个）人，在响应获利机会时自发倡导、组织和实行。"一种是自上而下的强制性制度变迁，它由国家强制推行。"强制性制度变迁由政府命令和法律引入和实行。"①

国际自由化市场体系要求国际竞争法机制成为全球资源配置的工具。而竞争法机制要实现对全球资源的最优配置，需要三个条件：市场充分竞争、产权明确以及零交易费用。三个条件缺乏任何一个，都不可能实现社会福利的最大化。而这三个条件在市场自发条件下是无法实现的。市场充分竞争需要政府提供竞争法机制来维护市场的自由竞争，产权明确需要政

---

① R. 科斯、A. 阿尔钦、D. 诺斯等：《财产权利与制度变迁——产权学派与新制度学派译文集》，刘守英等译，上海三联书店、上海人民出版社，1991，第384页。

府制定产权制度，而零交易费用在现实中是不可能存在的，只有尽可能降低交易费用。因此，创建国际竞争法机制是实现竞争机制的作用所产生的制度需求。这种需求体现在两个方面。一方面，现有的国际竞争法机制失衡，需要进行制度变迁。在全球经济一体化的趋势下，私主体（特别是跨国公司）成为国际社会的参与者，并发挥了越来越重要的作用。而现有的国际社会仍然是威斯特伐利亚体系下坚持主权平等原则的国际体系。私主体参与的增多与主权樊篱的分割造成了国际社会的二元分离。跨国公司的全球战略与主权国家竞争法域外适用所维护的本国利益的背离是这种二元分离的体现。也正因如此，主权国家竞争法的域外适用对于解决国际经济自由化困境是无效率的。这种无效率就是国际竞争法机制失衡的体现。另一方面，现有竞争法机制的交易成本太高，需要降低国际经济自由化的交易成本。竞争法域外适用的结果是主权国家的竞争法冲突，这种冲突不仅弱化竞争法域外适用的效果，而且导致主权国家为自身利益进行体制竞争，形成"囚徒困境"。这不仅不能降低国际经济自由化的交易成本，反而会增加交易成本。制度的作用在于降低交易成本，因此，从国际社会整体的角度分析，现有的竞争法域外适用制度是无效率的。这种无效率的制度需要一个更高效的制度来代替。从功能分析和博弈分析中我们可以看出，国际竞争法机制可以化解国际经济自由化危机，降低国际经济自由化的交易成本。因此，从制度的角度分析，国际经济自由化需要建立国际竞争法机制。

第二章　构建国际竞争法机制的
路径选择

国际经济自由化发展并非自发完善的进程，必然会带来市场垄断困境。一方面，国际经济市场竞争机制会受到私人垄断力量的限制，减损国际经济自由化带来的福利；另一方面，国际经济自由化带来的不公平现象也动摇了发展中国家对经济全球化的憧憬。理论上，摆脱这种困境的方式就是在国际社会进行经济立宪，构建国际竞争法机制，以解决国际经济自由化之后出现的国际垄断问题。

构建国际竞争法机制不仅取决于制度需求，而且更受制于国际竞争法机制的制度供给能力。因此，在上一章讨论国际竞争法制度需求的基础上，本章进一步分析国际社会是否有能力提供国际竞争法制度，以及国际社会供给有效国际竞争法制度的可行路径。

本章第一节首先分析国际社会现状下，构建一个全球统一的国际多边竞争机制是否可行。早在二战结束后的《哈瓦那宪章》中，国际社会就设计了多边竞争规则。在乌拉圭回合谈判中，欧共体等成员也积极推动在WTO中纳入竞争议题。WTO成立后的新加坡会议，更是将竞争议题作为研究的新议题之一。但是，迄今为止，构建国际多边竞争法机制的尝试都没有成功。

构建国际多边竞争法机制的失败经验要求国际社会采取其他路径。①国际社会一直存在全球主义和区域主义两种国际经济一体化的路径。本

---

① 全球主义也称为多边主义，全球主义观点认为贸易自由的资本主义已成为我们这个时代不证自明的自然秩序（natural order），随着市场力量的不断壮大，国家经济不可避免地走向全球经济，一个商品、服务和资本可以自由流通的全球市场正在形成。（转下页注）

章在第二节论述区域经济一体化与全球化之间的关系及 WTO 中关于区域经济一体化的规定，并提出构建国际竞争法机制的可行路径。区域经济一体化已经成为国际竞争规则的主要博弈和谈判平台，国际竞争法机制的构建路径是通过区域经济一体化的竞争法机制逐步走向多边国际竞争法机制。

第一节　构建国际多边竞争法机制的尝试及失败

国际社会构建统一国际多边竞争法机制的尝试在二战后国际经济秩序的重构之初就已经开始。二战后，西方国家开始思考如何迅速恢复国际自由市场经济秩序，而维持国际市场的自由贸易与竞争成为经济秩序重构的目标之一。作为布雷顿森林体系①的一部分，国际社会提出了在联合国框架内构建国际贸易组织的设想。国际贸易组织的宪章性文件《哈瓦那宪章》的内容不仅包括自由贸易，而且包括投资、服务和限制垄断行为。《哈瓦那宪章》成为国际社会努力规制国际垄断行为的第一次尝试。

（接上页注①）与此相对应，在全球化日益深化、"地球村"基本形成、全球性问题层出不穷的背景下，构建跨越民族国家的多边的世界性组织来协调和管理全球事务以重建世界秩序已经成为一种必然的趋势，国际社会为了适应全球化的现状必须采取多边主义的进路。区域主义是介于单边主义与多边主义之间的第三条道路，是"在区域地理的基础上，一部分邦与邦之间的团体或组织结构化"。区域主义承认多边主义发展是趋势，但是又认为发生在一个世界体系内任何特定部分或特定单元，在物质或精神方面影响发生于该体系内各个体或组成单元的事件之程度不同。因此，国际社会适应全球化现状并非一蹴而就的全球主义，而是分区域、分领域不同程度推进的过程。区域主义路线更符合现实主义的国际社会发展的观点。See Femandez R. , "Returns to Regionalism: An Evaluation of Non – Traditional Gains from RTAs," *NBER Working Paper* 5970（1997）; Fenmandze R. and Portes J. , "Returns to Regionalism: An Analysis of Non – Traditional Gains from Regional Trade Agreements," *The World Bank Economic Review* 8（1998）; 曹亮、张相文、符大海《区域主义与多边主义：共存或冲突？——一个政治经济方法的分析视角》，《管理世界》2007年第 4 期。

①　二战后，《关贸总协定》和世界银行、国际货币基金组织被视为支撑世界经贸和金融格局的三大支柱。这三大支柱实际上都肇自 1944 年召开的布雷顿森林会议。对于后两者，人们又习惯称之为布雷顿森林货币体系。布雷顿森林体系是二战后国际经济秩序构建的基础，也是以经济自由和平等为基石的国际经济秩序。这个表面平等的国际经济旧秩序构建了以美元为中心的国际金融体系。参见刘丰名《国际金融法》，中国政法大学出版社，2004。

《哈瓦那宪章》第五章"限制商业"明确规定了保护自由竞争的机制，其第 45 条、第 46 条、第 47 条、第 48 条、第 50 条和第 51 条等条款，分别对垄断行为、防止垄断的义务、垄断调查的程序等作出了较为明确的规定。[①] 除了实体性规定，《哈瓦那宪章》还规定了国际贸易组织对于限制性商业行为的磋商、起诉和调查机制。[②] 正因如此，一些学者认为："宪章的规定太超前了，脱离了国际社会的实践。"[③]

美国国会出于对美国主权弱化的担忧，拒绝批准《哈瓦那宪章》。因此，国际贸易组织设计的国际竞争法机制只停留在纸面阶段。《关贸总协定》作为一个临时适用的协定并没有关于竞争法机制的专门规定。事实上，二战结束初期，国际社会的主要关注点仍集中于削减关税壁垒问题。主权国家的关税壁垒和非关税壁垒仍是当时国际经济自由的主要障碍。而且在战后经济恢复阶段，许多国家还实行战时计划经济管制，这个时期提出如此具有"硬效力"的国际多边竞争规则，确实不符合消极自由化阶段的时空特征。

基于《关贸总协定》多轮贸易谈判的努力，20 世纪 90 年代，主权国家的关税和非关税壁垒已经大幅度削减甚至消除，国际经济自由化水平得

---

① Havana Charter for an International Trade Organization, March 24, 1948, UN Doc. E/Conf 2/78 (1948). 其中第 46 条是限制商业行为的核心条款。第 46 条规定："各成员方应采取适当措施并与本组织合作，防止私营或公共企业采取影响国际贸易的商业行为，限制竞争、限制市场准入或助长垄断控制，只要这种行为对扩大生产或贸易存在有害影响，并妨碍第 1 条所列的任何其他目标的实现。"第 1 条第 1 款规定的目标是：提高生活水平，保证充分就业，以及促进经济社会的进步与发展。第 46 条规定了禁止下列行为：（1）在购买、销售或租赁产品时，固定价格、条款或条件；（2）将企业排除在任何地区的市场或商业活动领域之外，或者对其进行分配或瓜分，或者分配客户，或者固定销售配额或购买配额；（3）歧视特定企业；（4）限制生产或固定生产配额；（5）通过协议阻止技术或发明的发展或应用，无论是否有专利权；（6）将专利权、商标权或版权的使用范围扩大到根据其国内法律法规超出授权范围的事项，或扩大同样超出授权范围的产品生产、使用或销售的条件；（7）经出席会议并参加表决的成员三分之二多数同意，可宣布为限制性商业行为的任何类似做法。

② 第 50 条第 4 款规定："各成员方应充分考虑本组织根据第 48 条提出的每项要求、决定和建议，并根据其宪法法律和经济组织的规定，在特定情况下采取其认为适当的行动，同时考虑到本宪章规定的义务。"第 5 款规定："各成员方应全面报告为遵守本组织的要求和执行本组织的建议而独立或与其他成员一起采取的任何行动，如果没有采取任何行动，应将原因告知本组织，并在本组织要求时与本组织进一步讨论该问题。"

③ Roger Zach, *Towards WTO Competition Rules* (Kluwer Law International, 1999), p. 12.

到很大提高。而国际经济自由化受到民营跨国大企业的干预与破坏这一问题开始引起国际社会的重视。国际经济从消极自由化阶段逐步进入积极自由化阶段。国际经济积极自由化阶段不仅要求主权国家拆除经济壁垒，而且需要国际社会对私主体破坏自由竞争的行为进行适度干预。在这种情况下，在乌拉圭回合谈判中，构建国际统一竞争法机制的设想又被学术界和一些缔约方提出，成为讨论的议题之一。①

一　构建国际多边竞争法机制的三种主要方案

20 世纪 90 年代开始的关于国际多边竞争法机制的讨论与二战后初期构建国际竞争秩序的努力不同，这次讨论不仅有官方的意见，还有学术界的踊跃参与。在学术界的知识贡献和官方的推动下，构建国际竞争法机制的讨论达到了一个高潮。这个时期的讨论比较多，概括起来包括以下三种主要的方案。

（一）秩序自由主义学者的方案——国际反垄断法草案

秩序自由主义学者的方案中的国际多边竞争法机制是其国际经济立宪主张的一个重要组成部分。秩序自由主义学者的思想来源于德国的"弗赖堡学派"思想。② 秩序自由主义思想家赞同自由主义的早期观点，认为具有竞争性经济体系是一个繁荣、自由和公平的社会的必要条件。但是他们也坚信，只有把市场纳入一个"宪法架构"，社会才能发展。这个架构

---

① Ernst – Ulrich Petersmann, "Legal, Economic and Political Objectives of National and International Competition Policies: Constitutional Functions of WTO 'Linking Principles' for Trade and Competition," *N. Eng. L. Rev.* 34 (145) (1999) ; Karel Van Miert, "International Cooperation in the Field of Competition: A View from the EC," *Fordham Corp. L. Inst.* , *Ch.* 2 (1998) ; Mitsuo Matsushita, " Reflections on Competition Policy/Law in the Framework of the WTO," *Fordham Corp. L. Inst.* , *Ch.* 4 (1998) ; Report (1999) of the Working Group on the Interaction Between Trade and Competition Policy to the General Council of the World Trade Organization, WT/WGTCP/3; Report (1998) of the Working Group on the Interaction Between Trade and Competition Policy to the General Council of the World Trade Organization, WT/WGTCP/2.

② "弗赖堡学派"思想来源于德国西南边陲的一个大学城内一群反对纳粹极权主义和国家社会主义的知识分子。弗赖堡学派的三位创始人即经济学家瓦尔特·欧肯以及两位法学家弗兰兹·伯姆和汉斯·格罗斯曼在弗赖堡相遇后，发现他们在构建经济法律秩序方面持有相同的观点，而这种观点促进了弗赖堡学派的形成。参见戴维·J. 格伯尔《二十世纪欧洲的法律与竞争：捍卫普罗米修斯》，冯克利、魏志梅译，中国社会科学出版社，2004，第 249 页。

能保护竞争过程不受歪曲，保障市场收益在全社会的公平分配，尽量减少政府对市场的干预。对法律和经济观念的这种解释，是弗赖堡学派发展的"秩序自由主义"思想流派的本质。

秩序自由主义学者认为存在两种国际经济秩序：一是"交换经济"，即组织经济行为依赖私人作出的交换决定；二是"集中管理的经济"，即政府按照经济体系之外的标准组织经济活动。在秩序自由主义学者看来，交换经济的本质是经济竞争，因为它能够使系统有效率地运行。此外，经济体系中的竞争水平越高，系统的运行就越有效率。而为了构建高效率的竞争秩序，秩序自由主义学者把他们对经济现象的分析置于政治—法律的背景下，从而开辟出一片新的天地。经济宪法是秩序自由主义用以整合法律和经济思想的工具。正如弗赖堡学派敏锐的分析家所说，"利用经济宪法的概念，这个小圈子获得了推动他们全部思考的'观念力量'，为他们的全部工作确定了方向，使他们真正成为一个具有原创性的新学派"。[1]

概言之，秩序自由主义学者眼中的"竞争秩序"就是把有限的必要的国家干预引入自由市场经济体系，通过国家的鼓励和支持来实现完全竞争的经济秩序。对于处于无政府状态的国际社会，秩序自由主义学者认为需要对国际经济组织进行宪制化改革。[2] 作为宪制化改革的重要组成部分之一，国际社会应构建一个统一的国际多边竞争法机制以维护国际市场的自由竞争秩序。这种观点在慕尼黑专家工作小组[3]制定的《国际反垄断法草案》中得到充分体现。

为了推进国际竞争规则的国际讨论向前发展，慕尼黑专家工作小组经过研究后，拟出了一个具有综合性的《国际反垄断法草案》，并在 1993年提交给 GATT 和 OECD，希望国际社会在讨论后，将《国际反垄断法草

---

① 路德维希·艾哈德：《社会市场经济之路》，丁安新译，武汉大学出版社，1998，第 36页。

② 受到秩序自由主义理论的影响，对国际组织宪制化的讨论首先出现在多边贸易体制中。其中，杰克逊教授和彼得斯曼教授是这方面的代表性学者。关于国际经济组织的宪制化改革的内容，参见后面的论述。

③ 该工作小组由 J. Drexl, W. Fikentscher, E. M. Fox, A. Fuchs, A. Heinenmann, U. Immenga, H. P. Kunz – Hallstein, E. U. Petersmann, W. R. Scheleup, A. Shoha, S. J. Scoltysinski 和 L. A. Sullivan 组成。

案》作为 WTO 诸边协定的一部分。① 虽然该草案最后没有被 WTO 采纳，但是其仍然是构建国际竞争法机制的重要一步，对国际竞争法机制的构建思路产生了重要的影响。

《国际反垄断法草案》包括八个部分，共计 21 条。该草案不仅包括实体方面的规定，而且还设置了国际反垄断机构。该草案的第二、三、四部分规定了草案的实体性内容，分别涉及横向与纵向限制竞争行为、对经营者集中和重组的控制以及限制滥用支配地位。第五部分与第七部分是程序性规定和草案的解释。② 具体而言，《国际反垄断法草案》包括以下内容。

第一，实体性规定。首先，结合各国反垄断法的经验，该草案列举了三个类型的国际限制竞争行为：横向和纵向限制竞争协议（例如卡特尔和排他性销售协议等）③，兼并控制④，以及滥用市场支配地位的控制⑤。该草案对这三个类型的垄断行为进行了详细的规定，并将草案制定的标准规定为国际竞争法的"最低标准"。其次，规定了缔约方国内竞争法与草案的关系。该草案并没有要求取代各国的竞争法，而只是为各国竞争法设置了最低要求。各缔约方应根据草案的最低标准修改国内的竞争法，保证国内竞争法的实际标准不低于草案的标准，并在国内竞争执法机构和法院

①　Claudio Cocuzza and Massimiliano Montini, "International Antitrust Co – operation in a Global E-conomy," *European Competition Law Review* 11(1998): 156 – 158.

②　Draft International Antitrust Code as a GATT – MTO – Plurilateral Trade Agreement(International Antitrust Code Working Group Proposed Draft 1993), 64 Antitrust & Trade Reg. Rep. (BNA) No. 1628, 1993, Aug.

③　第 4 条涉及水平限制，规定："竞争者间固定价格、瓜分客户或地域、分配配额的协议、谅解和协同行为均视为违法。"第 4 条将反垄断法的适用范围扩大到所有进口、出口和国际卡特尔。第 5 条涉及垂直限制，规定："以下分销策略将被认定为不合理地阻碍、限制或扭曲了分销活动，因而是违法的：（1）协助实施生产卡特尔或分销卡特尔；（2）固定零售价格或价格水平。"

④　第 11 条规定："以下企业合并应被国内反垄断机关禁止：创造或加强一个或多个有关企业单独或联合的力量，以阻碍相关市场的有效竞争。"

⑤　第 14 条规定："一个或多个企业对其支配地位的任何滥用如果对任何市场的竞争产生负面影响，应当被禁止。"这种滥用可以通过以下行为表明：（1）限制生产、市场或科技发展，对消费者造成损害；（2）对不同贸易方的同等交易采用不同条件，从而使某些交易方处于竞争劣势；（3）以其他方接受附带义务为条件达成合同，而这些附带义务根据其性质或商业惯例与此类合同标的无关。

有效地执行上述标准，以维护国际市场的自由竞争秩序。最后，规定了草案的适用范围。借鉴欧盟竞争法的经验，该草案的适用范围限于跨国的垄断行为，而国内的垄断行为仍然由各国的竞争执法机构管辖。

总之，在实体方面，该草案借鉴了美国和欧盟竞争法的规定，并试图融合美国和欧盟法律，为国际社会设置一套高标准的国际竞争法规范。①

第二，程序性规定。对于国际竞争法的执行，该草案规定了国内与国际层面的两套制度。国内方面，第 17 条规定，各国应建立和维持高效的反垄断机构，缔约方的国内法应当保证该机构的政治独立性。国际方面，《国际反垄断法草案》设计了两个国际竞争机构：国际反垄断专家小组②和国际反垄断局。③ 前者是司法裁决机构，主要处理关于草案问题的争议，并对缔约方提出的争议进行裁决。各缔约方在认为发生了违反《国际反垄断法草案》义务的情况时，都有权向国际反垄断专家小组提起诉讼。需要特别指出的是，"小组的裁决具有法律约束力。如果一国的司法判决被认定与该协议项下的义务不符，国内法院或其他机关必须根据国际反垄断专家小组的裁决重新考虑它们的判决"④。而后者是行政机构，主要处理行政事务和起诉事务。其主要职能包括：对其认为损害国际竞争的案件提起诉讼，对缔约方国内竞争执法机构没有履行草案的义务提起诉讼，对私营企业的反竞争行为发出禁令，等等。国际反垄断局还有帮助发展中国家制定和执行竞争法的任务。

该草案的程序性规定集中体现了经济立宪的思路。草案设计了执法和司法并行方案，国际竞争执法机构即国际反垄断局监督国际竞争行为，国际竞争司法机构即国际反垄断专家小组对国际竞争争端进行司法裁决，国

---

① 美国竞争法与欧盟竞争法在目的、具体内容等方面都存在一定的差异。参见骆旭旭《美国与欧共体竞争法适用思路演变及其启示》，《洛阳理工学院学报》（社会科学版）2009 年第 1 期。

② 第 20 条规定缔约方将建立一个永久性国际反垄断专家小组，该小组意图在 WTO 的支持下运作。小组成员应通过共识（consensus）的方式任命，"任期 6 年，可以连任一次"。

③ 第 19 条规定应建立国际反垄断局。该机构由 1 名主席（任期 5 年，不得连任）和国际反垄断委员会（由 20 名委员组成）领导，在 WTO 的框架内运作。该条"评注"指出国际反垄断局有权在缔约方国内法院起诉个人。

④ Eelanor M. Fox, "The End of Antitrust Isolationism: The Vision of One World," *UNIV CHI. LEGALF* 4(1991):221.

际竞争执法机构有权直接向私营企业发出禁令，这会间接赋予私营企业国际主体的身份，体现了经济立宪模式下私营企业在国际社会中的主体参与。

总体而言，《国际反垄断法草案》提出了一个比较彻底和激进的方案。从理论上分析，秩序自由主义学者提出《国际反垄断法草案》可以有效制止国际竞争行为对市场自由竞争的破坏。但是，《国际反垄断法草案》要求建立统一国际竞争执法机构对限制竞争行为进行规制的设想，意味着国际竞争执法机构是一个超国家机构。在现实国际条件下，主权仍然是现代国际社会的核心和基础。这种激进的方案更多带着点理想主义的色彩，现实中很难实现。

（二）欧盟方案——WTO 竞争框架协议

欧洲是二战后经济一体化速度最快、合作程度最深入的区域。在欧洲经济一体化过程中，欧盟的竞争法机制发挥了重要的作用。受到自身成功经验的鼓舞，欧盟对于创建国际多边竞争法机制、维护国际经济自由化表现出很大的兴趣。欧盟一直是 WTO 中进行竞争议题谈判的主要倡导者。欧盟认为，欧盟竞争法原则被欧盟 20 余个欧洲国家接受的事实，以及欧盟竞争法机制在欧洲成功运作的经验为克服现行国际竞争领域的合作困难提供了可贵的样本。但是，欧盟并不提倡秩序自由主义学者的纯粹理想主义，而是结合国际社会实践，建议采取竞争框架协议的方案，试图使其方案得到国际社会的广泛接受。欧盟认为，国际社会无法在短期内对竞争法的实体标准达成一致意见，但国际社会可以共同确定国际竞争法机制的基本原则，并在基本原则的基础上进行竞争执法程序的合作。竞争法合作的"积极礼让"原则可以在促进国际合作及执行竞争规则的过程中发挥重要的作用。

第一，欧盟方案中，WTO 是谈判国际多边竞争协议的合适场所。欧盟结合自身自由经济市场发展的经验，认为贸易自由化发展的结果必然是制定国际竞争规则以规制垄断行为。欧盟建议，WTO 是建立世界范围内统一的竞争规则的"适当的场所"，因为自由竞争政策和自由贸易政策具有密不可分的联系性；同时，WTO 成员中有众多的发展中国家，使统一的竞争规则不会仅仅局限于少数几个发达国家而失去"合法性"。"国际社会应在 WTO 多边贸易体制中，采取多边方式规制私人限制竞争行为。"①

第二，在现阶段，国际竞争法机制应该先达成竞争合作框架协议，而不是构建超国家机制。欧盟关于构建国际竞争法机制的构思体现在欧盟的两个报告——1995 年《新贸易秩序中的竞争政策——加强国际合作与规则》②、1999 年《竞争政策对实现世贸组织目标的贡献，包括对国际贸易的促进》中。③ 在这两份报告中，欧盟建议国际社会谈判，达成多边竞争协议，但该多边竞争协议应只是框架协议而非超国家机制。在 1995 年的报告中，欧盟建议国际竞争法机制以主权国家之间的竞争机构的合作为基础，协调各国竞争法的差异。④ 而 1999 年的报告的焦点是在竞争政策和法律中适用 WTO 的透明度及非歧视性原则。1999 年的报告对 1995 年的报告的部分观点进行修改，提出在 WTO 范围内建立多边的竞争合作体系的建议。整体而言，欧盟建议的国际竞争法机制应包括：采用和执行竞争法规范的核心原则及共同规定，对国际贸易和投资具有重大影响的限制竞争行为的规范方法，国际合作制度，等等。

第三，建立一个以主权国家之间的沟通合作为主的国际竞争执法机构。欧盟认为建立一个超国家的多边竞争执法机构不符合国际现实，但为了使多边竞争法机制更好地运作，必须建立国际竞争执法机构，并赋予国际竞争执法机构如下一些主要的功能：具有审查、分析和适用共同原则以阐述贸易与竞争各方面关系的权力；建立一个反竞争行为的登记制度，提供协商、礼让等有效的国际竞争争端解决的场所；协商范围包括

---

① Leon Brittan, A Framework for International Competition, Address Delivered at World Competition Forum, Davos, Switzerland(1992).

② EU Commission, Competition Policy in the New Trade Order—Strengthening International Cooperation and Rules, Report of the Group of Experts, Brussels(1995).

③ The Contribution of Competition Policy to Achieving the Objectives of the WTO, Including the Promotion of International Trade, WTO//WGTCP/W/62.

④ 1995 年的报告认为国际竞争法机制主要规范两个方面：第一，1991 年欧共体与美国的协定中关于通知要求、合作、消极或积极礼让的程序性义务的规定应当多边化和扩展；第二，WTO 各成员国应当在本国法律中规定跨国案件的实体最低标准。成员国应制定本国的竞争法，但竞争法不必具有一致性。成员国不需要修改本国竞争法，但应保证其竞争法的透明度及对建设性解释开放。

本身违反原则、合理原则、反竞争行为对市场准入的限制等。

概言之,欧盟认为国际社会需要在 WTO 框架下构建国际多边竞争法机制。欧盟作为一个成功构建竞争法机制的区域性国际组织,试图将其经验推广到国际社会。从理论上分析,欧盟的专家受到了新自由主义理论和秩序自由主义理论的双重影响,强调在国际社会构建一个统一的竞争法机制的必要性。但是,欧盟意识到了国际社会存在复杂性和多样性,试图破除在竞争问题的解决上没有一条中间道路的神话,在完全没有多边规则和发展一套"强硬而快速"的规则之间寻找一条中间道路。[①]

(三) 美国方案——全球竞争论坛

美国作为二战后国际社会的超级大国,在国际制度的创设方面具有很强的影响力。同时,美国是最早实施反垄断法的国家,在反垄断法实施方面拥有丰富的经验,美国的反垄断法经验也影响了许多国家的反垄断立法。欧洲在二战后创设的竞争法机制在一定程度上也受到美国反垄断法实践的影响。但是,在国际竞争法机制的构建方面,美国并不支持在国际组织中构建一个有拘束力的国际竞争法机制。原因有二。第一,美国是采取反倾销等贸易保障措施最频繁的国家,而根据相关学者的分析,美国采取的许多贸易保障措施在竞争法意义上是违反竞争法的政府行为。[②] 美国担心构建一个国际多边竞争法机制会对其贸易保障措施的实施产生不利影响。第二,美国频繁采取反垄断法域外适用的单边主义措施。[③] 美国是采取反垄断法域外适用措施最频繁的国家,国际多边竞争法机制会限制美国

---

① 欧盟向 WTO 贸易与竞争政策工作小组提交的报告主要建议在 WTO 框架下建立一系列和采用与执行国内竞争政策相关,特别是要求成员国合作的规则。这些规则必须禁止对 WTO 开放市场目标有消极影响的阻碍贸易和投资的反竞争行为,但 WTO 对反竞争行为并没有调查权和执行权,竞争法的具体执行仍应根据各国竞争法的规定。这样一来,WTO 框架下的主要行动机制仍然为水平针对主权国家而不是垂直针对私营企业的,因为一个关于竞争的最终协议不会对私营企业施加任何的义务,而只停留在成员国权利义务的层面上。合作是这一机制的本质。

② 骆旭旭:《世贸组织反倾销谈判及中国的立场》,《国际贸易问题》2006 年第 6 期;罗澜、刘玮:《浅析反倾销法与竞争法的关系》,《西南科技大学学报》(哲学社会科学版) 2007 年第 4 期。

③ 美国霸权主义在国际经济法上的集中体现之一就是美国的单边主义对抗多边主义,而竞争法域外适用只是美国单边主义的一方面。参见陈安《美国单边主义对抗 WTO 多边主义的第三回合——"201 条款"争端之法理探源和展望》,《中国法学》2004 年第 2 期。

的单边主义做法。美国不希望构建国际机制来影响其反垄断法的域外适用效力。

尽管美国经济实力强大，但是美国的霸权主义遭到了许多国家的抵抗，美国单边主义的反垄断法域外适用也遭到许多国家的抵制。为此，美国开始在一定程度上加强与其他国家的竞争执法合作。为了加强竞争执法方面的合作，美国与许多国家签订了双边竞争协定。1991年，美国与欧共体的竞争机构进行谈判，并签订了《美国政府与欧共体委员会关于竞争法执行的协定》（Agreement Between the Government of the United States of America and the Commission of the European Communities Regarding the Application of Their Competition Laws）。[1] 1998年6月，美国政府与欧盟在竞争法方面进一步协商，签订了一个竞争法执行中适用积极礼让原则的双边协定。[2] 这个协定被视为对1991年的协定的有益补充。1991年和1998年欧盟（欧共体）与美国的这两个协定成为美国与其他国家订立双边竞争协定的基础范本。后续美国参与签订的区域自由贸易协定的竞争章节中，程序条款很大程度受到这两个协定的影响。

同时，虽然美国反对制定国际多边竞争协定，但是其认为国际竞争议题谈判是必然的发展趋势。为了把握国际竞争议题的话语权和主动权，美国富有创设性地提出全球竞争论坛的建议。

---

[1] 该协定总共包括11个条款，对以下几个方面进行了规定。第一，鼓励双方在信息交换和案件调查上进行合作。协定要求任何一方若要作出对另一方利益有重大影响的行为，必须通知另一方，并要求双方的竞争机构进行协商，以求得案件的最佳解决。第二，适用消极礼让原则。协定规定，任何一方在调查、执行反竞争案件及对反竞争案件采取补偿措施时，必须充分考虑对方的利益，并尽量减少双方竞争机构之间的冲突。第三，富有创新性地适用积极礼让原则。积极礼让原则要求，受到对方管辖领域内反竞争行为侵害的国家可以请求对方对反竞争行为进行调查，并采取其可能采取的所有措施。积极礼让原则是该协定的创新性规定，它旨在提高竞争机构执行措施的效率，避免重复管辖，减少案件的法律不确定性。但是，积极礼让原则在实践中的适用很少。

[2] 该协定主要规定了如下内容：适用范围和目的，某些术语的解释，积极礼让的含义，一方竞争机构要求另一方竞争机构延期或者中止审理案件的程序，关于秘密信息的使用，等等。除此之外，协定还进一步解释了积极礼让原则。协定指出，积极礼让是指无论在一国领土上发生的限制竞争行为是否违反另一国的竞争法，也不论另一国的竞争机构是否根据其竞争法豁免这种行为或打算豁免这种行为，请求国的竞争机构都可以向另一个国家的竞争机构提出在审理此案时适用其本国竞争法，甚至可以申请依据其本国法律修改已经作出的案件决定。

　　全球竞争论坛的构想来源于 2000 年美国司法部在调研后提交的《关于国际竞争问题的最后报告》（以下简称《最后报告》）。1997 年 11 月，美国司法部长珍尼特·雷诺和负责反垄断部门的司法部副部长乔尔·克莱因组织国际竞争政策咨询委员会对国际竞争问题进行研究。① 经过两年多的研究，该委员会在 2000 年 2 月 28 日向美国司法部提交了这一份 300 多页的《最后报告》。②

　　《最后报告》认为，随着国际社会的全球化发展，越来越多的国家认识到了"自由竞争对经济的重要作用"。但是，市场全球化发展的同时，竞争法却仍旧是国内经济法律，"这种不协调给国际经济带来挑战"。《最后报告》的第一部分"全球化及其对全球反垄断合作与执行的意义"分析，在全球化的趋势下，竞争问题不可能在一个国家内完全解决，竞争问题的国际性质使其必须在国际层面解决。竞争问题需要各国竞争机构相互配合，提高竞争政策的透明度。

　　《最后报告》认为，国际社会已经开始充分意识到构建国际竞争法机制的重要性，但并未就如何构建国际竞争法机制达成一致的意见。《最后报告》充分肯定了 UNCTAD、OECD 等国际组织在构建国际竞争法机制方面的努力及作用，认为构建国际竞争法机制的前提在于竞争文化的沟通与交流。在此基础上，《最后报告》建议在 UNCTAD、OECD 等国际组织之

---

① ICPAC Final Report, http://www.usdoj.gov/atr/icpac/finalreport.htm，最后访问日期：2009 年 4 月 13 日。

② 《最后报告》分为六个部分。第一部分介绍了报告的出发点及全球化给国际竞争问题带来的挑战，明确了全球化带来的竞争问题应该通过国际合作的方式解决。第二部分分析了不同国家竞争法实体性规定的不同，并提出实体性规定融合的步骤及方案，主要以美国和欧盟竞争法的实体性规定为基础进行分析，进而认为通过合作，美国与欧盟竞争法之间的差异可以被双方理解。第三部分分析了如何减少跨国兼并审查带来的交易成本。报告建议：首先，各国在兼并审查时进行有效的合作；其次，设计一套标准的兼并审查的实体性规定和程序性规定来减轻各国兼并审查规定不同的带来的不利影响。第四部分介绍了关于国际卡特尔的执法合作情况及建议，梳理了美国近期国际卡特尔起诉和执行的记录，强调和承认近期国际合作的成功性并鼓励美国竞争机构继续加强合作。第五部分分析了竞争与贸易之间的关系，认为许多限制竞争行为将影响自由贸易，竞争与贸易之间存在紧密的联系。不过，并非所有的竞争问题都能归属于贸易问题。自由竞争问题与自由贸易问题存在相互交叉但不包容的关系。因此，虽然国际竞争问题需要通过国际机制解决，但是 WTO 并非解决国际竞争问题的最佳场所。最后一部分在前五部分分析的基础上，提出构建国际竞争论坛的建议。

外，建立一个新的国际竞争法机制——全球竞争论坛（International Competition Initiative）。报告提出，在现有情况下，主权国家还不愿意接受一个具有国际法效力的国际竞争法机制，但是，国际社会建立一个常设性竞争论坛是有益的。《最后报告》提出，全球竞争论坛的成员涵盖发展中国家和发达国家，论坛的目的在于国际社会竞争文化的沟通。论坛可以对主权国家的竞争法实体性规定、兼并审查合作制度、电子商务领域的竞争法、技术援助与竞争争端解决等问题进行讨论和研究。虽然《最后报告》提出了"全球竞争论坛"的概念，但其并没有勾勒出论坛的具体结构，而是把它留给有关国家在建立论坛时协商确定。①

通过上述分析，我们可以了解美国在构建国际竞争法机制方面的暧昧态度。美国明确将国际竞争问题作为主权国家竞争法管辖的内部事务，只是管辖权域外适用导致美国四面受敌，美国认为解决这一问题的当务之急是构建国际竞争法机制以协调竞争法特别是兼并审查方面的冲突。为了防止本国行使竞争法的霸权受到国际组织的限制，美国并不希望在国际社会中进行经济立宪，制定一个有约束力的国际多边竞争法机制，而更愿意构建一个网络论坛模式的软协调机制。美国采取这种模式的原因在于，美国作为国际社会的超级大国，拥有丰富的竞争执法经验，在签订双边竞争协定方面，具有经验、资源和实力上的优势；在签订和执行双边竞争协定方面，都能获得更大的利益。而通过竞争论坛的方式，美国既不会妨碍其竞争法的域外适用，又能够通过竞争论坛进行价值和文化输出，增强其竞争法域外适用的国际认同。美国双边竞争协定和国际竞争论坛的软协调方式并非真正建立在竞争文化协调的基础上，而是体现了美国作为世界上唯一的超级霸权国家的单边主义思想，也体现了美国在国际竞争法领域的霸权主义国际关系理论。

虽然《最后报告》至今已经有二十余年，但《最后报告》中关于构建国际竞争法机制的观点和建议对现有的一些区域贸易协定仍存在影响，这对理解区域贸易协定竞争法机制的演变与发展仍具有价值。

---

① Alexandre S. Grewlich, "Globalisation and Conflict in Competition Law Elements of Possible Solutions," *World Competition* 3(2001):412.

二　WTO 构建国际多边竞争法机制的尝试及失败

国际社会构建国际竞争法机制的努力，不仅停留在理论论证上，而且在上述几种主要方案的基础上，国际社会也进行了实践的尝试。这些实践尝试的场所主要是 WTO、OECD 和 UNCTAD 这三个关键国际组织。在这三个国际组织中，WTO 的尝试特别引起国际社会的关注和讨论。这主要是因为 OECD 和 UNCTAD 的决议大多是非拘束性的，其讨论更多局限于学术研究。另外，OECD 的成员国大多为发达国家，其更多站在发达国家的角度，而难以获得发展中国家的信任；UNCTAD 则旗帜鲜明地以保护发展中国家的利益为己任，而缺乏发达国家的强力支持。WTO 成立后，其议题范围不局限于传统的货物贸易，还涵盖服务贸易、投资、知识产权贸易等领域。同时，WTO 在一定程度上克服了其前身 GATT 在组织性上的不足，加强了其国际组织的法律功能。部分学者甚至提出对 WTO 进行宪制化改革的建议。[①] 更重要的是，WTO 的成员涵盖广泛，不仅包含发达经济体，而且包含发展中经济体，已经在某种意义上成为"经济联合国"。在 WTO 框架下构建国际竞争法机制的尝试更具实践性和代表性。

（一）乌拉圭回合谈判中构建国际多边竞争法机制的尝试

早在乌拉圭回合谈判的过程中，竞争议题就成为学者讨论的焦点之一。秩序自由主义学者认为应该对 WTO 进行宪制化的改革，而在 WTO 框架下构建一个超国家的竞争法机制就是国际组织宪制化改革的重要方面。[②] 秩序自由主义学者在提交《国际反垄断法草案》后，试图通过其影响力将其方案纳入 WTO 的诸边协议中，但是，这种激进的方案引起了主权国家的担心，未获得大多数主权国家的赞同。在各国竞争文化和经济发

---

① Ernst – Ulrich Petersmann, "Challenges to the Legitimacy and Efficiency of the World Trading System: Democratic Governance and Competition Culture in the WTO," *Journal of International Economic Law* (2004): 23.

② Sol Picciotto, "The Regulatory Criss – Cross: Interaction Between Jurisdictions and the Construction of Global Regulatory Networks," in W. Bratton et al. (ed.), *International Regulatory Competition and Coordination: Perspectives in Economic Regulation in Europe and the United States* (Clarendon Press, 1996); Anne – Marie Slaughter, "The Real New World Order," *Foreign Affairs* 76 (183) (1997).

展水平差异巨大的情况下，秩序自由主义学者的经济立宪方案很难实现。因此，退而求其次，秩序自由主义学者建议在 WTO 框架下制定包含一套国际竞争规则的"诸边贸易协定"。该协定对国际竞争规则的最低标准和程序进行规定，例如，设置独立的"国际反垄断机构"对国内竞争法的有效执行进行监督。但即使是这种"退让"的方案，也未能得到主权国家的广泛支持。秩序自由主义学者的建议未能纳入 WTO 谈判中。

（二）新加坡会议——竞争议题的提出

乌拉圭回合谈判结束后，投资、服务贸易和知识产权贸易议题被纳入 WTO 的谈判范畴。WTO 在推进经济自由化方面又向前迈了一大步，因此，许多主权国家又建议在 WTO 中进行竞争议题的谈判。应该说，国际社会之所以将解决竞争问题的目光锁定在 WTO 上，有其原因。第一，WTO 的目标在于促进贸易自由化，从而提升全球的经济效益和消费者福利。然而，只靠削减国家间的政府壁垒并不能有效地实现这一目标，而必须借助竞争法对私人限制壁垒进行规范，以实现全球自由贸易。第二，竞争法和贸易法具有相近的目的，因而在 WTO 内部进行竞争问题的讨论，比较容易实现。第三，WTO 是现在国际社会中最大的经济性国际组织，在 WTO 内部进行关于国际竞争法的讨论，有利于推广国际竞争法，使其为各国所接受。第四，WTO 完善的争端解决机制有利于国际竞争法的执行。WTO 的争端解决机制自运行以后，发挥了重要作用。在 WTO 内部建立国际竞争法体系，则可以利用 WTO 的争端解决机制解决国际竞争端。

欧盟一直支持在 WTO 中构建国际竞争法机制，希望构建一个折中的国际竞争法机制。欧盟主张在 WTO 框架下建立一套规范各国竞争法及其执行方式的核心原则，达成多边竞争协定。欧盟认为，这一阶段的首要谈判目标是促成 WTO 就国际竞争规则的基本原则达成协定，由各成员自愿将其纳入各自的竞争政策中。这不仅不会弱化成员既有竞争法，而且将规范各竞争执法机构的权力运行。欧盟提出，国际竞争规则的谈判应侧重于建立竞争政策的一般性原则和放松市场管制，同时考虑发展中成员的合法利益和忧虑。欧盟认为，这一阶段的国际社会不可能构建出秩序自由主义学者理想中的国际竞争法机制。欧盟反对赋予 WTO 调查和处理国际限制竞争行为的权力，主张 WTO 应优先关注与国际贸易和国际投资关联的跨国限制竞争行为，同时不阻碍 WTO 成员运用更先进的竞争法规制垄断行为。现有的国际竞争法机制应该以合作、协调为主。除了欧盟外，一些主权国家如日本①、加拿大等也支持在 WTO 框架下构建国际竞争法机制。

　　根据欧盟的提议，WTO 成立之初的新加坡会议中列入了贸易与竞争的工作议题，并因此成立了 WTO 贸易与竞争政策工作小组。1996 年 12 月，在新加坡召开的 WTO 第一届部长级会议决定成立 WTO 贸易与竞争政策工作小组。《新加坡部长宣言》第 20 条声明："建立一个工作小组研究成员提出的包括反竞争行为等在内的有关贸易与竞争政策关系的问题，以确定 WTO 框架下值得进一步考虑的任何问题。"② 工作小组的工作主要是分析性和研究性的。③ 该第一届部长级会议指派法国竞争审议委员会副主任委员弗雷德里克·詹尼先生担任工作小组主席，并在 1997 年 7 月召开第一次工作会议，讨论以下议题：贸易与竞争政策的目标、原则、概念、范围和方法之间的关系，以及它们对发展和经济增长的作用；有关贸易和竞争政策的现行方法、标准和活动，包括其实施经验；现行的 WTO 规范；双边的、地区的和多边的协定和行动；贸易和竞争政策的相互作用；企业和协会的反竞争行为对国际贸易的影响；国家垄断、排他性权力和管制政策的管辖；投资与竞争政策的关系；其他值得在 WTO 框架下进

---

① 日本支持构建国际竞争法机制的原因主要在于其希望通过国际竞争法机制改革反倾销制度。日本尽管属于发达国家，却同大多数发展中国家一样深受反倾销等进口保护措施之害。针对美国的立场，日本极力主张将竞争政策谈判重点放在反倾销问题上。日本认为，针对破坏竞争的不公平贸易行为，既有 WTO 协定仅赋予成员采取措施的权利，却没有对采取措施的标准作出统一规定，使反倾销、反补贴和保障措施等在实践中成为进口国保护本国产业而限制进口产品进入的工具，这完全违反了正当的竞争规则。在新回合谈判中，应该建立有效的竞争规则以限制此类做法。日本还提出了多边竞争规则的基本原则和主要内容：基本原则为最惠国待遇原则、国民待遇原则、透明度原则和竞争导向原则；主要内容包括应予禁止的反竞争行为、执行程序、合作方式和争端解决。

② WT/MIN(96)/DEC, http://www.wto.org/english/thewto_ e/minist_ e/min96_ e/wtodec_ e.htm，最后访问日期：2009 年 4 月 13 日。

③ 自从 1996 年新加坡会议成立了工作小组后，从 1997 年起，每年有一份年度工作报告，总结一年来工作小组协调、汇总各成员方对贸易与竞争问题的讨论的情况。报告的编号是 1997（WT/WGTCP/1）、1998（WT/WGTCP/2）、1999（WT/WGTCP/3）、2000（WT/WGTCP/4）、2001（WT/WGTCP/5）、2002（WT/WGTCP/6）、2003（WT/WGTCP/7）等。

一步考虑的问题。^① 工作小组在 1997 年和 1998 年向 WTO 提交了第一个和第二个工作报告。工作报告的主题主要包括三个方面：第一，贸易与竞争政策的目的、原则、概念、范围和方法之间的关系，以及它们对发展与经济增长的作用；第二，有关贸易与竞争政策的现行方法、标准和活动，包括其实施经验；第三，贸易与竞争政策的相互作用。

1999 年 11 月到 12 月在西雅图召开的第三届部长级会议上，在 WTO 中构建国际竞争法机制的议题没取得任何进展，只有留待 2001 年 11 月在卡塔尔多哈召开的第四届部长级会议解决。这期间，工作小组提交了 1999 年、2000 年和 2001 年的三份工作报告。这三份工作报告在前两份工作报告的基础上，进一步对在 WTO 中构建国际竞争法机制的问题进行研究。这三份工作报告的研究主题集中在四个方面：第一，WTO 基本原则中的国民待遇、透明度和最惠国待遇原则与竞争政策的关系；第二，促进成员间尤其是技术领域的合作和交流的途径；第三，竞争政策对于实现 WTO 的目标包括促进国际贸易的贡献；第四，成员提出的关于工作小组授权研究贸易与竞争政策相互关系的其他问题。^②

（三）多哈宣言——竞争议题的研究

在 2001 年 11 月 WTO 第四届部长级会议上，在工作小组工作报告的基础上，会议宣言即《多哈宣言》针对竞争政策是否在 WTO 框架下进行谈判以及如何进行谈判的问题作进一步的讨论。《多哈宣言》第 23 段称："我们认识到有必要建立一个多边框架，以加强竞争政策对国际贸易和发展的贡献，而且如第 24 段所述，需要加强这一领域的技术援助和能力建设，因此，我们同意在第五届部长级会议之后，根据该届会议就谈判方式作出的明确协商一致的决定，进行谈判。"第 24 段称："我们认识到发展中国家和最不发达国家需要加强对这一领域技术援助和能力建设的支持，包括政策分析和制定，以便它们能够更好地评估更密切的多边合作对其发展政策和目标以及人力和机构发展的影响。为此，我们将与包括 UNCTAD 在内的其他政府间组织合作，并通过适当的区域性和双边渠道，提供更有

---

① 参见 1997（WT/WGTCP/1）。

② 参见 1999（WT/WGTCP/3）、2000（WT/WGTCP/4）、2001（WT/WGTCP/5）三份工作报告。

力和资源充足的援助，以满足这些需求。"第 25 段宣称："在第五届部长级会议之前，贸易与竞争政策工作小组的进一步工作将侧重于澄清：基本原则（包括透明度原则、非歧视性原则和程序公正原则）以及关于核心卡特尔的规定，自愿合作的方式，通过能力建设支持发展中成员竞争机构的逐步强化。就此，应充分考虑发展中成员和最不发达成员的需要，并为满足这些需要提供适当的灵活性。"

工作小组在 2002 年对《多哈宣言》提出的问题进行了研究，并提交了 2002 年的工作报告。报告主要集中在四个方面。

第一，基本原则于竞争领域的适用性。这部分包括以下议题：（1）在竞争政策和竞争法律中适用 WTO 基本原则的适当性及在多边框架下适用这些原则的优势；（2）《多哈宣言》所列举的透明度原则、非歧视性原则和程序公正原则的可能适用范围；（3）多边框架下国家和地区层面适用竞争政策的基本原则与其他工业政策及发展中成员特殊政策之间的关系；（4）多边框架下可能采取的其他竞争法原则，特别是特殊差别待遇与包容性原则；（5）调和竞争政策的基本原则（包括例外或豁免）与对其他经济和社会政策冲突的可能解决方法。

第二，规制核心卡特尔。涉及的问题包括：（1）核心卡特尔的危害，尤其是对发展中成员的实质性影响；（2）在国家和地区与国际层面处理核心卡特尔所需要的措施；（3）包括 UNCTAD 和 OECD 在内的相关国际组织在处理这类问题时所采取的方法。

第三，自愿合作。① 这一主题包括以下问题：（1）在全球经济环境下，在规制企业垄断行为上进行国际合作的必要性；（2）在竞争政策多边协定中自愿合作的可能模式；（3）自愿合作可能模式存在的问题、考虑因素和保留。（4）其他更有约束力的合作模式；（5）《多哈宣言》第25 段的其他因素的机制性问题。

第四，通过能力建设帮助发展中国家增强实施竞争法的能力。② 这方面的讨论涉及下列问题：（1）《多哈宣言》第 25 段所指的"能力建设"

---

① 参见 2002（WT/WGTCP/6）第 63～82 条。
② 参见 2002（WT/WGTCP/6）第 83～100 条。

和第 24 段所称的"技术援助"之间的区别；（2）发展中成员（包括转型成员）在执行竞争政策时遇到的困难；（3）现在实施的能力建设项目的特点和限制条件；（4）未来项目的性质、设计方案和执行情况；（5）能力建设和竞争协定其他条款的关系。

2003 年工作小组对《多哈宣言》提出的竞争问题进一步研究，形成了 2003 年的报告。2003 年的报告侧重于以下三个方面。第一，对 2002 年的报告中成员国提出的问题进行研究及解答。具体包括：（1）在多边框架下制定一项包含《多哈宣言》第 25 段所提要素的竞争政策的优点与不足；（2）第 25 段所列出的基本原则（透明度、非歧视性和程序公正原则）的可能适用范围和具体适用情况；（3）在多边框架下采纳上述原则的考量，包括这些原则与竞争法实施程序的关系及其与发展中成员的产业政策和其他政策之间的关系；（4）国际卡特尔所带来的危害以及应对措施；（5）WTO 成员方在竞争领域合作的可能形式及范围；（6）其他开展竞争政策合作的国际多边途径。第二，国际竞争法机制中的争端解决机制和专家评审（peer review）机制的设置。第三，发展中国家适用国际竞争法机制的灵活性和能力建设问题。[①]

（四）坎昆会议——竞争议题的失败

尽管国际社会就国际竞争法机制进行了热烈的讨论，但是，国际社会对于是否在 WTO 框架下构建国际竞争法机制仍存在很大的分歧。发展中成员在乌拉圭回合谈判中，由于对新议题的影响估计不足，陷入了发达成员"口惠而实不至"的谈判陷阱中。乌拉圭回合谈判中，发展中成员从新议题中获得的收益远远低于其付出，《与贸易有关的知识产权协议》给发展中成员带来很大的实施压力。因此，对于纳入竞争新议题，发展中成员显得小心翼翼。[②] 印度和非洲集团对有必要在现有法律之外重新制定普遍的竞争规则表示怀疑，相关国家认为，其经济发展水平较低，为促进国内经济增长，需要对其市场进行干预以保护处于竞争弱势中的本国产业，并采取战略性贸易政策扶持部分产业。2003 年坎昆部长级会议上，印度

---

① 参见 2003（WT/WGTCP/7）。

② 徐崇利：《中国的国家定位与应对 WTO 的基本战略——国际关系理论与国际法学科交叉之分析》，《现代法学》2006 年第 6 期。

等二十多个发展中成员联合起来，强调新加坡议题对于发展中成员而言太过复杂，还强烈要求将竞争政策问题等新加坡议题搁置。同时，美国一直希望推行其竞争论坛的方案，也不支持在 WTO 中进行竞争议题的谈判。新加坡议题的分歧加速了坎昆会议的失败。

坎昆会议失败之后，为了尽快开始新一轮谈判，各方都积极努力并作出部分让步。而对于争议过大的新加坡议题，发展中成员坚持不将其纳入谈判议程中，发达成员为了农业谈判的顺利进行也同意暂时将其搁置，一直积极推动新加坡议题谈判的欧盟也一再让步，提议将新加坡议题分开讨论，先从分歧较小的政府采购和贸易便利入手，对于投资规则和竞争议题，则放弃将其列入谈判议题。

在 2004 年 2 月中旬举行的 WTO 总理事会会议上，各成员并没有指派包括竞争议题在内的三个新加坡议题的工作小组的新主席，贸易与竞争政策工作小组没有被重新召集，有关竞争议题的实质性非正式磋商暂停。

经过多方努力，WTO 成员终于在 2004 年 8 月 1 日就多哈回合谈判的主要议题达成了框架协议，WTO 总理事会所通过的《多哈工作议程决定》对新加坡议题作出了明确安排，其第 1 条第 7 款明确指出："总理事会决定，《多哈宣言》第 20～22 段、第23～25 段和第 26 段分别规定的议题，不构成工作议程的组成部分。因此，在 WTO 多哈回合谈判中不存在任何涉及这些议题的谈判工作。"① 这样，竞争政策议题从 WTO 谈判议程中撤销，至少在多哈回合谈判期间被撤销，至此，备受关注和争议的竞争政策问题在 WTO 多哈回合谈判中不了了之。

三　构建国际多边竞争法机制失败的原因分析

随着经济全球化的逐步推进，国际经济法律出现了自由化现象，国际经济自由化从消极自由化逐步向积极自由化发展。这一国际经济发展趋势要求国际社会构建国际竞争法机制以维护国际市场的自由竞争秩序。二战

---

① WT/L/579, http://www.wto.org/english/tratop_e/dda_e/draft_text_gc_dg_31july04_e.htm#invest_comp_gpa，最后访问日期：2009 年 6 月 11 日。

后国际经济秩序构建伊始，国际社会就提出了构建国际竞争法机制的想法。WTO 当仁不让，积极开展竞争议题的讨论和研究，并尝试在 WTO 框架下纳入竞争议题。遗憾的是，WTO 构建国际竞争法机制的尝试在坎昆会议后不了了之。这一历史经验呈现出如下问题：为什么国际社会有国际竞争法机制的制度需求，然而 WTO 构建统一国际多边竞争法机制的努力却难以获得成功？笔者认为，究其原因在于，若欲构建国际统一竞争法机制，国际社会必须具备一定的经济基础和社会基础。在现阶段的国际格局下，构建统一国际多边竞争法机制的经济基础和社会基础条件还未成就，因此，短时间内难以成功。借助经济学和国际关系学理论，可以更好地分析构建国际多边竞争法机制失败的经济和社会原因。

（一）构建国际多边竞争法机制失败的经济原因

1. 国际经济自由化的程度还主要停留在消极自由化阶段

能否构建国际多边竞争法机制的根本性决定因素是国际市场经济体系的一体化发展程度。如果国际经济一体化程度高，则构建国际多边竞争法机制，并使其作为国际经济一体化的基础法律制度水到渠成；反之，则难以成功。现有国际社会的经济一体化已经开始，并且逐步发展，但还远未达到国际经济积极一体化程度。国际社会仍由"高度分权""块状分割"的主权国家组成，经济流动和经济要素配置还未实现"国内市场"与"国际市场"高度相同的国际经济一体化。[①] 根据一体化的程度不同，国际经济一体化分为消极一体化和积极一体化，而总体方向是从消极一体化逐步向积极一体化发展。消极一体化过程是主权国家拆除其壁垒的过程，而积极一体化是主权国家积极采取措施促进一体化的过程。[②] 也就是说，国际经济一体化的进程是从贸易自由化逐步扩展到投资、金融一体化，最

---

① 国际经济一体化很重要的一个体现就是个人广泛地介入国际经济关系中，也就是国际法的范式转变为私人参与式的国际法范式。诚然，全球化背景下，国际社会出现了私人参与式的国际法范式的转向，但是，主权国家仍然是国际法的主要主体，国际法尚未完成从压制型法向自治型法的阶段性转换。B. Duncan Hollis, "Private Actors in Public International Law: Amicus Curiae and the Case for the Retention of State Sovereignty," *Boston College International and Comparative Law Review* 20(1998): 249.

② 李瑞林、骆华松：《区域经济一体化：内涵、效应与实现途径》，《经济问题探索》2007年第1期。

后实现市场竞争一体化的过程。现阶段，国际社会总体正处于从消极一体化向积极一体化过渡的进程中。

国际经济自由化始于商品交换的货物贸易自由，因此，国际贸易领域的国际自由化程度最高。经过了 GATT/WTO 多轮谈判，国际贸易的关税壁垒已经大幅度地削减，即使如此，国际贸易方面也远远未达到理想的自由化程度。一方面，关税虽然大幅度削减，但无关税货物流动并未实现；另一方面，主权国家还可能采取形式各异的非关税壁垒措施来阻碍外国产品进入本国市场。实践中，主权国家出于保护本国产业的利益驱动，实施贸易保护主义措施。以市场经济最发达的美国为例，2003 年 "美国 201 条款钢铁保障措施案" 及 2009 年 "美国轮胎特保案" 是这方面的典型例证。[1]

在投资自由化方面，国际社会的自由化程度更低。二战后，国际社会一直试图建立一个保障自由投资的国际法律体系。但与国际贸易领域相比较，国际投资的自由化更难更慢。关于国际投资条约的待遇，虽然越来越多的双边国际投资条约已经接受国民待遇，但是，对于发展中国家来说，投资准入阶段的国民待遇仍是一个敏感问题。由于经济发展程度和技术能力水平不高，发展中国家的国内企业大多处于弱势地位，不具有强有力的国际竞争力，而发达国家的企业拥有资金、技术和管理等多个方面的优势，具有很强的竞争力，若允许外资在准入阶段就享有国民待遇，则在竞争力悬殊的情况下，外资从一开始就处于绝对优势地位，本国民族工业将难以得到发展。因此，发展中国家必须权衡外资企业竞争力对本国经济发展和企业竞争的可能影响，确保本国经济和民族工业能得到健康发展。因此，陈安教授多次强调，国际投资四大 "安全阀" 不宜贸然拆除。[2] 这一争议延伸到国际多边投资协定（multilateral agreement on investment）领域，发达国家与发展中国家之间在观点上存在激烈对抗，一直无法达成统一协定。OECD 曾组织部分发达国家秘密进行多边投资协定谈判，由于信息

---

① 陈安：《美国单边主义对抗 WTO 多边主义的第三回合——"201 条款" 争端之法理探源和展望》，《中国法学》2004 年第 2 期。

② 陈安：《中外双边投资协定中的四大 "安全阀" 不宜贸然拆除——美、加型 BITs 谈判范本关键性 "争端解决" 条款剖析》，载李国安主编《国际经济法学刊》（第 13 卷　第 1 期），北京大学出版社，2006，第 3~36 页。

泄露后发展中国家的反对及发达国家之间的利益分歧，谈判以失败告终。[①]

在国际金融方面，国际经济自由化要求国际社会构建统一稳定的汇率制度，布雷顿森林体系中的"黄金—美元""各国货币—美元"双挂钩制度基本实现了汇率的稳定。但是随着美国经济实力的衰退，美国单方面宣布终止其在布雷顿森林体系中的义务。[②] 随后的牙买加体系放开了各国的汇率制度。虽然国际货币基金组织的《牙买加协定》（Jamaica Agreement）要求成员方不得操纵汇率，造成贸易壁垒，但是，其由于没有强有力的制裁措施，对于汇率事项未作出国际强制汇率规定。在实践中，汇率仍然是一国主权范围内决定的事项，国家仍有能力决定本国的汇率制度。同时，在金融业的监管方面，各国为了在激烈的国际金融竞争中获得比较优势，竞相放松对本国金融行业的监管，金融监管出现了"底线竞争"的现象。最后，金融行业为了获得高额利润，设计各种金融衍生工具产品，金融泡沫不断膨胀，并导致国际金融危机的爆发，破坏国际经济的自由化进程。即使金融危机让国际社会意识到国际监管的必要性，但是，在国际金融一体化的法律制度安排上，国际社会仍未能达成一致的意见。

概括而言，从国际经济一体化的历史进程分析，国际经济一体化是由各个领域的自由化开始，逐步深入，进行不同领域间的相互融合，最后形成整体一体化的缓慢进程。结合国际贸易、投资和金融等领域的自由化发展过程，国际社会现阶段仍处于各个领域逐步推进自由化的进程中，部分领域开始进行融合。但总体而言，国际社会还处于经济消极一体化向积极一体化转变的过渡阶段，经济一体化的程度仍不高。在这一经济发展阶段，构建统一国际多边竞争法机制的经济基础还不牢固。

2. 国际社会现阶段难以提供国际多边竞争法机制的公共产品

根据公共经济学理论，社会产品分为公共产品和私人产品。[③] 相对于

---

① 鲁桐：《评"多边投资协定"谈判》，《世界经济》1999 年第 7 期。

② 邹三明：《布雷顿森林体系对国际关系的影响》，《世界经济研究》2000 年第 1 期。

③ 早在 20 世纪末，奥地利和意大利学者就将边际效用价值论运用到财政学研究上，论证了政府和财政在市场经济运行中的合理性、互补性，形成了公共产品理论。萨缪尔逊于 1954 年发表的《公共支出的纯理论》将公共产品定义为这样一种产品：一个人对这种产品的消费并不减少任何其他人对这种产品的消费。这一描述成为经济学关于纯粹的公共产品的经典定义。参见余可《消除林达尔均衡缺陷的制度改进》，《云南财贸学院学报》（社会科学版）2004 年第 2 期。

私人产品，公共产品的特征可归纳为三点。第一，效用具有不可分割性。即公共产品（包括公共劳务）是向整个社会提供的，具有共同受益或联合消费的特点，其效用为整个社会的成员所共享，而不能将其分割为若干部分，分别归属于某些个人或厂商享用，或者说，不能按谁付款、谁受益的原则，限定为之付款的个人或厂商享用。第二，消费具有非竞争性。即某一个人或厂商享用公共产品，不排斥、不妨碍其他人或厂商同时享用，也不会因此而减少其他人或厂商享用该种公共产品的数量或质量，就是说，边际成本等于或趋于零。第三，受益的非排他性。即在技术上没有办法将拒绝为之付款的个人或厂商排除在公共产品的受益范围之外，也就是说，任何人都不能用拒绝付款的办法，将其不喜欢的公共产品排除在其享用品范围之外。

国际多边竞争法机制的功能是维护国际自由竞争秩序，其本质上符合国际公共产品的特性。第一，国际多边竞争法机制作为维护整个国际社会竞争秩序的制度产品，一旦自由竞争的国际经济秩序形成，就为国际社会提供一个良好的经济运行体系，不由某个主权国家单独享有制度收益。第二，国际多边竞争法机制的消费不具有竞争性。从本质上说，一个完善的国际竞争制度应该保障全球共同参与，主权国家享受国际竞争秩序的利益的同时不会给其他国家带来不便。也就是说，国家享用国际竞争法机制的边际成本为零。第三，国际多边竞争法机制维护全球的国际竞争秩序，从技术上就无法排斥国际社会的其他国家"搭便车"享受该机制带来的经济利益。

从制度供给角度分析，构建统一的国际多边竞争法机制是为国际社会提供国际公共产品。经济学认为，公共产品的本质特征决定了政府提供的必要性。[①] 公共产品的基本特征是非排他性、非竞争性和外部性。非排他性决定了人们在消费公共产品时，容易有不付费的动机，而希望成为免费搭乘者。但是，这种"搭便车"情形不会影响其他人消费这种产品，也不会遭到他人的反对（由公共产品的非竞争性特点所决定）。在经济社会

---

① 关于公共产品供给，有四种模型比较有影响力。它们分别是：加勒特·哈丁的"公地的悲剧"、"囚徒困境"、曼瑟尔·奥尔森的"集体行动的逻辑"、埃莉诺·奥斯特罗姆的"公共事物的治理之道"。参见李成威《公共产品的需求与供给：评价与激励》，中国财政经济出版社，2005，第40页。

中，只要存在公共产品，免费"搭乘者"现象就不可避免，提供公共产品的私营企业就无法收回成本。同时，由于公共产品的个人消费"量"的不确定性，价格机制无法有效发挥作用，自由竞争市场无法提供公共产品，正如经济学家所分析的，竞争市场不可能达到公共产品供给的帕累托最优状态，无法满足社会对这类产品的需求，因此，需要政府公共财政介入：用税收手段集资，提供公共产品。

威斯特伐利亚体系建立以后，国际社会处于由平等主权国家组成的无政府状态下，国际社会不存在一个中央政府来提供国际竞争法机制这种公共产品，供给国际竞争法机制的主体仍是主权国家。但是，提供国际公共产品需要承担提供公共产品的成本和责任，还应忍受其他国家"搭便车"的行为，并非所有国家都有能力提供这种公共产品。西方国际关系学者认为，无政府状态下提供国际公共产品的责任应属于霸权国。[1]

---

[1] 在国际关系理论中，霸权稳定论指出要由霸权国提供国际公共产品。霸权稳定论假设国际社会是处于无政府状态下的，因而秩序的建立和维持，需要实力（power）基础之上的权力分配以及随之建立的霸权体系。但是与实力论不同的是，这个体系的主导国（霸权国）应该是（至少理论上是）恪守自由主义价值观的，它致力于自由的国际经济秩序的建立。"霸权稳定论"一词最早为美国学者基欧汉所使用。归纳起来，霸权稳定论的观点大致如下。第一，国际社会需要有一个霸权国来维护国际经济秩序。就是说，特定的国际（自由）经济秩序的稳定与繁荣，需要霸权国来维持。霸权稳定论学者认为霸权与经济秩序之间存在正相关关系，当霸权国权力占明显优势地位时，国际系统内的经济秩序就处于良好状态；反之，当霸权国权力削弱时，国际经济秩序就会变得紊乱起来，并随着霸权国衰落而最终瓦解。所以霸权系统对国际经济秩序是至关重要的。第二，霸权国能提供公共产品。在回答"为什么自由的国际经济体系需要霸权"时，霸权稳定论的支持者大多把霸权国形成的必然性与"公共产品"概念联系起来。该理论认为，在国际社会中，只有霸权国才既有动机也有能力提供诸如国际安全、自由贸易、对外投资及运营良好的国际货币体系之类的"公共产品"，"乐于承担维护该体系的过多的责任"。也就是说，霸权国有意愿、有责任保证提供稳定的货币和开放贸易制度下的种种公共产品。霸权国的经济对世界经济的运转发挥至关重要的作用，它运用自己的威望和声誉，在既定的问题范围内，建立为所有经济活动的主体集中关注和遵循的原则、规章和决策程序，确定何为合法、何为非法，预防和处罚欺诈行为，并着手解决"搭便车"现象。第三，霸权国创设国际制度。国际制度作为一种公共产品，应由霸权国创设。霸权国通过制定和维护一整套的国际体制来影响和支配他国，从而实现霸权体系内的相对和平与稳定。国际机制就是霸权国凭借自己的优势地位为国际经济的发展制定出的一系列原则或规则。See Robert Keohane, "Theory of Hegemonic Stability and Changes in International Regimes 1967 – 1977," in Oie Holsti (ed.), *Changes in the International System* (Westview Press, 1980), p. 132；王在帮《霸权稳定论批判——布雷顿森林体系的历史考察》，时事出版社，1994，第 1 页。

虽然霸权稳定论的提出是为二战后的美国霸权寻找理论上的依据，但它也一定程度上解释了二战后国际经济自由化机制的构建过程。[①] 二战后初期，由于强大的经济实力，美国在国际经济领域确实在一段时间内发挥了霸权国的作用。在竞争法机制构建方面，美国通过欧洲复苏计划以及对日本的扶持成功地将竞争法的理念进一步推广到欧洲与日本。而二战后国际经济秩序的重建，特别是《哈瓦那宪章》的签订，也曾在美国的主导下纳入了竞争法机制。

但是，应该充分认识到，美国提供这种公共产品并非出于公益考虑，而是出于自身对"权力"的追求。也就是说，美国提供国际经济制度作为公共产品，是基于自身利益。霸权体系下的利益分配是极不平衡的。霸权国之所以愿意提供公共产品，是因为它本身能够从中受益，而且它的受益是远远大于其他国家包括霸权合作国的。譬如，在公共产品输出的同时，霸权国也向外输出意识形态和文化价值观，从而造成其他国家对霸权国根深蒂固的依赖。这也是 20 世纪七八十年代出现的"依附理论"[②] 的主要观点之一。但是，随着美国经济实力的相对衰弱，国际社会日趋多元化，二战后美国一骑绝尘的霸权地位已经不复存在。美国已经不能像二战后初期那样肆意地构建对其有利的国际经济秩序，而从中获得比较利益。美国认为构建国际多边竞争法机制将影响其竞争法的域外适用，而且将减弱其反垄断法的国际影响力，因此其并无意愿构建一个有拘束力的国际竞争法机制。

虽然欧盟与日本等支持在国际社会构建一个国际竞争法机制，但是，

---

① 以二战后国际经济秩序的构建为例，特别是 GATT 的签订和布雷顿森林体系的建立，美国作为霸权国在其中发挥了重要的作用。

② 依附理论是一些学者在研究发展中国家现代化的过程中提出的理论，它是关于发展中国家没有实现现代化的一种解释。阿根廷学者普雷维什于 20 世纪 40 年代末提出发展理论。他认为，世界是一个经济体系，它由核心（西方发达资本主义国家）和边陲（非西方不发达国家）构成。核心和边陲之间的经济关系是不平等的，前者通过不公正的贸易剥削后者，是导致后者不发达的根本原因。另一位学者弗兰克把普雷维什的"核心"称为"宗主"，把"边陲"叫作"卫星"。他认为，在整个世界经济体系中，"宗主—卫星"关系不仅存在于世界层次，即发达国家和不发达国家之间，也存在于每个卫星国内部。参见孙若彦《依附理论对国际关系研究的影响》，《山东师范大学学报》（人文社会科学版）2005 年第 4 期。

这种建议并没有获得发展中国家的支持。在坎昆会议上，大多数发展中国家坚决反对进行竞争议题的谈判。在美国和大多数发展中国家对构建统一国际多边竞争法机制持异议的情况下，现阶段的国际社会仍无法提供国际竞争法机制这一公共产品。

（二）构建国际多边竞争法机制失败的社会原因

构建国际多边竞争法机制不仅需要经济基础，而且需要一定的社会基础。"权力"、"利益"和"观念"是构成国际社会的社会基础。现阶段，国际社会构建统一国际多边竞争法机制的社会基础也不具备。

1. 构建国际多边竞争法机制失败的"权力"因素分析

"权力"是国际关系理论中新现实主义范式[1]的核心概念。当国际社会中主权国家之间的权力达到一个平衡状态时，国际社会就处于稳定的均衡状态，相关国际社会制度就不会发生变动；相反，当国家之间的权力失衡时，国际制度就会发生变动，直到新的均衡出现。国际社会处于均衡—不均衡—均衡的动态变动中。根据现实主义理论分析，国际社会构建统一的国际多边竞争法机制需要两个基本条件：第一，这个竞争法机制能让主权国家之间的权力平衡；第二，相应国际竞争执法机构能纠正国际社会的权力失衡状态，并拥有足够的动力改变这种失衡。对于这两个基本条件，现阶段的国际社会未成就。

第一，国际社会现有的国际经济秩序是二战后西方国家特别是美国主导创建的国际经济旧秩序。在现有的国际经济秩序下，发达国家与发展中国家之间的权力分配是很不均衡的。例如，在布雷顿森林体系下的国际货币基金组织，采取的是加权表决制的投票方式，这导致美国等几个西方大国控制国际金融秩序[2]；而即使是在 WTO 协商制度下，由于发达国家与

---

① 新现实主义范式是国际关系理论的基本范式，是对古典现实主义范式在新阶段的延伸与发展。新现实主义范式的立足点在于国际社会的无政府状态。其根据无政府状态论证出国际社会将是"群雄割据"的状态，在"群雄割据"状态下，主权国家为了维护自身的利益及安全，必须争夺权力。争夺权力是国家参与国际事务的根本目的。参见倪世雄《当代西方国际关系理论》，复旦大学出版社，2001。

② 美国在国际货币基金组织中的投票权接近 20%，而国际货币基金组织中越重大的问题，要求达到的法定多数的票数越多。特别重大的事项，要求达到 85% 的投票权才能通过。这就意味着美国单方面拥有国际货币基金组织的否决权。参见李国安主编《国际货币金融法学》，北京大学出版社，1999，第 1~80 页。

发展中国家的能力不同，通常也会出现对发展中国家不利的协商结果。因此，发展中国家对现有的国际经济秩序不满意，并试图作出改变。但是，国际社会提出的构建国际多边竞争法机制的方案基本上是建立在国际经济旧秩序之上的，而且将进一步巩固原有的国际经济旧秩序。在这种情况下，发展中国家对构建一个国际竞争法机制采取抵制的态度。印度在坎昆会议上发起联合抵制竞争议题的行为就是这种抵制的具体表现。现有的国际格局已经发生重大变化，许多发展中国家作为新兴国家已经在国际舞台上发挥重要的作用。建基于旧国际经济秩序之上的国际竞争法机制本质上未能充分体现现有的国际格局，未能实现权力平衡。因此，这种权力失衡的国际竞争法机制在现有国际格局下无法形成。

第二，由于霸权国美国的相对衰弱，国际竞争法秩序存在失衡的现象。二战结束初期，美国采取竞争法域外适用的霸权行为遭到了国际社会的抵制与反对，欧盟与日本希望构建国际竞争法机制就是希望纠正这种失衡的现象。但是，美国并不想丧失其对国际经济秩序构建的控制力，因此，其不支持在国际社会中创建有拘束力的国际多边竞争法机制，而是希望建立一个全球竞争论坛来输出美国竞争理念。虽然美国的霸权国地位已经相对衰弱，但不容否认的是，美国仍然是国际社会唯一的超级大国。缺乏美国政府的支持，国际社会难以构建和运行国际多边竞争法机制。

2. 构建国际多边竞争法机制失败的"利益"因素分析

"利益"是国际关系理论中新自由主义范式[①]关于国际机制的核心概念。国际机制之所以创建，是因为主权国家在国际合作中可以获得"利益"。新自由主义范式中的"利益"不是"相对利益"而是"绝对利益"[②]。但主权国家是否可能获得"绝对利益"，取决于以下三个条件的状

---

① 新自由主义是在与新现实主义的论战中发展起来的。新自由主义与新现实主义不同，新现实主义关注的是权力，而新自由主义关注的是利益。新自由主义认为只要国家对国际机制存在绝对利益，该国际机制就有可能构建。参见罗伯特·基欧汉《霸权之后——世界政治经济中的合作与纷争》，苏长和等译，上海人民出版社，2001，第62页。

② 机制分析是新自由主义的"旗舰"，新自由主义机制理论在过去十多年影响巨大，成为分析国际机制的主流理论。其基本主张是：国家是追求绝对利益的理性自我主义者，只关心自己的得失；承认权力在国际机制中的作用，但认为国际机制是国际（转下页注）

况。第一，行为者对行为结果的预期。国家合作的目的是获益。"合作理论的核心是合作的动力或收益要超过单边行动的动力或收益。"[1] 如果行为者估计合作的收益小于本国的付出，或者认为合作的成功概率很小，国际合作将很难进行，国际机制也难以创建。第二，交易成本。如果交易成本过高，行为者获益很少甚至入不敷出，行为者会选择不合作。第三，环境的不确定性。环境的不确定性有两层含义：第一层含义是指对当前决策起决定性作用的某些未来事件是不可知的；第二层含义是指信息的不对称性，即关于未来的或眼前的某些事件只有一部分人知道，其他人则不知道。[2] 信息的不完善或不对称性，将引起合作者的不信任，从而影响合作的进行。

在构建国际竞争法机制上，美国之所以不愿意在 WTO 中构建统一国际竞争法机制，原因在于美国认为一个统一的国际竞争法机制对美国的绝对利益是很小的。美国拥有强大的国内反垄断法执行机制，国内反垄断法的域外适用足以保护美国的经济利益，而构建统一的国际竞争法机制反而会损害美国反倾销和反垄断法的有效适用，因此，美国并没有构建统一的国际竞争法机制的强烈意愿。对于发展中国家，乌拉圭回合谈判中，发展中国家在新议题中的利益失衡，让发展中国家对新议题心生疑虑。因此，发展中国家认为构建统一国际竞争法机制付出的成本将高于带来的收益，此外，对于许多国家来说，国际竞争法机制需要干预国际市场，国家需要让渡很大程度的主权。在不公平的国际经济旧秩序格局下，发展中国家不愿意在多边层面支持构建国际多边竞争法机制。

根据新制度经济学的理论，制度变迁可以分为"供给主导式"和

(接上页注②)关系中的独立变量，强调国际机制在帮助国家实现共同利益中的重大作用；活跃在特定领域的国家拥有只有通过合作才能实现的共同利益；不确定性是国际机制形成的理论核心，世界政治存在广泛的不确定性；国际机制帮助政府达成意愿的契合。国际行为体相信，这种安排有助于达成互利的安排；换言之，没有国际机制，则协定无法达成。国际机制正是通过降低不确定性来促进国际合作的。参见门洪华《对西方国际机制理论主要流派的批评》，《国际政治研究》2000 年第 1 期。

[1] 詹姆斯·多尔蒂、小罗伯特·普法尔茨格拉夫：《争论中的国际关系理论》（第五版），阎学通、陈寒溪等译，世界知识出版社，2003，第 544 页。

[2] 苏长和：《全球公共问题与国际合作：一种制度的分析》，上海人民出版社，2000，第 107～108 页。

"需求诱导式"两种。从变迁方式上分析，供给主导式的制度变迁属于正式的制度变迁，它往往是在政府主导下强制性地先从宪法秩序的创新开始的，因而，它的发生往往是整体性的、突变性的；而非正式制度的变迁是一种诱致性变迁的过程，是一种渐进性变迁、局部变迁过程，更多的是处于制度安排层面的创新，既可能是政府发起的，也可能是由社会经济运行过程中的内生因素引发的。① 供给主导式的制度变迁难度高于需求诱导式的制度变迁。在无政府状态的国际社会中，国际秩序的构建只能是需求诱导式。需求诱导式的制度变迁的动力机制在于主权国家的利益需求的博弈。

虽然全球化是国际社会不变的发展趋势，国际社会存在共同的自由化国际制度需求。但是，不同国家在不同领域的制度需求差异很大，不同领域的自由化制度构建的难度也不同。② 国际经济交往起源于货物贸易，而货物贸易自由化要求主权国家"去管制化"，承担削减关税壁垒的消极义务，需要让渡的国家主权程度低。同时，通过货物贸易，各方都可以从比较优势中获得利益，因此，国际货物贸易自由化的制度相对容易形成。在投资自由化领域，发展中国家与发达国家之间的利益差异较大，因此，国际统一的投资法律机制迄今仍无法构建。而国际竞争规则较投资规则更进一步，需要国际社会对限制竞争行为进行积极纠正，要求国际社会主动干预国际市场失灵现象。这种政府干预要求主权国家让渡核心部分的国家经济管制主权，并赋予国际竞争执法机构一定程度的干预国际经济运行的能力。在国际发展不平衡的现有格局下，国际竞争法机制的创设更加不易。

概言之，构建国际多边竞争法机制需要主权国家让渡核心部分的竞争经济主权，允许国际机制一定程度地约束一国竞争事务。一方面，主权让渡的程度是主权国家参与国际社会最需要谨慎考虑的关键因素。构建国际竞争法机制比实现贸易自由、投资自由需要的主权交易成本更大。另一方

---

① 汪洪涛：《制度经济学——制度及制度变迁性质解释》，复旦大学出版社，2003，第74页。

② 根据新制度经济学制度变迁的理论，制度变迁的方式及速度主要取决于制度变迁的成本、成员利益集团之间的权利结构分布和社会的偏好结构分布。在国际竞争法机制的构建方面，建立国际竞争法机制的交易成本、成员的利益分布及社会偏好分布共同决定了国际竞争法机制构建的难易程度。

面，国际社会在构建国际竞争法机制上的利益分歧很大。不仅发达国家与发展中国家之间的观点不一致，而且发达国家如美国与欧洲国家、日本之间在竞争法方面的观点也很不同。巨大的利益分歧导致在创建国际竞争法机制时，容易产生制度惰性。因此，从"利益"的角度分析，国际竞争法机制的构建短时期难以成功。

3. 构建国际多边竞争法机制失败的"观念"因素分析

国际竞争法机制的构建不仅需要物质基础，而且需要国际社会关于国际竞争法机制的集体共识——共同的竞争观念。① 国际竞争法机制的共同观念②对国际竞争法机制的成功具有重要的作用。这种社会观念的基础包括两方面：第一，国际社会认为有必要构建一个统一的国际竞争法机制；第二，国际社会对构建何种竞争法机制具有共同认识。但在现有的国际社会中，共同观念还未形成或者说正处于形成过程中。

首先，国际社会并未形成明确的竞争观念。观念在国际社会中的作用是巨大的。在早期经典国际关系理论中，观念一直是学者广泛关注的因素。③ 因此，国际社会是否形成了统一的竞争观念对于国际多边竞争法机

---

① "观念""规范""文化"是建构主义理论的核心概念。建构主义是20世纪80年代兴起的国际关系理论，吸收了诸多学科、理论的营养，主要是社会学、语言哲学和一些国际关系理论，其中，哲学的语言学转向尤其影响建构主义的发展。建构主义者认为，不仅存在客观的物质社会，而且人都存在于一定的社会中，社会世界是施动者在客观环境中建构的世界；社会事实是可以建构的。塞尔、伯格和勒克曼等哲学家都对这个问题作出过详细的阐述。See John R. Searle, *The Construction of Social Reality* (Free Press, 1997); Peter Berger and Thomas Luckmann, *The Social Construction of Reality* (Anchor Books, 1966), p. 21.

② 在建构主义理论中，观念对于国际合作机制的成功有重要的作用。著名的国际关系学者卡尔也曾经说过，社会事实是大部分人相信的东西。比如，奴隶制曾经是社会事实，但是，后来反对的人多了，这个社会事实就被改变了。妇女地位、种族隔离等也都是如此。同理，主权、无政府状态等国际制度都是施动者在互动实践中建构起来的事实。这类事实所具有的意义是主体间意义，是社会施动者的共有知识。也就是说，人的社会实践互动使社会事实具有意义。所以，建构主义在本体论上表现出两层重要含义：客观存在的物质性因素因人的互动性实践活动而获得社会意义，社会事实因人的互动性实践活动而造就和确立。从这个意义上讲，"无政府状态是国家造就的"，社会世界也是"我们造就的世界"。参见爱德华·卡尔《20年危机（1919～1939）：国际关系研究导论》，秦亚青译，世界知识出版社，2005，第120～130页。

③ 朱迪斯·戈尔茨坦、罗伯特·基欧汉编《观念与外交政策——信念、制度与政治变迁》，刘东国、于军译，北京大学出版社，2005，第3页。

制能否成功至关重要。但是，遗憾的是，国际社会对于构建国际多边竞争法机制的态度还是很暧昧的。虽然随着新自由主义经济理论的胜利与市场经济的内在扩张压力，国际社会不断朝着一体化和自由化的方向发展，但是不容否认的是，国际社会各个国家的实力和经济体制差异很大。有的发达国家如美国、日本，已经有很发达的国内市场经济体系；相较而言，许多发展中国家才刚刚进行市场经济体制转轨，国内市场体系仍在完善过程中。因此，不同国家对于构建国际竞争法机制的观念明显不同。发达国家如欧洲国家、日本对构建国际竞争法机制持积极的态度，发展中国家如印度、巴西等则持消极的态度。国际社会对于构建统一国际竞争法机制的迫切性并没有共同的认识。

其次，国际社会对于国际竞争法机制的构建模式也存在不同的认知。即使是持有必要构建国际竞争法机制观点的国家，对于国际竞争法机制的模式和条款等也存在巨大分歧。这种现象出现的原因有两方面。第一，不同国家的利益出发点不同。如欧洲期望建立一个类似于欧盟竞争法机制的国际竞争法机制，维护国际经济的自由竞争，扩大欧洲的影响力；日本希望建立一个国际竞争法机制以对抗美国的反倾销滥用；美国则希望这个国际竞争法机制不能排除美国的霸权和既得利益。因此，不同国家关于国际竞争法机制的认知是不同的。第二，由于受到不同经济理论的影响，不同国家的竞争法适用本身存在不确定性和模糊性。这种不确定性不仅体现在法律条文本身，而且更重要的是体现在竞争法的功能和目的上。在竞争法的功能领域，"垄断"、"相关市场"和"市场影响"等概念都深受各种经济理论的影响，众说纷纭，而且在适用合理原则、本身违法原则方面也很不一致；在竞争法的目的方面，一直有"经济效率说"和"维护竞争说"的分歧，不同国家采取不同的目的取向。[①] 在各国对竞争法的适用还未能形成共识的情况下，统一国际竞争法机制的构建模式在现阶段更难以达成一致的意见。在缺乏共同的竞争观念的前提下，构建一个统一的国际竞争法机制也是不可行的。

---

① 沈敏荣：《反垄断法不确定性之克服与经济分析》，《河南师范大学学报》（哲学社会科学版）2000 年第 3 期。

第二节　国际竞争法机制的路径选择

——从区域竞争法机制到国际多边竞争法机制

虽然国际社会存在国际竞争法机制的制度需求，但其难以提供一个全球性国际多边竞争法机制。在国际经济一体化的过程中，一直存在区域经济一体化与全球化两种路径的纠缠。在全球化放缓的情况下，区域一体化成为许多主权国家对外开放的战略之一。[①] 但是，理论界关于区域经济一体化对全球化趋势的作用却有不同的观点。有的学者支持区域经济一体化，认为区域经济一体化是经济全球化的前奏，通过区域经济一体化可以逐步实现经济全球化；有的学者反对区域经济一体化，认为区域经济一体化破坏了经济全球化的非歧视性原则，形成了新的经济壁垒。[②] 笔者认为，基于国际多边竞争法机制的构建条件仍未成就，国际社会可以采取以下路径构建制度以解决国际经济自由化之后出现的市场垄断问题：从区域到全球的路径，即先在区域经济一体化下构建区域竞争法机制，积累合作经验，推动竞争共识的形成，逐步推动构建国际多边竞争法机制的条件成就。

一　区域经济一体化与经济全球化的关系

"区域经济一体化"既是一个经济学概念，也是一个法学概念。关于区域经济一体化，经济学的定义存在许多分歧。[③] 法学对区域经济一体化

---

① 从 20 世纪 90 年代开始，国际社会兴起了区域经济一体化的第三次浪潮。在这股大潮的涌动下，150 多个国家和地区为维护自身利益和政治经济安全，参加了一个或多个区域性贸易集团和经济一体化组织。据 WTO 统计，截至 2023 年 5 月，WTO 成员通报的区域经济一体化协议达 356 项，其中货物方面 165 项，服务方面 2 项，既有货物又有服务的 189 项。参见 http：//rtais. wto. org/UI/publicsummarytable. aspx，最后访问日期：2023 年 6 月 8 日。

② 曾令良：《区域贸易协定的最新趋势及其对多哈发展议程的负面影响》，《法学研究》2004 年第 5 期。

③ 经济学中关于区域经济一体化有如下观点。有的学者认为，区域经济一体化是指若干国家联合成一个更大的经济体，在成员方之间保持特殊的关系。有的学者把区域经济一体化表述为整体内部各个部分的联盟，是利益相近的国家之间的联合，它包含取消属于不同民族国家的歧视性措施，必然导致货物销售的自由市场以及资本、劳动 （转下页注）

的界定则侧重于法律机制的构建过程。基于法学角度，区域经济一体化是指国际区域内的多个国家或关税自治区，以区域一体化协定为基础，在特定经济领域内有效实施统一规则，并创设区域经济组织。①

多边贸易体制中的区域经济一体化条款允许成员方设立不影响 WTO 贸易自由化进程的区域经济一体化组织，这为区域经济一体化的合法化提供了法律依据。② 从国际实践上看，由于乌拉圭回合谈判后 WTO 谈判进展缓慢，实施区域经济一体化战略以推动国际经济合作成为主权国家国际化的次优选择。③ 全球化进程受阻后，区域一体化迎来了高潮，成为推动国际经济合作以及国际经济制度协商的重要平台。但是，理论却远远没有实践来得乐观。学者看待区域经济一体化的态度存在分歧，有的学者鼓

(接上页注③)统一市场的建立。有的学者认为，区域经济一体化是数个国家在货物、资本、劳务等生产要素上的联合过程，通过一体化，成员方实行政策协调，采取措施加强它们之间的相互依赖，取得共同的好处。有的学者认为，区域经济一体化是指宏观经济政策的一体化和生产要素的自由移动以及成员方之间的自由贸易。有的学者认为，区域经济一体化是通过共同的商品市场和共同的生产要素市场，实现生产要素的价格均等和自由流通以及成员方之间的自由贸易。有的学者认为，区域经济一体化是指一个消除国际贸易、收支和要素流动限制的过程，它必然导致的结果是，两个或两个以上的经济体联合成一个地区贸易组织。有的学者认为，一体化主要是经济发展水平相近的国家在国民经济方面发展深刻的维持相互联系和开展分工的客观进程，它不仅涉及这些国家的对外经济交往领域，还包括市场联系，而且渗透到物质生产领域，使这些国家的再生产过程越来越密切，各国民族经济紧密地结合起来，并建立区域性经济综合体。在这种情况下，为统治阶级利益服务的，指导着一体化发展方向的某些国家机构及跨国家机构起着积极的作用。关于经济一体化的定义，参见彼得·林德特、查尔斯·金德尔伯格《国际经济学》，谢树森等译，上海译文出版社，1985，第 204 页；法里佐夫主编《发展中国家间的经济合作》，国际经济合作研究所译，中国对外经济贸易出版社，1986，第 45 页。

① 杨丽艳：《区域经济一体化法律制度研究：兼评中国的区域经济一体化法律对策》，法律出版社，2004，第 9 页。

② WTO 允许区域经济一体化作为多边贸易体制最惠国待遇的例外，这构成了区域经济一体化在多边贸易体制中的法律基础。区域经济一体化协议的法律基础包括：GATT 第 24 条的规定、《关于解释 1994 年关税与贸易总协定第 24 条的谅解》、《服务贸易总协定》第 5 条和授权条款。See Legal Note on Regional Trade Arrangements Under the Enabling Clause, WT/COMTD/W/114, 13 May 2003, para. 5; Summary Report of the Meeting, Held on 8&10 July 2002, Note by the Secretariat, TN/RL/M/3, 1 August 2002；王贵国《经济全球化下的区域性安排》，载王贵国主编《区域安排法律问题研究》，北京大学出版社，2004，第 1 ~ 43 页；曾华群《新型自由贸易区："更紧密经贸关系"的法律模式》，《广西师范大学学报》（哲学社会科学版）2003 年第 3 期。

③ 有的学者认为经济全球化是最佳选择，而区域主义是无奈的次佳选择。See Bjom Hemie, "Globalization and the New Regionalism," in *Globalization and the New Regionalism* (ST. MARTIN'S, INC. , 1999), p. 12.

励，也有学者忧虑。理论界关于区域经济一体化与经济全球化关系的观点包括冲突论、兼容论和过渡论三种。

（一）冲突论

持冲突论的学者对不断高涨的区域经济一体化感到忧虑，认为区域主义的结果是区域经济集团林立，一旦区域经济集团采取封闭的或者内向的政策，世界经济就会形成区域分割，不同的经济区域甚至相互排斥。同时，以区域经济集团为依托进行的国际经贸竞争会更尖锐，民族主义和保护主义就会相应蔓延，从而阻碍全球经济市场化的发展。罗伯特·吉尔平曾警告说，"目前存在的巨大危险是，更加地区化的世界经济将由一些相对繁荣的'岛屿'组成，这些岛屿处于全球贫困和各国疏远的波涛起伏的海洋中"[①]。也有人提出，大国的全球经济竞争必然会导致世界贸易体系分裂成以美、日、西欧各自为中心的区域性经贸集团，使全球贸易自由化形同虚设。还有学者认为，区域一体化已经成为全球化的阻力，区域一体化对全球化的发展并不具有多数人所想象的促进作用，其结果将是数量更多的、规模更大的、更加难以协调和处理的冲突的产生。我国学者曾令良教授也认为："尽管区域贸易协定对多边贸易制度及全球贸易自由化的利弊程度始终是一个没有确切答案的问题，但是区域贸易协定对目前正在进行的多哈发展议程已经、正在和将要产生的影响，从客观上讲，主要是负面的。"[②]

（二）兼容论

持兼容论的学者对区域经济一体化的发展持乐观的态度，认为世界经济的区域一体化或区域经济集团的发展，并不必然带来世界经济的区域性对抗，也不等于会出现世界经济的区域分割事实；区域经济集团同样可以采取外向或开放主义的立场；区域主义是全球主义的一种重要补充，也是后冷战时代世界稳定与发展的基本力量，并将受到各国更多的重视。这部分学者认为，世界经济一体化以区域经济一体化形式开始，区域经济一体

---

① 罗伯特·吉尔平：《国际关系政治经济学》，杨宇光等译，经济科学出版社，1989，第445页。

② 曾令良：《区域贸易协定的最新趋势及其对多哈发展议程的负面影响》，《法学研究》2004年第5期。

化并不排斥也没有取代经济全球化,而是与经济全球化互相促进。① 经济全球化和区域经济一体化在中短期有矛盾,但最终目标是一致的。也有人认为,经济全球化与区域经济一体化的矛盾是存在的,但正是这种矛盾的对立统一运动使两者并行不悖,相互促进。最终的发展趋势必然是,区域经济一体化在发展过程中实现对自身的否定,经济全球化通过量变的积累和部分质变促成全面质变的发生,即全球经济一体化。还有人从多边主义和地区主义的角度指出,区域经济一体化作为一种手段在现阶段具有无可替代性,地区主义的发展也离不开多边主义的组织与制度基础。② 多边主义为地区主义的健康发展提供保障,而地区主义有利于多边主义的纵深发展。随着全球化的深入推进,地区主义与多边主义相互融合、相互促进、共同发展、共同推动贸易自由化进程的共生共长的良性互动趋势日益凸显。

(三)过渡论

过渡论突破区域主义与全球主义两分法的局限,认为与全球主义相对应的是民族主义。在国家仍是国际社会的主要行为体、民族主义仍坚不可摧但同时全球主义已深入人心的情况下,区域主义就成为民族主义与全球主义之间的桥梁和过渡,使民族主义与全球主义在区域这一层面得到协调。③ "过渡论"和"兼容论"在理论上更为相似,区别仅在于前者较后者增加了一个参照系,使全球主义与区域主义的对比变成全球主义与民族主义的对比,区域主义从全球主义的对立面中解放出来,成为两种思潮之间的中间地带。约瑟夫·奈早在 20 世纪 70 年代初就曾提出,区域主义是"主权国家与世界联邦之间重要的中间地带"④。

---

① 贾格迪什·巴格沃蒂:《今日自由贸易》,海闻译,中国人民大学出版社,2004,第 18 页。
② 尹枚:《国家主义、区域主义与全球主义的相互关系》,《广西社会科学》2003 年第 5 期。
③ 张磊:《区域主义:通往全球主义的"垫脚石"还是"绊脚石"》,《国际论坛》2002 年第 6 期。
④ 约瑟夫·奈是研究区域主义与全球主义的学者,他认为在政治精英的推动下,区域主义将成为主权国家与世界联邦之间的纽带。他对政治精英参与区域合作的动机作了详尽分析。他指出,由于现行的国际体系中武力的作用趋于减弱,其他要素的影响有所增强,政治精英试图通过支持区域主义、参与区域合作来提高其本国的地位以及(转下页注)

（四）小结

虽然上述三种理论都具有一定的说服力。但三种理论的立足点是不同的。冲突论的立足点是理想主义，冲突论试图在现阶段就构建一个全球化的国际经济体系。从这个意义上分析，区域经济一体化的出现是对全球化的侵蚀，不利于全球化。而兼容论的立足点是现实主义，兼容论认为既然全球化的进程受阻，那么，区域经济一体化的发展至少有利于全球部分区域的自由化。过渡论的立足点是发展，也就是从一个动态的过程分析区域经济一体化对经济全球化的作用。正如本书在界定区域经济一体化和经济全球化的定义时谈到，区域经济一体化和经济全球化并不是静态过程而是动态过程，国际社会正处于这个不断自由化的运动过程中。因此，笔者认为从动态过程的角度分析区域经济一体化对经济全球化的作用更有说服力。"区域主义"是一个动态的概念，其对于全球主义的作用不能简单地归结为"绊脚石"或"垫脚石"，而应当是两种因素的综合。由于区域主义本身不断突破民族主义的局限而越来越具有全球主义内涵，区域主义与全球主义的关系中"绊脚石"的成分不断减少而"垫脚石"的成分不断增多。

因此，笔者认为，国际社会现阶段主权国家之间的经济实力、历史偏好、文化差异很大，不能也不可能一蹴而就地实现全球经济一体化的目标。在经济实力相近的国家中，国际经济一体化的目标更容易实现，WTO 的最近发展趋势也明显表现出这种现象。① 多边贸易体制构建受阻

（接上页注④）其本人的声望。他列举了五种动机：（1）谋求区域领导人的角色，作为本国实力的象征；（2）直接向他国民众提出诉求，影响他国决策；（3）在传统的军事联盟失去吸引力的情况下，通过政治结盟来寻求区域安全；（4）争取更多外援，改善本国经济状况；（5）利用区域组织的力量来抗衡外部大国。奈还断言，"将继续有强大的诱因促使精英创建和利用区域组织"。参见伍世安、余春根、陈白琳主编《国际经济合作》，山西经济出版社，1994，第 27 页。

① 区域经济一体化对多边贸易体制的促进作用主要表现在以下三个方面。一是平衡各个集团在多边贸易谈判中的力量。发达国家通过组成区域经济集团而实力大增，可以和个别超级经济大国抗衡，从而打破少数的超级经济大国控制多边贸易规则制定的局面；发展中国家组成区域经济集团也有利于争取更多的利益。这有利于形成照顾各方利益的多边贸易体制。二是区域经济一体化可以成为多边贸易体制的"试验场"。虽然不少人士认为当今世界已经进入全球化时代，但应该构建一个怎样的多边贸易体制、如何重塑国际经济新秩序，仍有待理论研究、实践检验，而区域经济一体化涉及的主体少、利益关系相对简单，不像全球多边体制那样牵一发而动全身，可以起到试验作用。三是区域谈判和多边谈判可以相互推动。由于区域组织成员对外是用同一个声音（转下页注）

后，许多国家纷纷转向采取区域经济一体化协议模式。因此，国际经济自由化的发展途径将是从国内管制自由化到区域经济自由化再到多边经济自由化；在同一层次中，则是从消极自由化到积极一体化，最终的目标在于实现全球的经济一体化。当然，各个阶段并不是截然分开的，而是相互交叉的，实现经济全球化将是非常漫长的一个过程。同时，不同国家所处的阶段也可能存在很大的差异。现在，国际经济正处于多边经济自由化和区域经济一体化的交叉阶段，而现阶段的区域经济一体化是国际社会基于现有国际格局的理性选择，是走向经济全球化的重要途径之一。

二　区域经济一体化协议中竞争议题的兴起

与构建统一国际竞争法机制屡屡受挫相反，在区域经济一体化下构建竞争法机制则取得了一定的成就。在晚近全球化进程停滞不前的国际背景下，区域经济一体化蓬勃发展。区域经济一体化协议，特别是乌拉圭回合谈判后签订的区域经济一体化协议，大多约定了竞争法条款。

考察截至 2021 年 1 月各国向 WTO 通报的 303 个区域经济一体化协议①，越来越多的区域经济一体化协议涉及竞争议题。对目前生效的包含竞

(接上页注①)说话的，如果某个问题在内部已经达成一致意见，那么到了多边谈判中就免去了许多妥协折中的步骤；而根据 WTO 的有关规则，区域经济组织内部的自由化程度应当比整个多边体制高，因此，区域组织成员间的谈判起点相对较高。See John H. Jackson, "Perspectives on Regionalism in Trade Relations," *Law & Pol'y Int'l Bus.* 27(1996)：873 – 876；刘世元《区域国际经济法研究》，吉林大学出版社，2001，第 524 ~ 525 页。

① 本书中的"区域经济一体化协议"是一个广义的概念，泛指一切区域经济自由化的法律安排。区域经济一体化协议包括以下几种内容。（1）优惠贸易安排（Preferential Trade Arrangements，PTA）。它是指成员方之间对全部或部分商品实行特别的关税优惠。（2）自由贸易区（Free Trade Area，FTA）。它是指在成员方之间消除关税和非关税壁垒，实行商品的完全自由流通，但成员方对非成员方的贸易壁垒不发生变化。（3）关税同盟（Customs Union，CU）。它是指在消除贸易壁垒、允许商品自由流通的基础上，通过实行共同的对外关税而形成的一种区域经济一体化形式。（4）共同市场（Common Market，CM）。它是指成员方之间除消除贸易壁垒、允许商品自由流通并实行共同的对外关税之外，允许生产要素自由流动。（5）经济联盟（Economic Union，EU）。它是指在共同市场的基础上，成员方之间在某些经济政策和社会政策上进行统一和协调的安排。（6）完全的经济一体化（Complete Economic Integration）。它是指在经济联盟的基础上，成员方之间实行完全统一的贸易、金融和财政政策，并且这些政策由超国家的经济组织制定和实施。

争法机制的区域经济一体化协议进行分析，我们可以得出以下几个结论。

第一，乌拉圭回合谈判后，区域竞争法议题成为区域经济一体化协议的新议题。乌拉圭回合谈判中，国际社会关于在 WTO 框架下构建区域竞争法机制的讨论虽然未能在实践中落实，但是，数据表明：竞争议题作为国际经贸新议题已经被国际社会所接受。一方面，2000 年后生效的区域经济一体化协议大多纳入竞争议题；另一方面，涵盖竞争议题的区域经济一体化协议也大多是在 WTO 成立后签订的。同时，越晚签署的自由贸易协定的竞争规则越详细，内容越多。例如，晚近签署的 CPTPP、USMCA 和《欧盟—日本自由贸易协定》（EPA）的竞争条款已经不简单局限于竞争执法合作，更要求缔约方对竞争法实体性规定和管制规则进行协调。[1]

第二，不仅发达国家之间的区域经济一体化协议涉及区域竞争法议题，而且发达国家与发展中国家、发展中国家与发展中国家之间的区域经济一体化协议也纳入区域竞争法机制。

在发达国家的区域竞争法机制中，欧盟竞争法机制是范例。《欧盟条约》专章规定了竞争法机制，统一规定了欧盟竞争法的实体性条款。更为重要的是，由于欧盟具有超国家性质，欧盟的竞争法机制还设置了超国家的执法机构和司法机构，统一欧盟内部的竞争法执行，维护了欧盟市场的自由竞争机制。同时，由于欧盟理事会具有一定的立法权，欧盟竞争法机制还具有自我发展与完善功能，欧盟理事会根据实际情况有权对欧盟竞争法的执行程序作出修改和完善。例如，在 2003 年出台的《欧盟理事会 1/2003 号条例：关于条约第 81 条、第 82 条中制定的竞争规则的执行》（以下简称"1/2003 号条例"）对 1964 年的《欧盟理事会 17 号条例》（实施《欧共体条约》第 85 条和第 86 条的第一个程序性条例，以下简称"17 号条例"）进行修改。而《欧盟条约》第 101 条和第 102 条中的许多概念也通过欧洲法院判决的案例得以明确。[2] 应该说，欧盟竞争法机制作

---

[1]　骆旭旭：《"一带一路"自由贸易协定竞争规则的演进》，《华侨大学学报》（哲学社会科学版）2020 年第 6 期。

[2]　《欧盟条约》相关用语存在一定的歧义，而这些歧义的明确是由法院通过案例进行的。例如"企业"概念，首先由法院在 1962 年"曼内斯曼诉高等机构案"中提出。Mannesman v. High Authority, 19/61[1962] ECR 357, 371.

为一个自洽的竞争法机制是比较成功的。事实上，欧盟的竞争法机制的成功实施也很大程度地推进了欧盟经济一体化的进程。

北美自由贸易区作为第一个南北合作一体化组织也设计了符合该区域情况的竞争法机制，《北美自由贸易协定》（NAFTA）第 15 章 "竞争政策、垄断与国有企业" 要求成员国设立竞争法机制，并维持区域内的自由竞争。与欧盟竞争法机制相比较，北美自由贸易区的竞争法机制更多具有软机制的性质。① 2020 年，在美国政府的主导下，《北美自由贸易协定》（NAFTA）升级为《美墨加协定》。《美墨加协定》第 21 章专章规定了区域竞争法机制，相关义务更具有实体性和强制性。作为具有开放性、松散型的区域一体化组织，亚太经合组织（Asia Pacific Economic Cooperation，APEC）虽然没有明确的条文约定竞争法机制，但也设计了关于构建竞争法机制的行动方案，约定了成员方在构建竞争法合作机制方面的进程和方案。在 2000 年，APEC 的所有成员方根据行动方案的要求向 APEC 提交了各自 "非管制化" 实现自由市场竞争的措施及目标，并形成了《APEC 非管制化报告 2000》。② 除此之外，欧盟—地中海一体化协议、美国—智利等南北合作的区域经济一体化协议都设置了区域竞争法机制。

在南南合作的区域经济一体化组织中，许多区域经济一体化协议也约定了竞争法机制。非洲的次区域一体化协议，大多规定了竞争法机制。如《中部非洲经济和货币共同体（Communauté Economique et Monétaire de l'Afrique Centrale）条约》，规定了控制限制市场竞争性行为和政府限制竞争行为的竞争法机制；《西非国家经济共同体（Economic Community of

---

① 软机制一词来源于 "软法" 的概念，随着国际公共治理的兴起，软法治理成为经济公法研究的一个重要方面。"软法" 是缺乏国家法的拘束力但意图产生一定规范效果的成文规范；"软法" 的形式不拘一格，但须成文，较常见者有下述若干种：建议、意见、决议、行动纲领、行为守则、指南、标准、备忘录、宣言、框架、礼仪（comities）和倡议书等。软机制是产生软法治理的法律机制，国际领域的软法治理常见于竞争机制的合作、环境合作等领域，详见本书第四章第三节。参见翟小波《"软法" 及其概念之证成——以公共治理为背景》，《法律科学（西北政法学院学报）》2007 年第 2 期；罗鹏兴《软法：公共治理不可或缺的制度之维》，《重庆工商大学学报》（社会科学版）2008 年第 2 期。

② 有关 APEC 竞争法机制的资料，参见 APEC，http://www.apec.org/apec_groups/economic_committee/competition_policy.html，最后访问日期：2009 年 10 月 13 日。

West African States）条约》，也约定了竞争规则，适用于西非国家经济共同体的所有成员国国内的限制竞争行为，西非国家经济共同体委员会还拥有执行共同体竞争法的专属权限；《东部和南部非洲共同市场（Common Market for Eastern and Southern Africa）条约》则仿照《欧盟条约》第 101 条的规定，规定了竞争法机制。同样，南部非洲发展共同体（Southern African Development Community）、南部非洲关税同盟（Southern African Customs Union）和东非共同体（East African Community）的相关条约都规定了竞争法机制。在拉丁美洲和加勒比地区，其区域一体化组织也构建了区域的竞争法机制。在加勒比地区一体化中，构建加勒比共同体（Caribbean Community and Common Market）的第八修正案创设了区域的竞争法机制，建立了统一的区域竞争法执行机构，统一了成员国的竞争法。南方共同市场（South American Common Market）也通过了禁止限制和扭曲竞争的议定书，建立了南方共同市场的竞争法机制。在亚洲，东盟（全称为"东南亚国家联盟"，Association of South East Asian Nations）也确定了行动方案，明确推进区域竞争法机制进程。

可以发现，晚近的区域经济一体化组织基本上都构建了区域竞争法机制。虽然不同区域竞争法机制的强度及具体规定不同，但我们可以得出结论：区域经济一体化组织纳入区域竞争法机制已经成为实然的发展趋势。

三 构建区域竞争法机制可行性的经济因素分析

构建国际竞争法机制失败的原因在于国际社会仍未具备必要的经济基础和社会基础。在全球层面，由于全球经济法律自由化程度还停留在消极一体化的层面，国际社会现阶段仍难以提供作为公共产品的竞争法机制。那么在区域经济一体化下构建区域竞争法机制是否同样存在上述困境？也就是说，在区域经济一体化下构建区域竞争法机制是否具有可行性？借助经济学理论，下文分析区域经济一体化下构建竞争法机制的可行性。

（一）区域经济一体化的经济自由化程度高于多边层面

区域竞争法机制的经济基础在于区域经济一体化和自由化的程度。在全球层面，全球一体化程度还停留在消极一体化向积极一体化发展阶段，现阶段仍难以构建国际多边竞争法机制。但在区域层面，许多区域经济组织的经济一体化和自由化程度高于多边层面，已经具备了构建区域竞争法机制的经济基础。

从历史上分析，区域经济一体化的历史比经济全球化的历史更悠久。区域经济一体化的历史可以追溯到主要资本主义国家从自由竞争向垄断竞争过渡时期。这个时期的自由竞争逐步上升为垄断竞争，而实力较弱的一些资本主义国家便加强合作，区域经济一体化的制度安排逐渐形成。1934年，世界上第一个区域经济一体化组织——德意志关税联盟产生。而严格意义上的经济全球化则是二战后开始的，并建立在区域经济一体化的基础之上。[1]

因此，许多区域经济一体化的程度远远高于多边经济一体化的程度。例如，欧盟的经济合作不仅仅限于简单的贸易自由，欧盟已经成为贸易、投资、金融和劳动力自由流动的区域一体化组织。[2] 欧盟的成功有效地促进了欧洲的统一化进程。北美自由贸易区（现为《美墨加协定》所升级）

---

[1] 基于"全球化"的内涵及源起的不同观点，中外学者对"全球化"的分期也众说纷纭。有学者认为，经济全球化进程应以 1945 年为界，分两个阶段。第一个阶段称为经济全球化初级阶段，从 19 世纪六七十年代到 1945 年。这一阶段又以第一次世界大战（以下简称"一战"）为界分为前后两个时期。第二个阶段称为经济全球化中级阶段，从 1945 年至今。二战后，以电子技术为中心的新科技革命空前广泛，深刻影响了人类社会的发展，形成了一套新国际经济体制。有人从经济发展史的角度出发，认为经济全球化大致经历了两个发展的黄金时期。第一个时期是从 19 世纪中叶到一战爆发，标志是世界贸易迅速增长、跨国直接投资十分活跃。第二个时期是从 20 世纪 80 年代中期至今，世界经济发生巨大变化，从而为经济全球化发展注入了强劲动力。不管是何种划分方法，从学者对全球化的定义来看，严格的全球化阶段都应该是从二战开始的，而二战前更恰当地说应该是经济自由化阶段。参见庄芮《经济全球化进程的起点与分期》，《国际论坛》2000 年第 1 期；崔兆玉、张晓忠《学术界关于"全球化"阶段划分的若干观点》，《当代世界与社会主义》2002 年第 3 期。

[2] 欧洲经济共同体和欧洲原子能共同体依据《罗马条约》于 1957 年成立，成立之初便启动了六国关税同盟；1967 年，欧洲煤钢共同体、欧洲经济共同体、欧洲原子能共同体合并，组成欧共体；1968 年，成员国实现了工业品的自由贸易并达成了农产品统一价格协议，制定和协调了共同农业政策；1970 年，开始减少劳动力和资本自由流动的限制；1985 年，批准统一大市场白皮书；1993 年 1 月 1 日，成员国取消了商品贸易、服务贸易、投资和自然人跨国流动的限制，简化了海关程序，制定了统一的安全、卫生和检疫标准，加强了技术合作，取消了内部金融管制，相互承认学历，允许区域内人员自由流动和跨国就业，成为真正的统一大市场并以此更名为欧洲联盟；1999 年 1 月 1 日，11 个成员国（英国、丹麦、比利时、希腊除外）成为欧洲经济和货币联盟的创始成员；2002 年 1 月 1 日，欧元正式进入了流动领域。参见《欧洲联盟运作体系指南》，欧盟官方出版物办事处，2003。

的经济一体化程度虽然不如欧盟，但也比多边经济合作组织的一体化程度高。《美墨加协定》不仅实现了更高程度的贸易自由化，而且在投资、竞争、知识产权等领域都有更高水平的开放性规定。

区域经济一体化合作程度高于多边层面可以从两方面得到解释。第一，获得比较优势。在全球化的浪潮中，主权国家之所以热衷于缔结各种区域经济一体化协议，是因为通过区域经济一体化协议，成员国可以获得相对于非成员国的比较优势。主权国家出于维护自身经贸利益的考虑，被区域贸易协定所吸引，即在以最惠国待遇原则为基石的多边贸易自由化受阻的情况下，将缔结区域贸易协定作为把握市场准入机会的一种变通手段。欠发达国家或经济上的弱小国家尤其把区域贸易协定视为一种维护经济利益的必要工具，因为区域贸易协定的弱小成员比较容易获得来自作为发达成员的外国的直接投资，《美墨加协定》的墨西哥就是一个典型的例子。因此，区域贸易协定对国家而言，似乎可以起到某种"双锁功能"（dual locking function），即把竞争锁在外面，而把投资锁进里面。① 第二，拥有地缘上的便利。地缘经济学合理地解释了国家热衷于区域经济一体化的原因。② 冷战爆发后，经济利益和经济地位成为世界各大国首要追求的战略目标。而邻近地区不仅对民族国家的政治安全有重要的作用，还有助于增强民族国家在世界经济中的竞争力，提升经济水平。因此，在这种理

---

① Regional Trade Agreements Section, Trade Policies Review Division, WTO Secretariat, The Changing Landscape of RTAS, Prepared for the Seminar on Regional Trade Agreement and the WTO, WTO Secretariat, Geneva, 14 November 2003, p. 9.

② 该理论的主要代表人物爱德华·卢特沃克，在海湾战争之前的一次美国国会听证会上第一次提出了地缘经济学的理论。卢特沃克在其著作中提出："国与国之间的经济利益……世界资源和世界市场成为国家之间争夺的焦点，地缘政治角逐正逐渐让位于地缘经济角逐。"地缘经济学认为，国家或地区间因地域上的邻接性而产生的经济关系一般称为地缘经济关系。这种关系或者是联合和合作即经济集团化，或者是对立乃至彼此遏制、互设壁垒等，前者被称为互补关系，后者为竞争关系。在经济发展过程中，两个国家或地区之间由于经济产业结构、资源结构上的差异性，而通过互通有无、取长补短的方式来共同发展，就可形成互补关系。相反，两个国家或地区因相似的经济产业结构、资源结构等而成为相互争夺资金、人才、资源、市场的竞争对手，就是竞争关系。相互间地缘经济上的斗争，可能使对手丧失市场或原料来源，最终导致经济的"窒息"乃至崩溃。See Edward N. Luttwak, *The Endanger of American Dream*（Simon and Schuster, 1993）, p. 12；靖学青《中国与周边国家地缘关系分析》，《延边大学学报》（哲学社会科学版）1998 年第 3 期。

论的指导下，民族国家加快了区域经济一体化的进程，通过区域经济一体化构建本国的地缘经济合作区域组织。同时，由于地缘接近以及经济、文化和历史相通，区域经济一体化组织的经济合作程度较高。

区域经济一体化不仅经济一体化程度高于多边层面，而且经济、文化等因素的融合也更加深入。构建国际竞争法机制的前提条件之一是经济一体化程度应从消极一体化迈向积极一体化阶段，而许多区域经济一体化组织已经初步具备了这个条件。因此，在区域经济一体化下构建区域竞争法机制的经济基础更加成熟。

（二）区域组织提供区域竞争法机制的能力增强

国际竞争法机制作为维护国际自由竞争的公共产品，必须由国际共同机构提供。在国际社会的无政府状态下，国际社会缺少提供公共产品的国际机构。在这种情况下，美国的国际关系学者提出了霸权稳定论，由美国作为霸权国提供公共产品，但霸权稳定论的出发点并非公共利益，而是美国的利益，在这种理论下的国际竞争法机制这一公共产品成为美国的"私有物"。一方面，由于美国认为一个强有力的国际竞争法机制会对其竞争法的域外适用产生影响，其不支持在多边层面构建国际竞争法机制；另一方面，美国提供公共产品的目的是维护美国的经济霸权地位，美国提供的公共产品会导致不公平的国际经济秩序，国际社会对公共产品不信任，不愿意消费公共产品。基于上述两个原因，国际社会难以成功构建国际多边竞争法机制。

相反，区域经济一体化的竞争法机制，不是国际公共产品，而属于区域公共产品或者说俱乐部产品。① 在公共经济学中，通常将一国的国内公共产品分为全国性公共产品和地区性公共产品：全国性公共产品由中央政府提供，受益面覆盖全国；地区性公共产品由各级地方政府提供，只满足特定地区居民的生产和消费需求。② 将这一理论延伸至国际政治经济学领域，便可提出"区域性国际公共产品"的概念。在多个国家共存的区域

---

① "俱乐部产品"的概念是1965年布坎南提出的，它对公共产品的理论进行了修正。根据俱乐部产品理论，俱乐部产品的排他性高于公共产品，因而成员方提供俱乐部产品的意愿程度高于提供公共产品。

② 樊勇明、杜莉编著《公共经济学》，复旦大学出版社，2001，第299页。

中存在共同的需求和共同的利益，其虽然不一定与全球需求和全球利益相悖，却是有个性的。在全球性国际公共产品供应严重不足或者无法满足个性化需求的情况下，共同的需求和共同的利益会驱使区域内国家或国家集团联合起来，共同设计出一套安排、机制或制度，并为之分摊成本。我们完全有理由把这些只服务于特定区域，只适用于特定区域，其成本又是由区域内国家共同分担的安排、机制或制度称为"区域性国际公共产品"。

对比全球多边层面，区域经济一体化组织提供区域竞争法机制的能力增强。这里包括两种情况。第一，有的区域经济一体化组织建立了超国家的区域机构，超国家的区域机构有能力提供作为区域俱乐部产品的区域竞争法机制。如在欧盟中，欧盟委员会和欧洲法院作为欧盟的区域机构为欧盟提供了竞争法机制。第二，由区域经济一体化组织成员协调共同提供作为俱乐部产品的区域竞争法机制。在全球多边层面，这种共同提供的方式因"外部性"界定不清等而无法成功，但在区域层面，有两方面不同。一方面，由于区域性国际公共产品的涵盖范围较小，各国从中得到的收益和付出的成本比较清晰，从而能避免全球性国际公共产品中普遍存在的"搭便车"现象。正如曼瑟尔·奥尔森在《集体行动的逻辑》中指出，"集体行动的困境"在大集团中不可避免，但如果是小集团联合行动来提供公共产品，那么由于行为体之间可以进行有效监督，公共产品的供给更容易实现。[①] 另一方面，区域性国际公共产品的优势还在于它能更直接地反映区域内不同类型国家的需求，从而使其机制和制度更切合该地区稳定和发展的需要，更有针对性。如《美墨加协定》更注重经济发展水平差异而形成的特殊利益诉求，并把劳工、环境问题作为区域内的重大事项来对待。

四　构建区域竞争法机制可行性的社会因素分析

除了具有更成熟的经济基础外，社会因素同样是构建国际竞争法机制

---

① 曼瑟尔·奥尔森：《集体行动的逻辑》，陈郁等译，上海三联书店、上海人民出版社，1995，第25页。

的重要因素。借助"权力""利益""观念",我们分析了社会基础不足是构建国际多边竞争法机制失败的原因之一。相较而言,区域经济一体化中的社会基础提高了构建区域竞争法机制的可行性。

(一) 构建区域竞争法机制可行性的"权力"因素分析

主权国家之间的权力分配不均是国际竞争法机制难以构建的现实主义解读。这种权力分配不均体现在两个方面。第一,发达国家与发展中国家之间存在巨大的经济实力差异,发达国家特别是少数霸权国拥有国际规则的单方面制定权。这种权力分配体制难以得到发展中国家的认可,而发达国家也不愿意放弃其拥有的权力优势。发达国家与发展中国家之间的权力分配不均导致国际竞争法机制难以得到国际社会的支持。第二,美国担心国际竞争法机制削弱其在国际经济领域的控制权,不愿意构建国际统一竞争法机制。

在区域一体化下,权力分配问题可以得到局部缓解。第一,在北北型区域经济一体化组织或南南型区域经济一体化组织中,成员都是发达国家或都是发展中国家,成员之间的经济实力差异相对较小。在这种区域一体化组织中,权力分配问题比较容易通过沟通协商解决,经济水平差异过大而产生制度不公的担忧也大大减少。[1] 第二,一些区域经济一体化组织的成员比较少,成员间的经济实力差距是确定的,比较容易量化。在这种情况下,成员可以比较明确地计算成员之间的权力分配。例如,欧盟的主要权力机构欧盟理事会的票数根据成员国的实力对比得出。[2] 第三,即使是在南北型区域经济一体化组织中,成员之间也可以很

---

[1] 这只是相对而言,即使是发达国家之间或发展中国家之间也存在经济水平的差异,但相较于发达国家与发展中国家之间的经济水平差异,其经济水平差异要小得多。

[2] 欧盟大小国家之间的票数分配在不同阶段存在变动。2013 年,每个国家(包括新成员国)的票数如下。德国、法国、意大利和英国各 29 票,西班牙和波兰各 27 票,罗马尼亚 14 票,荷兰 13 票,比利时、捷克、希腊、匈牙利和葡萄牙各 12 票,保加利亚、奥地利和瑞典各 10 票,丹麦、爱尔兰、立陶宛、斯洛伐克、克罗地亚和芬兰各 7 票,塞浦路斯、爱沙尼亚、拉脱维亚、卢森堡和斯洛文尼亚各 4 票,马耳他 3 票,总计 352 票。参见〔法〕奥利维耶·科斯塔、娜塔莉·布拉克《欧盟是怎么运作的》(第 2 版),潘革平译,社会科学文献出版社,2016,第 131 页;欧盟理事会网站,https://www.consilium.europa.eu/en/council-eu/voting-system/qualified-majority/,最后访问日期:2023 年 6 月 20 日。

好地通过沟通形成互补性关系。这种情况下，"权力"分配困境也比较容易摆脱。例如，《北美自由贸易协定》中，美国的经济拥有绝对的优势，经济总量大约是加拿大的 10 倍、墨西哥的 20 倍。在该协定中，经济主权观念对加拿大与墨西哥有十分重要的意义。[①] 因此，在权力分配上，北美自由贸易区拥有的经济权力并不多，经济主权仍掌握在成员国手中，防止美国操纵组织。而该协定根据三个国家不同的需要作出具有互补性的自由化安排。2020 年，《北美自由贸易协定》升级为《美墨加协定》，美国与墨西哥在竞争条款上的博弈也充分凸显了区域经济一体化下的权力关系。

（二）构建区域竞争法机制可行性的"利益"因素分析

获得"绝对利益"是民族国家参与国际合作的动力。在国际多边层面，构建国际竞争法机制的主权成本很高，其带来的后果难以预测，民族国家担心国际竞争法机制的构建无法带来利益，因此，美国与发展中国家并不支持构建一个统一的国际多边竞争法机制。[②]

区域经济一体化的竞争法机制给成员国带来利益的预期要高于多边竞争法机制的利益预期。第一，由于地缘因素，区域经济一体化组织成员的竞争法经验相对比较接近，成员比较容易预测构建区域竞争法机制的利益。第二，区域经济一体化组织的成员比较少，这不仅减少了信息交流和沟通的障碍，而且可以根据每个成员的情况有针对性地作出安排，降低构建区域竞争法机制的主权成本。第三，区域经济一体化组织的利益在于其给成员国带来的组织租金。[③] 而区域一体化组织的目标在于组织租金的最大化，区域竞争法机制要有助于组织租金最大化目标的实现。根据组织经济学的理论，在一定的边界范围内，构建区域竞

---

① J. H. H. Wiler, *The EU, the WTO, and the NAFTA*: *Towards a Common Law of International Trade* (Oxford University Press, 2000) , p. 171.

② 当然，美国与发展中国家对于利益的担心是不同的，美国主要担心一个国际竞争法机制对其竞争法域外适用造成影响，而发展中国家主要担心可能让渡过多的经济主权，承担超过其能力的国际义务。

③ "组织租金"是产权经济学的一个概念，指形成组织所能得到的净收益。具体到区域经济一体化组织，便是区域内各国组成经济联盟相较于不组成经济联盟所能得到的净福利。参见吴朝阳《组织租金、企业所有权与市场化》，《山西财经大学学报》2001 年第 5 期。

争法机制有助于组织租金的最大化。① 基于以上分析，区域经济一体化下，相关国家可以获得高于成本的利益，构建区域竞争法机制具有可行性。

（三）构建区域竞争法机制可行性的"观念"因素分析

构建区域竞争法机制除了一体化的经济基础外，成员国还必须具有竞争法观念的共识。目前，全球多边层面还未形成统一的竞争法观念，统一国际竞争法机制难以构建。从理论上分析，共同竞争法观念的形成，应该建立在主权国家竞争执法机构积极互动和存在共同利益的基础上。"认同和规范的形成都是在互动中产生的；而且，我们可以推断出，国家认同观念的确定要先于不稳定的共同知识，其后才是稳定的集体知识，也就是文化和规范。"② 在全球层面，发达国家与发展中国家之间由于历史、文化和利益的分歧，难以形成有效的全体互动和统一的竞争法观念。然而，在区域经济一体化组织中，成员国之间的互动、文化认同程度要远远高于全球层面。同时，区域经济一体化组织成员为了获得相对于非成员的优势也会形成共同的区域利益。因而，区域共同利益推动形成共同的"竞争法机制"观念也比较容易。事实上，许多区域经济一体化组织都进行了关于竞争观念的研讨与沟通，形成了区域内比较一致的竞争法观念。例如，美洲自由贸易区③（FTAA）提出以后，虽然建立区域经济一体化组织的进展缓慢，但在建立区域经济一体化组织前，美洲自由贸易区就对区域内的竞争法进行研究，积极推动形成区

---

① 关于区域经济一体化的经济分析，参见吴朝阳《区域经济一体化的组织经济学分析》，经济管理出版社，2007。

② 亚历山大·温特在《国际政治的社会理论》一书中，对什么是社会结构（规范）、结构如何塑造认同和结构如何变化都进行了一定的探讨。参见亚历山大·温特《国际政治的社会理论》，秦亚青译，上海人民出版社，2000，第139页。

③ 美洲自由贸易区是美国基于其巩固美洲市场的愿望在20世纪80年代提出的，美国希望在西半球北美洲和南美洲建立一个巨大的自由贸易区，与欧盟对峙。1994年12月迈阿密第一届美洲国家首脑会议启动以后，经过圣地亚哥和魁北克两届首脑会议和多次贸易部长级会议，到2003年底，谈判历经九年，但进展甚微，在消除商品和服务贸易壁垒这个主要目标方面几乎没有达成任何有意义的协定。虽然历届首脑会议反复申重要于2005年建成美洲自由贸易区，但谈判一直停留在框架层面，未有深入。参见张勇《建立美洲自由贸易区的构想和最新发展》，《拉丁美洲研究》2006年第1期。

域内统一的竞争法观念。①

五　路径选择：从区域竞争法机制走向国际多边竞争法机制

基于上文对经济基础和社会因素的分析，可以看出在区域经济一体化下构建竞争法机制的条件优于国际多边层面。而国际社会的现实是，晚近的许多区域经济一体化组织已经制定了区域内的竞争法机制。现在国际经济正处于多边经济自由化和区域经济一体化的交叉阶段，而现阶段勃兴的区域经济一体化是国际社会的理性选择，也是走向经济全球化的必经之路。因此，区域竞争法机制是统一国际竞争法机制的前奏，从区域竞争法机制到统一国际竞争法机制是构建国际多边竞争法机制的可行路径。

第一，区域竞争法机制可以加快国际经济一体化的速度。区域竞争法机制可以为区域经济提供自由竞争的机制，维持区域内经济要素的自由流动。从这个意义上分析，区域竞争法机制的构建能有效促进区域经济一体化发展。从欧洲一体化的过程中可以看出，区域竞争法机制在区域经济一体化中发挥了重要的作用。即使是升格前北美自由贸易区的软竞争法机制，也可以有效减少竞争法的冲突和政府限制，维护自由贸易区的自由贸易。一方面，不同区域通过区域经济一体化协议逐步融合，提高一体化程度；另一方面，区域经济一体化协议向外扩展，相关领域重叠交叉。这两方面共同促进国际社会的经济一体化程度，当国际经济一体化进入积极一体化阶段，国际多边竞争法机制的构建就水到渠成了。

第二，区域竞争法机制有利于协调主权国家关于竞争法机制的不同观念。竞争法观念的巨大差异是阻碍国际多边竞争法机制构建的另一个因素，区域竞争法机制则可以有效协调区域内主权国家的竞争法观念。以欧盟为例，在欧盟竞争法机制实施之前，欧洲各国关于竞争法的观念差异很大，除了德国出台《反限制竞争法》外，其他国家都未有竞争法经验。随着欧盟统一竞争法机制的实施，许多成员国参照欧盟竞争法制定了本国的竞争法。同时，由于欧盟竞争法的实施，成员国的竞争机构逐渐形成统

---

① FTAA，http://www.ftaa-alca.org/ngroups/ngcomp_e.asp，最后访问日期：2009 年 10 月 13 日。

一的竞争观念，这推动了欧盟内共同竞争法观念的形成。同时，成员国形成区域内统一的竞争理念，这更有利于区域内竞争法理念的沟通，进而推动形成全球统一的竞争观念。

概言之，区域经济一体化组织中成员较少、经济差异较小、文化比较相近的特点决定了区域经济一体化的合作程度更高，而区域经济一体化合作程度高使区域竞争法机制的构建成为可能。同时，区域竞争法机制的构建又促进区域经济一体化的深入。在国际社会现有情况下，构建国际多边竞争法机制的条件还未完全成熟，可行路径是先构建区域竞争法机制，再从区域竞争法机制迈向国际多边竞争法机制。

第三章　竞争法区域合作机制的
实证考察

　　一方面，由于现阶段的经济一体化程度、经济水平及竞争法观念的差异，构建一个统一的国际多边竞争法机制的条件不成就；另一方面，区域经济一体化程度较高，区域内竞争文化和观念更易磨合，因此，区域经济一体化组织部分替代 WTO 而成为国际竞争规则的主要谈判场所。构建国际竞争法机制的可行路径是先区域、后多边。晚近区域贸易协定都纳入了竞争议题。因此，有必要对区域竞争法机制的现状进行实证研究，以便更好地分析区域竞争法机制的发展趋势。

　　区域经济组织增多已成为近年来国际关系领域的主要变化之一。实际上，所有国家都是区域经济组织的成员，而很多国家不止隶属于一个区域经济组织。[①] 晚近建立的区域经济组织大多构建了区域竞争法机制。为了进一步研究区域经济一体化的竞争法机制，本章对现有主要区域经济组织的区域竞争法机制进行比较分析，梳理区域竞争法机制的现状。

　　区域经济一体化组织根据不同的标准可以划分为不同的类型。本章以成员的经济水平差异为标准，将区域经济一体化组织划分为由发达国家建立的北北型区域经济一体化组织、由发达国家与发展中国家建立的南北型区域经济一体化组织和由发展中国家建立的南南型区域经济一体化组织。[②] 发展中国家与发达国家之间的经济实力差距大，不同类型的区域经

---

①　Maurice Schiff, L. Alan Winters：《区域一体化与发展》，郭磊译，中国财政经济出版社，2004，第 1 页。

②　事实上，发展中国家与发达国家的标准并不是十分确定的，而是不断发生变动的。本书界定发达国家的标准主要有三个：第一，借鉴联合国贸易与发展会议在 2002 年（转下页注）

济一体化组织（协议）的经济效应不同①，因此不同类型的区域经济一体化组织构建的竞争法机制的模式和内容也不相同。即使在同一种类型的区域经济一体化组织中，由于成员的文化、制度、传统不同，其各自构建的竞争法机制也存在很大的差异。本章主要从实证的角度对三种类型的主要区域经济一体化组织的竞争法机制进行研究，试图窥斑见豹，比较其特点并归纳区域竞争法机制模式。

第一节　北北型区域经济一体化的竞争法机制

一　概述

（一）北北型区域经济一体化的情况

北北型区域经济一体化是世界上出现较早的区域经济合作形式之一。据 WTO 统计，截至 2020 年 4 月底，在 WTO 成员通报的 303 项区域贸易协定中，有 38 项是北北型的，而晚近发达国家之间签署区域贸易协定的速度加快。② 其中比较著名的有欧洲共同体（欧盟）、欧洲经济区（EEA）③、美加自由贸易区、欧洲自由贸易联盟、澳新自由贸易区的协定以及 2019年欧盟与日本签署的《欧日经济伙伴关系协定》。

(接上页注②)对发达国家的界定标准，即人均 GDP 在 1000 美元以上（以名义汇率计算）；第二，
　　一定程度的社会发展水平；第三，比较通用的习惯划分。本书所指发达国家包括：卢森
　　堡、挪威、瑞士、爱尔兰、丹麦、冰岛、瑞典、英国、奥地利、荷兰、芬兰、比利时、
　　法国、德国、意大利、西班牙、希腊、葡萄牙、美国、加拿大、日本、以色列、塞浦路斯
　　斯、巴哈马、斯洛文尼亚、马耳他、匈牙利、捷克、澳大利亚、新西兰。
①　樊莹：《国际区域一体化的经济效应》，中国经济出版社，2005，第 4 页。
②　上述统计数字来源于 WTO 网站中区域经济一体化数据库的数据，http://rtais.wto.org/
　　UI/PublicMaintainRTAHome.aspx。下文如果没有特别说明，有关区域经济一体化的数据
　　均来源于此。
③　1994 年 1 月 1 日，由欧洲共同体（欧盟）12 国和欧洲自由贸易联盟 7 国中的奥地利、
　　芬兰、冰岛、挪威和瑞典 5 国组成的当时世界最大的自由贸易区——欧洲经济区正式建
　　立。EEA 的竞争规则与欧盟的竞争规则基本相同。而 EEA 的竞争法执行机制有两个支
　　柱。如果限制竞争行为对欧盟成员国之间的贸易造成影响，则由欧盟委员会负责；如果
　　限制竞争行为对欧洲自由贸易联盟的贸易造成影响，则由欧洲自由贸易联盟的监督机构
　　负责；如果限制竞争行为影响了欧盟及欧洲自由贸易联盟的贸易，则根据冲突规则选择
　　由欧盟委员会或欧洲自由贸易联盟的监督机构负责。两个机构在解释竞争规则时都应受
　　到欧洲法院判例的约束，以保证执行竞争规则的一致性。

从协定内容上分析，发达国家之间的北北型区域经济一体化合作程度高。其中，欧盟一体化进程是最典型的例子。截至目前，欧盟是世界上发展最快、一体化程度最高的区域经济一体化组织。2005 年，欧盟成员国的相互贸易量已经占欧盟各国对外贸易总量的66.8%。虽然 2019 年英国退出欧盟，给欧盟的经济一体化带来冲击，但是，欧盟仍是北北型区域经济一体化的典范。北北型区域经济一体化合作程度之所以高，原因在于三方面：第一，发达国家经济发达，国内市场需求大，具有较强的吸纳他国产品的能力；第二，发达国家产业现代化水平高，具有较强规模经济性，相互之间可以通过产业分工来实现更高的效率；第三，发达国家财力雄厚，可以设立充足的共同基金，给因市场开放而受到冲击的部门和企业补偿。

（二）北北型区域经济一体化组织中的竞争法机制

由于北北型区域经济一体化合作程度较高，因此，北北型区域经济一体化协议涵盖竞争议题的比例大。北北型区域经济一体化协议中不仅涉及传统的贸易自由化议题，而且包含投资、知识产权、劳工、环保等新经济议题。就竞争议题而言，北北型区域经济一体化具有以下特点。

第一，晚近签署的北北型区域经济一体化协议大多涵盖竞争议题。在北北型区域经济一体化协议中，欧盟竞争法已经成为区域竞争法的一个典范。对于越晚签署的北北型自由贸易协定，缔约方竞争义务的约束性条款越多，法律拘束力越强。这一趋势说明，随着边境后议题成为区域经济一体化协议的重点议题，竞争议题成为区域经济一体化协议中的 21 世纪新议题之一。发达国家已经将区域贸易协定作为国际竞争议题的主要谈判平台，积极在区域贸易自由化协定中创建国际竞争规则。

第二，在北北型区域经济一体化组织中，欧盟对于竞争议题表现得最积极。欧盟竞争法的成功促进了欧盟经济的发展，推动了欧盟共同竞争文化的形成。[①] 因此，欧盟对于构建国际竞争法机制也持积极的态度，不仅积极输出欧盟的竞争文化和执法经验，也积极在欧盟参与的自由

---

① Cunningham et al. , "Harmonization of Competition Policies in a Regional Economic Integration," *Law and Policy of International Business* 27 (1996) : 879.

贸易协定中纳入竞争机制。在乌拉圭回合谈判中，欧盟就坚持将竞争议题列入 WTO 议题进行谈判。而在晚近欧盟签署的自由贸易协定如《欧日经济伙伴关系协定》中，竞争规则是独立的、重要的议题。

第三，由于发达国家之间的经济融合程度高，区域竞争规则的内容较丰富、强度也较高。当然，由于合作程度不同，不同北北型区域经济一体化组织构建的竞争法机制也存在一定的差异。例如，欧洲共同体和欧洲自由贸易联盟的大多数国家签订了推动区域一体化的《欧洲经济区协定》。①该协定第四部分专门规定了区域竞争法机制，包括竞争法实体规定和信息交换、协商、执行协调、争端解决等规定。②《澳大利亚与新西兰更紧密经济关系贸易协定》也设置了区域竞争法机制。1983 年签订该协定时，双方就在序言中要求采取措施"规制区域内的限制竞争行为"。在 1988年双方签订的关于加快货物自由贸易的议定书中，双方同意区域内不再适用反倾销制度，而以竞争法机制为替代措施。与之配套，1994 年双方又

---

① 1991 年 10 月 22 日，欧洲共同体和欧洲自由贸易联盟在比利时首都布鲁塞尔达成了建立欧洲经济区的协定。该协定规定，在 1993 年建成统一大市场的同时，欧洲共同体 12 国和欧洲自由贸易联盟成员国奥地利、瑞典、冰岛、挪威、芬兰、瑞士和列文敦士登将实现商品、人员、劳务和资本的自由流动。19 国之间将废除关税和进口限额，统一工业和产品标准，并将合作扩大到教育、科研和交通等领域。协定还规定，将由双方共同组成的部长理事会和司法院作为最高决策和仲裁机构。协定确定建立经济区的原则是：欧洲的一体化发展处于优先地位，双方合作不能妨碍统一大市场经济货币联盟和政治联盟的建立；欧洲经济区拥有决策的自主权；成员国将修改本国法律，以适应欧洲经济区的法律。建立欧洲经济区是两大集团经济上依赖加深的必然结果。欧洲经济区并不是两大集团合并，而只体现进一步密切合作，但它仍然可以说是一种新型的一体化组织。有关 EEA 的资料，参见 EEA, http://ec. europa. eu/external_ relations/eea，最后访问日期：2009 年 10 月 13 日。

② 《欧洲经济区协定》第四部分的竞争法机制包括三章：第一章"适用企业的规则"，第二章"政府补贴"，第三章"其他共同规则"。第一章是区域竞争法机制的重点，包括第 53 ~ 60 条共 8 个条款，其中第 53 条规定"禁止企业间的协议或一致行动"，第 54 条规定"禁止滥用优势地位"，第 55 ~ 56 条规定监督第 53 条与第 54 条实施的竞争执法机构，第 57 条规定"兼并控制"，第 58 条规定"监督机构之间的合作"，第 59条是"授权具有独占地位的公共企业的规定"，第 60 条规定竞争法原则。第二章旨在防止国家影响市场的公平竞争，包括第 61 ~ 64 条，主要规定政府的补贴机制不得违反自由竞争原则。第三章只有第 65 条一个条款，规定了协议内容包括议定书（49 份）与附件（22 份）。See The Agreement on the European Economic Area, "A Guide to the Free Movement of Goods and Competition Rules," *The George Washington Journal of International Law and Economics* (1996).

达成一项协定，扩展各自国内竞争法的适用范围。依照 1988 年的议定书和 1994 年的协定，两国间的贸易不再适用反倾销措施，此外，两国竞争法中关于滥用市场支配地位的禁令扩展到整个澳新市场。①　又如，《美国与澳大利亚自由贸易协定》第十四章"竞争相关事项"共 12 条，规定成员方有义务维持区域内的自由竞争，并保证国内竞争法得到良好的执行。②

在北北型区域经济一体化组织的竞争法机制中，欧盟竞争法机制是最重要的典型。之所以认为欧盟竞争法机制是一个重要典型，原因不仅在于欧盟竞争法机制是最早创设的区域竞争法机制，而且欧盟竞争法机制是至今最完善的区域竞争法机制。欧盟的竞争法机制不仅有实体性规定和程序性规定，还由欧盟委员会作为区域统一执法机构。同时，欧盟还与其他国家签订了区域经济一体化协议，这些协议中规定了类似的竞争法条款。欧盟竞争法机制成为北北型区域竞争法机制的一种范例，并在欧盟的推动下形成了国际竞争法机制的一种范式。因此，下文就以欧盟竞争法机制为例介绍北北型区域一体化组织中的竞争法机制。

二　北北型区域竞争法机制的典型——欧盟竞争法机制实证研究

国内外对于欧盟竞争法机制的研究成果已经很丰硕，国外的研究如米

---

①　在反垄断执法行动的相互协助上，《澳大利亚与新西兰更紧密经济关系贸易协定》比大部分司法协助协定都走得更远。该协定承认对方国家的竞争管理机构可以对在对方国家境内发生的但影响到本国市场的行为适用本国竞争法，即相互承认以"效果原则"为基础的国内竞争规则的域外适用效力。为了保证这种适用的有效性，澳新两国的竞争管理机构都可以在对方国家境内举行听证、强制取证和执行命令等。See G. Marceau, *Anti - dumping and Anti - trust Issues in Free Trade Areas* (Clarendon Press, 1994); P. Clark, "Reforming Anti dumping," in M. Hart(ed.), *Finding Middle Ground*: *Reforming the Anti - dumping Laws in North America* (Centre for Trade Law and Policy, 1997), p. 215; P. K. M. Tharakan, "Is Anti - dumping Here to Stay?"*World Economy* 22(2) (1999): 179; 王中美《以反垄断替代反倾销研究》，《国际经贸探索》2008 年第 10 期。

②　其中第 14. 2 条是《美国与澳大利亚自由贸易协定》中最重要的条款，该条第 1 款要求成员国必须制定竞争法以维持自由竞争；第 2 款要求成员国设立有效的竞争执法机构来负责竞争法的执行；第 3 款规定了美国与澳大利亚竞争执法机构之间的合作机制，涉及 1988 年《美国与澳大利亚竞争法合作协定》和 1999 年《美国与澳大利亚共同执行反垄断法协定》；第 4 款要求成员国建立一个竞争执法机构合作的共同工作小组，以促进双方在竞争法执行方面的合作。

歇尔·韦克布鲁克与阿尔多·弗里克纳尼共同撰写的《欧盟竞争法》对欧盟竞争法作了全面而细致的阐述，包括竞争法的实体性规则和程序性规则、理论基础以及竞争法实践。牛津大学出版社出版的"欧盟竞争法书库"系列丛书从欧盟竞争法的一般原则、竞争协议、程序与救济等问题出发对欧盟竞争法进行了专题分析。而由哈特出版社出版的《欧盟竞争法年鉴》则每年推出一个主题，对欧盟竞争法进行专题研究。① 国内的研究中，邵景春教授最早撰书全面阐述欧盟的法律与制度，其书也涉及对欧洲竞争制度方面的内容的阐述。② 而阮方民教授、王晓晔教授、许光耀教授则先后以专著的形式更为细致地分析了欧盟（欧共体）竞争法制度。③ 此外，更有不少学者对欧盟竞争法各项具体制度进行了细

---

① 目前已经推出的主题包括：竞争政策的目标（1997）、通信市场的规范（1998）、国家援助中的若干问题（1999）、欧盟竞争法的现代化（2000）、欧盟反垄断法的有效私人实施（2001）、竞争主管机关的网络建设（2002）、何为滥用市场支配地位（2003）、竞争法与自由主义的关系（2004）、竞争法与知识产权法的相互作用（2005）、对卡特尔禁止的执行（2006）、《罗马条约》第82条的修订（2007）、硬核卡特尔的执行（2008）。See Claus Dieter Ehlermann and Laraine L. Laudati, *European Competition Law* 1997：*The Objectives of Competition Policy*（Hart Publishing, 1998）; Claus Dieter Ehlermann, *European Competition Law Annual* 1999：*Selected Issues in the Field of State Aid*（Hart Publishing, 2001）; Claus Dieter Ehlermann, *European Competition Law Annual* 2000：*The Modernisation of EU Competition Law*（Hart Publishing, 2001）; Claus Dieter Ehlermann and Isalbela Atanasiu, *European Competition Law Annual* 2002：*Effective Private Enforcement of EC Antitrust Law*（Hart Publishing, 2004）; Claus Dieter Ehlermann and Isalbela Atanasiu, *European Competition Law Annual* 2002：*Constructing the EU Network of Competition Authorities*（Hart Publishing, 2004）; Claus Dieter Ehlermann and Isalbela Atanasiu, *European Competition Law Annual* 2003：*What Is an Abuse of a Dominant Position?*（Hart Publishing, 2006）; Claus Dieter Ehlermann and Isalbela Atanasiu, *European Competition Law Annual* 2004：*The Relationship Between Competition Law and the Liberal Professions*（Hart Publishing, 2006）; Claus Dieter Ehlermann and Isalbela Atanasiu, *European Competition Law Annual* 2005：*The Interaction Between Competition Law and Intellectual Property Law*（Hart Publishing, 2007）; Claus Dieter Ehlermann and Isalbela Atanasiu, *European Competition Law Annual* 2006：*Enforcement of Prohibition of Cartels*（Hart Publishing, 2007）; Claus Dieter Ehlermann and Isalbela Atanasiu, *European Competition Law Annual* 2007：*A Reformed Approach to Article 82 EC*（Hart Publishing, 2008）; Claus Dieter Ehlermann and Isalbela Atanasiu, *European Competition Law Annual* 2008：*Antitrust Settlements Under EC Competition Law*（Hart Publishing, 2009）.

② 邵景春：《欧洲联盟的法律与制度》，人民法院出版社，1999。

③ 国内学者的专著参见阮方民《欧盟竞争法》，中国政法大学出版社，1998；王晓晔《欧盟竞争法研究》，中国法制出版社，2007；许光耀《欧共体竞争法通论》，武汉大学出版社，2006；等等。

致具体的研究。①

　　囿于篇幅，本书不可能也没有必要对欧盟竞争法的具体制度进行深入细致的研究。围绕区域经济一体化与国际竞争法机制的主题，本书主要概括欧盟竞争法机制的总体规则，归纳欧盟竞争法机制的特征、范式。由于欧盟竞争法机制本身是一个庞大的法律体系，为了更清楚地介绍欧盟竞争法机制，本书以时间为维度，将欧盟的竞争法机制划分为三个阶段：萌芽阶段、成形阶段和现代化阶段，并侧重对这三个阶段欧盟竞争法机制的实施和特征进行分析，研究欧盟竞争法机制的演化规律。

（一）萌芽阶段的欧盟竞争法机制

　　我国大部分学者都认为，欧洲的竞争法应起源于二战后成立的欧洲煤钢共同体。但是，欧洲竞争法的理念发展却远远早于《巴黎公约》。"早在 19 世纪末，欧洲的一些国家就开始有通过法律管理竞争的想法。在 19 世纪的最后 10 年内，奥地利人对一些与竞争相关的观念作了详尽阐述，它们成为欧洲竞争法传统最初的核心。这些观念代表着自由主义与行政管制之间尚不稳定的结合，是有关法律作用的创造性思考的产物。"② 19 世纪 60 年代，奥地利的自由主义者获得政治权力后，立刻大幅度减少国家对经济的干预。但是，始于 1873 年的经济大萧条很快使人们对自由主义者的领导失去信心。同时，19 世纪 70 年代后期直到 20 世纪头 10 年，自由放任导致的卡特尔组织开始出现并逐渐增多。与此相应，奥地利的自由主义者提出了竞争法思想。③

---

① 中国知网上关于欧盟竞争法具体制度的研究文章非常多，笔者在关键词中输入"欧盟 &
　竞争法"，检索到 1000 多篇文章。

② David J. Gerber, "The Origins of the European Competition Law Tradition in Finde – Siecle Aus-
　tria, "*Am J. Leg. His.* 36(1992) : 405.

③ 在一次高层学术论坛上，当时著名的法学家阿道夫·门泽尔提出了制定一部新的卡特尔法
　的建议。门泽尔的建议引发了政界和知识界的激烈论战。在 1887 年，奥地利政府起草了
　一部竞争法规草案。这部法规草案旨在防止竞争者通过协议消除他们之间的竞争。竞争自
　由是它的中心目标。由于 1987 年奥地利议会的混乱情况，法规草案一直处于瘫痪状态，
　并最终没有获得通过。虽然奥地利的竞争法没有成功制定，但是，奥地利在 19～20 世纪
　之交提出的竞争法观念，为欧洲竞争法传统埋下了种子，不但为经济竞争问题提供了一个
　分析框架，而且提供了一个应对这种问题的模式。See Giuliano Marenco, "The Birth of Mod-
　ern Competition Law in Europe, "in Dieter Ehlerman, *European Integration and International Co –
　ordination—Studies in Transnational Clause* (Kluwer Law International, 2002) , pp. 12 – 45.

1923 年实施的德国《卡特尔法》是欧洲第一部专门以保护竞争过程为目标的一般性法律。竞争法观念在德国得到了广泛的讨论，这种经验在二战后欧洲竞争法传统的形成中起到重要作用。[①] 在两次世界大战之间，有关竞争法的一些基本观念开始在欧洲许多地区流行并得到支持，而且在欧洲的某些法律体系和某些重要的政治运动纲领中扎下了根。这些观念也开始被理解为一种竞争法"模式"，一种不同于美国反垄断法的欧洲选项。[②]

二战前，竞争法理念在许多欧洲国家取得了最初的地位和身份，并作为二战后欧洲竞争法制度的基础。而欧洲一体化开始初期，竞争法就成为一体化中最重要的组成部分。[③] 由于欧洲二战前竞争法理念的酝酿，特别是德国秩序自由主义理论对共同体条约起草者的核心人物法国人让·莫内及共同体成员国的影响，缔约国对条约必须包括一些与垄断做斗争的规定似乎没有什么质疑。整个条约的中心目的是"控制"垄断权力，如果该条约不包括这类规定，其几乎不能实现该目标。"起草（第 65 条和第 66 条）的理由，是起草者坚持把竞争作为一种经济生活方式。或许更重要

---

① 一战后的德国陷入了通货膨胀的泥潭中，而公众认为当时的卡特尔助长了通货膨胀。为了稳定当时的德国经济，德国经济部的一些官僚在极短的时间内起草了《卡特尔法》。弗兰兹·维克尔说："1923 年在针对通货膨胀的喧嚣中推出的德国《卡特尔法》，第一次对有关竞争性经济的后期特点的一种见解给予重视：不受控制的权力集中这种契约自由本身，有可能导致强者的自由剥夺弱者的自由的状态。"See Franz Wieacker, *Privatrechts geschichte der Neuzeit* (Gottingen, 1967), S. 546.

② 德国竞争法的执行经验并不只局限在德国内部，欧洲一些具有相同的经济背景的国家（主要是瑞典和挪威）也开始了对竞争法的讨论，并形成了"欧洲"的竞争法模式。20 世纪 20 年代后期，国际组织也对竞争法观念在欧洲的传播和巩固发挥了关键作用。

③ 欧洲一体化开始于法国外交部部长舒曼提出的计划。在二战后，欧洲还处于一片废墟和瓦砾之中，欧洲社会开始反思两次世界大战的原因，并试图寻求维持持久和平的有效方式。1950 年，法国外交部部长舒曼提出一项设想：为了永远防止法德两国因争夺鲁尔、萨尔地区煤铁资源而导致战祸，应建立一个负责处理这些资源的国家间高级机构，并使这一机构具有超国家的权力，它的决定对法德两国及其他成员国具有约束力。作为对舒曼计划的回应，以及为了满足实现欧洲一体化而采取具体措施的需要，来自法国、德国、意大利、荷兰、比利时及卢森堡的政治领导人，创立了一个"法律共同体"，实际上将欧洲大部分的煤炭和钢铁业的管理权划给一个附加的法律体制。这个体制就是 1951 年建立的欧洲煤钢共同体。根据《巴黎条约》（《欧洲煤钢共同体条约》）第 1 条和第 2 条，条约的主要目的在于建立一个煤钢产品的共同市场，推动成员国的经济发展，扩大就业，提高人民的生活水平。See Gerhard Bebr, "The European Coal and Steel Community: A Political and Legal Innovation," *Yale L. Rev.* (1953): 63.

的是，起草者所关心的是，如果允许卡特尔（以及生产集中）发展，它们可能会变成共同体中真正的政治权力，并可能构成对共同体主权的挑战。"① 为了防止德国的工业在二战后获得太大的经济权力，莫内积极提倡在共同体内推行强有力的竞争法。

《巴黎条约》第 60 条、第 65 条和第 66 条对竞争问题作了具体的规定。其中第 60 条是禁止歧视性规定，而第 65 条禁止反竞争协议，第 66 条针对"集中"和"滥用经济权力"。《巴黎条约》的主要执行机构是欧洲委员会，1969 年之前这个机构被称为高级机构。把竞争法规定纳入《巴黎条约》，是欧盟竞争法发展的第一个实际步骤，为以后进一步发展竞争法奠定了基础。虽然欧洲煤钢共同体竞争法制度实际上对欧洲竞争法发展的影响作用有限（因为在其运行的最初 5 年，该制度很少被运用），但是，"它的重要作用是为把竞争法规定纳入《罗马条约》提供了一个先例，并建立了有关这类规定的某种模式"②。

因此，萌芽阶段的欧盟竞争法机制的主要功能是培养区域内国家关于竞争法的共同理念。这个时期《巴黎条约》中关于竞争法机制的规定是对这种理念的肯定和认同，但并未在实际执行中发挥多大的作用。即使如此，《巴黎条约》中的竞争法机制仍然成为欧盟经济一体化推进过程中的重要着力点，"若是竞争法本身不能为市场参与者提供平等的市场竞争地位，各国就不能平等地参与到共同体事务中来；若是竞争法的实现不需要一个有效的机构进行制度性调节，各国也就没有了让渡主权的内容和基础；若是竞争法不能达到在一定机制的构建下实现自治的效果，那么共同体机构最终也只能成为某种利益集团操控的傀儡"③。

（二）成形阶段的欧盟竞争法机制

欧盟竞争法机制从萌芽阶段走向成形阶段的主要标志是欧盟竞争法机制的规则开始具体化，并得到有效实施。在这个阶段，欧盟的竞争法

---

① Raymond Vemon, "The Schuman Plan, "*Am J Int'l* 47(183) (1953).

② Stuart A. Scheingold, *The Rule of Law in European Integration: The Path of the Schuman Plan* (Greenwood Press, 1976), p. 120.

③ Giuliano Marenco, "The Birth of Modern Competition Law in Europe, "in Dieter Ehlerman, *European Integration and International Co – ordination—Studies in Transnational Clause* (Kluwer Law International, 2002), pp. 12 – 45.

机制开始发挥其重要作用，推动了欧盟经济一体化的进程。竞争法专家格伯尔教授认为："随着 1957 年欧洲经济共同体的创立，欧洲开始了一体化的进程，其中，竞争法起到了至关重要的作用。这一进程又使得竞争法发挥了远远超出其他任何条件下所发挥的作用和影响。不仅欧盟竞争法本身成为全欧洲经济决策的主要因素，而且，成员国也不断模仿欧盟竞争法制定国内竞争法。"① 成形阶段的欧盟竞争法机制主要表现出以下几个特征。

1. 形成欧盟三个层次的竞争立法结构

欧盟竞争法机制的条文主要包括三个层次。

第一个层次是条约。欧盟竞争法机制主要规定在《罗马条约》中。② 《罗马条约》关于竞争法的规定在第三部分，即"共同体的政策"。该部分第一编为"共同规则"，包括"竞争规则"、"税收规定"和"法律的接近"。"竞争规则"列为第一章，包括第 85～94 条（后改为第 81～89 条，再后来改为第 101～109 条），有三点内容：第一点是限制竞争行为的实体性规定（第 85 条和第 86 条），包括禁止限制竞争协议和滥用市场支配地位；第二点是禁止政府行为限制市场的自由竞争（第 90 条）；第三

---

① 戴维·J. 格伯尔：《二十世纪欧洲的法律与竞争：捍卫普罗米修斯》，冯克利、魏志梅译，中国社会科学出版社，2004，第 216 页。

② 虽然 1951 年 4 月欧洲煤钢共同体的建立是欧洲经济一体化的一个重大步骤，但是许多国家特别是比荷卢三国的备忘录提出，这个共同体不足以提高欧洲生产力，也不足以促进欧洲的团结。在这些国家的倡导和推动下，法国、德国、意大利、比利时、荷兰、卢森堡等欧洲六国于 1955 年 5 月 29 日至 30 日在意大利墨西拿召开了外交部部长会议，在这个会议上就建立欧洲经济共同体一事原则上达成了一致意见，授权比利时外交部部长斯帕克领导一个工作小组就这个经济共同体的政策和组织机构等问题提交一份详细的报告。这个报告就是著名的《斯帕克报告》。《斯帕克报告》阐述了欧洲经济共同体的两个基本目的：一个是政治上的——产生欧洲统一动力；一个是经济上的——通过建立一个共同市场削减成员国之间的贸易壁垒以增强欧洲的繁荣。《斯帕克报告》于 1956 年 5 月 29 日在意大利威尼斯召开的六国外交部部长会议上获得通过，这个报告成为《欧洲经济共同体约》的基础。1957 年 3 月 25 日，《欧洲经济共同体约》和《欧洲原子能共同体条约》在意大利首都罗马签字，由此建立了欧洲经济共同体和欧洲原子能共同体。《欧洲原子能共同体条约》只涉及成员国在原子能经济方面的合作。《欧洲经济共同体约》的主要目的则是为各种商品和服务建立一个共同市场。1965 年 4 月 8 日，欧洲经济共同体、欧洲煤钢共同体和欧洲原子能共同体三个共同体合并，人们将这三个共同体合称为"欧盟"。1997 年 10 月 2 日，相关条约在阿姆斯特丹进行了修改，但这次修改对于竞争法的主要影响只是更改了条文序号。

点是欧盟理事会关于竞争立法权限的规定，第 87 条授权理事会进行次级立法，该条要求，在条约生效后 3 年内，根据欧盟委员会的提案，与欧洲议会磋商后，欧盟理事会经一致通过，应制定适当的条例、指令来使第 81 条、第 82 条得到实施。

　　第二个层次是欧盟理事会根据具体情况制定的欧盟竞争法。《罗马条约》授权欧盟理事会进行次级立法，因此，欧盟竞争法机制实施数十年来，欧盟理事会针对具体情况制定了大量的欧盟竞争条例。[①] 这些条例主要包括 17 号条例、《欧盟理事会 19/65 号条例：关于在某种类型的协议和一致行动中适用条约第 85 条第 3 款》、《欧盟理事会 4064/89 号条例：关于企业集中控制》、《欧盟理事会 994/98 号条例：关于欧盟条约第 92 条和第 93 条建立欧洲经济共同体横向性国家援助的适用》、《欧盟理事会 659/1999 号条例：关于欧盟条约第 93 条的具体适用》 和 1/2003 号条例等。

　　第三个层次是欧盟委员会就欧盟竞争法的具体适用颁布的规则。除上面两个层次的立法之外，欧盟委员会作为欧盟竞争法的执行机构对欧盟竞争法的具体适用颁布了大量的竞争条例和通告。这些文件包括《欧盟委员会通告：关于成员国法院和委员会适用欧盟条约第 85 条和第 86 条时的合作》、《欧盟委员会通告：根据欧盟条约第 85 条对合作型企业进行评估》、《欧盟委员会通告：关于各成员国法院和委员会在国家援助领域的合作》、《欧盟委员会 240/96 号条例：关于在某种类型的技术转让协议中适用条约第 85 条第 3 款》、《欧盟委员会通告：关于成员国竞争机构和委员会在处理欧盟条约第 85 条或第 86 条案件中的合作》、《欧盟委员会通告：关于欧盟竞争法相关市场的定义》、《欧盟委员会 447/98 号条例：关于欧盟理事会 4064/89 号条例中申报、期限和听证的规定》、《欧盟委员会通告：关于欧盟理事会 4064/89 号条例中完全功能型合营企业的概念》、《欧盟委员会通告：关于欧盟理事会 4064/89 号条例中合并的概念》、《欧盟委员会通告：关于欧盟理事会 4064/89 号

---

① Alison Jones and Brenda Sufrin, *EC Competition Law: Text, Cases and Materials*, Third Edition (Oxford University Press, 2007).

条例中相关企业的概念》、《欧盟委员会通告：关于欧盟理事会 4064/89
号条例中营业额的概念》、《欧盟委员会 2842/98 号条例：关于各当事方
的特定听证程序》、《欧盟委员会 2790/1999 号条例：关于针对纵向协议
和一致行动适用欧盟条约第 81 条第 3 款》、《欧盟委员会 2658/2000 号条
例：关于欧盟条约第 81 条第 3 款专业化协议的适用》、《欧盟委员会
2659/2000 号条例：关于欧盟条约第 81 条第 3 款研究和开发协议的适
用》、《欧盟委员会通告：关于垂直协议的准则》、《欧盟委员会通告：关
于用简易程序处理欧盟理事会 4046/89 号条例的特定类型集中》、《欧盟
委员会 69/2001 号条例：关于欧盟条约第 87 条和第 88 条最低限额援助的
适用》、《欧盟委员会 70/2001 号条例：对中小企业的国家援助适用欧盟
条约第 87 条和第 88 条的规定》和《欧盟委员会通告：关于与集中直接
相关且必要的限制》等。

2. 欧盟竞争法的实体性规定

美国《谢尔曼法》是第一部比较完善的反垄断法，因而也成为许多
国家制定本国反垄断法的母法。[①] 虽然美国《谢尔曼法》在欧盟竞争法
机制的构建过程中发挥了重要的作用，但是欧盟的竞争法条文并未完全
采用美国《谢尔曼法》的体例。欧盟竞争法的主要目的在于扫除市场
上各种生产要素自由流动的阻碍。这种阻碍来自两大方面：一是作为市
场主体的企业设置的各种私人性质的障碍，如占市场支配地位的企业或
者不占支配地位的企业通过相互间的联合协议达成一致，在国内和国外
市场适用不同价格或者交易条件；二是成员国依据自身经济发展情况而
对特定行业或者特定企业给予的国家援助或补贴，这些援助或补贴具有
影响优胜劣汰的市场机制的效果，并使其他成员国的竞争对手实质上处
于不平等的竞争地位。

因此，欧盟竞争法对这两方面都进行了规定，通过禁止共同市场上成
员国政府以及成员国企业的限制竞争行为来维护欧洲共同市场的自由竞争
秩序，使各种生产资料能在市场机制的作用下得到自由、有效配置。《欧

---

① Melvin L. Greenhut and Bruce Benson, *American Antitrust Laws in Theory and in Practice* (Gower
Publishing Co. , 1989) , p. 1.

盟条约》第 101 条规定禁止限制竞争协议①，第 102 条规定禁止滥用市场支配地位②，第 107～109 条规定禁止政府补贴限制竞争。

3. 欧盟竞争法机制的多元性目的

从欧盟竞争法机制构建和竞争文化形成的过程分析，欧盟的竞争文化起源于资本主义市场经济的发展阶段，二战后，基于"欧洲统一，欧洲强大"的设想及美国潜移默化的影响，统一的区域竞争法机制最终构建起来。因此，与美国曾经发生过反垄断法目的一元论和多元论的争论不同，欧盟竞争法机制在一开始就具有多元目的。③ 欧盟竞争法机制的目的在欧盟委员会 1980 年《关于欧盟竞争政策的第九个报告》中得到明确的阐述。报告明确指出，欧盟的竞争政策是为了防止通过限制竞争行为（如瓜分市场和设置出口障碍等方式）重建 1958 年被拆除的成员国之间的边境壁垒。此外，报告同时指出，经济力量的过度集中会损害消费者或者企业的利益，因此，消费者和企业可以从竞争政策中得到好

---

① 《欧盟条约》第 101 条规定："1. 下述行为不符合共同体市场要求，应予以禁止：任何企业间的协议、企业集团的决议以及一致行动，可能影响成员国之间的贸易，并且以在共同体市场内部阻碍、限制或扭曲竞争为目的或产生类似效果，尤其包括以下情况：（1）直接或间接固定买卖价格或其他交易条件；（2）限制或控制生产、销售、技术开发或投资；（3）瓜分市场或货源；（4）在相同情况下对其他交易对象适用不同条件，使之处于不利的竞争地位；（5）其他当事人必须接受从本质和商业习惯上都与合同标的没有任何联系的附加义务作为签订合同的条件。2. 本条所禁止的任何协议或决议自动无效。3. 下述情况不适用本条第 1 款：企业间的协议、企业集团的决议以及一致行动能够促进商品生产、销售、技术进步或经济发展，使消费者能公平分享其带来的利益，为达到上述目标而对企业采取的限制措施不可避免，企业不可能具有实质上消除产品竞争的可能性。"

② 《欧盟条约》第 102 条规定："共同体市场或其某个实体内部的一个或多个企业滥用支配地位，可能影响成员国之间贸易的行为，不符合共同体市场的要求，应予以禁止。以下行为尤其为共同体法所禁止：1. 直接或者间接强制规定不公平的买卖价格或其他交易条件；2. 限制生产、销售或技术开发，损害消费者利益；3. 在同一交易中对其他贸易伙伴适用不同条件，使之处于不利的竞争地位；4. 其他当事人必须接受从本质上和商业习惯上都与合同标的没有任何联系的附加义务作为签订合同的条件。"参见欧共体官方出版局编《欧洲联盟法典》，苏明忠译，国际文化出版公司，2005。

③ 20 世纪 80 年代美国发生了一场关于反垄断法保护目的的辩论。一元论学者认为，美国反垄断法的唯一目的应该是提高经济效益；多元论学者则认为反垄断法的目的不仅是提高经济效率，而且包括保护市场竞争等。See Kaplow, "Antitrust, Law the Courts," *Law & Contemp. Probs.* 50(4)(1987): 181–216.

处。① 概言之，欧盟竞争法机制的基本目的有两个：统一欧盟市场和维护市场竞争。

　　作为推动欧盟经济一体化的重要机制之一，欧盟竞争法机制的首要目的是推动建立统一的共同体市场。建立统一的共同体市场是欧盟的基本目标。在竞争法领域，《欧盟理事会 4064/89 号条例：关于企业集中控制》明确指出，欧盟进行兼并控制的目的在于实现"建立欧洲经济共同体的总目标"，"使共同体市场内的竞争不受歪曲"。欧盟委员会的一系列案件同样认可推动欧洲一体化是欧盟竞争法的首要目标。例如，2000 年法国足球协会一案中，欧盟委员会认定法国足球协会只对法国人提供邮购方式违反了欧洲统一市场的非歧视性原则。②

　　欧盟竞争法机制的第二个目的是维护欧盟市场的有效竞争。欧盟竞争法的所有规定都体现了其在维护欧盟市场有效竞争方面的重要使命。例如，《欧盟条约》第 101 条第 1 款规定，对于违法的协议、决议以及一致行动，其事实构成不仅包括损害成员国之间的"国际贸易"这一条件，而且还要具有妨碍、限制或者歪曲共同体市场竞争的目的，或者能够产生这种后果。在欧盟一体化过程中，维护欧盟市场有效竞争的内涵随着欧盟一体化发展而发生变化。欧盟一体化初期，有的学者认为维护欧盟市场的有效竞争只是欧盟竞争法机制的表面目的，真正目的在于推动欧盟的经济民主和政治民主。欧洲近代历史的经验已经证明，如果一个社会只有市场经济而没有自由，这样的社会事实上并没有市场经济；反过来也一样，一个社会如果只有自由而没有市场经济，实际上也不会有自由。③ 在这种思想的影响下，欧盟竞争法较为注重公平和自由，这在立法上体现为对中小

---

① 转引自王晓晔《多元化目的——欧盟竞争法目的和任务评述》，中国法学网，http://www.iolaw.org.cn/showArticle.asp?id=1255，最后访问日期：2009 年 10 月 13 日。

② 参见 O. J. L 5/55(2000)。

③ 欧盟竞争法的目的之一一直存在欧洲维护共同体内政治民主和经济民主的信念。德国学者马克斯·韦伯认为人们对经济利益的追求为一种机会。他认为，如果一个社会将经济势力集中在少数人的手中，就会导致市场垄断或者市场势力，其结果就是市场交易条件的不平等；相反，一个社会如果能够赋予人们自由追求经济利益的机会，这种社会中的交易条件基本上就是平等的。参见马克斯·韦伯《经济与社会》，林荣远译，商务印书馆，1997，第 207~218 页。

企业市场准入的保护和对消费者权益的保护。① 但随着欧盟一体化的深入，德国军国主义复兴的可能性不断降低，欧盟开始注重欧盟企业的经济效率。欧盟委员会在其关于欧盟竞争政策的年度报告中强调，有效竞争可以维护共同体市场的健康和协调发展，并且不断提高共同体企业的国际竞争力。②

4. 设置了超国家机制的区域竞争法实施集权模式

"徒法不足以自行"，竞争法的实施有赖于完善的竞争法实施机制。竞争法的实施必须积极干预经济，而非消极事后防御，因此，区域竞争法的实施机制对于保证区域竞争法的有效实施具有重要的作用。欧盟是制度导向的区域一体化组织，在成立初期，区域制度对区域一体化的进程就发挥了重要的作用。基于此，欧盟建立了一套超国家的区域制度。③ 欧盟超国家的区域竞争法实施机制是欧盟竞争法机制成功发挥作用的关键，欧盟的竞争法实施机制主要由执法机构欧盟委员会和司法机构欧洲法院构成。

欧盟委员会是欧盟竞争法的执法机构。欧盟委员会是欧盟的行政机构，在欧盟理事会制定的法律框架下执行欧盟的各项政策。为了保证欧盟竞争法的统一适用，欧盟将适用欧盟法律的权限集中在欧盟委员会手中。④ 欧盟委员会划分为多个办事机构，这些办事机构被称为总局，每个总局负责欧盟政策中的一个领域。欧盟委员会的竞争政策由第四总局负

---

① Eugene Buttgieg, *Competition Law: Safeguarding the Consumer Interest. A Comparative Analysis of U. S. Antitrust Law and EC Competition Law* (Kluwer Law International, 2009), pp. 15 – 45.

② 徐士英、郑丙贵:《欧盟竞争法的新发展及对我国的启示》,《法学》2004 年第 8 期。

③ C. Archer and B. Fiona, *The European Union: Structure and Process*, 2nd Edition(Pinter, 1996).

④ 在欧盟成立初期，欧盟理事会制定了 17 号条例，欧盟委员会不仅享有对案件的调查权、追究权、裁决权和制裁权，而且作为欧盟事实上的卡特尔局，在执行欧盟竞争法方面还享有授予企业豁免的垄断权。随着欧盟一体化的不断深入，欧盟这种统一-集权的模式给欧盟委员会的人力和资源带来了很大的压力。为此，1/2003 号条例对这种集权模式进行了必要的改革，放弃了欧盟委员会根据《欧盟条约》第 101 条第 3 款在授予企业豁免方面的垄断权，扩大了成员国主管机关和成员国法院在执行欧盟竞争法方面的权限。See White Paper on Modernisation of the Rules Implementing Articles 85 and 86 of the EEC Treaty, Brussels, 1999 – 4 – 28.

责，第四总局也被称为竞争总局。竞争总局下设 6 个分局。每个分局负责不同领域的竞争事务。

欧盟委员会具有很强的超国家性质，这种超国家性质体现在欧盟委员会在欧盟范围内的竞争执法集权和欧盟的行政权限上，特别是在欧盟适用《欧盟条约》第 101 条第 3 款例外的规定上。[①] 欧盟委员会作为欧盟的竞争执法机构对欧盟范围内的限制竞争行为拥有直接调查、处罚的权力，属于超主权国家的区域竞争执法机构。欧盟委员会这种超国家性质有利于欧盟竞争法的统一，也促进了欧盟的一体化进程。

欧洲法院在欧盟竞争法的发展中也发挥了重要的作用。[②] 其作用体现

---

① 欧盟的行政权限程序性规定最初见于 17 号条例。根据 17 号条例，欧盟委员会享有以下权力。第一，立案决定权。根据 17 号条例第 3 条，欧盟委员会可以根据自己掌握的材料或者第三人的投诉，对违反欧盟竞争法的行为进行立案调查。第二，调查权限和手段。欧盟委员会的调查权限和手段包括以下几种。（1）取得信息的权力。根据《欧盟条约》第 284 条的规定，欧盟理事会在 17 号条例第 11 ~ 14 条规定了欧盟委员会取得信息和对案件进行调查的权力。（2）调查权。欧盟委员会不仅有取得信息的权力，而且还有权对取得的信息进行调查。根据 17 号条例第 13 条的规定，委员会原则上可以通过成员国主管机关对取得的信息进行调查。另外，根据 17 号条例第 14 条的规定，欧盟委员会也可以通过自己的工作人员对所取得的信息进行调查。在这种情况下，成员国主管机关应当协助欧盟委员会工作人员进行调查工作。根据 17 号条例第 14 条的规定，为了进行必要的调查，欧盟委员会工作人员有权检查企业的商业账簿和记录，有权进行现场提问，还有权进入企业的场地、建筑物和运输工具。第三，处罚权。欧盟委员会还有权对违反欧盟竞争法的企业进行处罚。17 号条例第 16 条规定，委员会有权对企业作出每日罚款 50 欧元至 1000 欧元的决定。另外，欧盟委员会可以通过征收罚金的方式，强制企业或者企业集团遵守《欧盟条约》第 101 条第 1 款和第 102 条的禁止性规定以及 17 号条例的程序性规定。17 号条例后来被 1/2003 号条例所取代。See Michel Waelbroeck and Aldo Rgnani, *European Competition Law* (Transnational Publishing, 1999) , pp. 125 – 156.

② 欧洲法院包括欧盟法院与欧盟初审法院。在 1989 年 11 月 1 日前，欧盟只有欧盟法院。欧盟初审法院是 1988 年 10 月 24 日建立的，于 1989 年 10 月 31 日开始工作。欧盟初审法院设立的原因在于，1975 ~ 1985 年，欧盟竞争案件大量增长，给欧盟法院带来很大的工作负担。欧盟法院无法及时审理大量增长的竞争案件，一方面为了改善对当事人的法律保护，另一方面为了减轻欧盟法院的工作负担，及时审理越来越多的竞争案件，欧盟成立了一个新的司法机构，协助欧盟法院工作。虽然欧盟初审法院也受理《欧洲煤钢共同体条约》、《欧洲原子能共同体条约》以及欧盟反倾销等方面的案件，但竞争案件是欧盟初审法院的重点。欧盟法院与欧盟初审法院的设置基本相同。欧盟法院与欧盟初审法院都由 15 名法官组成，每个成员国选派一名法官，法官的任期为 6 年，每名法官可以连任一次。欧盟法院除了 15 名法官外，还有 8 名总法律顾问，而欧盟初审法院并未配备专门的总法律顾问，其由法官兼任。参见王晓晔《欧共体竞争法》，中国法制出版社，2001，第 254 页。

在以下两个方面。

第一，进一步统一欧盟竞争法的实体性规定，培育欧盟共同的竞争法文化。欧盟理事会 1962 年通过的第一个实施竞争法条例（17 号条例）的序言指出，欧盟委员会根据该条例作出的所有裁决必须接受欧盟法院的监督。此外，根据《欧盟条约》第 229 条，欧盟法院对欧盟委员会的裁决有着不受限制的审查权和修改权以及采取某些强制性措施的权力。因此，欧盟法院有权对欧盟委员会的决定进行审核。而欧盟法院在审核过程中，将对竞争法的相关法律概念作出解释。这种解释在很大程度上统一了欧盟竞争法的实体性规定。事实上，由于竞争法措辞的模糊性，许多概念如"相关市场""协议""一致行动"，都是由欧洲法院通过判例确定的。① 而这些案例在很大程度上培育了欧盟共同的竞争法文化。

第二，基于欧洲司法独立的传统，欧洲法院在作出决定时不会受到政治权力的约束。"欧洲法院塑造着自己的角色，它决定把自身置于领导的位置。它把自身视为一体化的主引擎，利用竞争法提供的特殊条件，使这一体系成为一个重要的一体化运载器，这一体系的力量又进一步加强了该法院的权力。"② 为此，欧洲法院把竞争法作为促进一体化的工具加以发展，它通过塑造竞争法体系来实现这一目标。例如，在 20 世纪 60 年代中期，在戴高乐将军的民族主义的影响下，法国兴起了抵制欧洲一体化的民族主义思潮，宣称要终止欧洲一体化进程，解散欧盟委员会。法国要求欧盟理事会的几乎所有决定都要得到成员全体一致的同意，以此改变共同体的"立宪路线"，限制欧盟的政治机构。这时候，独立的欧洲法院成为唯一能够维持一体化动力的机构。欧洲法院在这时期受理了许

---

① 关于确定这些概念定义的案例，参见 *Mannesman v. High Autority*, Case 19/61, [1962], ECR 357, 371; *Klaus v. Hofner*, Case C – 41/90, [1991], ECR, I – 01979; *Ambulanz v. Glockner*, Case C – 475/99, [2002], 4 CMLR726; *ICI v. Commission (Dyestuffs)*, Case 48/49, [1972], ECR 619, [1972] CMLR 557; *Beguelin Import Co. v. GL Import Export*, Case 22/71, [1971], ECR, 949，转引自 Ariel Ezrachi, *EC Competition Law: An Analytical Guide to the Leading Cases* (Hart Publishing, 2008)。

② Joanna Goyder et al., *Goyder's EC Competition Law* (Oxford University Press, 2009), p. 15.

多重要的竞争法案件，并通过法院判决的方式推动了欧盟竞争法的发展。[①]

5. 确立了欧盟竞争法的优先地位

欧盟竞争法与成员国竞争法之间的关系也是欧盟作为区域性国际组织需要解决的难题。欧盟层面存在竞争法，而各个成员国也制定了本国的竞争法，因此，欧盟竞争法与欧盟成员国的竞争法之间会出现管辖权冲突和法律适用冲突。根据《欧盟条约》第101条和第102条，适用共同体竞争规则的前提条件是，一个限制竞争的市场行为可能会损害欧盟成员国之间的国际贸易。也就是说，欧盟竞争法与成员国竞争法的管辖权的确定主要依据限制竞争行为的效果是否具有跨国性。但是，根据欧盟法院的解释，一个市场行为只要是直接或间接地、事实上或潜在地损害成员国之间的国际贸易，妨碍实现《欧盟条约》关于建立内部大市场的目标，这个行为就应当适用欧盟竞争法。因此，欧盟与成员国的竞争法管辖权并不容易判断。

在欧盟竞争法与成员国竞争法发生冲突的情况下，为了维护欧盟竞争法适用的统一性，欧盟采取两个基本原则。[②] 第一，将欧盟的竞争法作为直接适用的法律。欧盟竞争法是共同市场建设的基本法律保障，它对成员国具有直接适用的效力，在成员国之间消除了竞争法冲突。第二，共同体法优先于成员国法。在成员国竞争法与欧盟竞争法发生冲突的情况下，应适用共同体法。《欧盟条约》规定，成员国应当保障其在《欧盟条约》下的义务以及共同体机构的职权行为所产生的义务得到切实履行。

此外，欧盟委员会与成员国竞争执法机构管辖权的确定也是协调欧盟竞争法与成员国竞争法关系的关键因素。17号条例确定了欧盟委员会在确定《欧盟条约》第101条第3款所规定事项上的排他性权力。近年来，随着案件增多，欧盟委员会竞争总局给予各成员

---

① Michel Waelbroeck and Aldo Rgnani, *European Competition Law* (Transnational Publishing, 1999) , p. 89.

② Jason Hoener, "Competition Law in the European Union: A Dual Enforcement System, "http://www. antitrust. de/, 最后访问日期: 2008 年 3 月 15 日。

国竞争当局充分的信任，将自己的部分权力下放给成员国的竞争当局。在这种背景下，欧盟委员会与成员国竞争主管机构的工作关系有了重大改进，两者间的合作进一步加强。成员国竞争主管机构的职权扩大后，欧盟委员会有权对其进行监管，以保证欧盟竞争规则的高效实施。

概言之，为了统一实施欧盟竞争法，欧盟竞争法的效力高于成员国的国内竞争法，欧盟通过区域竞争执法机构以及欧洲法院系统建立了高度集权的欧盟竞争法机制。

（三）现代化阶段的欧盟竞争法机制

1. 欧盟竞争法机制的现代化

欧盟竞争法机制的现代化改革从 20 世纪末开始。欧盟竞争法机制成形后，其基本条款几乎没有发生变化，但是，欧盟竞争法的实施机制却随着欧盟经济一体化的深入而改变。一方面，20 世纪 90 年代以后，欧盟竞争法的外部实施环境发生了巨大的变化，区域经济一体化程度不断提高，成员国的竞争执法机构也日益完善[1]；另一方面，随着案件数量的增多，17 号条例所确定的欧盟委员会集权制度给欧盟委员会带来了沉重的工作压力。欧盟委员会凭借有限的资源无法应对案件增多带来的挑战。[2] 在这种背景下，对欧盟竞争法统一集权实施机制进行改革的呼声不断高涨，1999 年公布的《关于使实施欧共体条约第85、第 86 条的规则现代化的白皮书》[3]，对欧盟竞争法实施机制进行了变革。

20 ~ 21 世纪之交的这次变革的最终成果体现在 1/2003 号条例上。欧盟理事会在 2002 年 12 月颁布的 1/2003 号条例，对 17 号条例关于适用《欧盟条约》第 101 条和第 102 条的规则作出修订，取代 17 号条例

---

① C. Allbom, D. Evans and A. Paddilla, "Competition Policy in the New Eeonomy: Is European Competition Law up to the New Challenge?" *ECLR* 22(2001): 156 – 167.

② Claus Dieter Ehlemann, "The Modernization of EC Antitrust Policy: A Legal and Cultural Revolution," *Common Market Law Review* 37(2000): 537, 544.

③ White Paper on Modernisation of the Rules Implementing Articles 85 and 86 of the EEC Treaty, Brussels, 1999 – 4 – 28.

成为欧盟竞争法主要的实施机制。① 1/2003 号条例对欧盟竞争法的实施机制作出了重大的变革。从总体上分析，欧盟竞争法机制在变革后体现出以下特点。

（1）通过分权代替集权制度，创设了竞争执法机制。欧盟竞争法实施机制的最主要转变就是在欧盟委员会与成员国竞争主管机构之间建立了合理的分权制度。在 1965 年的 17 号条例中，欧盟委员会在适用《欧盟条约》第 101 条第 3 款的豁免及兼并审查规定方面，拥有唯一的权限。这种高度集权的欧盟竞争执法机制在其时许多成员国尚未制定竞争法的情况下，在欧盟范围内普及了竞争文化，以此推进了欧盟内部市场的统一化。② 但随着欧盟一体化的深入，这种集权制度的竞争法实施机制已经不适应现实需要。欧盟竞争法实施机制的现代化变革，首先就是将欧盟委员会的权限分拨给成员国的竞争主管机构和法院，建立欧盟与成员国之间的网络竞争执法机制。这种分权制度主要体现在适用《欧盟条约》第 101 条第 3 款的豁免审查规定上。根据 1/2003 号条例，成员国法院有权直接适用《欧盟条约》第 101 条第 3 款。

将欧盟委员会的部分权力下放给成员国竞争主管机构后，新的实施机制更加侧重于欧盟委员会与成员国竞争主管机构之间的沟通与合作。第一，欧盟委员会在作出违法行为禁止令、临时性措施、接受企业承诺等方面的决定时，应该将重要文件的复印件发送给成员国竞争主管机构；第二，成员国竞争主管机构在根据《欧盟条约》第 101 条和第 102

---

① Council Regulation on the Implementation of the Rules on Competition Laid down in Articles 81 and 82 of the Treaty, Brussel, 2002 - 12 - 13。1/2003 号条例共十一章 45 条规定。第一章为基本原则，规定了第 101 条和第 102 条适用的基本规定、证明责任以及与成员国竞争法的关系；第二章规定了欧盟委员会、成员国竞争主管机构和法院的权力，欧盟委员会拥有获得信息权、调查取证权、罚款等权力；第三章规定了欧盟委员会的决定权，欧盟委员会有权作出禁止令、临时性措施、裁决不适用等决定；第四章规定了成员国的竞争主管机构、法院与欧盟委员会合作的义务，并规定共同体竞争法应统一进行适用；第五章专门规定了欧盟委员会的调查权，欧盟委员会有权对经济部门、企业进行调查和一切必要的检查；第六章规定了欧盟委员会对企业的处罚权，包括罚金和迟延罚金两种；第七章规定了适用的时效；第八章规定了听证和职业秘密；第九章规定了豁免条款；第十章规定了一般条款；第十一章规定了临时条款、修正条款和最终条款。

② Commission Notice Guidelines on the Application of Article 81(3), Official Journal of the European Union, 2742004, C101/97.

条开始采取第一次正式调查措施之前应书面通知欧盟委员会，其他成员国竞争主管机构也应该能够获取有关的通知内容；第三，成员国竞争主管机构如果决定责令停止违法行为、接受保证或撤销整体豁免规则所带来的利益，应该在不多于 30 天的期间内通知欧盟委员会；第四，成员国竞争主管机构可以就任何案件如何适用共同体法律向欧盟委员会咨询。

在新的机制中，欧盟委员会与各成员国竞争主管机构有效地组成了欧盟竞争执法网络。为了保证竞争执法网络的有效运作，欧盟理事会和欧盟委员会在 2002 年 12 月作出的有关成员国竞争主管机构作用的联合声明，为成员国竞争主管机构和欧盟委员会及其他成员国的类似机构间的合作提供了补充性指导。①

（2）欧盟委员会的功能发生变化。分权的竞争执法网络的建立很大程度上减轻了欧盟委员会的负担。在新的欧盟竞争法实施机制中，欧盟委员会的功能已经从单纯的行政执法功能向协调支持功能转变。②

变革前的欧盟委员会拥有包括对案件的调查权、裁判权和制裁权在内的广泛权力，而对于这些权力，成员国的竞争主管机构和法院并不拥有。详言之，欧盟委员会在旧的实施体制中的功能主要在于对案件进行立案、调查并作出处罚。这种功能主要是纠纷解决的行政功能。由于原来的实施体制的集权设计，欧盟委员会的受案数量迅速攀升，在 1967 年，欧盟委员会受理的案件数量就已经高达 37450 件。在高强度的案件处理负担下，欧盟委员会有限的资源难以发挥其他作用。

变革后的分权制度很大程度上将欧盟委员会的行政功能分解给成员国的竞争主管机构与法院。欧盟委员会拥有更大的资源对重点案件进行调查，并能为成员国及私人适用欧盟竞争法机制提供支持。这在很大程度上加强了欧盟竞争法的实施效果。欧盟委员会除了帮助成员国

---

① Commission Notice Cooperation Within the Network of Competition Authorities, Official Journal of the European Union, 2742004, C101/43.

② Giorgio Monti, *EC Competition Law* (*Law in Context*) (Cambridge University Press, 2007), pp. 12 – 15.

竞争主管机构进行信息的沟通协调外，还采取"法庭之友"的方式发挥其支持功能。①

2. 欧盟竞争法机制的实施效果

经过现代化的改革，欧盟的竞争法机制更有力地维护了欧盟市场的自由竞争秩序。整体上分析，欧盟的竞争法机制是成功的，它促进了欧盟共同体的一体化进程，并维护了欧盟共同体市场的自由竞争。"共同体根据《罗马条约》建立了一个竞争法体系，而这一体系的发展反过来又促进着一体化的进程。竞争法一直是一体化方案的核心，一体化方案也一直是竞争法的核心。"② 欧盟委员会对欧盟竞争法的统一适用及欧盟竞争法在欧盟范围内的优先效力，不仅推动了欧盟的一体化进程，而且培育了欧洲共同的竞争法文化。

此外，欧盟竞争法形成了不同于美国的独立模式，并成为成员国制定与实施本国竞争法的范本。③ 欧盟竞争法机制促进了欧盟成员国竞争法的趋同。"各国体系的趋同既发生在实体层面，也发生在制度层面。"④ 例如，法国在1986年颁布了一部全新的竞争法，这部竞争法的改革方案遵循了《欧盟条约》的基本结构；1990年，意大利颁布了第一部国内竞争法，这部竞争法同样被视为欧盟竞争法推广的结果；⑤ 瑞典于1993年制定的竞争法也几乎全盘引进了欧盟的竞争法体系。应该说，欧盟竞争法的高效实施成功地将欧盟竞争法的理念扩展到共同体的全体成员国，使维护自由竞争的理念成为欧盟成员国的共识。

---

① 所谓"法庭之友"，是指"当法院对某些法律问题存有疑问或误解时，为帮助法院而提供信息的人，并非案件当事人，而仅仅是案外人"。See *New England Patriots Football Club, Inc.* v. *University of Colorado*, 592, F. 2nd 1196, 1198 n. 31st Cir. , 1979.

② 戴维·J. 格伯尔：《二十世纪欧洲的法律与竞争：捍卫普罗米修斯》，冯克利、魏志梅译，中国社会科学出版社，2004，第231页。

③ 20世纪90年代，各国反垄断立法基本分属于两类模式，即美国模式与欧盟模式。See ABA Section of Antitrust Law and International Law and Practice, Report on the Internationalization of Competition Law Rules: Coordination and Convergence, December 1999.

④ 戴维·J. 格伯尔：《二十世纪欧洲的法律与竞争：捍卫普罗米修斯》，冯克利、魏志梅译，中国社会科学出版社，2004，第231页。

⑤ 长期以来，意大利是最初的成员国中唯一没有实施竞争法的国家，二战后，意大利作出了引入这种法律的许多努力。但是，对这种法律的效用缺乏信心以及大企业的政治势力，足以使这些努力落空。而欧盟一体化的努力使意大利的竞争法成功制定。

三 结论

晚近发达国家之间的北北型区域经济一体化协议，大部分有竞争法机制，而且竞争法机制在区域经济发展中也发挥了比较重要的作用。原因在于，发达国家的市场经济比较成熟，区域一体化合作程度较高。其中，欧盟的竞争法机制是北北型区域经济一体化协议中竞争法机制的范例。欧盟是合作程度最高的区域经济一体化组织，欧盟竞争法在区域经济一体化过程中发挥了重要的作用。

欧盟竞争法机制采取超国家模式，这体现在三个方面。第一，欧盟的竞争法机制具有优先效力。欧盟竞争法对成员国具有直接适用的效力，并且在成员国的国内竞争法和欧盟的竞争法发生冲突的情况下，欧盟的竞争法具有优先适用的效力。这种优先性保证了欧盟内部竞争法适用的统一性。第二，超国家的竞争执法机制。欧盟委员会具有在欧盟范围内直接执行欧盟竞争法的权限。在早期的 17 号条例中，欧盟委员会还拥有授予反垄断豁免的专门权限。虽然由于工作负担过重，1/2003 条例设置了分权机制，但是欧盟委员会在竞争法的执行方面仍然拥有绝对优先权限。第三，欧盟竞争法具有自我发展的能力。欧盟理事会拥有制定条例的权限，而条例在欧盟成员国内部具有直接适用的效力，因此，欧盟可以根据实际需要制定竞争方面的条例。同时，欧盟委员会也可以在自身的权限内制定规则；另外，欧盟法院的判例在解释《欧盟条约》中一些重要的概念时也有造法的作用。这种自我发展的能力对欧盟竞争法机制具有十分重要的意义。这说明，欧盟竞争法机制已经不是简单的成员国合作的模式，而是跳出了成员国的窠臼，成为一个高于成员国的独立的竞争法机制。也正因如此，欧盟的竞争法体系在欧盟内部得到了"更多的承认、更大的力量和更高的地位"。[1]

欧盟竞争法机制是秩序自由主义学者眼中区域经济一体化竞争法机制的典范。[2] 也正是因为欧盟竞争法机制的成功，欧盟对在国际社会构建国际竞争法机制持肯定的态度。但是，应该看到，欧盟只是一个很特殊的案

---

[1] 果海英：《影响欧共体竞争法的因素探析》，《法学杂志》2006 年第 6 期。

[2] Joseph A. Schumpeter, *History of Economic Analysis: With a New Introduction*, Revised Edition (Oxford University Press, 1996), pp. 852 – 860.

例，即使是其他的北北型区域经济一体化协议，大多也只是对欧盟竞争法机制的仿照而非复制。大多数北北型区域经济一体化协议，特别是欧盟参与的北北型经济一体化协议，仿照欧盟竞争法的规定，设置了区域经济一体化协议的竞争法实体性规定和程序性规定，但没有设置超国家的竞争执法机构。欧盟之所以能创建超国家的竞争法机制，原因如下。

第一，欧洲的自由主义竞争文化和传统。作为资本主义的发源地，欧洲一直是自由主义思想的重地。"自由主义的制度和传统不仅给经济思想打上印记，也左右着它的政治命运。"① 虽然欧盟的竞争法机制设置在二战以后，但是欧洲人在19世纪就已经提出了制定保护竞争的一般性法律的设想。虽然这个设想在当时一直没有实现，但是这种自由主义的理论在欧洲的思想传统上有很深的渊源。竞争法理念在欧洲发展，有着重要的跨国界的维度。"在许多欧洲国家，竞争法理念最初取得地位和身份，是这些国际努力的结果。它们所创立的竞争法'模式'，被作为大多数的战后欧洲竞争法制度的基础。"② 欧洲范围内的自由主义思想在一定程度上保证了欧盟超国家竞争法机制创设的成功。

第二，欧盟紧密的一体化程度。随着欧洲一体化进程的推进，欧盟的经济合作也不断深入，从贸易一体化走向投资、金融一体化，一体化的深入带来了经济的融合，欧盟迫切需要一个区域竞争法机制维护共同体市场的自由竞争秩序。在这种情况下，在欧盟内部构建一个超国家竞争法机制比较容易得到支持。此外，欧盟的一体化进程又使竞争法机制发挥了远远超出其他任何条件下所发挥的作用。

第三，欧盟成员国相似的市场经济背景和经济发展水平。市场经济自身发展规律是从城市一体化到国家一体化再到地区一体化的阶段性发展。市场经济在随着生产力的提高而逐渐扩张的过程中不断地打破越来越大的区域的界限，而不论这些界限是城市、国家、地区，还是民族、社会、文化，其制度化、机构化、法规化的需要促进了越来越高程度和层次的经济

---

① 戴维·J.格伯尔：《二十世纪欧洲的法律与竞争：捍卫普罗米修斯》，冯克利、魏志梅译，中国社会科学出版社，2004，第19页。
② 戴维·J.格伯尔：《二十世纪欧洲的法律与竞争：捍卫普罗米修斯》，冯克利、魏志梅译，中国社会科学出版社，2004，第417页。

体制的协调和统一，从而形成经济一体化在程度上从低至高、在范围上从小到大的发展过程。欧盟成为全球区域经济一体化的先行者，并能够做到起点较高、进展相对顺利，最根本的原因就是西欧国家在100年前就已基本完成了国家内部的市场一体化和国家之间的经济区域化。[①] 二战后，法国、德国、意大利作为欧洲煤钢共同体、欧洲经济共同体的创始国，一直扮演着联邦式一体化道路的拥护者的角色。欧盟各国相似的市场经济背景和经济发展水平成为欧盟成功构建超国家竞争法机制的经济基础。

第四，德法两个大国对区域竞争法机制的支持。除了文化、经济方面的支持外，德法两个大国对竞争法机制的支持也至关重要。一方面，统一欧洲的设想来源于法国外交部部长舒曼提出的计划。舒曼计划认为，二战后欧洲最迫切的事情就是制止新的战争，特别是德法两个大国的战争。作为欧洲一体化的第一步，舒曼计划提出将欧洲六国的煤炭和钢铁工业置于统一的管理之下，舒曼计划的根本目的是限制德国的经济发展。因此，竞争法机制作为限制德国卡特尔的工具得到了法国的支持。另一方面，二战后，新自由主义思想和秩序自由主义思想在德国胜出，重新占据了学术界，并影响了德国官方的政治决策。在秩序自由主义者看来，在经济秩序中打造"经济宪法"以保障自由竞争秩序是市场经济体系的必然。"一个共同体的政治宪法，以及它们为了运用法律贯彻这一宪法而作出的选择，最终必然塑造其经济体系的性格。经济体系不是'随即发生'的，它们是通过政治和法律决定来'塑造'的。这些基本选择决定着国家的'经济宪法'。"[②] 因此，德国也支持建立一个共同体的竞争法机制。德国与法国的支持为欧盟竞争法机制的成功运作提供了政治基础。

第五，美国反垄断法的影响。虽然欧盟竞争法机制的根源在欧盟的内部，但不可否认美国的经验对欧盟的竞争法机制也造成了重要的影响。欧盟的竞争法出现在《欧洲经济共同体条约》中。欧洲一体化初期，欧洲经济在美国马歇尔计划的帮助下开始复苏，还未出现破坏竞争的现象。因此，《欧洲经济共同体条约》中的竞争条款只是一种理论上的设想，而并

[①] Dimitris Chryssochoou et al. , *Theory and Reform in the European Union* (Manchester University Press, 2003) .

[②] 何梦笔主编《秩序自由主义》，董靖等译，中国社会科学出版社，2002，第30页。

非出自经济的迫切需要，其只是为了防止私人限制竞争行为对欧盟自由目标可能产生的限制。另一个值得注意的现象是，《欧洲经济共同体条约》规定竞争条款时，除了德国在美国的影响下制定了竞争法外，其他国家并没有竞争法的经验。在这种情况下，《欧洲经济共同体条约》之所以纳入了竞争条款，主要原因在于美国的影响及欧洲自由主义的思想传统。二战后的欧洲经济复苏依赖美国扶持，加之东西方的紧张局势，美国理所当然地成为欧洲大陆的依靠力量。美国对欧洲各国的政策有较强的影响力，而它是当时世界上拥有最完善反垄断法的国家，其国内的经济学界与法学界对竞争法的讨论如火如荼。因而，美国在扶持欧洲时，把其竞争法的经验引入了欧洲大陆。

综上，欧盟设置了超国家模式的区域竞争法机制并为北北型区域经济一体化组织提供了范例，但这是建立在欧盟经济一体化程度较高、竞争观念比较一致的基础上的。成功的欧盟竞争法机制为许多区域经济一体化组织提供了模仿的范本，但其难以完全照搬适用。在晚近欧盟对外签署的自由贸易协定中，欧盟以欧盟竞争法的实体性和程序性条款为基础，积极推进欧盟竞争条款成为相关自由贸易协定中的竞争条款。

第二节　南北型区域经济一体化的竞争法机制

一　概述

（一）南北型区域经济一体化的情况

在国际经济关系中，发展中国家与发达国家的经济关系一直在合作及对抗的动态平衡中发展。二战后初期，发展中国家积极争取国家独立，发展本国国民经济，其发展南北关系的重心在于维护本国的经济主权独立。例如，20世纪60年代初期拉美发展中国家对待外资的态度凸显了南北矛盾。[1] 但20世纪70年代以后，发展中国家在产业结构、收入水平、市场

---

[1]　20世纪60年代，南北矛盾是国际投资的主旋律。拉美发展中国家在外资方面普遍实行国有化和征收，在外资争端方面实行"卡尔沃主义"。参见陈安主编《国际经济法学专论》，高等教育出版社，2002，第616～618页。

容量和出口能力等方面都有不同程度的发展，它们与发达国家在进出口贸易、生产专业化协作、直接投资、技术转让和人才交流等方面的相对地位都有显著变化。① 随后，20 世纪末的经济全球化浪潮将发展中国家卷入其中，发展中国家成为国际经济增长的重要力量。在"相互依赖"理论的推动下，南北对抗逐步弱化，南北合作成为国际经济关系发展的主要方向。

20 世纪 90 年代以后，以 1994 年墨西哥加入北美自由贸易区为开端，越来越多的南北型区域经济一体化组织建立起来。在亚洲及太平洋地区，带有区域经济一体化性质的亚太经合组织在运行，并向一个无集团名义的南北型区域经济一体化组织方向发展。2022 年正式生效的《区域全面经济伙伴关系协定》更是当前世界上覆盖人口最多、经贸规模最大、最具发展潜力的自由贸易区。② 在欧洲，囊括该地区所有国家的大欧洲经济区和欧洲—地中海自由贸易区正在形成之中。在美洲，包括美国在内的北起美国阿拉斯加州，南到阿根廷，并由 30 多个国家参加的美洲自由贸易区已经提出。在印度洋地区，一个具有竞争潜力的环印度洋经济圈（环印度洋经济合作组织）逐渐兴起。据 WTO 成立之初的统计数据，截至 2008 年成员向其通报的 185 个区域贸易协定中，有 83 个是南北型的。从目前情况看，南北型区域经济合作效果普遍良好。以北美自由贸易区为例，其区内贸易量与各国对外贸易总量的比重由成立之初的 45.8% 上升到 2004 年的 55.8%，增加整整 10 个百分点。《北美自由贸易协定》使成员国普遍受益，但国际上公认墨西哥是最大的受益者。③ 2020 年，《北美自由贸

---

① 这种实际情况促进了国际劳动分工逐渐向水平方向质变，并推动发达国家学者扩大国际相互依存的研究范围，把它逐渐扩展和延伸到发达国家与发展中国家之间的关系（及南北经济相互依赖关系）方面。这些学者还对全球错综复杂的相互依存关系进行政治经济的综合分析，提出了相应的对策，如南北经济关系中要解决的中心问题是社会经济问题，国家应该放弃"有你无我"的传统观念，加强国际合作，制定对所有国家都有利的措施等。"相互依赖"观点的上述变化无疑有利于促进国际经济秩序的改革，有助于南北经济关系的改善。参见韦金鸾《南北型区域经济一体化的影响》，《世界经济研究》2001 年第 6 期。

② 付志刚：《迎接 RCEP 时代的到来》，《光明日报》2021 年 12 月 24 日。

③ 宋晓平、陈芝芸等：《西半球区域经济一体化研究》，世界知识出版社，2001，第 98 页。

易协定》升级为《美墨加协定》。从未来趋势看，南北型区域经济合作将成为今后区域经济合作的主要形式。尤其是对于发展中国家来说，发达国家是其最主要的出口市场、资本和先进技术来源，参与南北型区域经济合作，对于发展中国家的贸易和经济发展具有至关重要的意义。

（二）南北型区域经济一体化协议中的竞争法机制

发达国家与发展中国家之间的经济差距较大，而许多发展中国家正在进行或刚刚完成市场经济体制改革，并没有太多的竞争执法经验。因此，在南北型区域经济一体化协议中构建北北型区域经济一体化的竞争法机制有很大的难度。但是，南北型区域经济一体化组织成员较少，博弈难度降低，而且许多发达国家将区域竞争法机制作为推行自由主义经济的重要手段之一①，因此，晚近签订的南北型区域经济一体化协议越来越多地包含竞争法机制的规定。南北型区域经济一体化协议的竞争法机制存在以下特征。

第一，从时间上分析，南北型区域经济一体化协议纳入竞争法议题是在 20 世纪 90 年代以后。存在竞争条款或竞争章节的南北型区域经济一体化协议全部是在 20 世纪 90 年代后签订生效的。其中，生效时间最早的协定是 1993 年 1 月 1 日《欧洲自由贸易联盟—以色列自由贸易协定》。纵向比较，乌拉圭回合谈判后南北型区域经济一体化协议涵盖竞争法机制的比例大幅度提高，这说明乌拉圭回合谈判中关于在国际社会构建竞争法机制的讨论对发展中国家造成了潜移默化的观念影响。② 虽然发展中国家抵制在 WTO 框架下构建国际竞争法机制，但是其在观念上已经接受竞争议题作为区域经济一体化协议的国际经贸议题。

第二，从地域和国别上分析，欧洲与美洲国家（国家集团）参与构建的区域经济一体化协议更多纳入竞争议题。发达国家方面，欧盟及欧洲自由贸易联盟作为缔约方的协议数量最多，这种情况说明欧盟在 WTO 中纳入竞争议题的尝试失败后，企图转变战场，将构建国际竞争法机制的主要场所转移到区域经济一体化协议。区域经济一体化协议已

---

① Oatley Thomas, *International Political Economy: Interests and Institutions in the Global Economy* (Pearson Longman, 2004), p. 58.

② 国际社会关于构建国际统一竞争法机制的讨论详见本书第二章。

经成为欧盟推行国际竞争法机制的主要场所。发展中国家方面，墨西哥作为缔约方的协议数量最多。原因在于，墨西哥较早加入了北美自由贸易区。北美自由贸易区软法模式的区域竞争法机制培育了墨西哥的竞争文化和竞争观念，墨西哥比较容易和愿意接受在南北型区域经济一体化协议中纳入竞争议题。在随后升级的《美墨加协定》中，墨西哥已经愿意接受更具拘束力的区域竞争法机制。

第三，从规则内容上分析，南北型区域经济一体化协议竞争规则的内容差异大，法律拘束力强度不同。首先，竞争规则的内容不同。有部分区域经济一体化协议对竞争规则进行了详细规定。如《欧盟与地中海国家联系国协议》包含了竞争实体性条款、竞争主管机构的合作与协调、通知及协商程序等实体性和程序性竞争规则。[①] 部分区域经济一体化协议只有原则性规定。例如，《日本—智利自由贸易协定》没有专门的竞争实体性和程序性规定，只概括规定了双方竞争合作的意愿，以及非歧视、程序公平及透明度等原则适用于竞争领域。[②] 其次，技术协助是核心条款。大多数的发展中国家并没有成熟的竞争执法经验，因此，提供技术协助成为南北型区域经济一体化协议的重要内容。最后，适用领域有较多限制。南北型区域经济一体化协议对竞争规则的适用范围往往进行限定，将竞争规则的适用限定于特定的合作领域、特定的产业，如将竞争法的合作限制在能源领域或制造业等。

南北型区域经济一体化协议的竞争法机制根据其条款、原则和执行强度可以划分为不同模式。以欧盟为缔约方的南北型区域经济一体化协议的竞争条款大致相同，形成了欧盟模式的区域竞争法机制；以美国为缔约方的南北型区域经济一体化协议的竞争条款也大同小异，形成了美国模式的区域竞争法机制；而亚太经合组织作为一个开放性区域经济一体化组织，也根据自身的发展阶段及组织特征设置了开放性区域竞争法机制。这三种

---

① Euro – Mediterranean Agreement Establishing an Association Between the European Communities and Their Member States, of the One Part, and the Arab Republic of Egypt, of the Other Part, Chapter 2, Art. 34 – 38.

② Agreement Between Japan and the Republic of Chile for a Strategic Economic Partnership, Art. 166 – 170.

区域竞争法机制在南北型区域经济一体化协议中最具代表性。为此，本节选取了欧盟与地中海经济一体化组织、北美自由贸易区与亚太经合组织三个主要的南北型区域经济一体化组织，实证考察和比较这些组织的竞争法机制的发展进程、主要规则内容和实施效果。

二　欧盟与地中海国家区域经济一体化协议的竞争法机制

（一）欧盟与地中海国家区域经济一体化进程

历史上的联系以及地理上的邻近使欧盟有必要在推进东扩进程的同时与地中海国家建立更加平衡的伙伴关系。为了在环地中海区域取得富有成效的合作，欧盟—地中海伙伴关系（Euro - Mediterranean Partnership，EMP）计划逐渐成形。1995 年 11 月，欧盟与地中海国家首脑会议通过的《巴塞罗那宣言》标志着“巴塞罗那进程”正式启动，确立了欧盟与南部地中海伙伴国之间在政治、经济和社会领域合作的总体框架。[①] 27 个参与国（包括 15 个欧盟成员国和 12 个地中海伙伴国）[②] 在《巴塞罗那宣言》中确立了合作的目标：第一，通过政治和安全商谈确定和平与稳定的区域环境；第二，共同建设共享繁荣的区域，在 2010 年以前建成欧盟与南部地中海伙伴之间的区域经济自由贸易区；第三，加强人员流动、接触和理解，在多领域拓宽社会、文化和人文联系。

从《巴塞罗那宣言》的条款分析，欧盟—地中海自由贸易区涵盖WTO 所确定的贸易自由化的绝大部分领域。该宣言指出，这一逐步实现的自由贸易区有如下内容：按双方约定的时间表逐步消除工业品贸易的关税与非关税壁垒；以传统商品贸易为起点，在允许的农业政策范围内并尊重 WTO 谈判成果的情况下，通过相互间的特惠安排逐步实现农产品贸易自由化；服务贸易逐步实现自由化。该宣言还指出，参与方通过以下措施

---

① Hussar Hakimian and Jeefrey B. Nugent(eds.), *Trade Policy and Economic Integration in the Middle East and North Africa*; *Economic Boundaries in Flux* (Routledge Curzon, 2004), p. 51.

② 15 个欧盟成员国是法国、德国、意大利、荷兰、比利时、卢森堡、英国、丹麦、爱尔兰、希腊、葡萄牙、西班牙、奥地利、瑞典和芬兰，12 个地中海伙伴国是摩洛哥、阿尔及利亚、突尼斯、埃及、约旦、叙利亚、黎巴嫩、以色列、巴勒斯坦、土耳其、塞浦路斯和马耳他。

为自由贸易区的逐步设立提供便利；采取适当的措施重视原产地规则、知识产权保护规则、竞争规则等；其政策应根据市场经济原则，重视区域一体化发展水平的差异和各国不同的需要；将促进民营部门、生产部门的发展和建立适应市场经济发展的制度、规则框架放在优先位置；建立鼓励技术转让的机制；等等。

按照有关制度安排，欧盟—地中海伙伴关系计划包括"双边"和"单边"两个同时推进的平行轨道。"双边轨道"又称"水平轨道"，是指欧盟分别与12个地中海伙伴国签署包括自由贸易协定在内的联系协定，实现双边贸易的自由化。[①] "多边轨道"又称"垂直轨道"或"南南一体化"，是指12个地中海伙伴国签署自由贸易协定或包括自由贸易内容的经济协定，实现相应地区的经济自由化。这两个轨道相辅相成，缺一不可。"多边轨道"被看作"双边轨道"顺利实现的基本保障，"双边轨道"的实现则是欧盟—地中海自由贸易区建成的基本标志。

为保证欧洲—地中海伙伴关系计划的顺利实施，15个欧盟成员国与12个地中海伙伴国共同设立了如下机构。首先是欧盟—地中海会议，主要包括：外交部长会议，它是"巴塞罗那进程"的最高的执行组织；贸易和工业等部门部长会议，主要负责各部门工作和协调工作；政府专家和民间社团会，负责有关会议商谈内容的安排。其次是地中海"巴塞罗那进程"委员会，负责该进程中区域合作的部分。该委员会由欧盟轮值主席国每季度召开一次。

《里斯本条约》生效后，欧盟内部对区域外交的思路有所调整。具体而言，欧盟希望通过经济援助、积极一体化等继续将地中海区域治理作为欧盟的对外关系重点[②]，积极通过自由贸易协定的机制建设进行价值和理念输出，推进欧盟与地中海国家区域一体化进程。

[①] 截至2003年，已经和欧盟签订双边自由贸易协定的国家有：黎巴嫩（2002年6月）、以色列（1995年1月）、约旦（1997年11月）、突尼斯（1998年3月）、摩洛哥（2000年1月）、埃及（2001年6月）、阿尔及利亚（2002年5月）、巴勒斯坦（临时约定，1996年1月）。其时，随着欧盟的东扩，马耳他、塞浦路斯也列入了欧盟东扩的范围，而土耳其也在进行准备加入欧盟的谈判。

[②] 郑先武：《构建南北合作新模式——建设中的地中海联盟解析》，《国际论坛》2009年第2期。

（二）欧盟与地中海国家区域经济一体化的实体法协调模式

欧盟与地中海国家早期签订的双边协定，如 1972 年欧盟与塞浦路斯签订的双边协定，并没有竞争法机制的规定，只在总则部分要求双方禁止限制竞争行为。① 20 世纪 90 年代以后，欧盟与地中海国家签订的自由贸易协定开始正式包含竞争规则。乌拉圭回合谈判中，欧盟积极倡导在 WTO 框架下构建国际竞争法机制。由于 WTO 的竞争议题胎死腹中，国际多边竞争法机制没有成形，欧盟转变谈判场所，在区域经济一体化协议之中提出了以欧盟竞争法为模本的区域竞争规则，并首先实行于《欧洲经济区协定》。之后，欧盟将《欧洲经济区协定》的竞争规则作为条款范本，在欧盟对外签署的多边协定中大力推行。概言之，《欧洲经济区协定》中的竞争规则类似于欧盟竞争法的规定，涵盖了竞争实体性和程序性规则，形成了欧盟模式的区域竞争规则。

1. 竞争法机制的模式

欧盟与地中海国家区域经济一体化协议的竞争法机制规定在相关协定的"支付、资本、竞争和其他规定"的章节中。从章节的编排可以看出，竞争法机制还未成为完全独立的经济议题，只是作为其他贸易制度的附属制度。相关协定的竞争条款基于生效时间的早晚，有细微差异，但可以归纳为以下两类。

第一类与《欧盟条约》第 101 条、第 102 条、第 106 条和第 107 条的规定几乎相同。② 这一类协定签订的时间比较早，例如《欧盟—摩洛哥自由贸易协定》《欧盟—突尼斯自由贸易协定》。2006 年《欧盟—阿尔巴尼亚贸易及贸易相关议题的临时协议》③ 采取单独竞争条款即"竞争及其他经济规定"约定竞争规则。该条共有 9 款，其中核心条款是第 1 款、第 2 款和第 4 款。第 1 款是实体性规定，具体规定了应禁止三种影响自由贸易的限制竞争行为：企业限制竞争协议、滥用市场支配地位和扭曲竞争的政

---

① 塞浦路斯已经在 2004 年 5 月 1 日正式成为欧盟的成员国，因此，相关协定事实上已经被欧盟吸收。同时，塞浦路斯也接受了欧盟超国家的竞争法机制。

② 具体条文，参见本章第一节的有关论述。

③ Interim Agreemenoton Trade and Trade—Related Matters Between the European Community, of the One Part, and the Republic of Albania, of the Other Part, Official Journal of the European Union.

府补贴。该款的措辞和《欧盟条约》第 101 条、第 102 条和第 106 条的措辞几乎相同。为了将欧盟竞争法纳入协定，第 2 款则直接规定，在判断是否符合该条的标准时应参照《欧盟条约》的第 101 条、第 102 条、第 106 条和第 107 条的规定。第 4 款规定，阿尔巴尼亚应制定与协定相一致的竞争法，并构建有效的竞争法执行机制来维持市场自由竞争秩序。欧盟与约旦签订双边协定时照搬上述竞争条款。随后，欧盟与摩洛哥、埃及、突尼斯等地中海国家签订双边协定，可以发现这些协定中的竞争条款的内容和表述几乎完全一样。①

第二类是 2008 年后签署的区域一体化协议，如《欧盟—阿尔及利亚自由贸易协定》《欧盟—黎巴嫩自由贸易协定》。这一类协定与上面的协定相比，除了措辞有细微的差别外，主要的不同在于这类协定缩小了区域竞争条款的适用范围，删去了关于政府补贴的规定。例如，在《欧盟—阿尔及利亚自由贸易协定》② 中，第二章"竞争及其他经济规定"中第41 条到第 46 条规定了区域竞争法机制，其中第 41 条和第 43 条是核心条款。第 41 条规定了竞争实体性条款和双方竞争协助义务，第 41 条第 1 款参照《欧盟条约》第 101 条和第 102 条关于竞争实体法的规定，第 43 条要求双方应防止国有企业限制竞争。欧盟与其他一些地中海国家的协定也有同样的规定。

虽然两类协定存在内容和范围上的细微差别，但从本质上分析，其竞争法机制都属于实体法协调模式。与欧盟竞争法机制比较，欧盟模式的区域竞争法机制存在以下几个特点。

第一，区域竞争规则协调欧盟与地中海国家的竞争实体法。欧盟与地中海国家区域经济一体化协议规定了类似于欧盟竞争实体法（特别是《欧盟条约》第 101 条、第 102 条、第 106 条和第 107 条）的条款，并要求地中海国家根据相关条款修改和完善本国的竞争实体法。事实上，许多

---

① 《欧盟—摩洛哥自由贸易协定》第 38 条、《欧盟—埃及自由贸易协定》第二章第 34 条和《欧盟—突尼斯自由贸易协定》第 36 条，条款名称都是"竞争及其他经济规定"。

② Euro - Mediterranean Agreement Establishingan Association Between the European Community and Its Member States, of the One Part, and the People's Democratic Republic of Algeria, of the Other Part, Chapter 2, Art. 41 - 46.

地中海国家在与欧盟签订双边协定之时，还处于经济体制转型期，还未或刚刚颁布竞争法。在双边协定中纳入欧盟模式的竞争实体法，一方面有利于形成区域内相同的竞争实体性规定，另一方面也可以在区域经济范围内有效推广欧盟的竞争经验。

第二，区域竞争规则中没有关于兼并控制的规定。兼并控制是主权国家反垄断法的重要组成部分之一。但是，《欧盟条约》没有设置关于兼并控制的竞争条款。主要原因在于，欧盟的兼并控制规则不在《欧盟条约》中规定，而是由欧盟理事会专门出台条例。但是，欧盟与地中海国家区域经济一体化组织并没有设置类似欧盟理事会的机构，因此，区域竞争规则中的兼并控制部分缺失。

第三，区域竞争规则没有设置超国家的竞争执法机构。欧盟与地中海国家的双边协定大多要求成员应设置国内竞争执法机构，有效执行竞争法，维护区域竞争秩序。但是，根据双边协定，竞争法仍然主要由各个成员的竞争主管机构独立执行，区域经济一体化组织并未设置超国家的区域竞争执法机构。部分双边协定虽然提及了设置共同委员会，但是也认为还不适宜赋予共同委员会执行竞争法的权力。① 实践操作中，地中海国家还不愿意让渡竞争执法主权，接受一个超国家的竞争执法机构，因此并无区域经济一体化组织将执法权授予委员会的情况。②

2. 竞争法机制的实施情况

虽然欧盟与地中海国家区域经济一体化协议设置了实体法协调模式的区域竞争法机制，但是实践中具体执行情况却不理想。

第一，没有设置配套的区域竞争法实施措施，区域竞争法机制在实践中难以得到有效执行。在欧盟与地中海国家区域经济一体化协议中，区域竞争规则只规定了区域竞争法的实体性条款，并未规定可操作的执行机制。③

---

① 例如《欧盟—黎巴嫩自由贸易协定》设立了共同委员会，但并未对共同委员会的职权作出任何规定。

② Kovacic William E. , "Getting Started: Creating New Competition Policy Institutions in Transition Economies," *Brooklyn Journal of International Law* 23(1997) : 403.

③ 这里有一个例外，《欧盟—摩洛哥自由贸易协定》第 36 条第 2 款设置了执行机制。这主要是因为该条款是摩洛哥加入欧洲经济共同体的政治条款，摩洛哥必须尽快开始执行与欧盟的协定。

区域竞争规则的适用需要欧盟与地中海国家在原则性规定的基础上进一步完善具体实施措施。虽然欧盟与地中海国家区域经济一体化协议约定了竞争规则的过渡期，在过渡期后协商出台具体配套实施措施①，但是，过渡期的约定不具有强制的约束力，过渡期往往一延再延，竞争规则的配套措施也未如约在过渡期后出台。例如，《欧盟—突尼斯自由贸易协定》约定，在协定签订 5 年内（2002 年前），应制定相应的配套实施措施，但是，至今双方还未就具体实施措施进行谈判，也未达成一致意见。

第二，适用欧盟与地中海国家区域经济一体化协议中的竞争条款的条件不成就。从理论上分析，即使没有具体配套措施，两种情况下同样可以有效适用区域竞争法机制。但是，实践中，两种情况都不存在。

第一种情况是赋予区域竞争规则直接适用的效力，由成员直接适用。欧盟初审法院的案例就承认了区域经济一体化协议在欧盟直接适用的效力。② 学者也认为，《欧洲经济区协定》的竞争条款在欧盟内部具有直接适用的效力。③ 但是，对于欧盟与地中海国家区域经济一体化协议，大多数学者对其直接适用效力持否定的态度。原因有二：首先，《欧洲经济区协定》的竞争条款明确规定其具有直接适用效力，而欧盟与地中海国家区域经济一体化协议没有这种规定；其次，欧盟与地中海国家区域经济一体化协议规定，双方应制定配套的竞争法实施措施，这也意味着其不具有直接适用效力。

第二种情况是将欧盟与地中海国家区域经济一体化协议的竞争条款直接纳入成员的国内法（欧盟法）实施。事实上，欧盟与地中海国家的竞争法是参照《欧盟条约》制定的，因此，这种方式对于欧盟并不存在障碍，但是，地中海国家的国内竞争执法机构缺乏竞争法的执行能力，单纯

---

① 对于过渡期，不同协定中约定不同，一般的约定是 5 年，而欧盟与以色列则约定 3 年。

② 在这个案例中，欧盟初审法院认为根据《欧盟条约》第 310 条签订的协议在其生效之日起，就属于欧盟法律体系的一部分，可以在法院直接适用。See ECJ(1974), *R. & V. Haegeman v. Belgian State*, C - 181/73, ECR, 449。在另一个案例中，欧盟初审法院认为国际条约优先于国内法适用，并可以作为私人起诉的依据。See ECJ (1987), *Demirel v. Stadt Schwabisch Gmund*, C - 12/86, ECR, 3719.

③ Jacques H. J. Bourgeois, "Competition Policy and Commercial Policy, "in Marc Maresceau(ed.), *The European Community's Commercial Policy After 1992*：*The Legal Dimension* (Martinus Nijhoff Publishers, 1993).

将区域竞争规则并入国内法，从法律执行角度而言，价值不高。区域竞争法机制在地中海国家仍难以得到有效实施。

3. 竞争法机制的展望

发挥欧盟与地中海国家区域竞争法机制的作用，关键就是要制定有效的配套实施措施。事实上，欧盟与地中海国家也注意到了这一点，并在一些联系比较紧密的协定中首先尝试协商配套实施措施。如《欧盟—土耳其自由贸易协定》中设立的委员会颁布了《实施竞争规则的建议》，并据此制定了欧盟与土耳其区域竞争法执行的配套措施。① 《欧盟—摩洛哥自由贸易协定》中设立的委员会也颁布了类似的实施建议。②

《实施竞争规则的建议》作出如下规定。第一，创设分权模式的区域竞争法执行机制。由于欧盟与地中海国家的区域经济一体化组织未设置类似欧盟委员会的超国家机构，因此，该建议提出，区域竞争规则应由各自的竞争执法机构分别执行。第 1 条规定，成员的竞争执法机构应制定和实施合适的法律和制度，以保证与协定第 36 条 a 款及 b 款不相符的限制竞争行为得到规制。《欧盟—土耳其自由贸易协定》还要求土耳其竞争执法机构实施竞争法的标准应不低于欧盟委员会的标准。第二，设置成员竞争执法机构之间的合作机制，积极推动竞争执法的相互协调和合作。具体包括四个方面。首先，通知机制。成员在竞争案件处理开始阶段就有义务将案件的详细情况及时通知其他成员的竞争执法机构。③ 其次，交换信息制度。成员有义务根据申请方的要求向申请方提供处理竞争案件所必需的信息。④ 再次，执行的相互协调与合作。双方竞争执法机构在处理竞争案件过程中，负有积极配合、有效协调和合作的义务。最后，技术援助。欧盟委

---

① Proposal for a Council Decision on a Community Position in the Association Council on the Implementation of the Euro – Mediterranean Agreement Estabishing an Association Between the European Communities and Their Member States, on the One Hand, and the Turkey, on the Other, COM(2001), 632 Final.

② Proposal for a Council Decision on a Community Position in the Association Council on the Implementation of the Euro – Mediterranean Agreement Estabishing an Association Between the European Communities and Their Member States, on the One Hand, and the Morocco, on the Other, COM(2003), 365 Final.

③ Annex to Proposal Decision, para. 2.

④ Annex to Proposal Decision, para 4. 2.

员会将为成员在竞争执法过程中出现的经济、法律问题提供技术援助。①

　　尽管上述配套措施在一定程度上提升了欧盟与地中海国家区域经济一体化组织的竞争规则的可操作性，但是，实践中，上述区域竞争规则的实施效果仍不明显。最主要的例证是欧盟委员会与摩洛哥竞争执法机构、土耳其竞争执法机构之间的具体案件合作很少发生。有学者认为，欧盟与地中海国家之间的区域竞争法机制要有效地执行，有必要构建一个类似于欧洲经济区集权竞争法实施机制的机制。这就要求欧盟与地中海国家加快其多边轨道上的区域经济一体化进程，形成更加紧密的、合作程度更高的区域经济一体化组织。②

　　（三）评价

　　实践中，欧盟与地中海国家的区域竞争法机制的执行效果不理想，有多方面原因。很多地中海国家在双边协定签订时，还未制定或刚刚制定本国的竞争法，自身竞争法的执行情况还不理想。区域经济一体化协议要求地中海国家在一段过渡期内出台和实施国内竞争法，但由于能力不足，即使过了过渡期，部分地中海国家仍未出台和实施竞争法。从实际效果看，欧盟与地中海国家的区域竞争法机制在实践中基本没有适用。应该说，欧盟与地中海国家在经济实力、竞争法观念方面存在巨大的差异，它们之间构建实体法协调模式的区域竞争法机制的时机尚未成熟。双边协定纳入区域竞争法机制完全是欧盟单方面的意图，而地中海国家只是被动地接受。由于协定设置的区域竞争法机制超越了现实条件，区域竞争法机制被束之高阁，现实中难以操作。不过，欧盟与地中海国家区域经济一体化协议的竞争法机制并非没有任何价值和意义。虽然其竞争法机制在实践中并没有真正适用，但是，相关竞争条款为地中海国家制定本国竞争法提供了基本模版，加速了地中海国家制定和实施国内竞争法的进程，也协调了地中海国家竞争法与欧盟竞争法的实体性规定。③ 晚近，随着地中海国家竞争执

---

① Annex to Proposal Decision, para 7.1.

② The Communication from the Commission to the Council and the European Parliament, Wider Europe – Neighbourhood: A New Framework for Relations with Our Eastern and Southern Neighbours, COM(2003), 104 Final.

③ Damien Geradin, *Competition Law and Regional Economic Integration: An Analysis of the Southern Mediterranean Countries* (The World Bank, 2004).

法经验的积累，欧盟与地中海国家的竞争法合作机制越来越凸显其意义和价值。

三 《北美自由贸易协定》与《美墨加协定》的竞争法机制

（一）从 NAFTA 到 USMCA

从 NAFTA 谈判的背景分析，签署 NAFTA 的最初动因与成员国特别是美国的能源需求有关。[①] 20 世纪 80 年代，欧盟努力推进欧洲区域的经济一体化进程，引起北美国家对区域一体化问题的关注。1986 年《单一欧洲法案》的出台，促成了美国和加拿大关于自由贸易协定的谈判，1989 年 1 月 1 日，《美国—加拿大自由贸易协定》正式生效。

美加墨三国正式谈判建立自由贸易区是在 1991 年，但三方酝酿的时间却要早得多。1991 年 2 月，美加墨三方正式宣布准备进行自由贸易区谈判。1991 年 6 月，谈判在加拿大多伦多启动。谈判共进行了 14 个月，主要在 6 个方面进行：市场准入、贸易规则、劳务、投资、知识产权和贸易争端的解决。由于美加墨三国经济发展水平悬殊，各方经济利益较难协调，整个谈判是一个不断讨价还价和相互妥协的过程。1992 年 8 月 12 日，美加墨三国结束历时一年半的谈判，就建立北美自由贸易区达成了协定。[②] 1992 年 12 月 17 日，三国首脑正式签署了协定。美加墨三国国会分别于 1993 年 11 月、1993 年 6 月、1993 年 11 月批准了该协定。1994 年 1 月 1 日，NAFTA 正式生效，北美自由贸易区宣告诞生。由于特朗普政府"美国优先"的政策，美国推动 NAFTA 的修改进程。经过三方的积极谈判，NAFTA 于 2020 年升级为 USMCA。

NAFTA 的竞争规则规定在第一章第 102 条和第十五章。北美自由贸

---

① 早在 20 世纪 70 年代末 80 年代初，为了保障国内日益短缺的能源供应，美国有关部门就提出建立北美自由贸易区的建议。1978 年底，美国国家安全委员会在仔细研究了墨西哥对美国的战略价值之后指出，"墨西哥可成为美国最有希望的新石油来源"，因此，其希望美国政府与墨西哥政府进行双边自由贸易谈判。1979 年，美国国会要求总统的贸易事务特别代表研究北美三国实现自由贸易的可能性，但在当时，这一动议遭到加拿大和墨西哥的反对。参见宋晓平、陈芝芸等《西半球区域经济一体化研究》，世界知识出版社，2001，第 107 页。

② Glary Clyde Hufbauer and Jeefrey J. Schott, *NAFTA Revisited: Achievements and Challenges*(Institute for International Economics, 2005), p. 16.

易区成员国的竞争执法经验差异很大。美国与加拿大作为发达国家，在竞争执法及国际合作方面有相对丰富的经验。在 NAFTA 签订之前，美国与加拿大就已经在竞争事项方面开展了双边合作，NAFTA 的竞争条款对于美国与加拿大不存在任何制度障碍。一个重要的例证是，NAFTA 签订后，为进一步细化协定第十五章的制度，美国与加拿大于 1995 年签订了《关于适用竞争法和欺诈市场行为法的协定》，该双边协定不仅重申了 NAFTA 第十五章的规定，而且进一步明确和细化了通知程序、执行合作程序、协商程序、秘密信息交换等规定。[①] 但对于墨西哥而言，为了制止垄断行为和保护消费者的利益，墨西哥政府根据其《宪法》第 28 条，在 1992 年 12 月才颁布《经济竞争法》，并于 1993 年 6 月开始实施。[②] 也就是说，NAFTA 谈判之时，墨西哥并没有国内的竞争执法经验。同时，墨西哥作为北美区域经济实力相对较弱的发展中国家，对于接受 NAFTA 的竞争政策存有一定的迟疑。尽管如此，作为议题利益交换的结果，墨西哥最终还是接受了 NAFTA 的竞争法机制。事实证明，NAFTA 对于墨西哥的经济自由化和市场经济体制改革有积极的促进作用。在竞争法方面，由于国内经济自由化体制改革和履行 NAFTA 义务的双层压力，墨西哥依据颁布不久的《经济竞争法》开始国内的竞争执法。根据《经济竞争法》的规定，墨西哥成立竞争委员会作为《经济竞争法》的实施机关。竞争委员会是墨西哥工商促进部的一个行政机构。[③] 它在工作上保持独立，负责依据《经济竞争法》的规定组织、调查和指控垄断和集中。它有权自行作出裁决。《经济竞争法》赋予竞争委员会独立的调查权与处罚权，以及宣传、

---

① Agreement Between the Government of the United States of America and the Government of Canada Regarding the Application of Their Competition and Deceptive Marketing Practices Laws.

② Oliver Solano, Rafael Del Villa and Rodrigo Gracia - Verdu, "Challenge to Effective Implementation of Competition Policy in Regulated Sector: The Case of Telecommunication of Mexico,"*Northwestern Journal of Internationl Law and Business* 26(2006) : 527 – 545.

③ 墨西哥的竞争委员会由 5 名委员组成，包括竞争委员会主席。竞争委员会的委员由联邦总统任命，任期为十年，可连选连任。主席由联邦总统任命，并行使法律赋予的职权。设立执行秘书 1 名，由主席任命，负责业务和行政协调。下设司局包括两类：业务类司局及行政综合性司局。其中业务类司局包括法律事务司、调查司、企业合并控制司、经济私有化及招标事务司、地区协调司、经济研究司等。行政综合性司局包括协调及行政支持司、行政司、控制及后续监管司、信息系统司、国际事务司、公共交流司等。竞争委员会在各州不设分支机构，所有涉及竞争的事务均由竞争委员会负责。

倡导竞争和预防市场垄断的功能。随着竞争法的不断完善，竞争委员会也逐渐走向成熟，该委员会处理的案件以每年48%的速度增长。1993～2003年，竞争委员会共处理了4416件案件，其中企业集中案件2027件，私有化、特许经营案件873件，垄断案件466件，重审案件603件，咨询案件447件。①此外，墨西哥也以NAFTA的竞争法机制为基础，加强与美国及加拿大之间关于竞争法执行的合作。2000年，墨西哥与美国签订了两国之间进行竞争执法合作的双边协定。

（二）NAFTA竞争法机制的构建模式——软机制加双边合作模式

与欧盟建立一个超国家的竞争机构不同，NAFTA的竞争法机制的构建模式显得较为缓和。NAFTA的成员包括发展中国家与发达国家，成员之间经济发展水平与竞争文化存在很大的差异，NAFTA并没有强行建立一个具有强制力的超国家竞争委员会来调查、解决竞争问题，也没有要求成员国统一竞争实体性规定，而是将竞争法机制的重点放在协调与沟通方面，并未赋予竞争法机制以强制力。

1. 构建区域竞争法软机制

NAFTA并未如欧盟一样构建一个强有力的超国家的区域竞争法机制。相反，基于NAFTA成员国之间经济水平差距大、竞争文化不同的情况，NAFTA构建了一种合作模式的软机制。这种竞争法软机制体现以下几个方面的特点。

第一，没有设置超国家的竞争执法机构。NAFTA并未设置一个如欧盟委员会的竞争执法机构。严格意义上说，NAFTA的竞争法执行仍由成员国的竞争执法机构负责。而对于NAFTA区域范围内的限制竞争行为，成员国的竞争执法机构相互协商沟通的方式为争端解决方式。NAFTA第1501条第2款规定："成员国承认竞争主管机构的合作与协调对于在自由贸易区内进一步有效执行竞争法的重要性。成员国应在竞争法执行政策方面进行合作，包括司法协助、通知、协商和交换关于竞争政策及法律的信息。"除此之外，NAFTA并未在北美自由贸易区内设置统一的强制性竞争执法机制。

---

① 徐世澄：《墨西哥政治经济改革及模式转换》，世界知识出版社，2003，第100页。

　　第二，没有规定成员国合作的强制性国际义务。即使在竞争法方面，成员国也没有必须合作的法律义务。虽然 NAFTA 第 1501 条第 2 款规定成员国"应"（shall）进行合作，但是，从 NAFTA 第十五章的整个体例中可以看出，合作仍然是建立在成员国竞争执法机构自愿合作的基础上的，因为 NAFTA 第十五章并没有规定成员国不合作应承担的国际法律责任。事实上，从 NAFTA 第 1501 条第 2 款和第 3 款的措辞"承认""不得"进行分析，也可以发现成员国并没有这方面的强制性义务。

　　第三，成员国义务规定的抽象性和模糊性。采用抽象的义务规定是 NAFTA 文本的重要法律特征。NAFTA 中许多条款都采用具有督促性的语句，而没有明确规定成员国的具体义务。① 如 NAFTA 第 1501 条第 1 款规定成员国有义务建立和维持本国的竞争法机制，但其没有采用强硬的法律用语，而是宣称成员国"承认上述措施会促进本协定目的的实现"。即使在具体义务上，NAFTA 的规定同样比较模糊。例如，NAFTA 第 1501 条第 1 款中"采取适当行动"和"措施的有效性"的意义含糊。何为"适当"？"有效性"的标准是什么？这些无法在 NAFTA 文本中找到答案。又如，该条第 2 款列出了各成员竞争法实施的合作方式，然而，对司法协助的条件和内容、通知的内容和方式、协商的程序以及交换信息的范围等都没有作出统一的规定。由此可见，NAFTA 的竞争政策只提供了合作方式的框架，而没有规定具体的标准，因此，在实践中，对于成员国之间竞争政策的双边合作，协定没有设定统一的参照标准，要由双边谈判来解决。再如，关于垄断的规定，NAFTA 第 1502 条只将影响另一成员国的利益作为通知的前提，而未将影响区域内贸易自由化作为一项条件并加以规定，且衡量一成员国利益受另一成员国垄断的影响的标准亦未法制化。该条第 3 款 a 项规定，"不得以与成员在该协定中承担的义务不相一致的方式行事"。可是，如何界定"不相一致的方式"？该条没有原则性规定，也没有加以列举。b 项中的"相关市场"的概念，也较模糊，第 1505 条第 5 款只界定了其范围，而没有从自由贸易区整体的视角界定地理市场和产品

---

① A. Douglas Melamed, "International Cooperation in Competition Law and Policy: What can Be A-chieved at the Bilateral, Regional, and Multilateral Levels, "*Jonrnal of International Economic Law* 2(1999):429.

市场的标准。在实践中，这个标准只能依据各成员国国内法的规定。

第四，竞争争端不适用争端解决机制。相比于其他几个区域经济一体化组织的争端机制而言，NAFTA 的争端解决机制更加完善和全面，六套机制分别针对不同经济领域的争端。① 但是，NAFTA 明确排除了将有关竞争的争端诉诸 NAFTA 的争端解决机制。NAFTA 第 1501 条第 3 款明确规定，"成员方不得将本章下产生的任何争端诉诸本协定的争端解决机制"。将竞争争端排除在争端解决机制之外，则成员国只能通过协商解决争端。这种外交取向的争端解决方式，有利于竞争执法经验丰富和谈判实力强大的美国政府。同时，由于不存在竞争争端的争端解决机制，许多抽象性或原则性规定无法通过司法案例进行明确，这也影响了 NAFTA 竞争法机制的发展与完善。

2. 在区域经济竞争法软机制下构建双边竞争合作协议

NAFTA 的竞争法机制属于软机制，并没有太多的强制性义务规定。NAFTA 采取的合作的竞争法软机制适应了 NAFTA 成员国竞争文化、经济实力差距大的客观现实。需要说明的是，虽然 NAFTA 的竞争法机制属于软机制，但 NAFTA 给成员国建立了一个进行竞争法合作的基本框架，成员国可以在该框架下进一步合作。② 据此，美国和加拿大、墨西哥和美国以及加拿大和墨西哥分别于 1995 年、2000 年和 2001 年签订了关于双边竞争政策及反垄断法实施合作的协定。

---

① 张辉：《NAFTA 争端解决机制的内容和特点》，《甘肃政法成人教育学院学报》2007 年第 1 期。

② 一个重要例证是，NAFTA 根据第 1504 条建立了贸易与竞争工作组（The Working Group on Trade and Competition，WG），并对其职能作了规定。NAFTA 委员会要求贸易与竞争工作组就自由贸易区内贸易与竞争政策及法律之间的关系向其报告，并对进一步工作提出适当的建议。该工作组的重要职责是研究 NAFTA 三个成员国竞争政策及法律之间的异同，并且研究这些不同点对 NAFTA 成员国之间的贸易的影响。工作组通过报告的方式，对贸易与竞争法、成员国竞争法的差别及与竞争法有关的具体问题进行研究，并提出促进 NAFTA 竞争文化融合的建议。NAFTA 贸易与竞争工作组的工作在很大程度上促进了成员国之间竞争制度的融合。See Interim Report of the NAFTA 1504 Working Group on Trade and Competition to the NAFTA Commission, http://www. dfait - maeci. gc. ca/nafta - al-ma/report9 - en. asp. ，最后访问日期：2008 年 4 月 12 日；The Paper Presented by Canada at the Third Meeting of the WG in Mexico City, March 1995, http://www. Dfait - maeci. gc. ca/nafta - alma/，最后访问日期：2008 年 4 月 12 日。

　　（1）美国与加拿大的双边竞争合作协定。美国与加拿大的竞争合作协定签订于 NAFTA 生效后。在 NAFTA 生效后，为了进一步加强美国与加拿大竞争执法机构之间的合作与协调，1995 年 8 月，美国与加拿大签订了《关于适用竞争法和欺诈市场行为法的协定》（以下称"1995 年美加协定"）。"1995 年美加协定"作为 NAFTA 第十五章的补充性规定的意图体现得非常明显。"1995 年美加协定"的序言明确提出协定签订"鉴于 NAFTA 第十五章'竞争机构的合作与协调'的重要意义，为了更好地促进双方在 NAFTA 中执行各自的竞争法"。"1995 年美加协定"共 13 条，约定了美国与加拿大竞争主管机构在执行竞争法方面的合作义务。该协定的主体部分是第 2 条到第 6 条，以下作一简单的介绍。

　　第 2 条规定了双方的通知程序，双方在执行竞争法影响到对方利益的情况下，有通知对方的义务。第 2 条共 9 款，明确了通知的时间、通知的内容和通知的其他细节。第 3 条有关执行的合作。根据第 3 条的规定，双方在不影响本国利益的情况下，有与对方竞争主管机构合作的义务。第 4 条规定了相关事项的协调。根据第 4 条的规定，双方在执行本国的竞争法时应尽可能考虑与对方的竞争法执行政策相协调。第 5 条关于发生在本国领土内而影响对方的合作。第 5 条第 1 款规定，若成员国注意到发生在其领土内的限制竞争行为，除了违反其国内的竞争法，还严重影响另一成员国的重要利益，则其应同意基于双方的共同利益寻求对抗这种限制竞争行为的救济；该条第 2 款和第 3 款规定了受影响的成员国寻求救济的程序。第 6 条涉及避免冲突。该条对成员国采取执行措施导致的冲突进行规定。根据该条的规定，如果一方执行本国的竞争法有可能严重影响对方的利益，那么该方应在执行全过程中谨慎考虑对方的利益，并通知对方。第 8 条规定了争端解决方式是协商。第 8 条第 1 款规定，任何一方可以就协定下的相关事宜要求协商，协商的请求应写明请求的理由及协商的程序时限或其他限制，双方应及时进行协商以达成与协定的原则相一致的结论；第 8 条第 2 款和第 3 款接着规定，协商应发生在对等的基础上，并应提供足够的信息。任何一方应对对方提出的请求根据协定的原则进行考虑。第 9 条还规定了双方的半年会议，约定双方每半年召开一次会议，交换竞争法执行、经济部门的信息，并讨论双方共同关注的问题。

在"1995 年美加协定"签订之后，美国与加拿大在竞争合作方面取得了较好的成果。但是，"1995 年美加协定"存在一个缺陷，就是没有约定竞争合作的"积极礼让"原则。在 2004 年，美国与加拿大为了适应双方进一步合作的需要，签订了《关于 1995 年签署的美加协议的补充协定》（以下称"2004 年美加协定"）。"2004 年美加协定"主要是在"1995 年美加协定"的基础上补充积极礼让原则。[1] 该协定只有简单的 8 条，除了序言和常规性条款外，协定的主要义务规定于第 3 条和第 4 条。第 3 条规定了双方的积极礼让原则。请求方的竞争主管机构可以请求被请求方的竞争主管机构根据被请求方的竞争法调查纠正限制竞争行为，不管上述行为是否也违反了请求方的竞争法，也不管请求方的竞争主管机构是否开始或准备开始根据其竞争法采取执行措施，这种请求均可作出。第 4 条进一步规定，在被请求方采取执行措施的情况下，双方可以同意暂停或中止请求方竞争主管机构的执行措施。

（2）美国与墨西哥的双边竞争合作协定。美国与墨西哥在 2000 年签订了《关于适用竞争法的协定》（以下称"美墨协定"）。[2] "美墨协定"共 13 条，除了没有关于欺诈性竞争行为的规定外，大体框架和"1995 年美加协定"相似。"美墨协定"与"1995 年美加协定"相比，不同点主要是增加了技术援助规定。由于墨西哥属于发展中国家，在签订 NAFTA 之前刚进行经济体制改革，没有丰富的国内竞争执法经验。因此，"美墨协定"规定了技术援助条款。"美墨协定"第 7 条规定，成员国承认，竞

---

[1]　积极礼让原则最早规定在 1991 年欧盟与美国的《反垄断法合作协定》中，并被经济合作与发展组织视为一项减少竞争法冲突的制度而推广。积极礼让原则的优点在于促进主权国家之间的协调与合作，减少主权国家之间关于竞争法的冲突。通过积极礼让原则，请求方可以要求被请求方在可能的情况下对严重影响请求方利益的反竞争行为进行调查，并向请求方通报调查的结果和执行补偿。在总结积极礼让原则的优点时，应当看到"一个公司的兼并案件不必受到许多国家竞争主管机构的审查，减少了兼并费用，且减少了不同国家竞争主管机构间的冲突，同时减少了反竞争行为对市场准入的限制"。See Alexander S. Grewlich, "Globalisation and Conflict in Competition Law Elements of Possible Solutions,"*World Competition* 3(2001): 124 – 149.

[2]　参见 Agreement Between the Government of the United States of America and the Government of the United Mexican States Regarding the Application of Their Competition Laws, http://www.usdoj.gov/atr/icpac/5145.htm，最后访问日期：2009 年 9 月 1 日。

争主管机构在竞争法执行和政策的技术合作方面共同进行工作符合缔约国的共同利益。技术援助可以采取以下方式：在竞争主管机构的合理资源范围和法律权限内交换信息、进行人员交流、开展技术培训讲座等。但"美墨协定"没有约定双方的积极礼让的义务。

（3）加拿大与墨西哥的双边竞争合作协定。2001年，加墨之间达成了竞争法合作协定——《关于实施各自竞争法的协定》（以下称"加墨协定"）。"加墨协定"与"美墨协定"一样规定了技术援助条款，基本上是"美墨协定"的翻版。跟"美墨协定"相比，"加墨协定"第5条规定了积极礼让原则。

从上面的分析中可以看出，NAFTA作为框架协定只是原则性地规定了成员国负有竞争执法合作与协调义务，由成员国进行谈判并签订双边适用竞争法的具体合作协定。双边合作协定作为NAFTA的竞争合作机制的补充，明确了成员国双方竞争主管机构相互合作和协助的程序，加强了双方的沟通。由于美国、墨西哥和加拿大两两之间签订的三个竞争合作双边协定的内容和程序基本相同，因此，这三个竞争合作双边协定可以视为NAFTA第十五章的有益补充。但是，双边竞争合作协定依旧没有改变NAFTA的竞争法软机制的性质，仍然未统一各方的竞争实体法，没有设置强硬的争端解决机制，竞争主管机构之间是否进行合作还是建立在成员国自愿的基础上的。[①] 整体而言，双边协定只是NAFTA第1501条合作义务的细化，未实质性地扩大双方的权利及义务。这种软机制的竞争合作模式照顾到了美国、加拿大和墨西哥这三个成员国在竞争执法能力、执法经验方面的差异，因此其容易被处于不同经济发展阶段、竞争文化差异大的成员国所接受。

---

① 协定中最核心的积极礼让原则同样存在许多的缺点。首先，只能对不合法的行为发生作用。一国际反竞争行为对请求国造成损害，但请求国的请求可能得不到被请求国积极的回应，除非该行为在被请求国也被认为是非法的。如果该反竞争行为在被请求国是允许的，则请求国得不到被请求国的帮助，因为请求国的竞争法不能规制被请求国法律允许的行为。其次，只能适用自愿机制。在一些案件中，积极礼让原则只是竞争法域外适用的前提，冲突的危机仍然存在。考虑到各种情况，不难发现国际社会很难摆脱这种情况：各主权国家放弃追求本国竞争法目标的实现。在这种情况下，积极礼让原则无法发挥作用。参见张瑞萍《反垄断国际合作中的积极礼让原则分析》，《环球法律评论》2006年第2期。

（三）NAFTA 竞争法机制的基本规定

NAFTA 的竞争法机制虽然是软机制，但它仍然是北美自由贸易区成员国进行竞争法执行合作和协商的基础。因此，下文对 NAFTA 竞争法机制的规定作简要的介绍。NAFTA 的竞争法机制主要由 NAFTA 第一章第102 条和第十五章两个部分组成。

1. NAFTA 竞争法机制的宗旨

NAFTA 第一章第 102 条是对该协定宗旨的表述。该条第 1 款规定了六项宗旨：（1）消除贸易壁垒，促进货物和服务在成员领土间跨国界流动；（2）改善自由贸易区内公平竞争的条件；（3）实质性增加各成员领土上的投资机会；（4）充分而有效地保护各成员领土上的知识产权；（5）为实施和适用该协定、协作管理、解决争端而制定有效程序；（6）建立一个框架以促进三边、区域和多边合作，扩大和提高该协定的利益。前两项是 NAFTA 的主要宗旨。两者相辅相成、相互促进，贸易壁垒的消除有利于公平的竞争条件的改善，而公平竞争又可以促进区域内贸易自由流动。这两项宗旨直接影响其他宗旨的实现。该条是北美自由贸易区竞争政策及法律的指导方针。

虽然它没有具体规定竞争政策及法律的合作方式，但是该条明确了 NAFTA 作为一个自由贸易协定，设置竞争法机制的目的在于维护自由贸易区内的自由竞争，防止限制竞争行为对成员国的自由贸易造成阻碍。[①] 这一宗旨的描述说明了两点：第一，NAFTA 的本质是一个自由贸易协定，其主要功能是促进贸易自由化，因此，NAFTA 的竞争法机制是为实现贸易自由化服务的；第二，要实现 NAFTA 的贸易自由化，不仅应消除贸易壁垒，而且应维护自由竞争环境。

2. NAFTA 竞争法机制的具体制度

NAFTA 第十五章是关于竞争法机制的专门规定。第十五章包括 5 个条文和 1 个附件，涉及竞争法、垄断和国有企业、贸易与竞争政策工作小组以及有关概念的定义等内容。

---

① Clifford A. Jones, "Competition Dimensions of NAFTA and the European Union: Semi - Common Competition Policy, "http://www 6. miami. edu/eucenter/EULaw_ LongPaper_ 06. pdf，最后访问日期：2009 年 8 月 30 日。

（1）基本规定。第 1501 条是 NAFTA 竞争法机制的最基本条款，也是为 NAFTA 竞争法机制定调的条款。第 1501 条共 3 款，有三层的意思。第一，规定了成员国有义务制定本国的竞争法，并保证本国竞争法的有效实施。第二，规定了成员国可以在竞争法的执行和适用过程中进行协调与合作。美国、加拿大与墨西哥也因此两两签订了双边竞争合作程序协定。第三，规定了竞争争端不适用 NAFTA 的争端解决机制。第 1501 条的规定定调了 NAFTA 竞争法机制的软机制性质。

（2）关于政府指定企业、国有企业的规定。为了防止政府指定企业、国有企业限制自由竞争，NAFTA 第 1502 条对成员国指定独占企业进行了规定。该条共 5 款，有四层意思。第一，NAFTA 不阻止成员国指定一个独占企业。第二，成员国有通知义务。如果一成员国意图指定一个独占企业，而该指定会影响另一成员国相关人员的利益，则该成员国应在可行的情况下向另一成员国书面通知该指定，并努力在指定时介绍该独占企业运作的条件，以减少或消除任何对自由贸易利益的减损。第三，独占企业不得限制竞争。由于政府指定独占企业很容易对自由竞争产生影响，因此第 3 款要求成员国保证独占企业不对自由竞争产生影响。① 第四，由于政府采购行为另有规定，该条不适用于政府采购行为。

NAFTA 第 1503 条是关于国有企业的规定。该条共 3 个条款，有三层意思。第一，NAFTA 不阻止成员国维持或设立国有企业。第二，任一成员国应通过管理控制、行政监督或其他措施保证其维持或设立的国有企业在行使与独占产品或服务相关的任何管理、行政或其他政府权力时，例如

---

① NAFTA 第 1502 条第 4 款规定："任一成员国应通过管理控制、行政监督或其他措施确保它所指定的任何私有独占企业和它所维持或指定的任何政府独占企业：（a）在行使该成员国授予它的与独占产品或服务有关的任何管理、行政或其他政府权力（如授予进口或出口许可证，批准商业交易或征收配额、费用或其他费用的权力）时，其行事方式不得与该成员国在本协定下的义务相抵触；（b）除遵守与本条（c）项或（d）项不相抵触的任何条款外，在相关市场上购买或销售独占产品或服务时应完全按照商业考虑行事，包括价格、质量、供应、适销性、运输和其他购买或销售的条款和条件；（c）在相关市场上购买或销售独占产品或服务时，对其他成员国的投资者的投资、生产商的产品或服务提供非歧视性待遇；（d）不得直接或间接利用其独占地位，在其境内非独占市场通过与其母公司、子公司或其他联合投资企业的交易从事对其他成员国投资者的投资产生不利影响的反竞争行为，包括歧视性地提供独占产品或服务、交叉补贴或掠夺性行为。"

授予进口或出口许可证，批准商业交易或征收配额、费用或其他费用时，不与成员国在该协定第十一章（投资）和第十四章（金融服务）项下的义务相抵触。第三，任一成员国应保证其维持或设立的国有企业在销售其产品或服务时，给其他成员国的投资者在其领土内的投资提供非歧视性待遇。NAFTA 第 1502 条和第 1503 条是 NAFTA 第十五章中对成员国具有强制约束力的条款。但这两个条款的重点不在于规定防止私人限制竞争行为对市场竞争进行破坏，而是约束成员国通过指定独占企业或设立国有企业限制市场竞争。从这里也可以看出，NAFTA 作为政府间的协定，其主要目的不在于调整私营企业的行为，而在于限制成员国政府的行为对市场竞争的损害。

（3）其他条款。第 1054 条和第 1505 条是一般性条款。第 1504 条规定了设立贸易与竞争工作组。NAFTA 委员会应设立由每一成员国代表组成的贸易与竞争工作组，该工作组应在该协定生效的五年内，就竞争法及政策与自由贸易区的贸易之间关系的相关问题向委员会提交报告，或对进一步的工作提出合适的建议。第 1505 条则是对该章中的"指定""歧视性条款""政府独占企业""基于商业利益考虑""市场""独占""非歧视性待遇"等概念进行解释。

（四）USMCA 竞争法合作机制的发展

从上面的分析中，我们可以看出 NAFTA 竞争法机制的条款大多采用宣言式的措辞，从法律性质上看，NAFTA 的竞争法机制只是一种建立在成员国自愿合作基础上的软机制。NAFTA 采取软机制，主要是考虑到北美自由贸易区作为第一个最大的南北合作的自由贸易区本身的特点。

第一，北美自由贸易区与欧盟性质并不相同，欧盟已经不仅仅是自由贸易区，而是紧密的经济同盟，但北美自由贸易区只是自由贸易区。[①] 虽然 NAFTA 的目标在于促进北美自由贸易区的经济一体化，但是 NAFTA 作为一个成员国经济发展水平差异很大的区域经济一体化协议无法一蹴而就地实现目标——以高标准创设区域竞争法机制。因此，NAFTA 很多规定

---

① 刘世元：《区域国际经济法的发展趋势及其影响》，《吉林大学社会科学学报》1998 年第 4 期。

在于要求政府"非管制"以实现消极自由化，而非通过政府的"共同管制"实现积极自由化。在消极自由化阶段，强行要求进行竞争法"高级合作"，不仅无法实现积极自由化的目标，而且可能导致自由贸易协定的谈判失败。[①] 这种情况下，软机制更有利于经济一体化进程。

第二，北美自由贸易区共同的竞争文化还未建立。区域内是否存在相似的竞争文化，对构建何种竞争法机制具有重要的影响。欧洲一百多年竞争理念的培育对于欧盟接受一个超国家的区域竞争执法机构具有十分重要的作用。但是，NAFTA 三个成员国在竞争执法经验方面的差异是很大的。美国作为竞争法最完善的国家，在 NAFTA 签订时期正兴起反竞争法的理论思潮。[②] 而墨西哥作为一个经济转型的发展中国家并无多少竞争执法经验，对在区域经济一体化组织层面列入竞争议题本来就持怀疑的态度。因此，通过软机制促进成员国之间竞争文化的理解与沟通是 NAFTA 的当务之急。

由于经济实力和国际情势变化，与加拿大和墨西哥进行重新谈判是特朗普上台之后在对外贸易领域的首个目标。特朗普政府试图通过重新谈判主导制定新的贸易规制标准，以更好地维护美国的利益。[③] 在多方博弈下，2020 年，USMCA 作为全新的"北美自由贸易协定"取代了 NAFTA，成为北美地区的自由贸易协定。

USMCA 是美国重构国际经济秩序的一次尝试。有学者分析发现，NAFTA 成功提升了北美自由贸易区的经济一体化程度，不仅促进了区域内的经济贸易增长，而且产生了外溢性效应。[④] 而 USMCA 是区域经济发展到一定阶段而矛盾释放的产物。在相互依赖的经济一体化背景下，美国、墨西哥和加拿大重新达成了经济贸易的平衡共识。USMCA 与 NAFTA

---

① Ralph H. Folsom, *NAFTA and Free Trade in the Americas in a Nutshell*, 3rd Edition（West, 2008），p. 15.

② 美国反竞争法的理论思潮是指一些美国学者批评美国反垄断法的适用并未考虑效率的因素，因此，反垄断法从总体上是错误的，应该是反反垄断法。参见波斯纳《反托拉斯法》，孙秋宁译，中国政法大学出版社，2003，第 1~5 页。

③ 魏红霞：《〈美墨加协定〉谈判中的各方利益博弈》，《拉丁美洲研究》2019 年第 2 期。

④ 王学东：《从〈北美自由贸易协定〉到〈美墨加协定〉：缘起、发展、争论与替代》，《拉丁美洲研究》2019 年第 1 期。

相比，更加综合、深入和全面，而且纳入了劳工、环保等社会议题。从竞争规则的角度分析，USMCA 的竞争条款借鉴了美国反垄断法实体性和程序性规定，对 NAFTA 的竞争法区域合作机制进行了全面的升级，约定了具体的反垄断法实体性和程序性义务。

USMCA 的第二十一章"竞争政策"规定了 USMCA 的竞争法合作机制。与 NAFTA 只是注重竞争执法合作不同，USMCA 第二十一章规定了对缔约国竞争法和竞争机构的要求、竞争执法程序性义务、竞争执法合作义务、透明度要求和竞争争端协商程序等内容。特别需要指出的是，USMCA 配合美国反垄断法的域外适用制度，对反垄断法的域外适用的合法性进行确认。从内容上看，USMCA 大幅度地增加了竞争规则的相关义务，已经不仅仅是文化协调的软机制，而是对缔约国的竞争法进行协调，形成了竞争实体法协调模式。

从这个意义上分析，NAFTA 的区域竞争法软机制对成员国竞争法执行与合作发挥了积极的作用。成员国之间根据 NAFTA 的竞争法机制签订了双边竞争合作协定，这加强了成员国之间的竞争合作，减少了成员国之间的竞争法冲突，在一定程度上解决了 NAFTA 自由化带来的市场难题。此外，通过竞争合作和研究，NAFTA 培育了区域内的竞争文化。例如，基于在 NAFTA 竞争法机制中的经验，墨西哥成为签订涵盖竞争法议题的南北型区域经济一体化协议最多的发展中国家。[①] 而 USMCA 的实体法协调模式的竞争法机制是北美自由贸易区竞争法律制度协调后水到渠成的产物。同时，USMCA 的竞争合作条款成为美国对外签署自由贸易协定竞争条款的主要模式，成为国际竞争规则美国范式的典型。

四　亚太经合组织的竞争法机制

（一）APEC 竞争法机制的概况

APEC 成立初期只是一个区域性经济论坛和磋商机构，经过十几年的

---

① 美洲自由贸易区对构建区域竞争法机制进行了前期的可行性研究，参见 Report on Developments and Enforcement of Competition Policy and Laws in the Western Hemisphere; Inventory of the Competition Policy Agreements, Treaties and Other Arrangements Existing in the Western Hemisphere, http://www. ftaa - alca. org/ngroups/ngcomp_ e. asp，最后访问日期：2009 年 8 月 30 日。

发展，逐渐演变为亚太地区重要的经济合作论坛，也是亚太地区最高级别的政府间经济合作机制。它在推动区域贸易和投资自由化，加强成员间经济技术合作等方面发挥了不可替代的作用。

作为一个具有开放性的区域经济一体化合作组织，APEC 从一开始就提出促进经济一体化的目标及措施。不过由于开放性的特征，APEC 成员之间的经济发展程度、文化差异非常大，因此，APEC 虽然一开始就提出经济一体化的目标，但根据成员的具体情况允许采取灵活化的措施。另外，APEC 并非一个具有严格组织机构的国际组织，所以，APEC 实现贸易自由化的前提在于推动成员的市场经济改革。因此，APEC 的竞争政策通过贸易自由化的措施体现出来——逐步推动区域自由竞争制度的形成。[①]

基于 APEC 的开放性，APEC 并未设置统一的区域经济自由化进程。

---

① APEC 通过一系列宣言表达出对贸易自由化的关注，主要表现如下。1993 年西雅图会议上通过的《APEC 贸易和投资框架宣言》，明确表示 APEC 的目标是实现贸易和投资自由化。在 1994 年《APEC 经济领导人共同决心宣言》（《茂物宣言》）中，各成员宣布亚太地区经济合作将把实行自由和开放的贸易和投资作为长远目标，并确定了 APEC 各成员经济体最迟不晚于 2020 年完全实现贸易投资自由化的目标。履行承诺的进度将考虑各经济体的不同经济发展水平，工业化经济体实现自由和开放的贸易和投资这一目标不晚于 2010 年，发展中经济体不晚于 2020 年。在 1995 年的《执行茂物宣言的大阪行动议程》（以下简称《大阪行动议程》）、《APEC 经济领导人行动宣言》（《大阪宣言》）中，各成员宣布其在确定贸易和投资自由化的性质、原则、步骤和内容方面作出了重要决定。确立 APEC 合作的两个车轮为贸易投资自由化及便利化和经济技术合作，强调贸易投资自由化应建立在自愿行动的基础上，支持 APEC 成员加入 WTO。在 1996 年 11 月的菲律宾苏比克会议上通过的《APEC 经济领导人宣言：从憧憬到行动》、《马尼拉行动计划》（MAPA）、《框架宣言》指出：1997 年 1 月 1 日起开始实施《马尼拉行动计划》，该计划包含根据《大阪行动议程》逐步和全面实现贸易和投资自由化，以便到 2010 年/2020 年实现茂物目标，通过审议和协商保持该计划的活力；改进单边行动计划，包括这些计划的可比性和全面性。1999 年 9 月新西兰奥克兰会议上通过的《APEC 经济领导人宣言：奥克兰挑战》指出：通过强化市场功能和进一步开放来支持增长；通过正在进行的改革促进竞争，恢复和实现可持续的增长。2000 年 11 月通过的《新经济行动议程》《APEC 经济领导人宣言：造福社会》重申各成员坚持《茂物宣言》确定的贸易投资自由化目标，并加强人力、机构、基础设施和市场等方面的能力建设。会议呼吁 WTO 各方尽早在 2001 年确定一项全面、平衡的谈判议程，并启动新一轮谈判。各方对中国加入 WTO 和尽快结束相关谈判表示支持。会议对区域贸易安排给予原则性肯定，同时要求它符合 WTO 有关规则和 APEC 的目标和原则。See P. J. Lloyd, "An APEC or Multilateral Investment Code?" *Journal of Asian Economics* 6(1995); R. A. Palat(ed.), *Pacific - Asia and the Future of the World System* (Greenwood Press, 1993)；负晓兰《APEC 实现自由贸易安排的路径思考及我国的策略选择》，《国际经济合作》2007 年第 5 期。

成员可以根据自身的经济体制、经济发展情况和竞争文化确定其经济自由化路径。① 因此，在区域竞争法机制方面，APEC 并未着急创建统一的竞争法区域合作机制，而是努力在成员之间培育自由竞争的价值理念，推动成员进行市场经济体制改革，促进区域内共同竞争文化的形成。

作为协调区域竞争理念的重要方面，学术精英的推动对于培育区域内的竞争文化具有十分重要的作用。因此，APEC 的竞争法机制发展历程通过学术界的讨论可以清晰呈现出来。APEC 通过召开学术研讨会推动区域竞争文化的形成。APEC 就竞争政策这一主题举办了多次研讨会，讨论竞争政策的目的、实施机制以及竞争政策和放松管制之关系等内容。从内容上看，APEC 竞争政策的目标是：各经济体通过引进和维持有效的或足够的竞争政策和竞争法以及相关的实施政策，并确保上述政策或法律透明，以此来改善亚太地区的竞争环境，促进各经济体间的合作，从而使市场高效运转、生产者公平竞争、消费者利益最大化。

从 1995 年到 1999 年，APEC 五次召开学术研讨会讨论区域内竞争文化构建的问题。② 在 1999 年 APEC 有关竞争政策和放松管制的奥克兰部长

---

① APEC 的竞争政策与法律数据库记录了各成员的主要法案内容和执行情况，其中包括各个成员上报 APEC 的单独行动计划，这些计划囊括了近期的竞争计划及进展情况，数据库还收录了一些发达国家的竞争法律。根据数据库中 2009 年的资料，21 个 APEC 成员中有 14 个已经制定了综合性竞争法律，还有 7 个没有制定。14 个制定了竞争法的成员是：澳大利亚（1906）、加拿大（1888）、智利（1959）、中国（2007）、印度尼西亚（1999）、日本（1947）、墨西哥（1992）、新西兰（1908）、秘鲁（1991）、菲律宾（1930）、韩国（1980）、中国台北（1991）、泰国（1979）、美国（1890）。事实上，即使是制定了竞争法的成员，竞争法的完善程度也存在很大的差异，如智利并没有制定专门的竞争法，而是在立法法中对反垄断作出规定。参见 APEC, Competition Policies of APEC Member Countries, http://www.academon.com/lib/paper/103170.html，最后访问日期：2009 年 7 月 30 日；Byung‑il Choi, Competition Principles and Policy in the APEC: How to Proceed and Link with WTO, http://www.eaber.org/intranet/documents/39/119/KIEP_Choi_99_2.pdf，最后访问日期：2009 年 7 月 30 日。

② 在 1995 年新西兰奥克兰举行的关于竞争政策的研讨会上，各方讨论了竞争政策的目的和实施机制、竞争政策与放松管制的关系、自然垄断、反倾销以及贸易政策等。在 1996 年、1997 年，APEC 分别在菲律宾和加拿大召开会议，继续讨论竞争政策问题。在 1998 年，APEC 还讨论了公共和私人部门管制改革的原则。在 1999 年 4 月 30 日~5 月 1 日，APEC 在新西兰举行了第五次研讨会，讨论竞争政策、放松管制以及贸易和投资问题等。关于 APEC 竞争政策研讨会，参见 http://www.apeccp.org.tw/doc/Workshop/w2000/001.htm，最后访问日期：2009 年 7 月 30 日。

级会议上，各方讨论并通过了《APEC 关于加强竞争和管制改革的原则》，领导人非正式会议正式确立该原则为 APEC 竞争政策的指导原则，这标志着 APEC 在竞争政策的制定上迈出了重要一步。随后，APEC 继续发挥促进成员之间进行竞争政策协调和沟通的桥梁作用。APEC 竞争政策与法律工作组（CPLG）会议每年召开一次，由成员竞争机构的官员及学者出席，讨论 APEC 成员的竞争政策和区域竞争政策的协调。2009 年 2 月 21 日至 22 日在新加坡召开的会议，回顾了工作组项目的执行情况，研究了未来项目的安排，与 APEC 经济委员会主席及"竞争政策之友"进行了对话，就其时经济形势下竞争政策面临的挑战进行了讨论。①

虽然 APEC 认识到了竞争政策对于贸易便利化的重要性，并讨论制定统一的竞争政策，但 APEC 作为一个开放性国际组织，历来奉行自主自愿地参与活动的基本原则，各成员并不承担强制性义务。因此，APEC 的工作并不能统一亚太地区的竞争政策，甚至有人指出，APEC 的这种合作模式可能造成"有些成员将会不执行不利于自身的政策或措施，也有可能像 1998 年吉隆坡会议的'九个部门优先自由化'的计划一样，面临失败的命运"②。

但是，APEC 宣言是在各方达成共识的基础上形成的，反映了各方未来的立法和实践，"APEC 宣言反映了在竞争和市场准入问题上的一种自愿做法，而不是适用有拘束力的规则，这对于促进亚太地区在竞争政策上的合作将起到重要的推动作用，并在一定程度上发展了竞争文化，有利于以后多边协议的达成"③。APEC 向成员提供了进行竞争政策沟通的场所，为成员间构建更加紧密的竞争合作关系打下基础。

（二）APEC 竞争法机制的构建模式——竞争文化协调模式

从上面的分析中，我们可以看出 APEC 作为一个开放性区域经济一体化组织，不同于封闭性区域经济一体化组织，竞争法机制的构建也遵循了开放性、灵活性原则，APEC 只为成员提供一个期待实现的自由竞争目

---

① http://www.apec.org/apec_groups/economic_committee/competition_policy.html，最后访问日期：2009 年 8 月 30 日。

② 张志文：《APEC 竞争政策制定的现状及存在的问题》，《世界经济研究》2000 年第 6 期。

③ 宫占奎、钱波：《APEC 贸易自由化与釜山路线图》，《国际贸易》2006 年第 4 期。

标、一个竞争政策和文化协调和沟通的场所，但并没有构建具有强制力的竞争法合作机制。[①] APEC 构建的竞争法机制并非严格意义上的区域竞争法机制，只是一种协调竞争文化的合作模式。APEC 的竞争文化协调模式特征体现在以下几个方面。

第一，没有设立统一的区域竞争执法机构。APEC 通过宣言的方式表示自己促进区域经济一体化的意愿，但未要求成员承担国际法上的义务。这种开放式的合作模式一方面是由于 APEC 作为开放性国际组织的特性，另一方面也是基于 APEC 成员经济、社会、文化差异很大的现实。因此，在区域竞争法机制方面，APEC 没有提出构建统一的竞争法机制。事实上，由于开放性体制和区域内竞争文化差异巨大的现状，APEC 也很难构建更强硬的区域竞争法机制。

第二，没有成员竞争执法机构合作的规定。NAFTA 虽然没有建立统一的竞争执法机构，但建立了成员国进行竞争执法合作的框架，而且在该框架下成员国相互之间签订了竞争执法合作的程序性条约。但 APEC 除了没有建立统一的竞争执法机构，甚至也没有关于成员合作的规定。即使是在成员是否有义务构建竞争执法机制方面，APEC 也没有要求，APEC 成员可以根据自身的实际情况选择是否制定竞争法。事实上，现在仍然有 7 个 APEC 成员没有制定竞争法和设立竞争执法机构。相应地，APEC 也不存在竞争执法方面成员合作的义务或框架性规定。

第三，突出维护区域内自由竞争秩序的重要意义。虽然 APEC 没有要求成员必须制定竞争法，也没有要求成员之间进行竞争执法合作。但是，APEC 在多次会议中一再强调区域内自由竞争的重要意义。作为一个经济自由化的区域安排，APEC 在多个基本文件中都强调了自由竞争对于维护区域内经济自由的重要意义。特别是，APEC 的竞争法核心文件——《APEC 关于加强竞争和管制改革的原则》的序言明确指出，成员承认"维护区域内的自由竞争对促进区域经济一体化的重要性"，愿意采取与自由竞争原则不相违背的行为。

第四，协调成员的竞争文化。协调成员之间竞争文化的差异是 APEC

[①] APEC Economic Committee, The Impact of Trade Liberalization in APEC, Singapore, 1997.

竞争法机制的核心功能。事实上，APEC 许多成员还处于经济体制转型过程中，还未出台竞争法，也未形成竞争文化。对成员竞争文化的培育是 APEC 构建区域竞争法机制的前提。从上文关于 APEC 竞争法机制的构建历程可以看出，APEC 在竞争文化协调方面还是卓有成效的。① 1994 年，APEC 贸易和投资委员会会议提议将竞争政策纳入讨论议程。1995 年，《大阪行动议程》确立了 APEC 竞争政策集体行动计划的工作重点。1999 年 APEC 委托太平洋经济合作理事会（PECC）制定 "PECC 竞争政策原则"。2001 年 APEC 第十三届部长级会议再次强调在 APEC 区域内加强竞争的重要性，并以建设竞争政策领域的人员能力为重点。2002 年开始，APEC 竞争政策与法律工作组主办关于促进管制性领域竞争的培训项目，加强 APEC 成员间在竞争政策合作领域的交流。2006 年开始，APEC 成员定期召开关于经济推动法律改革的研讨会，促使成员放松管制和实施有效竞争政策。特别是 2010 年和 2011 年举行的第十八次和第十九次领导人非正式会议，要求继续推进亚太地区的经济一体化进程，早日进行亚太自由贸易协定谈判。其中，竞争议题成为亚太自由贸易协定谈判中的贸易新议题之一。

（三）APEC 竞争法机制的实施情况

1. APEC 竞争法机制的主要规定

APEC 的竞争法机制既没有实体性规定，也不存在程序性合作的义务。因此，APEC 竞争法机制的规定主要体现在一系列的原则和宣言文件中。在 1994 年《APEC 经济领导人共同决心宣言》中，APEC 除了宣布发达国家和地区与发展中经济体分别承诺将于 2010 年和 2020 年之前实现贸易与投资自由化之外，就竞争政策也达成了一致性意见："APEC 经济体将在亚太地区强化竞争环境；其方式为：通过引进并维持有效或适当的竞争法和竞争政策以及相关的执行政策，来确保前述事项的透明性，促进 APEC 经济体的合作，并借此扩大市场机制的有效运作，加强生产者及交

---

① APEC 的相关工作，参见 http://www.apec.org/apec/documents_ reports/competition_ policy_ deregulation_ group/2004. MedialibDownload. v1. html? url =/etc/medialib/apec_ media_ library/ downloads/committees/cti/cpdg/mtg/2004/word. Par. 0004. File. v1.1，最后访问日期：2009 年 9 月 1 日。

易商的竞争,并扩大消费者的利益。"[1] 在 1995 年的《大阪行动议程》中,APEC 在竞争政策上进一步提出要求:"APEC 经济体将实施有效和充分的竞争政策、法律及相关的执行政策,以及确保上述政策法规的透明度和促进 APEC 经济体之间的合作,加强亚太地区的竞争环境,由此最大限度地增强市场的有效运行、生产和贸易者之间的竞争以及消费者利益。"[2]

1999 年 9 月,在新西兰奥克兰召开的 APEC 第十一届部长级会议和第七次领导人非正式会议上通过的《APEC 关于加强竞争和管制改革的原则》,标志着 APEC 对于竞争议题的讨论进入了实质性合作的阶段。[3] 该原则的序言提出,各成员承认贸易自由化和竞争政策之间的密切关系,承诺引入和执行有效的和充分的竞争法及政策,改善亚太地区的竞争环境,这对于 APEC 经济的可持续发展具有重要的意义。为此,成员一致同意在竞争政策上适用"非歧视性、综合性、透明度及责任性"原则,并确认在竞争和管制原则的运用上情况相同的经济体之间的非歧视性要求。具体而言,该原则包括两部分的内容。

第一部分是 APEC 适用四个基本原则:非歧视性、综合性、透明度和责任性。非歧视性原则要求成员对区域内外企业在相同的情况下非歧视性地适用竞争法和管制制度;综合性原则要求成员将竞争法和管制性原则综合适用于货物、服务、私人和政府部门,要求成员维持一个综合性法律框架来维护市场的竞争自由和公正;透明度原则要求成员在竞争政策、规则和执行方面保持透明;责任性原则要求成员明确界定其竞争主管机构在执行竞争法方面的权限和责任,有效地促进竞争法的执行。

第二部分是竞争法执行方面的要求。为了有效践行上述原则,成员应努力做到以下十个方面:(1)确定和审查阻碍中小企业有效竞争的法规和措施;(2)保证为达到理想目标所采取的措施对竞争造成最小的影响;(3)执行竞争政策,禁止限制竞争行为,保护竞争过程;(4)根据不

---

① 《亚太经济合作组织经济领导人共同决心宣言》,http://edu. beelink. com. cn/20011015/210977. shtml,最后访问日期:2009 年 6 月 24 日。

② 《执行茂物宣言的大阪行动议程》,http://tradeinservices. mofcom. gov. cn/b/1995 – 11 – 19/52375. shtml,最后访问日期:2009 年 9 月 1 日。

③ 漆彤:《竞争政策区域合作机制探析——以 APEC、NAFTA 和 EU 为例》,《武大国际法评论》2007 年第 1 期,第 310 页。

同的经济情况，考虑制定引入和改革竞争法机制的时间表和具体步骤；（5）采取实际措施，促进竞争政策和规则适用的一致性，消除不必要的规则和程序，并提高政策目标和方式的透明度；（6）在适用竞争和管制政策时，培育市场信心并进行能力建设，特别是在促进竞争政策和体制改革以及竞争机构的能力建设方面；（7）提供经济和技术方面的合作，帮助发展中经济体利用 APEC 的知识和专家资源；（8）在现有努力的基础上，帮助成员确定市场体制改革的具体路径并保证这种路径符合竞争法的原则；（9）发展项目，包括能力建设和技术援助，支持成员进行市场体制改革；（10）发展有效的方法，促进 APEC 成员的竞争主管机构和体制改革机构之间的相互合作。

奥克兰会议后，APEC 各成员采取了一系列的单边行动计划（Individual Action Plan，IAP）和多边行动计划（Collective Action Plan，CAP），按照《APEC 关于加强竞争和管制改革的原则》推进"路线图"的工作。[①]在单边实施《APEC 关于加强竞争和管制改革的原则》方面，APEC 部分成员经济体采取了广泛的措施，例如澳大利亚的电信业改革、秘鲁的竞争政策改革、泰国的公司结构重组、印度尼西亚的司法体系改革以及韩国的社会保障制度改革，以加强市场竞争和放松管制。集体方面的工作则体现在 APEC 与 OECD 及 WTO 等多边组织之间的合作上。2022 年 1 月，由东盟发起、APEC 大部分经济体参与的 RCEP 正式生效并实施。虽然 RCEP 是独立的亚太区域自由贸易协定，但是，APEC 关于竞争文化培育的努力无疑对 RCEP 的达成作出了贡献。

2. APEC 竞争政策的实施情况

经济全球化突出了营造竞争环境的重要性。由于竞争政策和非管制化政策一直相互影响和作用，1995 年的《大阪行动议程》决定联合竞争政策和非管制化政策，并在联合的基础上，设立竞争政策和放松管制工作小

---

① 在 2005 年 APEC 领导人非正式会议上通过了"釜山路线图"，在实现"茂物目标"的最后期限越来越近的情况下，"釜山路线图"重申推进"茂物目标"的意志，对已取得的成果作出评价，指明剩余期限内各项政策的施行方向，并决定于 2007～2009 年讨论全体成员履行第二次单边行动计划的问题。参见宫占奎、钱波《APEC 贸易自由化与釜山路线图》，《国际贸易》2006 年第 4 期。

组（CPDG）。1999 年，APEC 批准了《APEC 关于加强竞争和管制改革的原则》，并赞同下一步开展加强区域内市场建设的后续工作。在 2001 年，成员国一致同意行动计划进一步扩展，其反映经济全球化带来的变化，包括加强区域市场机制建设的作用。竞争政策和非管制化政策的执行为区域经济一体化提供了一个基本框架，强化了市场纪律，消除了市场扭曲并促进了经济效率。因此，竞争政策和非管制化政策是行动计划扩展的主要因素之一。2008 年 8 月，APEC 将工作小组的名称改为竞争政策和法律小组（CPLG）。CPLG 在经济委员会的指导下，主要从事以下几方面工作：加强对区域竞争法和政策的理解，审查其对贸易和投资的影响，并确定成员经济技术合作的可行领域。在晚近召开的 CPLG 会议上，CPLG 将工作重心下移到 APEC 成员竞争法的执行情况和困难上，要求成员及时更新其竞争政策和法律的相关情况，包括介绍竞争法和政策的变化、执行竞争法的案例和执行竞争法面临的挑战。

由于 APEC 的成员资格具有开放性，APEC 在竞争政策的协调方面一直保持必要的柔性，不强调法律义务。APEC 竞争法机制虽然还未提出竞争实体法协调的具体要求，但在竞争文化的协调方面还是取得了不错的成绩。[①] 最新的成就包括以下几项。

第一，项目推动。AEPC 积极利用 APEC—OECD 综合的市场体制改革项目单。印度尼西亚组织了区域研讨会，探讨了使用 APEC—OECD 综合的市场体制改革项目单的方法，该项目单为一系列公共部门改革（包括竞争规则、竞争政策和市场开放改革）提供了指南。区域研讨会提出了一系列可行的建议，有利于 APEC 成员更好地利用项目单促进政策的落实。

第二，课程培训。APEC 关于竞争政策的培训课程从 2006 年开始至今，每年开展一次。其目的在于通过更好地利用 APEC 积累竞争知识和经验，提供能力建设特别是向发展中国家提供技术合作与协助。课程培训针对成员的竞争机构工作人员，提高其竞争机构的人员能力。第一次培训的

---

① 有关 APEC 的竞争法活动，参见 http://www.apec.org/apec/apec_ groups/economic_ committee/competition_ policy.html，最后访问日期：2009 年 9 月 1 日。

主题是"APEC 关于加强竞争和管制改革的原则"，第二次培训的主题是
"'商业兼并'和'竞争主导'"，第三次培训的主题是"'竞争政策与中
小企业'及'有效执行竞争政策和法律'"。除此之外，CPLG 还和其他关
联专题的委员会对不同领域的竞争法适用问题进行研究。如 CPLG 与服务
贸易工作小组于 2008 年 8 月 17 日举办学术研讨会，讨论成员方在服务贸
易领域的竞争法和竞争政策。

第三，数据库建设。APEC 在中国台北地区建立了区域竞争政策和
法律数据库，数据部包括 APEC 所有成员的竞争政策和法律①，该数据
库根据成员竞争政策和法律的变化情况及时更新。通过这个数据库，成员
可以在竞争政策方面进行经验共享，推动共同区域竞争文化的形成。

（四）APEC 竞争文化协调模式的评价

APEC 是在经济全球化的大背景下产生的一个新型区域经济一体化组
织。之所以这样说，是因为它创立了一种全新的区域经济合作模式，即
"开放的地区主义"合作模式。这种合作模式不同于传统的、封闭的合作
模式，它承认多样化，强调灵活性、渐进性和开放性，遵循相互尊重、平
等互利、协商一致、自主自愿的原则，在各种合作活动中采取单边行动和
集体行动相结合的机制。② APEC 作为一个开放性区域经济一体化组织，
其成员多，成员间经济发展水平差异很大。而成员多元化的区域状况导致
APEC 区域经济一体化程度不高，区域仍未实现贸易自由化。所以，
APEC 的首要任务还聚焦于促进贸易领域的自由化。因而，APEC 竞争法
机制的主要目的在于协调成员的竞争政策，加快区域内的贸易自由化
进程。

APEC 许多成员还处于市场经济体制改革过程中，未形成自由竞争文
化。因此，APEC 的竞争文化协调模式，具有两个功能：一是协助成员国
进行市场经济体制改革，推动行政"非管制化"，减少政府对市场自由的
不正当干预；二是通过学术研讨、竞争执法培训等项目培育区域内共同的
竞争文化，促进共同自由竞争理念的形成。这种模式符合 APEC 成员具有

---

① 数据库地址：http://www.apeccp.org.tw。
② Andrew Leigh, "Europe, East Asia and APEC: A Shared Global Agenda," *Australian Journal of International Affairs* 6(1999):77.

开放性、多样性的特点，也比较容易得到成员的认可。

但是，这种模式存在"理性人背叛"和"搭便车"的困境，造成了APEC发展动力的不足。为了进一步发展，APEC已经意识到完全开放性的不足，并开始逐步推进本身的制度化建设。例如，APEC的协调方式主要是所有的议程包括竞争议程均采取协商的方式，遵循协商一致的原则。[①] APEC的协商一致的原则一般被认定为其不具有约束力、具有灵活性的体现。为了防止久拖不决的现象出现，APEC的议事规则出现了硬性约束的趋势。在重要议程上，各成员参与与否的选择余地很小；在协商方面，APEC也越来越趋向强制性。[②] 随着APEC的进一步制度化建设和APEC竞争文化一定程度上的培育，APEC也开始竞争法机制的制度化建设。当然，基于APEC本身的特点，APEC竞争法机制不会具有很强的拘束力。

五 南北型区域经济一体化组织三种竞争法机制的比较

南北合作是国际经济发展的一个重要趋势。在此趋势下，南北型区域经济一体化作为南北合作的主要途径之一蓬勃发展。欧盟与美国作为国际社会两个竞争法执行经验最丰富的主体，积极参与国际竞争规则的构建，通过南北型区域经济一体化协议推动国际竞争议题发展，形成了实体法协调模式和软机制加双边合作模式的区域竞争法机制。这两种模式的典型就是欧盟与地中海国家区域经济一体化协议和《北美自由贸易协定》（升级为《美墨加协定》后，竞争法机制模式发生变化）。同时，基于开放性特征，APEC构建了竞争文化协调模式的区域竞争法机制。本节介绍了欧盟与地中海国家区域经济一体化协议、NAFTA（USMCA）和APEC的三种典型的竞争法机制。比较这三种典型的南北型区域经济一体化的竞争法机制，我们可以得出以下结论。

第一，南北型区域经济一体化组织构建竞争法区域合作机制是必然的发展趋势。虽然上文分析的三个区域经济一体化组织采取的区域竞争法机

---

① 宫占奎：《亚太经济发展报告：1998》，南开大学出版社，1998，第61页。
② 汤碧：《两种区域经济一体化发展趋势比较研究》，中国财政经济出版社，2004，第126页。

制模式各不相同，但相同的是，它们都将竞争议题作为新经济议题纳入区域经济一体化协议中。事实上，晚近南北型区域经济一体化协议几乎都涉及竞争议题。以 APEC 为例，其作为开放性区域经济合作组织，成员多，成员的经济发展水平和竞争文化差异大，因此，APEC 一体化程度较低。即使如此，APEC 也认识到在经济全球化背景下，随着区域经济一体化合作程度加深，有必要进行竞争议题的研究和讨论，适时构建竞争法区域合作机制。但是，由于竞争执法经验和能力的巨大差异，南北型区域经济一体化中的竞争合作模式，主要由发达国家提出和推动。因而，发展中国家有必要保持清醒的头脑，对国际竞争议题进行深入研究，根据本国的具体国情和区域融合程度，选择接受合适的竞争法区域合作机制。

第二，南北型区域经济一体化组织中的竞争法合作机制总体还处于起步阶段。南北型区域经济一体化组织中的竞争合作紧密程度远远不如作为北北型区域经济一体化协议的《欧洲经济区协定》的竞争法合作机制，更毋庸论欧盟的经济宪政模式的竞争法机制。以合作程度较高的欧盟与地中海国家的统一实体法模式为例，虽然相关协定规定了成员国统一实体法，但是，其并未像《欧洲经济区协定》一样，规定严格的竞争法合作执行机制。同时，这种实体法协调模式的实际要求高于地中海国家的国内竞争执法能力，因此，竞争法机制更多发挥立法指导的作用，实践操作中的效果并不理想。客观分析，南北型区域经济一体化组织构建合作强度大的竞争法机制还存在较大的困难。发达国家和发展中国家由于历史传统、经济发展阶段不同等，在竞争议题方面仍存在制度、文化和能力等差异。因此，南北型区域经济一体化组织构建的竞争法机制应建立在政府合作或竞争文化协调的基础上。

第三，不同的南北型区域经济一体化组织，根据合作程度、开放性程度不同，构建的区域竞争法机制也不同。欧盟与地中海国家的一系列双边协定的竞争法机制规定了统一的竞争实体法，北美自由贸易区只有简单的合作框架，而亚太经合组织则只规定竞争文化协调的目标。虽然南北型区域经济一体化组织中的竞争法机制的合作程度不高，但是，其在协调各成员竞争法的冲突、培育区域内统一的竞争文化方面发挥了重要的作用。《北美自由贸易协定》发展到《美墨加协定》后，竞争法合作机制从软机制转向实体法协调模式就是典型的例子。

第四，南北型区域经济一体化组织的竞争法机制都突出了能力建设的重要性。发展中国家的竞争执法能力和经验与发达国家存在较大差异，这种差异构成了针对区域竞争法机制进一步合作的障碍。因此，南北型区域竞争法机制的一项非常重要的内容是协助发展中国家提高本国的竞争执法能力，能力建设的方式包括协助发展中国家完善竞争立法、进行竞争机构人员的交流培训和开展学术研究研讨等。通过能力建设，发展中国家的竞争执法能力可以得到提升，区域竞争法机制的合作程度可能加深。

第三节　南南型区域经济一体化的竞争法机制

一　概述

（一）南南型区域经济一体化的情况

二战后，众多发展中国家强烈要求彻底改变数百年殖民统治所造成的本民族的积贫积弱，要求彻底改变世界财富国际分配的严重不公，要求更新国际经济立法，建立起公平合理的国际经济新秩序。[①] 但是，这些正当诉求，却不断地遭到为数不多的发达强国即原先的殖民主义强国的阻挠和破坏。它们凭借其长期殖民统治和殖民掠夺积累起来的强大经济实力，千方百计地维持和扩大既得利益，维护既定的国际经济立法和国际经济旧秩序。由于南北实力对比悬殊，发展中国家实现上述正当诉求的进程，可谓步履维艰、进展缓慢。在艰难创建国际经济新秩序的道路上，发展中国家认识到了没有实力，就没有谈判的基础。现在的国际社会现实是，发展中国家与发达国家之间的差异巨大，发展中国家只能南南合作以自强，才有改变现有不公平经济秩序的可能性。因此，发展中国家开展南南合作，以

---

① 联合国《2005 年世界社会状况报告：不平等的困境》揭示，"最近 20 年至 25 年，各种不平等现象不断增长"，"世界国民生产总值的 80% 属于居住在发达国家中的 10 亿人口；发展中国家中 50 亿人口仅拥有余下的 20%"。See Report on the World Social Situation 2005: The Inequality Predicament, http://www.un.org/esa/socdev/rwss/media% 2005/cd - docs/media.htm，最后访问日期：2008 年 2 月 13 日。

期必要时"采取集体行动","采取一致的态度",或"制订共同的政策",或"在国际会谈中事先进行磋商,以便尽可能形成它们共同的经济利益"①。

国际层面的南南合作虽然取得了一定的效果,但是合作范围过于广泛,合作程度不深。南南合作从 20 世纪 80 年代开始,一直处于低潮。在这种背景下,发展中国家有必要在南南合作的大前提下,加强小范围内的南南合作。南南型区域经济一体化则是小范围南南合作的主要方式,成为发展中国家经济整合的一种法律手段。发展中国家的区域经济一体化最早可以追溯到 1949 年建立的南非与南罗得西亚关税同盟以及 1951 年建立的萨尔瓦多和尼加拉瓜自由贸易区,虽然其在国际上的实际影响远不及欧盟,但它们却是现代意义上最早一批的区域经济一体化组织,也是发展中国家根据 GATT 第 24 条正式登记的第一个和第二个区域经济一体化组织。②

20 世纪 50 年代,一批二战以后摆脱殖民或半殖民化而赢得国家独立的发展中国家,开始以发展民族工业、振兴本国经济为目的,蓬勃开展国家间区域经济合作,走集体自力更生的发展道路,这阶段属于南南型区域经济一体化的初始阶段。到 70 年代时,由于发展中国家普遍经济繁荣、经济持续较快增长,发展中国家之间相互的贸易往来也大幅增多,南南模式的区域经济一体化进入发展的高峰阶段。这段时间涌现出许多南南型区域贸易安排,地域上主要集中在拉丁美洲和非洲,著名的

---

① 南南合作始于 1955 年"万隆会议",而 1967 年成立的联合国贸易和发展会议成为南南合作争取国际经济新秩序的主要场地。在联合国贸易和发展会议上,发展中国家成立了七十七国集团,它成为南南合作的主要国际组织。南南合作的主题提出后,对于提高发展中国家在国际社会中的地位,改变国际经济旧秩序发挥了重要的作用。2000 年南方首脑会议在古巴首都哈瓦那举行,这是七十七国集团成立 36 年以来第一次召开的层次最高、规模最大的会议。会议结束时,发表了《南方首脑会议宣言》以及为实现此项宣言而制定的《哈瓦那行动纲领》。南南合作的具体进程,详见 *Thirty Years of the Group of 77* (1964 – 1994), *United for a Global Partnership for Development and Peace* (South Centre Publications, 1994), pp. 13 – 16; *The Future of the Group of 77* (South Centre Publications), 1996, pp. 5 – 11; 陈安《南南联合自强五十年的国际经济立法反思:从万隆、多哈、坎昆到香港》,《中国法学》2006 年第 2 期。

② Reynolds S. E. "Customs Union Among Developing Countries," *Malayan Economic Review* 14 (1969): 15 – 28.

有西非国家经济共同体（1974）、拉丁美洲经济体系（1975）等。然而，这一蓬勃的发展势头在进入20世纪80年代以后被随之而来的发展中国家全面经济危机所遏止。[①]直到90年代，发展中国家之间的区域经济一体化才恢复生机，并掀起新的高潮。除了旧有的南南型区域经济一体化组织得到新的发展壮大，一些新的合作组织如拉丁美洲的南方共同市场（1991）、非洲的东部和南部非洲共同市场（1994）不断涌现。根据WTO的统计，截至2009年1月底，全世界已有南南型区域贸易安排达109项，甚至占全世界所有贸易安排总数的50%以上。[②]目前世界上主要的南南型区域经济一体化组织主要包括拉丁美洲和加勒比地区的中美洲共同市场、加勒比共同体、南方共同市场、安第斯共同体，非洲的西非国家经济共同体、南部非洲发展共同体、南部非洲关税同盟，以及亚洲的东盟等。

（二）南南型经济一体化组织中的竞争法机制

由于新自由主义的勃兴，发展中国家纷纷进行市场经济体制改革。在市场经济自由化改革过程中，发展中国家也学习西方国家制定竞争法来保护市场竞争。在南南型区域经济一体化方面，从一体化的内容上看，南南型区域经济一体化组织的一体化水平较低，通常相互之间并不严格按照WTO的规定普遍降低成员国之间的关税水平，而是在部分产品或领域相互给予优惠措施；从一体化的形式上看，主要是建立关税同盟、自由贸易区或签订互补性协议。[③]在区域竞争机制方面，南南型区域经济一体化组织借鉴欧盟、北美自由贸易区的经验，尝试构建区域一体化的竞争法机制。

乌拉圭回合谈判后，非洲、拉丁美洲、亚洲签订的主要区域经济一体化协议都纳入了竞争议题。例如，非洲的许多次区域性协议，如《中部

---

① 奥古斯托·德拉·托利、玛格丽特·R.凯利：《区域性贸易协定》，宋建奇等译，中国金融出版社，1993；世界银行《1999年世界发展指标》，中国财政经济出版社，1999，第353页。

② http://rtais.wto.org/UI/PublicMaintainRTAHome.aspx，最后访问日期：2009年1月20日。

③ 奥古斯托·德拉·托利、玛格丽特·R.凯利：《区域性贸易协定》，宋建奇等译，中国金融出版社，1993，第36～37页。

非洲经济和货币共同体条约》①、《西非经济货币联盟条约》②、《南部非洲发展共同体》③ 中都有关于竞争法机制的规定。拉丁美洲的两个重要区域经济一体化组织加勒比共同体和南方共同市场，还构建了严格的区域竞争法机制。虽然东盟的相关协议中没有明确的竞争法机制的规定，但是东盟也在主要行动议程中突出了构建区域竞争法机制的重要性，并进行成员间竞争文化的协调工作。这一工作也有助于推动 RCEP 竞争法机制的成形。

总体而言，南南型区域经济一体化协议涵盖竞争议题的比例相对仍较小。主要原因有二。其一，发展中国家在竞争法实施方面还缺乏经验，一些发展中国家还未完成市场经济体制改革，自由市场经济体系还未建立。大多数发展中国家还未制定国内竞争法或刚刚出台竞争法，竞争执法经验和能力相对欠缺。在这种情况下，缺乏构建区域竞争法机制的动力。其二，发展中国家竞争执法能力不足，竞争执法机构难以获得相关的执法信息。南北型区域经济一体化的竞争合作过程中，发展中国家可以通过区域合作向发达国家学习，获得相关的执法信息④，但发展中国家相互之间执法信息供给能力不足，这也导致了南南型区域竞争法机制的实施效果并不明显。

从签订协议的成员的地域范围分析，美洲与欧洲、地中海沿岸的国家

---

① 中部非洲经济和货币共同体于 1999 年 6 月 25 日正式启动，取代中部非洲关税和经济联盟。其宗旨是：建立日益紧密的联盟，加强成员国在资源和人才方面的交流和往来；消除贸易壁垒，促进共同发展。成员国有 6 个：赤道几内亚、刚果（布）、加蓬、喀麦隆、乍得、中非共和国。

② 西非经济货币联盟于 1994 年 1 月 10 日成立，其前身是西非货币联盟。《西非经济货币联盟条约》于同年 8 月 1 日起正式生效。其宗旨是促进成员国间人员、物资和资金流动，最终建立西非共同体。成员国有 8 个：贝宁、布基纳法索、科特迪瓦、马里、尼日尔、塞内加尔、多哥和几内亚比绍。

③ 南部非洲发展共同体。该组织的前身是成立于 1980 年 4 月的南部非洲发展协调会议，在 1992 年 8 月，正式转变为共同体。目前有成员 16 个，它们是：安哥拉、博茨瓦纳、刚果（金）、莱索托、马拉维、毛里求斯、莫桑比克、纳米比亚、塞舌尔、南非、斯威士兰、坦桑尼亚、赞比亚和津巴布韦、马达加斯加、科摩罗。

④ Barbaba Rosenberg, "Competition Law and Policy Provisions in International Agreements: Assessing the Low Level of International Implementation," in *Implementing Competition - related Provisions in Regional Trade Agreements: Is It Possible to Obtain Development Gains?* (United Nations, 2007).

更愿意在区域经济一体化层面构建区域竞争法机制。从数据上分析涵盖区域竞争法机制的南南型区域经济一体化组织，美洲国家参与的有 8 个，占据大部分，而 2 个已经建立了完善竞争法机制的南南型区域经济一体化组织——加勒比共同体和南方共同市场，都在美洲，而欧洲国家土耳其与地中海沿岸国家也有 5 个。出现这种现象的原因是美国与欧盟对这些国家的竞争观念有影响。在美国和 NAFTA 的影响下，美洲发展中国家比较愿意接受区域竞争法机制。欧盟东扩及欧盟—地中海一体化进程，则是地中海沿岸国家更倾向于关注区域竞争议题的原因。亚洲国家在构建区域竞争法机制方面就显得比较消极，除了东盟、韩国与智利自由贸易区外，其他的区域经济一体化组织还未纳入竞争议题。

从南南型区域经济一体化协议中已构建的区域竞争法机制进行分析，南南型区域竞争法机制的模仿性很强，缺乏制度原创性。欧洲、地中海地区和非洲发展中国家之间的区域竞争法机制就有很明显的欧盟模式印记；而美洲国家之间的区域竞争法机制更多带有 NAFTA 模式的影子。这一现象体现了发展中国家对于竞争议题缺乏经验和能力，研究水平不高，难以在制度建设方面提出符合自身需求的模式。在缺乏知识创造能力的情况下，南南型区域经济一体化协议的竞争法机制只能被动接受发达国家（国家集团）特别是美国与欧盟提出的合作模式。

实践中，由于区域经济一体化的进程及目标不同，南南型区域经济一体化组织的竞争法机制模式也不同。其中，作为亚洲的区域经济一体化组织的东盟及作为美洲小国的区域经济一体化组织的加勒比共同体构建的区域竞争法机制具有一定的代表性。本章就以东盟的区域竞争法机制及加勒比共同体的区域竞争法机制为研究对象，对南南型区域竞争法机制的现状进行实证研究。

二 东盟的区域竞争法机制

（一）东盟区域经济一体化的演进

东盟形成一体化的思想起源于 1971 年的《和平、自由和中立区宣言》（Zone of Peace，Freedom and Neutrality Declaration）。① 东盟的区域经济一体化启动要晚于东盟组织的创建。东盟经济一体化的法律框架起源于1975 年的《东盟协调一致宣言》（Declaration of ASEAN Concord）。而东盟真正大规模一体化的动议起自 1987 年《马尼拉宣言》（Manila Declaraion）中的"经济合作"部分。② 自 1987 年开始，东盟通过了一系列宣言、协定来促进区域的经济一体化，如 1992 年通过了《新加坡宣言》《东盟经济合作框架协定》《东盟自由贸易区共同有效普惠关税协定》。在 1995 年又通过了一系列文件：《加强东盟经济合作框架协定修改议定书》《东盟自由贸易区有效普惠关税进程协定修改议案》《东盟自由贸易区共同有效普惠关税协定修改议定书》《东盟普惠贸易安排协定修改议案》等。因此，东盟一体化起源于对政治安全、合作的考量，并从政治合作逐渐走向经济合作。根据国际关系现实主义理论，利益是国家政治合作的基础。东盟进行经济一体化是东盟国家在经济全球化的背景下提出的维护东盟区域利益的手段之一。而东盟的经济合作进程是逐步推进，从简单的产业合作到全面的经济一体化的动态过程。③

---

① 这个宣言的发布正值中美苏等大国不同程度地卷入东南亚地区事务中，在东盟区域内吸引诸国关注经济、社会和文化领域的共同合作的重要价值。为了维护东盟国家的独立和自主性，保持东盟在亚洲地区的和平和自主，东盟国家在 1971 年发布了《和平、自由和中立区宣言》，通过这个宣言主张东盟各国支持联合国尊重各国领土完整和主权、放弃武力和武力威胁、和平解决国际争端、平等和自决以及不干涉内政等原则。在此宣言的指导下，东盟形成了一体化的基本原则，为开始一体化进程奠定了基础。1976 年的《曼谷宣言》首次提出建立东盟组织。《曼谷宣言》同时以三个条款分别陈述了东盟的建立、目的和宗旨以及实现这些目的和宗旨而建立的相应机构。

② 《马尼拉宣言》第 7 条、第 8 条、第 9 条和第 11 条认为，应赞同经济全球自由化，并通过降低关税、消除非关税壁垒等手段推进区域内的普惠贸易安排落实，实现经济方面的合作。

③ 东盟经济一体化进程分为几个阶段。第一阶段是产业合作。这主要发生在 20 世纪 70 年代，集中于一般服务产业。70 年代中期，产业合作进入了工业生产领域。至 80 年代，其被贸易合作取代。第二阶段是贸易合作。贸易合作主要通过推进贸易自由化的方式实现。这方面以降低关税为主，取消非关税壁垒。根据 90 年代提出的《东盟自由贸易区共同有效普惠关税协定》，东盟要用 15 年的时间逐步将东盟建成为内贸平均关税率在 0~5% 的自由贸易区。第三阶段是投资与金融合作。这是在 1997 年亚洲金融危机后东盟采取的新合作举措。关于这方面的合作，东盟将签署东盟金融合作的部长谅解备忘录作为合作的基本法律框架，1998 年重申建立东盟投资区以促进地区资本流动，并设置了具体的目标：在 2010 年在所有的制造业（例外和敏感的产品部门除外）的直接投资中实现国民待遇，2020 年给予外国直接投资者上述待遇。第四个阶段是全面的经济一体化，并通过小区域合作将经济自由化逐步扩展到大区域合作。小区域合作（转下页注）

（二） 东盟自由贸易区竞争法机制构想的提出

东盟的区域经济自由化程度和一体化合作程度不断提高，经济樊篱逐步拆除，私营企业的反不正当竞争行为对区域经济竞争秩序的破坏作用也越来越引起东盟官方的注意。虽然东盟自由贸易区计划的主要目标是寻求关税削减方面的合作，但也不排除其他领域的合作，其中就包括公平竞争规则。东盟提出竞争规则是最近几年的事情，而且目前东盟并不像欧盟、北美自由贸易区这些区域性组织那样热切关注竞争政策的谈判，在其自由贸易协定中也没有具体竞争政策的条款。实际上，迄今为止，东盟自身还没有制定统一的竞争法或竞争政策。这一方面表明了东盟成员国国内竞争立法的滞后以及竞争法实施经验的不足，另一方面也验证了东盟一体化发展中的区域现状。东盟竞争法机制同样采取东盟方式，即强调平等协商和不干涉内政的原则，逐步推进。值得注意的是，东盟成员国已经分别加入了 RCEP 和 CPTPP 两个大型区域贸易协定，而这两个区域贸易协定都设置了区域竞争规则，特别是脱胎于 TPP （《跨太平洋伙伴关系协定》）的 CPTPP，其竞争规则包括实体法、程序法和区域合作等内容。加入这两个区域贸易协定，意味着东盟应该受到协定竞争规则的约束。因此，这两个协定的竞争规则可以视为东盟竞争规则的最新发展。

东盟于 1998 年签订的《河内行动计划》（Hanoi Plan of Action） 是东盟本身在竞争政策上一次比较大的行动，该计划提到了"探究共同竞争政策的价值，以便为将来更好的一体化进程奠定基础"[①]。迄今为止，《河内行动计划》没有任何实质进展。不过，可喜的是，2003 年 3 月 5 ~ 7 日，在印度尼西亚竞争主管机关商业竞争监督委员会的倡导下，东盟在巴厘岛举行了东盟自由贸易区公平竞争法和竞争政策会议，这是东盟关于竞争法和竞争政策的第一次官方组织会议。在这次会议上，东盟大多数成员国在竞争政策和竞争法方面都抱着寻求经验交流的积极态度，并达成了一

（接上页注③）主要是"南东盟三角""北东盟增长三角""东东盟三角区""黄金四角"等，而大区域合作则主要指的是东盟与中日韩（"10 + 3"）的自由贸易区合作。参见廖少廉、陈雯、赵洪《东盟区域经济合作研究》，中国对外经济贸易出版社，2003；杨丽艳《东盟的法律和政策与现代国际法》，广西师范大学出版社，2000。

① Tran Van Hoa, *Competition Policy and Global Competitiveness in Major Asian Economies* （Edward Elgar Publishing Limited, 2003）, p. 27.

定的共识。随着各国经济的日益开放，一些跨国反竞争行为也会发生在东盟区域内，如果没有一个统一的竞争政策对东盟自由贸易区跨国反竞争行为加以规制，会使这些跨国公司、跨国卡特尔横行，东盟一体化计划所寻求的贸易自由化、共同市场的目标也将落空。但是，东盟区域内缺乏竞争执法经验和文化，因此，在竞争政策的协调上，东盟的首要目标不是实体法的协调，而是竞争文化的协调以及执法能力建设。[①]

（三）东盟现有的区域竞争法机制的规定

东盟自身的协议并没有直接关于区域竞争法机制的规定，这类规定分散在各类协定的相关条款中。同时，相较于欧盟与北美自由贸易区的竞争条款，这类条款显得更具原则性、笼统性，缺乏直接规定。具体分析，东盟关于竞争法机制的规定体现在其促进货物、服务和知识产权贸易自由化方面的原则性规定中。在货物自由化方面，是1992年签订的《东盟自由贸易区共同有效普惠关税协定》，该协定第2条第7款规定了成员国降低关税的要求、贸易自由化和公平竞争的原则。这一规定可看作东盟自由贸易区在货物贸易方面关于自由竞争的基本要求。1995年签订的《东盟服务贸易框架协定》，要求成员国在合理的时间内实现服务贸易自由化。[②]另外，该协定将WTO《服务贸易总协定》第8条纳入其范畴，要求对垄断和专营服务提供者进行规制。[③] 同年签订的《东盟知识产权合作框架协定》，明确指出知识产权持有人不得滥用知识产权以限制竞争。[④] 而

[①] Tran Duc Minh, *Closing Remark of ASEAN Conference on Fair Competition Law and Policy in the ASEAN Free Trade Area* (AFTA, 2006).

[②] 《东盟服务贸易框架协定》第3条规定："成员国应在合理的时间范围内通过下列措施在大多数的服务部门推进贸易自由化：（1）在成员国之间真正消除所有现存的歧视性措施和市场准入限制；（2）禁止新的和更多的歧视性措施和市场准入限制。"

[③] 《东盟服务贸易框架协定》第14条第1款规定："《服务贸易总协定》的术语和定义及其他条款应被参考和应用到本框架协定中出现的义务，而不能以本框架协定为依据出现任何与《服务贸易总协定》内容不相符的特别条款。"因此，《服务贸易总协定》第8条对垄断和专营服务提供者的专门规定，也应被东盟考虑在内，即"每一成员国应保证在其领土内的任何垄断服务提供者在有关市场提供垄断服务时，不以与其最惠国待遇和具体承诺下的义务不一致的方式行事"。

[④] 《东盟知识产权合作框架协定》第2条第5款规定："成员国应该意识到和明白，对每一成员国来说，必须采取适当的措施以防止知识产权持有人滥用知识产权或采取进行不正当的限制贸易或严重影响国际技术转让的做法。"

1998 年签订的《河内行动计划》第一次明确提出竞争政策的协调。《河内行动计划》"2.5 强化工业合作"部分用简单的一句话规定"探究共同竞争政策的价值"。除此之外，该计划还规定了促进货物贸易自由化、服务贸易自由化、金融服务自由化以及支持逐渐消除限制投资的措施。

从上述各协定的相关条款中可以看出，在 20 世纪 90 年代初期，东盟就已经在其基础性法律文件中提到公平竞争规则，这说明东盟各国对竞争规则的重视。但这一阶段，东盟竞争法机制的构建还处于初级阶段，具体表现就是东盟没有像欧盟和北美自由贸易区那样在自由贸易协定中设专章规定竞争规则，东盟的竞争法机制还主要是依附于贸易自由化和投资自由化的。"贸易与投资自由化是要消除在成员之间的市场进入障碍，最终还是为了使各成员的企业在国际市场上有一个自由公平的竞争环境。"① 但是，区域经济一体化下分散的竞争政策也不利于东盟地区经济一体化的进程，因此，在区域层次上构建竞争法机制成为东盟思考的方向。

（四）东盟竞争法机制的发展趋势

1997 年亚洲金融危机一方面反映了东盟经济与世界经济的相互依赖，另一方面也反映了全球法律及经济环境的转变对东盟国家的影响。与此相对应，东盟成员国一方面加快其开放步伐，另一方面也推进内部区域经济一体化的进程。随着自由市场的理念成为东盟的共同目标及追求，东盟贸易、投资法制的自由化，凸显在区域内有效保护自由竞争的重要性。这种重要性体现在两个方面：第一，防止区域内限制竞争行为对区域自由竞争的损害；第二，监督跨国企业在区域内的反竞争经济行为。科拉·瓦伦丁教授认为："如果政府的限制被共谋、企业集中等反竞争行为所代替的话，那么取消政府关税等限制经济自由行为是无意义的。"② 在东盟区域经济一体化过程中，竞争法或竞争政策的协调是一个

---

① 杨丽艳：《东盟的法律和政策与现代国际法》，广西师范大学出版社，2000，第 41、144~145 页。
② Korah Valentine, *An Introduction Guide to EC Competition Law and Practice*, 6th Edition（Hart Publishing, 1997）, p. 1.

必然的过程。2020 年，东盟成员国加入了 RCEP 和 CPTPP，这两个协定都对区域竞争法机制进行专章规定。它们的竞争法机制会促进东盟区域竞争法机制的构建。

但是，在东盟区域层面，区域竞争法机制的构建最终还是取决于东盟政治、经济一体化的进程。由于东盟一体化的程度远远低于欧盟，因此东盟竞争法机制的作用主要在于补充贸易自由化、投资自由化的地位。这意味着东盟竞争法发挥着以下几种功能：第一，鼓励贸易与投资的自由化；第二，监督企业的垄断行为；第三，评估跨国企业对东盟经济的影响。

1. 东盟竞争法机制的目的：促进东盟贸易、投资自由化和积极一体化

东盟对竞争法的制度需求在于保证区域的贸易自由化和投资自由化。对于贸易自由化，竞争法和竞争政策具有以下几个作用。第一，东盟的目的在于促进区域内的经济一体化和自由化，这种一体化和自由化需要竞争制度提供保障。[①] 在东盟区域一体化的进程中，利用竞争制度保障区域一体化的方向至关重要。第二，东盟区域的自由市场经济需要竞争法对垄断行为进行规制，保证区域市场体系的分配效率。第三，除了上述经济目的之外，东盟竞争法还存在维护消费者权益、保护中小企业的市场准入的社会目的。

贸易自由化和投资自由化是东盟的两大基本目标，东盟的竞争政策服务于这两大目标。在贸易自由化的目标上，竞争政策与贸易政策之间的互补关系已经显而易见。[②] 在投资自由化的目标上，东盟成员国大都未实现投资自由化。东盟成员国的投资保护表现在以下三个方面：首先，对外资准入的条件进行限制；其次，对外资准入进行事先审查；最后，设定外资投资股权的上限。在东盟成员国中，除了新加坡外，其他成员国都限制

---

① 程恩富：《新制度经济学》，经济日报出版社，2004，第 25 页。

② 竞争政策与贸易政策都是基本的经济政策，并且在主要方面都体现为相应的经济法律制度。在现代社会，竞争政策与贸易政策在追求的目标和面临的现实条件方面具有一致性，在功能上具有相互促进和补充的关系，但是两者在作用的领域、价值观念和取向以及具体处理和作用的方式等方面存在内在的差异性和潜在的冲突。参见王先林《试论竞争政策与贸易政策的关系》，《河北法学》2006 年第 1 期。

外资投资不得超过49%。东盟成员国对外资进行限制主要是担心外资控制本国的市场，有损本国的经济主权。但这种限制造成了两方面不利影响：一方面，在国内一些产业如电信、邮电产业中，国有企业占据了本国的绝对市场，扭曲价格、侵害消费者利益；另一方面，本国相关产业无效率。根据东盟的自由化和开放性政策，东盟在2010年对东盟成员国开放投资市场，2020年对所有的国家开放投资市场。投资市场开放后，东盟国家担心外资对本国市场竞争进行控制和破坏，因而需要用竞争法取代投资法对破坏竞争秩序的垄断行为进行规制。构建东盟的区域竞争法机制有利于维护东盟的竞争秩序，提高投资自由化程度，促进东盟的经济一体化进程。

2. 东盟竞争法机制的可能发展模式

在全球化的时代，不仅私营企业之间存在激烈的竞争，而且政府为了促进外贸、吸引外资也可能展开体制竞争。东盟成员国在投资领域大都采取大量的产业政策来保护和发展本国产业。也就是说，大多数东盟成员国的政府政策对市场竞争的影响还比较大，市场机制在东盟区域内仍不完善。因此，对于东盟来说，区域竞争法除了应规制私人限制竞争行为，还应规制成员国政府恶性体制竞争导致的市场失灵现象。对于东盟而言，发展一个欧盟模式的强硬的竞争法机制是理论上最佳的选项。这种模式不仅能促进东盟内部的自由竞争，而且能防止东盟政府的恶性体制竞争。但是，考虑到东盟成员国经济发展水平及竞争文化现状，这种最佳的模式并不是现实可行的模式。"任何关于综合性贸易自由化、体制改革和竞争政策问题的解决方案都应保证充分的灵活性，考虑到成员国不同的情况。"[①] 在这种情况下，东盟竞争法机制可以采取分步走的方式。第一步采取分散规定模式，在贸易自由化和投资自由化协定中分散规定关于公平竞争的条款，并通过这些分散规定培育自由竞争的氛围。第二步通过制定统一标准竞争法的模式为成员国提供范本，协调成员国的竞争法，为下一步构建区域内统一的竞争法机制打下基础。在 RCEP 和 CPTPP 竞争法机制的带动

---

① Lawan Thanadsiliapakul, "The Harmonisation of ASEAN Competition Laws and Policy from an Economic Integration Perspective," http://www.thailawforum.com/articles/theharmonisation.html, 最后访问日期：2009年4月14日。

下，上述两步短期内可以快速实现。第三步在东盟区域内构建具有部分超国家性质的东盟区域竞争法机制。何时能够实现这一步则取决于东盟的一体化融合进程。

3. 东盟区域竞争法的主要内容

随着东盟投资自由化的推进，东盟可能受到下列限制竞争行为的损害：第一，水平限制或国际卡特尔，跨国公司通过共谋、产量限制或固定价格侵害东盟成员国的利益；第二，垂直及分销协议限制，例如捆绑销售、限制分销地域和价格；第三，滥用知识产权以限制竞争，例如通过专利转让协议中的不竞争条款、回授条款等限制技术进步，通过"不抗争条款"排除被授权人的正当权益等；第四，滥用市场地位，例如跨国公司通过其独占地位掠夺性定价进而损害市场秩序；第五，兼并收购政策的冲突；第六，公共企业通过特权限制竞争。

东盟越来越意识到，东盟需要区域竞争法以保障东盟自由化的进程。① 东盟需要制定合适的区域竞争规则来消除上述限制竞争行为给东盟自由化带来的障碍。但是，由于东盟大多数成员国还未有体系化的竞争法（泰国和印度尼西亚除外），东盟制定区域竞争法之前有必要规范东盟成员国竞争法的实体性规则标准。结合东盟已经参加的 RCEP 和 CPTPP 中的竞争专章的规定，东盟可以要求成员国竞争法实体性规则至少包括以下部分：第一，限制共谋行为；第二，防止滥用垄断地位；第三，兼并控制审查；第四，防止公共企业或国有企业限制竞争行为。

4. 东盟竞争执法合作的程序性规定

除了提出竞争法实体性规则标准以促进东盟成员国竞争实体法的协调与统一之外，东盟也应该制定竞争执法合作的程序性规定，应包括通知义务、信息交换、积极礼让、消极礼让、执行合作和冲突的解决方案。通过实体法的协调和程序性规定的合作，东盟可以建立一个符合东盟实际的竞争法区域合作机制。待相关条件进一步成熟后，东盟再构思部分超国家的区域竞争法机制的构建。

---

① UNCTAD, World Investment Report, 1997; Transnational Corporations, *Market Structure and Competition Policy* (United Nations Publication, 1997) , p. 12.

（五）结论

东盟作为一个全部由发展中国家组成的亚洲区域经济一体化组织，其建立的原因在于全球化背景下成员国面对经济自由化的挑战。东盟运行后，努力促进区域内的贸易和投资自由化，取得了明显的静态经济效应：区域内成员国之间的贸易量增加，贸易结构优化，东盟在国际经济中的地位和权重提升。[①] 但是，由于东盟成员国现实中的经济发展程度和民族文化悬殊，经济鸿沟较深，相互之间利益难以短时间内进行协调，主观上区域内没有构建统一的区域文化的传统，成员国政府缺乏政治意愿和"共同体精神"，合作意识不强。虽然东盟早在 1967 年建立，但是，在相当长的时间内，各成员国的领导人局限于本国利益，一直将加强同区域外发达国家或国家集团（特别是美日欧）的合作置于更优先的位置。这种灵活的安排虽然适应了东盟组织的特点，却造成了东盟一体化速度缓慢。从一体化程度判断，东盟一体化仍停留在消极一体化阶段，而未进入积极一体化阶段。

与此相应，在东盟区域竞争法机制的构建方面，东盟自身的协议没有专门的竞争规则。东盟的竞争规则散落于一系列关于货物、服务、知识产权的行动宣言、框架协定之中。进入 21 世纪，东盟加快了其一体化的进程，以期在 2020 年实现区域经济的投资自由化，并实现全面的经济一体化。因此，由于东盟从消极一体化转向积极一体化，东盟意识到了创设竞争法机制的必要性，也提出了创设竞争法机制的构想。但是，囿于东盟经济一体化的进程缓慢、共同体精神缺乏，东盟现阶段的竞争法机制还只停留在培育成员国的竞争文化阶段。虽然东盟成员国加入 RCEP 和 CPTPP 客观成就了一些条件，加快了区域竞争法机制的构建速度，但是，东盟竞争法机制构建之路仍然漫长。

三　加勒比共同体的区域竞争法机制

（一）加勒比共同体竞争法机制的历史沿革

加勒比地区，是包括加勒比海所有岛屿在内的 32 个国家和地区组成

---

① G. Sivalingam, "Competition Policy and Law in ASEAN," *The Singapore Economic Review* 2 (2006): 123.

的一个地理区域。[①] 加勒比地区的经济一体化进程开始于二战之后。受到英国经济理论的影响，加勒比地区的经济学家提出通过工业化实现经济发展的经济哲学。[②] 经济哲学奠定了加勒比地区的区域经济一体化的理论基础。因此，加勒比地区在 1968 年签订了《加勒比自由贸易协议》（CARIT-FA）。1973 年 7 月，加勒比自由贸易区升级为加勒比共同体（CARICOM）。CARICOM 实施对外统一关税，建立加勒比区域性执行机构，其宗旨是发展工农业生产，加强贸易方面的区域合作，加速区域一体化进程，协调成员的对外政策，并在职能协作领域内，鼓励不同行业展开合作。[③] 加勒比共同体的建立标志着加勒比地区的区域一体化程度已经从简单的经贸合作迈向经济与政治的区域融合。

　　加勒比地区的一体化推进既是全球经济一体化趋势裹挟的结果，又受世界银行等国际组织外部力量推动。[④] 在经济全球化浪潮中，加勒比地区受到外国公司的冲击越来越大，跨国公司的国际垄断行为深刻地影响加勒比地区的经济发展。面对全球化的冲击，加勒比地区除了加快经济一体化

---

① 加勒比地区由群岛组成，实际领土十分狭小，所有国家和地区的陆地面积加起来不过约 63.5 万平方公里。其中，大约 75.5% 分别属于圭亚那（33%）、苏里南（25%）和古巴（17.5%），其余 29 个国家和地区仅占剩下的 24.5% 的陆地。加勒比地区的人口数量也很少，总计约有 3500 万人，古巴、多米尼加、海地和波多黎各分别占全区总人口的 31%、23%、19% 和 10%，其他国家和地区仅占总人口的 17%，约 600 万人。加勒比地区的国家和地区在面积、人口规模以及人均收入水平上存在巨大差异。例如，古巴的人口是安圭拉的 1000 倍，圭亚那的陆地面积则是阿鲁巴的 2300 多倍，而蒙特塞拉特的人均收入相当于海地人均收入的 120 多倍。参见倪考莲《论加勒比一体化进程中的新区域主义》，博士学位论文，复旦大学，2005，第 7～9 页；Nomran Girvan, "The Development of dependence Economies in the Caribbean and Latin America: Review and Comparison," *Social and Economic Studies* (1973): 22。

② W. A. Lewis, "The Industrialization of the British West Indies," in A *Special Issue of Social and Economic Studies* (Manehester University Press, 1950).

③ CARICOM 包含 2 个独立机构，即加勒比共同体和共同市场，它们是由《查瓜拉马斯条约》所创建的。CARICOM 各机构本质上是政府间性质的。加勒比共同体的政策是由政府首脑会议主席（HGC）来决定的，它是最高决策机构。它每年召开若干次会议，由各成员政府委派或指定官员参加。每名成员拥有 1 票，采用无记名投票方式表决。主要权力机构有部长理事会，这个理事会由各成员内部负责共同体事务的部长或其他部长组成。

④ 加勒比地区的国家和地区有几个特点：第一，面积小，经济总量很小；第二，加勒比地区经济一体化是自上而下的推动过程；第三，加勒比地区的经济一体化伴随着加勒比地区经济自由化体制改革进程；第四，由于自上而下的推动过程，理论在一体化的过程中具有十分重要的推动作用。

的步伐之外,更重要的是积极构建区域竞争执法机制,保证区域经济的贸易及投资自由,规制跨国公司破坏区域经济的行为,以维护自由竞争秩序。

加勒比共同体成立之初,成员还没有制定竞争法,因此,作为构成区域竞争法机制的第一步,各个成员先制定竞争法。牙买加首先颁布了《公平贸易法案》,根据该法案设立国内竞争执法机构——公平贸易委员会。特立尼达和多巴哥随后也出台了竞争法。

外部压力也一定程度促进了加勒比地区竞争法的出台。美国试图推行的美洲自由贸易区明确涵盖国际竞争规则,欧盟试图将竞争议题列入WTO多哈回合谈判,这些都让加勒比地区受到国际竞争议题发展趋势带来的压力。相对于美国、欧盟等发达国家(国家集团)积极推进区域国际竞争法,发展中国家的竞争立法和执法经验不足。加勒比地区认为有必要在区域内构建一个竞争法机制,培育区域内的竞争文化,增强竞争执法合作经验,参与国际竞争议题谈判。为此,加勒比地区修订了《加勒比单一市场及经济协议》的第八章,构建了加勒比地区的竞争法机制。

(二) 加勒比共同体的竞争法机制模式

由于缺乏竞争法的执行经验,加勒比地区起初并没有对区域竞争法机制作用和功能的清晰认识。有鉴于此,加勒比共同体构建竞争法机制的做法是模仿与引进——参照和借鉴欧盟竞争法机制。加勒比地区之所以借鉴欧盟竞争法机制,一方面原因在于欧盟竞争法机制的成功经验给加勒比地区很大的鼓舞,另一方面有加勒比地区学者高度推崇欧盟竞争法机制的因素。[①] 在 CARICOM 自上而下的一体化推进模式中,知识精英的意识对于 CARICOM 竞争法机制的构建具有十分重要的作用。学者认为,只有构建一个强有力的竞争法机制才能有效地促进加勒比地区的一体

---

① 与加勒比地区构建共同体一样,加勒比地区的竞争法机制的构建实际上是几位加勒比地区的经济学家、社会学家、政治家和工商界人士对地区经济合作强有力的推动的结果。另外,学术界的推动以及随之形成的理论主要来自西印度大学的社会经济研究所。而这些理论的主要根源之一就是西方的新自由主义理论。See Nomran Girvan, "The Development of Dependence Economies in the Caribbean and Latin America: Review and Comparison," *Social and Economic Studies* (1973): 22.

化进程。在这种理论的指导下，加勒比共同体构建了一个超国家的区域竞争法机制。

1. 竞争法机制的目的

加勒比共同体竞争法机制的目的体现在《建立加勒比共同体单一市场和经济的查瓜拉马斯协定》（以下简称《查瓜拉马斯协定》）的前言和第八部分第 169 条。[①]

根据《查瓜拉马斯协定》前言，加勒比共同体构建区域竞争法机制的目的如下。

第一，促进区域经济的一体化和自由化进程。加勒比地区的知识精英认为，加强加勒比地区的区域经济一体化和经济自由化，对加勒比地区的经济独立和区域发展具有重要作用。通过欧盟的一体化历程，加勒比地区的知识精英对竞争法推动区域经济一体化的作用印象深刻。因此，加勒比地区的区域竞争法机制从设计之始就烙上了加勒比地区的知识精英向往区域经济一体化和自由化的印记。《查瓜拉马斯协定》第 1 条明确提出竞争政策的目的在于"加深一体化"和"区域市场自由化"。

第二，规制区域内的私人限制竞争行为。加勒比共同体的成员都是经济总量不大、人口不多的小国（地区）。一方面，它们共同面临全球自由化浪潮中跨国公司控制国（地区）内经济命脉、破坏市场竞争秩序的风险；另一方面，它们难以单独依靠建立完善的竞争法机制来维护市场竞争秩序。基于这种情况，加勒比地区只有设置区域竞争法机制，集合信息和力量，才能有更强的能力防止私人限制竞争行为破坏共同体的竞争秩序。

第三，统一加勒比共同体的竞争政策。竞争政策受到经济理论、历史传统的影响，不同的国家（地区）差异很大。加勒比共同体成员由于历史上属于不同发达国家的殖民地，竞争观念及文化也存在差异。为了推动

---

① 加勒比共同体竞争法机制目的的条文几经变化，最初规定于修订《查瓜拉马斯协定》的第八议定书的前言和第 30 条（a）。2001 年 7 月，在加勒比共同体第二十二届政府首脑会议上，九个议定书合并为《查瓜拉马斯协定》的九个部分。第八议定书被纳入其中，成为《查瓜拉马斯协定》的第八部分，条文序号也发生变化。为了统一叙述，本书采取合订后的条文序号。《查瓜拉马斯协定》第八部分专门规定加勒比共同体竞争法机制，亦称"第八议定书"。

加勒比共同体成员统一竞争法理念，加勒比共同体建立统一的"共同体竞争机构"促进"竞争政策的适用和统一"。

第四，突出区域竞争法保障市场效率的作用。在《查瓜拉马斯协定》前言对竞争法机制的目的进行概括性规定的基础上，《查瓜拉马斯协定》第八部分第169条进一步细化加勒比地区竞争法机制的目的：

> 共同体竞争政策的目的
>
> 共同体竞争政策的目的在于保证建立加勒比单一市场和经济共同体所期待的利益不会因为限制竞争行为而落空。
>
> 为了实现本条第1款的目标，共同体应追求下列目标：
>
> （a）促进和维持竞争，提高生产、贸易和商业的经济效率；
>
> （b）根据本协议，禁止阻止、限制或扭曲竞争的反竞争商业行为；
>
> （c）促进消费者福利，保护消费者利益……

从第169条的条文分析，CARICOM竞争法机制的目的为维护加勒比共同体的市场竞争效率和保护消费者利益。关于竞争法的目的，一直存在保护中小竞争者的竞争行为和维护竞争效率之争。[①] 美国反垄断法实施初期，哈佛学派坚持"市场结构理论"，认为只有保护中小竞争者的竞争行为，维护市场结构，才能维护市场的自由竞争；但是，哈佛学派的"市场结构理论"受到了芝加哥学派的"效率理论"的批评。"效率理论"认为，竞争法的目的只有一个或者说主要目的只有一个：维护市场竞争的效率。随着美国国际竞争力的下降，美国司法界对于竞争法目的的理解已经从哈佛学派走向芝加哥学派。加勒比共同体的竞争法机制目的的规定积极吸收了美国反垄断理论的前沿发展，明确规定区域竞争法机制的目的在于促进和维持竞争，提高生产、贸易和商业的经济效率。

2. 竞争执法机构

加勒比共同体建立了一个类似于欧盟的超国家区域竞争法机制。根据

---

① 王先林：《论反垄断法的基本价值》，《安徽大学学报》（哲学社会科学版）2002年第6期。

《查瓜拉马斯协定》的规定，加勒比共同体竞争法机制的竞争执法机构包括：贸易与经济发展委员会（COTED）、竞争委员会、区域法院和成员的竞争执法机构。以下主要论述区域层面的竞争执法机构。

（1）贸易与经济发展委员会。COTED 由加勒比共同体的成员各指派一名部长或相关人员组成，其职责在于促进共同体贸易与经济的发展。COTED 是加勒比共同体的主要经济负责机构，它的职权相当广泛，既包括共同市场整体性经济运作的监督，也包括具体工农产品、服务业的发展和营销，还包括环境、经济外交等社会议题的谈判。[①]

在竞争执法方面，COTED 的职能在于以下四个方面。

第一，统一成员的竞争法。加勒比共同体许多成员在《查瓜拉马斯协定》生效时还未出台竞争法，因此《查瓜拉马斯协定》要求成员在一定期限内制定竞争法。COTED 在竞争方面的首要职能是监督成员根据《查瓜拉马斯协定》制定和完善竞争法。《查瓜拉马斯协定》过渡性条款（第 170 条第 5 款）规定："在本议定书生效 24 个月内，成员应通知贸易与经济发展委员会现有的与议定书不一致的立法、协议或行政行为。本议定书生效 36 个月后，贸易与经济发展委员会应采取行动，终止上述立法、协议和行政行为。"[②]

第二，请求竞争委员会调查共同体市场的区域限制竞争行为。COTED 负责加勒比共同体的市场整体运作，当其认为共同体市场出现限制竞争现象时，其有权请求竞争委员会进行调查。根据《查瓜拉马斯协定》第 175 条第 2 款的规定，当 COTED 有理由认为共同体内的企业的商业行为阻碍

---

① 根据《查瓜拉马斯协定》第 15 条的规定，加勒比共同体的贸易与经济发展委员会具有十项职能：（a）促进共同市场发展，并监督共同体市场运行；（b）评估、促进和制定措施，加强工农业商品的生产、质量控制和营销，以确保其国际竞争力；（c）在可持续和区域一体化的基础上，制定和落实促进工农业生产结构多样化的措施；（d）制定和采取促进服务业发展和营销的措施；（e）制定便利人员流动和货物运输的政策和方案；（f）在可持续基础上，采取开发和利用能源和自然资源的措施；（g）制定和采取促进科学技术快速发展的措施；（h）制定和采取保护环境以及可持续发展的政策；（i）与共同体外交和关系委员会合作，制定协调一致的政策，改善共同体的对外经济与贸易关系；（j）承担大会根据该协定赋予它的任何额外职能。

② Duke Pollard and Kenneth Hall, *The CARICOM System*：*Basic Instruments*（Ian Randle Publishers, 2003），p. 452.

贸易或阻止、限制或扭曲成员境内的竞争且具有跨境效果时，COTED 可以请求竞争委员会监督、调查或采取行动阻止或惩罚限制或扭曲共同体市场竞争的企业。

第三，协调竞争委员会与成员之间的关系。CARICOM 的竞争委员会具有超国家机构的性质，因此，其在调查办理案件过程中会触及成员的利益，可能引发冲突。在这种情况下，COTED 应出面协调竞争委员会与成员之间的冲突关系，化解矛盾。COTED 的协调作用体现在以下两个方面。首先，信息沟通媒介。竞争委员会决定对成员的企业进行调查之前，有义务通过 COTED 通知利益相关方。其次，管辖权裁决。在竞争委员会与成员对案件的管辖权存在争议时，COTED 有权对管辖权争议进行最终裁决。①

第四，制定共同体竞争规则。共同体竞争规则的制定权是 COTED 的核心权能。享有共同体竞争规则的制定权就意味着共同体竞争法机制具备自我发展的能力。根据《查瓜拉马斯协定》第 182 条的规定，COTED 应当在共同体内部发展和制定相应的竞争政策和规则，包括适用特殊领域的规则。根据第 183 条规定，COTED 还有权根据具体情况制定以下两项例外规则：（1）在特殊领域适用特别规则，中止或排除《查瓜拉马斯协定》第 177 条的适用；（2）自行或根据成员的申请基于公共利益排除企业、企业集团或任何部门适用《查瓜拉马斯协定》第 177 条的规定。

（2）竞争委员会。竞争委员会是 CARICOM 区域竞争法机制的执行机构。为了实现共同体统一的竞争政策，根据《查瓜拉马斯协定》第 171 条的规定，CARICOM 设立竞争委员会以执行共同体的竞争政策。

第一，CARICOM 竞争委员会的构成。②《查瓜拉马斯协定》第 172 条对 CARICOM 竞争委员会的委员构成、资格、任免程序进行了详细的规

---

① 根据《查瓜拉马斯协定》第 176 条第 5 款的规定，如果竞争委员会和成员对商业行为的性质和影响或调查机构的管辖权存在意见分歧，竞争委员会应：（a）停止对该事项的任何进一步审查；（b）将此事提交贸易与经济发展委员会决定。

② 关于加勒比共同体竞争委员会的具体构成，详见 http://caricom. org/jsp/community/com-petition_ commission. jsp，最后访问日期：2009 年 9 月 7 日。

定。首先，竞争委员会由地区司法服务委员会任命 7 名委员，地区司法服务委员会应在其中任命 1 名主席。尽管存在上述规定，但只要《建立加勒比法院的协定》的成员不足 7 名，主席和委员会委员就应根据贸易与经济发展委员会的建议由部长理事会任命。由地区司法服务委员会任命而非 CARICOM 成员选举指定的任职方式保证了竞争委员会独立于共同体的成员。其次，竞争委员会工作人员的任职资格为具有商业、金融、经济、法律、竞争政策、国际贸易或其他必需的专业能力和经验。任职资格的要求保证了委员会工作人员的专业性。再次，委员的任期为 5 年，经地区司法服务委员会审批同意可以连任一届。最后，委员仅因无法履行其职务或违规，而由不少于四分之三的司法服务委员的投票免职。不过，委员可以通过书面方式向地区司法服务委员会的主席辞职。委员在根据该协定附件 V 的誓词对地区司法服务委员会主席宣誓前，不得履行任何职务。这些规定保证了委员独立履行职能。

第二，CARICOM 竞争委员会的职能。CARICOM 构建了一个超国家的竞争委员会以保证共同体竞争政策的实施，为此，《查瓜拉马斯协定》第 173 条规定了竞争委员会广泛的执法权限。竞争委员会有三个方面的职能。（a）案件管辖功能。《查瓜拉马斯协定》规定，共同体竞争委员会对跨境反竞争商业行为适用竞争规则。也就是说，竞争委员会对区域内的限制竞争商业行为具有管辖权。（b）协调功能。对于共同体与成员间竞争法的适用冲突，竞争委员会有权进行协调。《查瓜拉马斯协定》规定，竞争委员会为促进共同体的竞争，有权协调共同体竞争政策的执行。（c）其他授权功能。为了防止权力真空，共同体任何职能机构均可以授予竞争委员会与竞争事宜有关的其他职能。具体而言，竞争委员会的职能可以分解为以下八项：（a）监督在加勒比单一市场和经济区域运作的企业的反竞争商业行为，调查和仲裁跨境争端；（b）定时审查共同体竞争政策，为贸易与经济发展委员会提供建议和意见，提高效率；（c）促进机制建设，协调竞争法执行事宜，保证成员竞争法律适用的一致性；（d）审查成员在竞争法和机制方面的完善和修订工作；（e）与成员竞争执法机构合作；（f）在促进和保护消费者福利方面提供支持；（g）促进信息交换和经验交流；（h）发布有关竞争政策和消费者保护政策的信息。①

第三，CARICOM 竞争委员会的权力。为了完成上述职能，《查瓜拉马斯协定》赋予了 CARICOM 竞争委员会类似于欧盟委员会的执法权力。具体而言，CARICOM 竞争委员会具有竞争执法机构应具有的一切权力，主要如下。（a）调查权。对于跨境交易或具有跨境效果的交易，竞争委员会可以监督、调查、决定或采取行动阻止或惩罚限制或扭曲共同体市场竞争的企业。由于被调查企业一般处于某一成员境内，为了保障竞争委员会的调查权，《查瓜拉马斯协定》第 174 条第 2 款规定，竞争委员会根据被调查企业所在地的法律，可以在调查过程中要求任何人出场提供证据或提供文件。（b）案件决定权。作为共同体的区域竞争执法机构，竞争委员会有权对案件作出独立的决定。案件调查结束后，它可以决定企业的商业行为是否违反区域竞争法的规定。（c）行政处罚权。如果竞争委员会认为被调查企业的行为违反了共同体的竞争规则，它有权对被调查企业作出行政处罚。处罚的手段包括：宣布限制竞争协议、行为、行动或决定终止或无效；要求企业停止或终止反竞争商业行为，并采取必要的措施克服滥用市场地位或其他不公平竞争的商业行为；向受到影响的人员支付赔偿金；对违反竞争规则的行为征收罚款。（d）程序规则制定权。竞争委员会有权自行制定其在执行职能过程中涉及的程序性规则。

从上述竞争委员会的构成、职能及权力的规定中，我们可以看出 CARICOM 构建了一个类似于欧盟委员会的竞争委员会。② 竞争委员会任职人员保持专业性和独立性，竞争委员会拥有广泛的调查权和案件处理权。同时，竞争委员会还有权制定自身的程序性规则。这些规定都赋予加勒比共同体的区域竞争执法机构以超国家机构的形式。

（3）区域法院。司法机构对竞争政策进行司法审查是现代法治社会

---

① Duke Pollard and Kenneth Hall, *The CARICOM System : Basic Instruments* (Ian Randle Publishers, 2003) , p. 381.

② 从上文关于欧盟竞争法机制的论述中可以看出，欧盟委员会在竞争法方面的职权也包括调查权、案件决定权和程序规则制定权。加勒比共同体竞争委员会与欧盟委员会存在相似之处。

的基本要求。① CARICOM 的竞争法机制赋予竞争委员会行政执法权的同时，加勒比共同体的区域法院有权对竞争委员会的行政裁决进行司法审查。② 区域法院成立后的首要任务是确定司法审查的程序。区域法院发挥两个方面的作用。第一，执行竞争事务的必要禁令。竞争委员会在案件调查过程中，可以提出禁令申请，由区域法院执行。第二，对竞争行政命令进行司法审查。被竞争委员会调查并处罚的企业针对竞争委员会根据《查瓜拉马斯协定》第 174 条第 4 款作出的决定，有权申请区域法院进行司法审查。

3. 区域竞争执法机构与成员竞争执法机构的关系

CARICOM 构建了共同市场层面的区域竞争法机制，成员同时建立了本国（地区）的竞争法机制。根据《查瓜拉马斯协定》第 170 条（b）项的规定，加勒比共同体成员应承担一般义务和维持竞争执法机构的义务这两项竞争义务。

一般义务包括：（1）采取必要的立法措施以保证竞争规则的一致性和合理性，规制反竞争商业行为；（2）提供和传播有利于消费者选择的必要信息；（3）建立和维持竞争执法机构和行政程序，有效实施竞争法；（4）采取有效的措施来保证成员的相关人员可以在平等、透明和非歧视的基础上寻求救济，包括司法救济。

维持竞争执法机构的义务要求加勒比共同体成员建立和维持国内竞

① 张千帆：《司法审查与民主——矛盾中的共生体?》，《环球法律评论》2009 年第 1 期。
② 2001 年 7 月 3～6 日，加勒比共同体第二十二届政府首脑会议在巴哈马首都拿骚举行。15 个成员中的 13 个国家和地区签署《建立加勒比法院的协定》。2005 年 4 月 16 日，加勒比法院（CCJ）正式在特立尼达和多巴哥（以下简称"特多"）首都宣告建立，加勒比法院正式建立标志着加勒比共同体朝着单一市场和经济体建立又迈出重要一步，是建立单一市场和经济体的新里程碑。加勒比法院的建立是单一市场和经济体的需要，加勒比法院负责司法解释，仲裁成员争端，并会取代英国枢密院成为加勒比地区最终上诉法院。建立加勒比法院以取代英国枢密院成为加勒比地区最终上诉法院，是 1970 年牙买加政府在加勒比共同体政府首脑会议上提出的，1989 年加勒比共同体政府首脑会议通过特多政府提出的建立加勒比法院的具体原则，并同意加勒比法院设在特多首都。2001 年加勒比共同体政府首脑会议批准了由加勒比发展银行为加勒比法院提供 1 亿美元的信贷资金计划，并进一步要求各成员就建立加勒比法院分别完成相关法律批准程序。2003 年加勒比共同体政府首脑会议确定了加勒比法院正式宣告建立的日期，但出于各种原因，其建立一拖再拖，直至 2005 年 4 月 16 日才正式宣告建立。加勒比法院首任院长是特多前首席大法官。

争执法机构，高效执行竞争规则。同时，成员应保证其竞争执法机构与竞争委员会相互合作，实现区域竞争规则适用的一致性；配合调查竞争委员会或其他成员主张的任何反竞争商业行为；在发现和阻止反竞争商业行为、信息交换等竞争事项上，与其他成员的竞争执法机构积极合作。

CARICOM 竞争执法机构与成员竞争执法机构之间的管辖权划分和欧盟的管辖权划分类似，与垄断行为的竞争效果涉及的地域范围相关。[①] 如果垄断行为的竞争效果不局限于成员内部，则由共同体竞争执法机构管辖；如果竞争效果局限于成员境内，则由成员竞争执法机构管辖。CARICOM 还未像欧盟一样制定规则以判断行为的竞争效果范围，因此，共同体竞争委员会的集权程度还不明确。但是，仅仅从条款分析，我们可以知道，加勒比地区的知识精英试图构建一个具有超国家权限的统一的共同体竞争法机制，并希冀这样一个竞争法机制能对共同体的经济效率提升和一体化作出贡献。

（三） 加勒比共同体竞争法机制的主要规定

CARICOM 的竞争法机制除了规定区域竞争法的行政机构、司法机构，更重要的是，《查瓜拉马斯协定》还借鉴《欧盟条约》第 101 条和第 102 条的规定，详细规定了共同市场的竞争实体性和程序性规则。

1. 实体性规定

CARICOM 竞争法机制的实体性规则规定在《查瓜拉马斯协定》第 177～179 条。《查瓜拉马斯协定》参照《欧盟条约》，列举了三种类型的限制竞争行为。

（1） 限制性商业行为。《查瓜拉马斯协定》首先对限制性商业行为进行界定，限制性商业行为是指企业间的协议、企业联合的决议和企业的一致行动，其目的或效果在于阻止、限制或扭曲共同体内的竞争秩序。《查瓜拉马斯协定》的规定与欧盟相关竞争条款的用词完全相同。欧盟对企

---

① Delroy S. Beckfod, "Enforcement of Competition Law in CARICOM: Perspectives on Challenges to Meeting Regional and Multilateral Obligations, "http://www. sela. org/DB/ricsela/EDOCS/SRed/2009/04/T023600003425 - 0 - Enforcement_ of_ competition_ law_ in_ CARICOM. pdf, 最后访问日期：2009 年 9 月 7 日。

业间的协议、联合决议、一致行动都有丰富的案例支持和解释，借鉴欧盟的经验，《查瓜拉马斯协定》对相关用语作出相应的解释。

首先，列举限制性商业行为的具体种类。加勒比共同体的竞争法机制将限制性商业行为具体划分为十一种类型，并在《查瓜拉马斯协定》第177条第2款中进行明确规定：

> 本条第1款的限制竞争行为包括：（a）直接或间接固定购买或销售价格；（b）对生产、市场、投资和技术发展的限制或控制；（c）人为划分市场或限制供应来源；（d）对相同商业交易情况的企业适用不平等的条件，从而造成竞争劣势；（e）签订合同中，对合同的一方附加了正常商业过程中与合同无关的条件；（f）未经授权拒绝接入网络或必要基础设施；（g）掠夺性定价；（h）价格歧视；（i）特许折扣或优惠；（j）排他性垂直限制；（k）串通性投标。

其次，采取本身违法原则。反垄断法上一直存在本身违法原则和合理原则两种适用原则。[①]一般来说，本身违法原则的适用相对简单，合理原则比较复杂。加勒比共同体成员没有太多的竞争执法经验，因此，《查瓜拉马斯协定》采用简化处理的原则，规定上述列举的所有的协议、决议和一致行动本身无效。

最后，规定豁免适用的条件。适用本身违法原则的同时，《查瓜拉马斯协定》也参照《欧盟条约》第101条第3款，规定了反垄断例外豁免的情况。根据第177条第4款的规定，企业的行为如果满足以下三个基本条件，不视为限制性商业行为：第一，该行为有助于促进生产，促进货物及服务的销售，促进技术或经济进步，并允许消费者获得合理份额的利益；第二，企业实施的限制性商业行为是实现第一条的目的所不可缺少的；第三，采取限制性商业行为的企业不会在相关货物或服务领域完全消除竞争。据此，CARICOM关于豁免条件的规定也和欧盟的相关规定基本相同。

如前所述，《欧盟条约》第101条第3款的豁免规定是欧盟竞争法最

---

① 沈雄杰：《本身违法原则与合理原则的扬弃》，《贵州警官职业学院学报》2006年第2期。

复杂的规定之一，欧盟的 17 号条例及最新修订的 1/2003 号条例都涉及《欧盟条约》第 101 条第 3 款的适用，但加勒比共同体的竞争法机制并未对例外适用作出进一步明确的权限规定，这也导致在实际操作过程中，区域竞争委员会与成员竞争执法机构的管辖权难以确定。①

（2）滥用独占地位。根据经济理论，一个企业在市场中处于独占地位，容易导致市场竞争结构的失衡，破坏市场竞争秩序。《欧盟条约》第 102 条禁止企业滥用独占地位。《查瓜拉马斯协定》第 178 条借鉴了《欧盟条约》第 102 条的规定，认为企业在共同体内部滥用独占地位的行为应该被禁止。同时，《查瓜拉马斯协定》对如何认定滥用独占地位作出进一步明确的阐释。

首先，独占地位的定义。对市场支配地位进行界定，是反垄断法禁止滥用市场支配地位制度中的一项重要和复杂的基础性工作。市场支配地位，是指企业的一种状态，一般是指企业在特定市场上所具有的某种程度的支配或者控制力量，即在相关的产品市场、地域市场和时间市场上，企业所拥有的决定产品产量、销售价格等各方面的控制能力。② 《查瓜拉马斯协定》第 178 条对独占地位给出如下定义：一个企业在市场中拥有独占地位，是指它自身或与关联企业一起，能够行使经济权力而不受其竞争者或潜在竞争者的限制。而关联企业是指，一个公司是另一公司的子公司或两个公司都是一个母公司的子公司。

其次，滥用的定义。反垄断法并不禁止市场支配地位本身，而是对滥用市场支配地位的行为加以规制和禁止。③ 滥用的定义在具体适用中常常出现争议，《查瓜拉马斯协定》第 179 条采取详细列举的方式进行规定，该条对滥用市场支配地位的规定如下：

> 在不违反本条第 2 款的情况下，如果企业阻止、限制或扭曲市场竞争，特别是不构成一般性例外的情况下，应视为滥用其市场支配地

---

① Taimoon Stewart, "Challenges of Developing a Competition Regimein CARICOM," http://www.iadb.org/sds/doc/IFM – Taimoon_ Stewart – E. pdf，最后访问日期：2009 年 9 月 7 日。

② William M. Landes and Richard A. Posner, "Market Power in Antitrust Cases," *Harvard Law Review* 94(1981) : 37.

③ 孔祥俊：《反垄断法原理》，中国法制出版社，2001，第 538 页。

位：（a）限制任何企业进入市场；（b）阻止或拖延任何企业参与市场竞争；（c）将任何企业逐出市场；（d）直接或间接施加不公平的销售或购买价格或其他限制行为；（e）限制货物或服务的产量，损害消费者利益；（f）作为协议的一部分，使该协议的订立受制于另一方对补充义务的接受，而这些补充义务的性质或商业惯例与该协议的主题无关；（g）从事任何导致剥削其客户或供应商的商业行为，并减损了建立共同体的可期待利益。

再次，判断滥用独占地位行为应考虑的因素。根据《查瓜拉马斯协定》，竞争执法机构判断企业是否滥用独占地位时应考虑五个因素：第一，相关的产品市场及地理市场；第二，根据年度销售规模、固定资产的价值和交易价值确定的企业实施该行为后的市场集中度；第三，根据竞争者的数量、生产能力或生产需求确定的市场竞争程度；第四，市场准入壁垒；第五，竞争历史。

最后，滥用独占地位的例外情形。如果满足以下三个条件之一，企业不被视为滥用独占地位：第一，其行为直接提升生产、供应或分销货物或服务的效率，或者促进技术和经济进步，并使消费者获得合理的份额；第二，企业合理行使或寻求行使著作权、专利权、商标权等权利；第三，市场效果等同于或类似于企业的高级竞争性行为。

（3）其他限制竞争行为。《查瓜拉马斯协定》第 177 条第 1 款（c）项规定，企业的其他相似行为，其目的或效果在于减损建立共同市场所期望的利益，则应被禁止。严格意义上分析，这一项只是从立法技术的角度出发，设置一个规范限制性商业行为的兜底条款，目的在于防止立法疏漏。

2. 程序性规定

CARICOM 竞争法机制的程序性规定包括两方面内容：首先，《查瓜拉马斯协定》中关于竞争法机制的程序性规定；其次，竞争委员会关于竞争程序的立法。由于竞争委员会成立时间比较短，还未进行相关的程序性立法，本书只介绍《查瓜拉马斯协定》的竞争程序性规定。根据《查瓜拉马斯协定》的规定，加勒比共同体竞争法机制中的程序包括申请、调查、决定和诉讼四个阶段。

（1）申请。如果一个限制竞争行为侵犯了共同体的竞争秩序，竞争委员会可以对该行为进行调查。竞争委员会可以自己发起调查，也可以依申请进行调查。根据《查瓜拉马斯协定》的规定，两个主体有权申请竞争委员会进行调查。第一，成员。如果成员认为位于其他成员境内的企业的商业行为阻碍贸易或者阻止、限制或扭曲其境内的竞争，则其可以申请调查。第二，经济与贸易发展委员会。当经济与贸易发展委员会有理由认为企业的商业行为阻碍贸易或者阻止、限制或扭曲成员境内的竞争且具有跨境效果时，经济与贸易发展委员会可以请求竞争委员会进行调查。调查申请的请求应采取书面形式，并提供足够的信息让竞争委员会初步判断是否进行进一步调查。

（2）调查。如果竞争委员会主动发起调查，或同意调查申请，其就应该依照被调查企业所在成员国（地区）的程序进行调查。① 竞争委员会应与相关利益方进行协商，并在协商的基础上确定：第一，该案是否属于竞争委员会调查的管辖权；第二，根据案件的情况，调查是否合法。如果竞争委员会最终决定正式调查，它应首先通知贸易与经济发展委员会的利益相关方；并在收到调查请求的 120 日内完成调查；如果有正当的理由，竞争委员会可以延长调查期限并通知利益相关方；在调查过程中，当竞争委员会决定执行调查询问时，它应当为被申诉人提供抗辩的机会，并在询问结束后，通知利益相关方。

（3）决定。当竞争委员会调查结束后，它应当作出相应的决定。如果竞争委员会确定被调查者实施了限制竞争的商业行为，它应当要求被调查者采取必要的措施，消除限制竞争行为的影响。

（4）诉讼。竞争委员会作出不利于被调查企业的决定的情况下，被调查企业有权向区域法院提起司法诉讼。相关利益企业应当在接到相关通知后 30 日内向区域法院提起适当的诉讼，如果相关利益企业因客观情况而无法在规定期限内提起诉讼，企业应通知竞争委员会并要求延长期限。

---

① Duke Pollard and Kenneth Hall, *The CARICOM System*：*Basic Instruments*（Ian Randle Publishers, 2003），p. 459.

（四）加勒比共同体竞争法机制的实施情况

为了推进加勒比地区的经济一体化进程，加勒比地区的精英学者借鉴欧盟经济一体化的经验，建议在 CARICOM 内部建立超国家的区域竞争法机制。在学者的支持和理论推动下，《查瓜拉马斯协定》正式构建了类似欧盟机制的超国家区域竞争法机制。CARICOM 的区域竞争法机制从根源上分析，是学术理论自上而下推动的结果。[1] 但是，这种理论假设并没能在实践中马上得到有效实施。由于加勒比共同体成员缺乏竞争执法经验，区域竞争法机制并未在《查瓜拉马斯协定》生效后就正式运作。一方面，经过 CARICOM 长时间的筹备，竞争委员会才在 2008 年 1 月成立。特多的经济学博士库沙·哈拉辛格成为竞争委员会的主席。[2] 另一方面，竞争委员会成立后并未像欧盟竞争委员会一样将案件处理作为第一要务，而是积极推动 CARICOM 成员培育竞争文化，积累竞争执法经验。

斯图尔特博士分析了 CARICOM 竞争法机制创设后面临的挑战，认为 CARICOM 的竞争法机制要发挥其作用，还存在两方面的难题。第一，竞争执法经验不足。加勒比共同体的许多成员完成市场经济体制改革不久，没有竞争执法经验，这导致加勒比地区在区域竞争执法机构成立后仍然面临执法能力不足的问题。第二，竞争执法的财政支持不足。竞争执法需要大量的经费，而加勒比地区大都是经济总量不大、人口少的小国（地区），它们难以承担竞争执法需要的巨额经费，这导致区域竞争执法的力度不足。[3]

作为加勒比地区的经济一体化组织，CARICOM 面临全球化浪潮中跨国资本限制区域竞争的难题。加勒比共同体成员积极应对这种难题，借鉴欧盟竞争法机制的经验，构建了超国家的区域竞争法机制。但是，

---

[1]　Kenneth Hall and Myle Chuck – A – Sang, *Integration：CARICOM's Key to Prosperity*（Ian Randle Publishers, 2006）, p. 16.

[2]　关于竞争委员会的资料，详见 SC Admin. CARICOM Competition Commission Inaugurated, http：//www. caribbeanpressreleases. com/articles/2789/1/CARICOM – Competition – Commission – Inaugurated/Page1. html，最后访问日期：2009 年 4 月 14 日。

[3]　Taimoon Stewart, "Challenges of Developing a Competition Regime in CARICOM," http：//www. iadb. org/sds/doc/IFM – Taimoon_ Stewart – E. pdf，最后访问日期：2009 年 9 月 7 日。

囿于成员竞争执法经验缺乏，培育成员竞争文化长期成为加勒比共同体的主要工作。只有加勒比地区培育了共同的竞争文化，提高了竞争执行能力，CARICOM 的区域竞争法机制才能真正地运作起来。

四　发展中国家的两难选择

在经济全球化的浪潮中，发展中国家为了应对经济全球化带来的挑战，进行经济整合，开展南南型经济一体化的经济合作。随着南南型经济一体化的不断发展，私人限制竞争行为问题也开始成为南南型经济一体化协议谈判的议题。晚近的南南型经济一体化组织也尝试制定区域竞争规则，构建区域竞争法机制。由于南南型区域经济一体化的整合程度不同，国家和地区经济发展水平、历史传统和民主文化不同，南南型区域经济一体化组织构建的竞争法机制也不相同，例如 CARICOM 构建了类似欧盟机制的超国家竞争法机制，而东盟只有原则性和散落的规定，没有竞争法机制的具体条款。大多数南南型区域经济一体化组织的区域竞争法机制则介于两者之间。南南型区域经济一体化的竞争法机制虽然各不相同，但是总体而言，呈现出以下特点。

1. 创建原因——趋势而非实际迫切需求使然

区域竞争法合作是区域经济一体化从消极一体化向积极一体化阶段发展的制度需求。区域竞争法机制的构建要求区域成员有共同的竞争文化和发达的市场经济体制。欧盟竞争法机制从 19 世纪末欧洲竞争文化的培育到《欧盟条约》生效后的实际运作，经历了几十年。同时，欧盟早期主要成员国都是市场经济发达的资本主义国家，因此，欧盟建立超国家的区域竞争法机制水到渠成，其在促进欧盟一体化过程中发挥了重要作用。但是，发展中国家的区域经济一体化发展水平比较低，只局限于部分产业合作或货物贸易自由化，远远未达到一体化的程度。同时，发展中国家本身的市场经济体系还很不完善，许多国家仍处于市场经济体制改革阶段。因此，南南型区域经济一体化组织构建竞争法机制并非区域经济一体化发展的现实需要。

南南型区域经济一体化组织构建区域竞争法机制的原因在于两个方面。第一，乌拉圭回合谈判后，发达国家试图将竞争议题作为谈判议题。

虽然由于发展中国家坚决抵制，WTO 多边竞争议题谈判搁浅，但是，随着经济全球化逐步推进，发展中国家担心发达国家通过其他途径推动竞争议题的国际发展。实践中，区域经济一体化协议中竞争议题的勃兴体现了这种趋势。因此，发展中国家有必要对竞争议题进行研究，积累经验，提出对自身有利的竞争规则。基于此，发展中国家希望通过南南型区域竞争法机制积累相关的经验。第二，新自由主义理论在发展中国家取得成果。随着新自由主义理论的影响越来越大，许多发展中国家的学者也接纳了新自由主义理论。根据新自由主义理论，区域经济自由化要求区域竞争法机制的保护。因此，在新自由主义理论学者的推动下，南南型区域经济一体化组织开始了构建区域竞争法机制的尝试。

2. 竞争法机制内容——模仿与照搬

南南型区域经济一体化组织构建区域竞争法机制是无奈的选择。大多数发展中国家没有竞争执法经验，因此，南南型区域经济一体化组织主要仿照发达国家的区域竞争法机制进行构建。例如，加勒比共同体的竞争法机制参照了欧盟的竞争法机制，西非经济货币联盟的竞争法规定参照了欧洲经济区的竞争法规定。这也说明了发展中国家在竞争议题方面还缺乏足够的知识自觉。

3. 实际效果——区域内竞争文化的培育

不同的南南型区域经济一体化组织参照不同的模式构建区域竞争法机制，有的设置了超主权国家的区域竞争法机制，有的只是作出简单原则性规定或者提倡竞争文化的协调。实际效果上，南南型区域竞争法机制的执行效果还很不明显。这取决于两个因素：其一，南南型区域经济一体化组织的许多成员的市场经济体制改革还未完成，成员的竞争执法经验不足；其二，发展中国家受到跨国公司限制竞争行为的损害，但是，跨国公司的经济能力超出发展中国家竞争执法机构的能力，发展中国家的竞争执法机构没有相应的能力执行区域竞争法。在执法能力和经验不足的条件下，区域组织难以有效地执行区域竞争法。因此，南南型区域经济一体化的竞争法机制的主要作用停留在竞争文化的协调上。

发展中国家是被迫融入全球化浪潮的。在全球化浪潮的冲击下，发展中国家处于非常不利的地位。区域竞争法机制，是经济一体化的高阶制度，而许多发展中国家现阶段并没有相应的能力和经验，但是，趋势推动发展中国家不得不在南南型经济一体化协议中进行构建区域竞争法机制的尝试，培育区域竞争文化，积累国际竞争法合作经验。这也是发展中国家在两难选择中不得不采取的措施。

第四节　晚近自由贸易协定的竞争法机制实证考察

进入 21 世纪，多边一体化进程再次受阻，而区域经济一体化的发展进一步加速，并出现了新的发展趋势。晚近，区域经济一体化的发展趋势是，不仅地域相近的国家签订传统的地缘经济一体化协议，而且越来越多的国家跨地区通过签订自由贸易协定（FTA）的方式推进经济一体化进程。[①] 以美国为例，美国不仅努力推动 NAFTA 升级为 USMCA，而且走出美洲，与亚洲的一些国家如新加坡、韩国签订 FTA。跨区域签订 FTA 成为区域经济一体化的新趋势、新方式。特别是 2008 年金融海啸以后，国际经济形势发生了复杂的变化，逆全球化、区域化思潮暗流涌动，贸易冲突频繁出现，国际经济规则和秩序面临重构压力。自由贸易协定已经成为欧美国家重构国际经济规则的主要平台。

竞争议题作为边境后新议题，在自由贸易协定中也发展出新的特征。因此，考察区域竞争法机制不能不对这种新趋势进行研究。本节在对上述三种类型的区域经济一体化组织的竞争法机制进行研究的基础上，对 FTA 的竞争法机制的晚近发展作进一步实证研究。

一　FTA 竞争议题的兴起

20 世纪 90 年代以后，全球出现了以区域贸易协定（RTA）为特点的第三次区域经济一体化浪潮。以区域贸易协定推进经济一体化进程成为目前国际经贸关系发展的一个显著特征。除蒙古外，所有的 WTO 成员都隶属于一个或多个区域经济合作组织。区域贸易总量占国际贸易总量的比重

---

① 孙玉红：《跨区域双边自由贸易协定的政治经济动机分析》，《世界经济与政治》2008 年第 7 期。

已超过 50% 且呈快速上升趋势。越来越多的国家把区域经济合作提升到与多边贸易目标同等重要甚至更加优先的地位。RTA 兴起，有多方面的原因。但其中一个主要原因在于 RTA 的成员较少，谈判更容易进行，而且，由于 WTO 允许 RTA 的例外，RTA 成员可以获得市场准入的比较优势，因此，RTA 不仅议题范围更加广泛，而且合作程度也更加深入。此外，RTA 的发展趋势是不仅仅局限在同一个地区范围内，跨地区签订 FTA 成为 RTA 的一种趋势。有的学者认为，国际社会已经或将形成一个 FTA 的网络。[①]

全球形成统一的国际市场后，国际竞争问题不断涌现。限制国际反竞争行为对国际经济自由化的损害成为学术界研究的主要课题。国际社会试图在 WTO 的体系架构中进行竞争议题的谈判，但由于发展中国家的激烈反对与发达国家内部的分歧，WTO 竞争议题不了了之。WTO 竞争议题遭遇挫折，并不意味着国际社会关于竞争议题的谈判止步于此。许多发达国家（国家集团）如美国、欧盟将竞争议题"移师"FTA，在 FTA 中构建国际竞争规则。

二　FTA 竞争法机制的一般性规定

整体分析 54 个专章规定竞争条款的自由贸易协定，其竞争条款包括宗旨、程序性规定、实体性规定和争端解决等四个方面。当然，不同的自由贸易协定涵盖的范围有所不同。有的自由贸易协定（如《欧洲经济区协定》）包含上述四个方面的规定。但是，大多数自由贸易协定只包含其中某几个方面的规定。例如，《欧盟—摩洛哥自由贸易协定》《欧盟—埃及自由贸易协定》《欧盟—突尼斯自由贸易协定》包含宗旨、程序性规定和实体性规定三方面的内容，而《美国—新加坡自由贸易协定》《美国—韩国自由贸易协定》却只包括宗旨和程序性规定两方面的内容。

（一）竞争议题的宗旨

尽管措辞各不相同，但是几乎所有的自由贸易协定都包括竞争议题的宗旨条款。比较和概括宗旨条款的规定，FTA 竞争议题的宗旨是防止私人

[①] 孙玉红：《全球 FTA 网络化发展研究》，博士学位论文，东北财经大学，2007。

限制竞争行为减损 FTA 实现自由贸易的目标。例如，许多自由贸易协定都规定："自由贸易协定中规定竞争议题有利于促进自由贸易目标的实现。"

为了实现上述宗旨，自由贸易协定的首要竞争条款是国内竞争法要求条款。根据该条款的规定，缔约方的法律体系必须维持具体的竞争措施或竞争法来实现协定的宗旨。例如，《美国—韩国自由贸易协定》规定，"认识到采取或维持措施禁止反竞争商业行为并采取必要的行动有利于实现本协定的目标"，"缔约方有义务维持竞争措施和法律以禁止反竞争商业行为"；《欧盟—智利自由贸易协定》采用另一种条款，"下列（反竞争行为）与本协定的正确实施不符合，因为它们影响了本协定的良好运行"；而《欧洲自由贸易联盟—墨西哥自由贸易协定》则更直截了当，"为了确保本协定贸易自由化的成果不被私人反竞争壁垒所抵消……缔约方承认反竞争商业行为会阻碍本协定目标的实现……缔约方承诺适用各自的竞争法避免本协定产生的利益被反竞争商业行为减损或抵消"。从上述宗旨条款的表述发现，由于自由贸易协定本质上还是贸易协定，因此，自由贸易协定的主要宗旨在于维护自由贸易区的自由贸易制度，规制反竞争商业行为的目的在于消除垄断行为产生的贸易壁垒。

（二）执行合作的程序性规定

自由贸易区的经济一体化合作程度低于经济同盟的经济一体化合作程度，因此，自由贸易协定一般没有构建欧盟超国家模式的区域竞争法机制。对于大多数自由贸易区而言，推动缔约方竞争机构之间在竞争法执行方面的信息沟通与合作是竞争规则的主要内容。因此，执行合作的程序性规定是大多数自由贸易协定的竞争核心条款。

不同自由贸易区情况不同，缔约方竞争执法机构的执行合作紧密程度有差别，合作条款繁简不一。有的自由贸易协定只有简单的原则性规定，例如《美国—新加坡自由贸易协定》，"缔约方认识到，加强竞争机构之间的合作与协调对在自由贸易区内进一步有效执行竞争法十分重要。缔约方应就与竞争政策和法律执行有关的相互法律协助、通知、协商以及信息交换的竞争执法事项进行相互合作"。除此之外，《美国—新加坡自由贸易协定》没有其他关于竞争合作程序的规定。相反，有的自由贸易协定不仅进行原则性立法，而且细化具体的合作程序。概言之，自由贸易协定的竞争合作程序规定主要包括以下五个条款。

1. 通知程序

自由贸易协定一般要求缔约方在执行影响到协议目的的竞争措施时候，应及时通知其他缔约方。除了规定一般的通知义务外，有的自由贸易协定还规定通知机构、通知时限和通知的具体内容。例如，《欧洲自由贸易联盟—智利自由贸易协定》第 73 条规定："缔约方应通过其指定机构通知其他缔约方关于货物或服务反竞争行为的执行措施，如果这种执行措施会实质损害到其他缔约方的重要利益，或者该反竞争行为对其他缔约方产生实质和直接的效果或在其他缔约方境内发生。""在不与本国竞争法及调查措施相冲突的情况下，缔约方应尽早及时通知其他缔约方。""通知应尽可能具体，以便另一缔约方可以进行必要的评估。"《美国—澳大利亚自由贸易协定》纳入了 1982 年和 1999 年两国政府关于反垄断相互执行协助的协定中的通知程序。

2. 信息交换

由于跨国反竞争商业行为具有很强的隐秘性，缔约方之间的信息交换具有十分重要的作用。《跨界反竞争做法：发展中国家和经济转型期国家所面临的挑战》也明确指出发展中国家由于信息不对称，很难对跨国公司损害本国利益的卡特尔行为进行规制。[①] 信息交换条款是自由贸易协定中竞争合作的重要条款，大多数自由贸易协定都规定了信息交换条款。但是，不同自由贸易协定规定了不同的信息交换范围。信息交换一般限于公开的信息，且不会侵害其他缔约方的机密。例如，《欧洲自由贸易联盟—智利自由贸易协定》第 76 条第 1 款规定，"为了促进缔约方实施各自的竞争法，减轻反竞争商业行为对协定目的的损害，鼓励缔约方进行信息交换"，但该条第 2 款同时规定，"上一款信息交换的规定应遵守缔约方有关机密、保密的规则和标准。缔约方并没有义务提供与其信息披露法律法规相违背的信息。缔约方应根据提供信息的缔约方的要求适用有关交换信

---

① 《跨界反竞争做法：发展中国家和经济转型期国家所面临的挑战》，https：//digitallibrary. un. org/record/726411，最后访问日期：2023 年 6 月 8 日。

息的规则"。从上述规定中看出，自由贸易协定中关于反竞争行为的信息交换应受制于缔约方的保密法。梳理所有自由贸易协定的信息交换条款文本，笔者发现没有自由贸易协定将信息交换的范围扩展到机密信息的交换。在实际操作中，竞争执法机构之间的信息交换也仅仅限于公开的信息。例如，在典型的"铀卡特尔案"中，韩国政府曾向美国政府要求交换关于卡特尔的信息，而美国司法局仅仅向韩国政府提供了其公开的资料。①

3. 竞争或产业政策的执行协商

竞争政策有广义和狭义两种理解。广义上的竞争政策指所有促进竞争、规制各种反竞争行为的法律规范和政策性规定，包括国家制定的反不正当竞争法、反垄断法以及促进市场竞争的各种政策性规定。产业政策是政府为了实现一定经济和社会目标而对产业的形成和发展进行干预的各种政策的总和。这里的"干预"应该是一个广义的概念，包括规划、引导、促进、调整、保护、扶持、限制等。② 产业政策与竞争政策之间存在复杂的关系，从本质上分析，竞争政策与产业政策都是为了促进竞争。但是，在特定的范围和条件下，产业政策可能与竞争政策相冲突。③ 根据经济主权原则，各个国家有权根据本国产业发展需要制定产业政策，即使这种产业政策可能与区域自由竞争原则相抵触。为了保证本国执行竞争或产业政策不会对其他国家产生不利的影响，同时不会阻碍区域自由竞争，自由贸易协定要求缔约方在执行本国竞争政策的过程中应与其他缔约方进行协商。

4. 消极礼让原则

竞争法国际协助中的消极礼让，主要是指一国在其执法程序会对另一国重大利益构成重大影响时，应通知另一国，并且在履行其执法程序时尽最大努力不损害另一国利益。消极礼让原则在 OECD 的有关文件中被推荐，最早出现在 1991 年《美国政府与欧共体委员会关于竞争法执行的协

---

① OECD, Hard Core Cartels: Recent Progress and Challenges Ahead, CCNM/COMP/TR (2003) 7.
② 王先林：《产业政策法初论》，《中国法学》2003 年第 3 期。
③ 王晓晔：《竞争政策优先——欧共体产业政策与竞争政策》，《国际贸易》2001 年第 10 期。

定》中，成为美国与其他国家签订竞争法合作协定的主要模板。在美国与其他国家签订的自由贸易协定中，消极礼让条款多被纳入，成为相关协定的程序性规定。

5. 积极礼让原则

积极礼让，是指一个国家对另一个国家要求在竞争案件中公开或扩大法律实施行为以便纠正在该国领土上对另一个国家利益所产生的实质性和不利影响，给予充分和同情的考虑，或者在自愿的基础上并考虑合法利益的情况下采取它认为适宜的任何行动。① 1973 年 OECD《关于影响国际贸易的限制性商业行为的磋商和调解程序建议》第一次提出积极礼让的概念。② 1991 年《美国政府与欧共体委员会关于竞争法执行的协定》（以下称"美欧礼让协定"）第 5 条第一次规定积极礼让条款。该条规定，如果一方相信在另一方领土内进行的反竞争活动有害地影响了其重要利益，可以请求另一方采取适当的行动，另一方应考虑该项请求并通告它所作出的决定和任何相关的调查，该程序的适用并不妨碍请求方自行采取行动。该协定是第一个包含积极礼让原则的双边协定，因而备受国际社会的关注，并且成为后来一系列双边协定的范本。1995 年《加拿大与美国竞争法执行合作协定》在积极礼让的规定上与"美欧礼让协定"完全相同，1999年《加拿大与欧共体竞争法执行合作协定》的规定也大致相同。积极礼让和消极礼让的共同点在于：均涉及一国的执法活动对他国的影响，均是一种自愿政策。二者的区别则在于：积极礼让包括开始或扩大一项程序以便帮助他国；消极礼让则仅指在进行执法程序时应尽量避免损及他国利益，而不涉及任何执法程序的启动或扩大。因此，从合作的程度分析，积极礼让原则比消极礼让原则的合作更进一步。规定积极礼让条款的自由贸易协定并不多，在笔者研究的 54 个自由贸易协定中，只有 6 个规定了积极礼让。它们主要是欧盟（欧共体）或美国与其他国家签订的自由贸易协定。自由贸易协定关于积极礼让的合作实践还很少。

---

① 张瑞萍：《反垄断国际合作中的积极礼让原则分析》，《环球法律评论》2006 年第 2 期。
② 司平平：《国际反垄断法双边合作的基础——积极礼让原则》，《政治与法律》2005 年第 3 期。

（三）竞争议题的实体性条款

为了进一步融合成员之间的竞争文化和减少国内竞争法的差异，有的自由贸易协定，特别是欧盟模式的自由贸易协定和晚近签署的巨型自由贸易协定，规定了竞争实体性条款。竞争实体性规定主要包括以下方面。

1. 限制竞争协议

反垄断法意义上的协议是指为了共同利益而在通常互相竞争的企业之间达成的一种明示的或默示的安排。① 限制竞争协议涵盖价格、生产、市场和消费者等方面。这些类型的协议通常等同于卡特尔或共谋的形成，因为它们造成了提高价格、限制产出和其他有损经济绩效方面的影响，从而被认为违反了竞争法律。几乎所有存在竞争实体性规则的自由贸易协定都规定了关于限制竞争协议的条款。限制竞争协议包括横向限制协议和垂直限制协议，但是，由于各国对限制竞争协议的理解不同，自由贸易协定关于该条款的表述和规定的详细程度也各不相同。有的自由贸易协定只概括地要求所有缔约方禁止限制竞争协议，并未对限制竞争协议的定义、行为范围作出明确规定，如《新西兰—新加坡自由贸易协定》；有的自由贸易协定则参照《欧盟条约》详尽规定了限制竞争协议的定义和种类；大多数协定则在两者之间。关于条款的表述形式也存在两种不同的类型：概括方式和列举方式。概括方式如《欧盟—约旦自由贸易协定》规定，"任何协议具有限制、阻碍和扭曲竞争因素并与本协定目的不一致，视为限制竞争协议"；列举方式如《加拿大—哥斯达黎加自由贸易协定》，没有对限制竞争行为作出具体定义，只是列举了"固定价格、串通投标、产量限制和配额等行为视为限制竞争行为。"

2. 滥用市场支配地位

根据经济合作与发展组织的定义，支配地位是一个企业在给定市场上拥有巨大市场份额并且比其下一个较大的竞争对手拥有大得多的市场份额

---

① Sauter Wolf, *Competition Law and Industrial Policy in the EU*(Oxford University Press, 1997), p. 9.

的地位。支配性厂商一般被认为拥有 40% 或更高的市场份额，当支配性厂商有能力单独确定价格时就能对市场的竞争造成不利的影响。① 滥用支配地位是指一个具有支配地位的企业为了维持或增强其市场地位而采取的反竞争的商业行为。企业的这些存有争议的商业行为可能被认为是为了限制竞争而滥用或不正当地使用其控制市场的垄断地位。"滥用市场支配地位"这个词已经明确纳入许多国家（国家集团），例如加拿大、欧盟和德国的竞争法中。在美国，相应的规定是那些关于处理垄断和试图垄断或市场垄断化的条款。自由贸易协定实体性规定包括限制滥用市场支配地位的条款，同样，条款的详细程度不同。有的自由贸易协定只是简单规定，缔约方的国内竞争法应规制滥用市场支配地位行为；有的自由贸易协定只规定特定的部门，例如，在拉丁美洲的一些自由贸易协定中，滥用市场支配地位的适用范围仅限于电信部门；在《日本—新加坡自由贸易协定》中，滥用市场支配地位条款只适用于服务领域。

3. 企业合并控制

竞争法关于企业合并概念的重点并不是被合并企业的法律人格变化，而是企业合并产生或可能产生的市场经济力量的集中和合并对市场竞争秩序的影响，以及合并后是否创设或强化了企业的市场支配地位。把企业合并纳入反垄断法调整是保障市场经济良性运行、持续发展的重要举措，也是各国的通行做法。各国对企业合并审查的管辖权、程序和标准不同，导致多重审查以及审查结果冲突，这是竞争法冲突的主要原因。但是，自由贸易协定中规定合并控制条款的并不多，在笔者考察的 54 个自由贸易协定中，只有 7 个有合并控制规则，而且规定极其简单，并未涉及合并控制的协助程序。如《澳大利亚—新加坡自由贸易协定》只在竞争章节第 1条第 2 款（d）项中规定，反竞争兼并属于该协定规制的反竞争行为。

4. 其他实体性规定

限制竞争协议、滥用市场支配地位和企业合并控制是各国竞争法主要规定的三大制度。自由贸易协定中除了上述三大制度外，还有其他实体性

---

① 经济合作与发展组织著、崔书锋、吴汉洪编译《产业组织经济学和竞争法律术语解释》，中国经济出版社，2006，第 1~3 页。

规定。主要如下。

第一，政府补贴制度。政府补贴可能对市场竞争产生不利影响，减损贸易自由化。因此，大多数自由贸易协定都包含政府补贴条款。要求缔约方的政府补贴措施符合 WTO 有关规定，要求缔约方的政府补贴不对竞争产生实质不利影响。例如，《欧洲自由贸易联盟—智利自由贸易协定》要求缔约方的政府补贴符合 WTO 关于补贴与反补贴协议的规定，同时，第81 条第 3 款规定，缔约方有义务提供相关信息，防止补贴制度损害自由贸易区内的自由贸易和竞争。

第二，关于国有企业的制度。为了维护经济主权、保障经济安全，许多国家将有关经济命脉、基础设施的重要行业控制在国有企业手中。但是，国有企业基础设施提供的歧视性待遇将产生限制竞争的效果。因此，自由贸易协定的竞争条款也对缔约方的国有企业作出要求。自由贸易协定不禁止缔约方设立国有企业，只是要求缔约方保证本国的国有企业不对竞争秩序产生不利的影响。例如，《美国—新加坡自由贸易协定》规定："（1）本协定任何规定并不阻止缔约方设立国有企业；（2）缔约方通过机制控制、行政监督或其他措施保证其设立或维持的国有企业行使政府、行政机构授予的任何权限，例如征收、授予许可证、批准商业交易或配额及其他费用，不违反本协定第十一章（投资）和第十四章（金融服务）的义务。（3）缔约方保证在正常的商业交易或投资过程中，其设立或维持的国有企业向其他缔约方的企业提供非歧视性待遇。"

（四）争端解决机制的规定

有效的国际争端解决机制有利于争端的解决，促进自由贸易协定目的的实现。大多数自由贸易协定都设置了详细的争端解决机制。但是，对于竞争议题的争端，自由贸易协定却规定排除适用其争端解决机制。也就是说，竞争议题引发的争端不在自由贸易协定争端解决机制的管辖范围内。例如，《美国—韩国自由贸易协定》规定，缔约方不得将有关竞争的任何事项提交协定的争端解决机制；《欧洲自由贸易联盟—智利自由贸易协定》第78 条也规定："本章引起的任何争端不得诉诸本协定的争端解决机制。"

在排除一般争端解决机制的适用之后，对于竞争争端，不同自由贸易协定采取不同的解决模式。

第一，对竞争争端的解决不作任何的规定。一些协定明确排除竞争议题适用自由贸易协定的争端解决机制，且不对竞争争端解决作出任何规定，例如上述的《美国—韩国自由贸易协定》《欧洲自由贸易联盟—智利自由贸易协定》。

第二，规定竞争争端适用协商程序。争端的协商程序与竞争执法合作的协商程序不同，争端的协商程序是指在执行自由贸易协定的竞争议题的过程中出现纠纷，缔约方进行协商以解决争端。大多数自由贸易协定规定竞争争端采取协商的方式解决，部分自由贸易协定还专门设立适用于竞争争端解决的协商程序。例如，《美国—澳大利亚自由贸易协定》第14.10条规定，关于竞争议题的任何具体事项，双方应协商解决。有些自由贸易协定还进一步规定，协商程序是缔约方采取贸易强制措施的前置程序。协商程序的规定也有所不同，在有的自由贸易协定中，协商包括斡旋、调解和调停三种方式。

第三，规定竞争争端适用仲裁程序。除了协商程序外，少数自由贸易协定还允许缔约方援引自由贸易协定中的仲裁程序解决竞争争端。仲裁条款规定大部分相同，一般只规定任命仲裁员的方式，不对具体的仲裁程序进行规定。

概括而言，与贸易争端和投资争端的争端解决机制相比较，自由贸易协定关于竞争争端的争端解决机制比较简单，不具有强制性。可以说，自由贸易协定还未形成有效的竞争争端解决机制。

三　FTA 竞争法机制的评价

基于上文关于自由贸易协定竞争条款的实证分析，我们可以对其作出如下评价。

第一，竞争议题已经成为自由贸易协定的经贸新议题，而且越来越多的自由贸易协定对竞争议题作出专章规定。笔者考察了向 WTO 秘书处通报并仍在生效的 303 个自由贸易协定，其中 176 个涉及竞争议题，占总数的 58.1%，而有 84 个专章规定竞争条款，占总数的 27.7%；同时，签订越晚的自由贸易协定包含竞争议题的可能性越大，这也充分说明了竞争议题已经开始成为自由贸易协定谈判的议题之一。借鉴新自由主义的理论，贸易和投资逐步实现自由化之后，国际社会为了防止私人限制竞争行为成为国际市场自由化的新障碍，有必要对竞争议题进行协商。竞争议题在WTO框架下遇到挫折后，自由贸易协定成为竞争议题国际谈判的主战场。

第二，不仅发达国家，就连发展中国家也开始接受在自由贸易协定谈判中纳入竞争议题。在84个专章规定竞争条款的自由贸易协定中，有57个是发展中国家之间的自由贸易协定，占总数的67.9%；有17个缔结于发达国家与发展中国家之间，占总数的20.2%；只有10个是发达国家之间缔结的，占总数的11.9%。乌拉圭回合谈判中，由于发达国家与发展中国家的博弈失衡，发展中国家对WTO纳入新经贸议题表现得十分谨慎。因此，新加坡会议中提出的竞争议题，在坎昆会议上被正式宣布停止下一步的行动。而在自由贸易协定中，特别是发展中国家之间的自由贸易协定中，各缔约方的经济实力比较接近，发展中国家更愿意接受竞争议题。上述发展中国家之间的自由贸易协定占比显示，发展中国家已经逐步接受自由贸易协定的竞争议题。此外，发达国家也积极通过与发展中国家签订自由贸易协定来提升竞争议题的国际认可程度，欧盟与发展中国家签订的自由贸易协定都纳入了竞争议题。

第三，虽然自由贸易协定开始纳入竞争议题，但大多数自由贸易协定关于竞争议题的合作还只是停留在初级阶段，竞争议题仍处于发展过程中。除了部分自由贸易协定建立起合作程度高的制度外，大多数自由贸易协定关于竞争议题的合作仍然处于初级阶段，这体现在如下几个方面。(1) 自由贸易协定的竞争条款比较简单。和贸易、投资议题比较，自由贸易协定关于竞争议题的规定都比较简单。例如，即使升级后的USMCA中竞争条款的内容大幅度增加，但是与投资条款相比，投资章节规定的详细程度远远高于竞争章节。(2) 自由贸易协定的竞争执法合作规定大多数建立于自愿的基础上，不具有强制性。虽然竞争执法合作条款包括通知、信息交换、协商、消极礼让和积极礼让，但是，相关义务都是建立在自愿基础上的。换言之，竞争执法合作建立在各缔约方同意的基础上。这种情况使国际竞争执行方面的合作只能建立在竞争执法合作共同利益的基础上，出口卡特尔等只有一方受损的情况，很难通过自由贸易协定的竞争执法合作制度解决。(3) 自由贸易协定的竞争议题一般排除强制性争端解决条款的适用。WTO 争端解决机制的成功之处在于引入"反向一致"的准强制性制度。这种准强制性制度被许多自由贸易协定所模仿。客观分析，由于自由贸易协定缔约方之间的关系更加密切，许多自由贸易协定的争端解决机制更加严格，但是，大多数自由贸易协定排除严格的争端解决机制适用于竞争争端。大多数自由贸易协定没有规定竞争议题的争端解决方式，部分自由贸易协定虽然规定了协商、仲裁等争端解决方式，但基本上不具有强制效力。自由贸易协定的竞争议题处于初级阶段符合经济发展现状。竞争合作涉及经济主权治理的深层次合作，主权国家往往慎之又慎。因此，自由贸易协定的竞争执法软合作机制是一种折中方案，一方面，该机制提供合作途径，使主权国家进行有益尝试；另一方面，主权国家掌握主动权，在相关制度的实施对经济主权产生不利后果时可以紧急刹车！

　　第四，虽然越来越多发展中国家之间的自由贸易协定规定了竞争议题，但发达国家仍然牢牢掌握着竞争规制的主导权。在新自由主义理论推动下，国际经济一体化兴起，竞争议题成为继贸易、投资、知识产权后国际社会亟须面对的经贸议题。但是，由于能力、信息、经验上的不平衡，发达国家在竞争规则的谈判和制定方面拥有主导权。这在自由贸易协定关于竞争条款的规定上体现得非常明显。虽然越来越多发展中国家之间的自由贸易协定已经规定了竞争议题，但总体分析，自由贸易协定竞争条款基本采取两种模式：欧盟模式和美国模式。欧盟模式大体上采纳了《欧盟条约》的规定，而美国模式则指向建立在美国反垄断法域外适用基础上的竞争程序性条款。根据博弈学习理论，国际制度是动态演化的过程，参与人通过路径学习、模仿和信念学习形成动态平衡，形成国际制度。在国际竞争制度形成过程中，发达国家的经验和规则成为国际社会关于竞争议题协商的预设前提。发展中国家对发达国家经验的路径依赖，导致即使是发展中国家之间的自由贸易协定的竞争条款也几乎照搬欧盟模式或美国模式。这也充分说明发展中国家在国际竞争制度构建方面还缺乏足够的能力和自觉。

第四章　竞争法区域合作机制的模式及理论解释

对于作为经贸新议题的竞争议题，国际社会还没有统一的认识。不同区域组织的经济一体化程度不同，其设置的竞争法合作机制也不同。但是，透过不同的区域竞争法合作条款，我们可以发现区域经济一体化程度与竞争法合作机制之间存在内在关联。换言之，区域经济一体化组织中创制何种竞争法合作机制受制于一定的条件，有其内在规律。

为了进一步探究区域经济一体化组织构建竞争法合作机制的内在规律，有必要根据一定的标准对竞争法区域合作机制进行划分和归类。实证考察发现，竞争法区域合作机制的主要差异在于经济一体化程度及竞争主权让渡程度不同。区域经济一体化合作程度越高，成员国竞争主权让渡越多，竞争法区域合作机制的效力就越强。因此，笔者以区域竞争法机制的合作程度、成员国竞争主权让渡程度以及区域竞争法机制的效力程度为标准，将竞争法区域合作机制划分为经济宪政模式（超主权国家模式）、硬法模式、软法模式和竞争文化协调模式四种模式。

在竞争法区域合作机制实证研究的基础上，本章主要通过竞争规则的条文，将视野扩展到创设竞争法合作机制背后的经济和社会基础，采取学科交叉的方法[1]，借助经济学和国际关系学的理论解答以下几个问题：第

---

[1]　法理学上一直存在实证主义法理学和法社会学的分野。实证主义法理学将法律视为自治之学，研究法律的条文；而法社会学则从另一面研究法律的社会原因。国际关系是国际法产生的社会基础。因此，目前许多学者认为，解释国际法的原理，不能仅仅关注国际法的条文，而更应该关注国际关系的发展。国际法与国际关系之间关系紧密，国际法学与国际关系理论的研究相互影响。究其原因，无论是国际法学者，还是国际关系学者，都具有相同的视野，即在传统上关注以国家为中心的和平与发展问题，（转下页注）

一，四种竞争法区域合作机制的模式各具什么特征？第二，如何从理论上合理解释四种模式各自的经济和社会基础？第三，为什么不同的区域经济一体化组织选择不同的合作模式？第四，四种合作模式之间的关系如何？相互之间如何演变？

第一节　经济宪政模式的竞争法区域合作机制

一　经济宪政模式的内涵及特征

经济宪政模式是经济立宪模式，也称为超主权国家模式，是指在区域组织层面构建一个超越主权国家的区域竞争法机制，统一进行区域竞争执法、维持自由竞争秩序的竞争法区域合作机制模式。这种模式是区域竞争法机制中合作程度最高，强度最大的模式。经济宪政模式需要区域成员国让渡一部分竞争执法主权，将区域范围内的竞争执法权限完全让渡给一个超国家的区域竞争法机制，纠正区域经济运作中的"市场失灵"，维护区域经济的自由竞争。从法律机制上分析，建立一个超主权国家的强有力的区域竞争执法机构是经济宪政模式的最主要特征。具体而言，经济宪政模式的竞争法机制应包括以下特征：区域层面统一的超国家竞争执法机构，区域统一的竞争实体性及程序性规则，强有力的区域竞争争端解决机制。

（一）区域层面超国家的竞争执法机构

经济宪政模式的主要特征之一就是在区域层面构建统一的超国家区域

（接上页注①）晚近又同时面对国家与非国家主体诸如全球化、"国际治理"的全新课题。而进行学科交叉研究，一方面是各个领域的学者对自己所研究的学科范围之外但与之紧密相关的领域的研究成果的必然反应，另一方面也是各个领域的学者保持自己领域研究的动态发展的需要。See Anne - Marie Slaughter, Andrew S. Tulumello and Stepan Wood, "International Law and International Relations Theory: A New Generation of Interdisciplinary Scholarship,"*The American Journal of International Law* (1998): 92; 朱锋《国际关系研究中的法律主义》，《中国社会科学》2007年第2期；刘志云《复合相互依赖：全球化背景下国际关系与国际法的发展路径》，《中国社会科学》2007年第2期；王逸舟《重塑国际政治与国际法的关系——国际问题研究的一个前沿切入点》，《中国社会科学》2007年第2期。

竞争执法机构作为区域竞争法的执行机构，具有执行权和一定的规则制定权。超国家区域竞争执法机构作为区域层面的竞争法执行机构，统一对区域内限制竞争行为进行立案、调查并作出处罚的决定。国际社会形成威斯特伐利亚体系后，经济主权独立与平等已经被公认为国际经济法的基本原则，也是国际经济交往的前提及基础。经济主权独立意味着国家有权选择自己的经济制度，有权制定和实施本国的经济法。① 但是，建立超国家区域竞争执法机构意味着成员国必须让渡国家在执行竞争政策方面的竞争主权给区域经济组织。竞争主权是一个国家经济主权中最核心的部分之一，国家让渡这部分主权不仅意味着国家承诺不作为的义务，而且说明国家承诺允许区域竞争执法机构对国内限制区域自由竞争的行为进行规制和处罚。② 区域成员国让渡其竞争主权的程度取决于区域组织的历史沿革、成员国的经济差异等具体情况。只有在经济一体化程度以及竞争文化融合程度都很高的情况下，超国家区域竞争执法机构的建立才得以可能。

超国家区域竞争执法机构的典型例子就是欧盟委员会。欧盟委员会不仅有权对影响欧盟的限制竞争行为进行调查，而且有权制定相关的竞争规则。如果成员国的竞争规则与欧盟的竞争规则相冲突，欧盟的竞争规则具有优先适用的效力。欧盟委员会的决定对成员国的企业具有直接适用的效力。③ 加勒比共同体创设的竞争委员会是超国家竞争执法机构的另一个范例。加勒比共同体的竞争委员会可以调查共同体内部的限制竞争行为，对限制共同体竞争的违法行为进行处罚。

（二）统一的区域竞争实体性及程序性规则

除了建立一个统一的竞争执法机构，经济宪政模式下的区域竞争法机制还应制定区域统一的竞争规则，包括实体性规则和程序性规则。制

---

① 陈安主编《国际经济法》（第二版），法律出版社，2007，第 96 页。
② 国际法学者就国际经济一体化进程作出分析，让渡贸易自由化和投资自由化方面的主权属于"逐步自由化"的阶段，这个阶段是初级阶段；而让渡金融主权和竞争主权则属于"逐步管制化"阶段，这个阶段是高级阶段。See Thomas Cottier, "From Progressive Liberalization to Progressive Regulation in WTO Law," *Journal of International Economic Law* 9(2006): 779 – 821.
③ 王晓晔：《欧共体竞争法》，中国法制出版社，2001，第 18 页。

定统一的区域竞争规则有利于区域竞争执法机构适用竞争规则，维护区域内的竞争自由。统一区域内的竞争规则并不排除主权国家的竞争立法权力，但是，经济宪政模式要求成员国的竞争法应不违反区域竞争规则。在国内竞争法与区域竞争规则冲突的情况下，区域竞争规则具有优先效力。

以欧盟竞争法为例，欧盟通过三种方式保证欧盟竞争规则的统一适用。首先，欧盟竞争规则作为成员国竞争法的基本模本。欧盟形成区域竞争规则时，许多成员国还未制定本国的竞争法，因此，欧盟竞争规则成为成员国的立法模本，成员国依此制定国内竞争法。① 这种方式有利于欧盟内部形成统一的竞争规则。其次，欧盟理事会和欧盟委员会有权制定适用欧盟竞争法的程序性规则。为了有效实施欧盟竞争规则，《欧盟条约》赋予欧盟理事会和欧盟委员会制定和修改竞争规则适用程序的权力，这种权力有效地保证了欧盟竞争法实体性规则的有效适用，也维护了欧盟竞争规则的统一。加勒比共同体也规定，贸易与经济发展委员会拥有竞争程序性规则的制定权。最后，欧盟竞争规则有优先适用的效力。成员国制定的竞争法不得与欧盟竞争规则相冲突，如果成员国的竞争法与欧盟竞争规则相冲突，欧盟竞争规则优先适用。

（三）统一的区域竞争争端解决机制

区域经济一体化组织建立强有力的竞争争端解决机制对有效执行区域竞争规则具有十分重要的意义。不完全契约理论认为，成员方在条约谈判和签订时，不可能将条约的内容约定得尽善尽美，条约必然存在漏洞，因此必须通过条约解释弥补条约的漏洞。与其他法律相比，竞争法本身具有很大的不确定性。② 竞争法的不确定性特征导致适用区域竞争法过程中必然会出现各种争端，这需要争端解决机制进行解决。此外，争端解决机制对竞争争端进行解决的过程中，可以进一步解释区域竞争规则，

---

① 实际上，在欧盟竞争规则适用之初，除了德国以外，欧盟大多数成员国都没有制定本国的竞争法，因此，欧盟的竞争规则在很大程度上对成员国国内竞争法的制定产生影响。参见戴维·J. 格伯尔《二十世纪欧洲的法律与竞争：捍卫普罗米修斯》，冯克利、魏志梅译，中国社会科学出版社，2004，第406～489页。

② 反垄断法的不确定性包括垄断的不确定性、确定违法规则的不确定性、反垄断法域外适用的不确定性。参见沈敏荣《反垄断法的性质》，《中国法学》1998年第4期。

补充区域竞争规则的缺漏之处，对区域竞争规则的完善具有十分重要的作用。[①]

区域竞争争端包括两种类型：区域经济一体化组织成员国之间关于区域竞争规则的争端，以及区域竞争执法机构在法律执行过程中与被执行人发生的争端。两种争端的性质和方式不同，前者属于平等成员国之间的争端，后者则属于不平等主体之间的争端。两种类型的竞争争端的解决都可以促进区域竞争规则的释明和机制发展。以欧盟为例，在欧盟竞争法的发展过程中，欧盟法院的竞争争端解决机制对欧盟竞争法的统一适用和发展发挥了重要的作用。在欧盟委员会实施竞争法受到成员国政治干扰的时候，欧洲法院作为独立的司法机构，发挥了促进欧盟一体化的功能。同时，许多欧盟竞争法的概念都是通过欧洲法院的判例发展起来的。

二　经济宪政模式的理论解释

目前，国际社会中创设经济宪政模式的区域竞争法机制不多，从笔者收集的资料来看，国际社会中只有欧盟及加勒比共同体采取经济宪政模式的区域竞争法机制。经济宪政模式的区域竞争法机制，理论上受到国际经济立宪主义理论和国际关系理想主义理论的影响。

（一）国际经济立宪主义理论

经济宪政模式的第一个理论根源是国际经济立宪主义。在西方社会的经济法理论中，竞争法被称为经济宪法[②]，因此，制定竞争法是经济立宪的重要组成部分。经济立宪的思想最早来源于主权国家内部，随着大企业经济权力的迅速扩张，经济学家和法学家逐步意识到，应该对大企业

[①]　这可以从 WTO 的争端解决机制对 WTO 规则的解释作用中看出。WTO 争端解决机制在一定程度上发挥着"判例解释"的作用，具有准司法性质。著名的 WTO 专家杰克逊曾说，"WTO 的争端解决机制是 WTO 试金石"。参见赵维田《论 GATT/WTO 解决争端机制》，《法学研究》1997 年第 3 期；徐崇利《从规则到判例：世贸组织法律体制的定位》，《厦门大学学报》（哲学社会科学版）2002 年第 2 期。

[②]　"经济宪法"一词最早由德国弗莱堡学派提出，并首先在德国 1919 年的《魏玛宪法》中得到体现。1937 年，欧肯、伯姆和葛斯曼·多尔特在其主编的"经济的秩序"丛书首卷中提出，"应将经济宪法理解为国民经济生活秩序的整体抉择"。参见吴越《经济宪法学导论：转型中国经济权利与权力之博弈》，法律出版社，2007，第 2 页。

的经济权力进行限制，维系经济体系的自由化发展趋势。美国《谢尔曼法》的出台就是这种思想的结晶。随着国际经济自由化的发展，企业的力量扩展到国际社会，国际贸易的政府壁垒和私人壁垒给国际经济自由进程带来障碍，在国际层面进行经济立宪以维护国际经济自由化的思想随之产生。

国际经济宪政化的讨论始于对世界贸易体制改革的争论。著名的国际经济法学者杰克逊在其代表作《世界贸易与 GATT 法》中提出 GATT 存在四大缺陷，并认为克服缺陷的途径之一就是对世界贸易体制进行组织化改革。① 理论上，杰克逊教授提出的组织化改革思路就是对国际贸易体制进行美国式的宪政体制改革。杰克逊教授关于世界贸易体制改革的观点引起了学者们对世界贸易体制的制度层面的关注，并引发了创建 WTO 的讨论。② 因此，杰克逊教授可谓国际经济宪政化的先驱者。不过，尽管杰克逊教授的研究已经密切地关注了世界贸易体制与国内宪政体制之间的制度联系，但他并没有进一步探讨世界贸易体制与国内宪政体制在价值层面的潜在衔接③，而是仅仅提出国际经济宪政化改革的第一阶段。

在杰克逊教授学术研究的基础上，彼得斯曼教授进一步研究国际经济体制的宪政化问题。彼得斯曼在《国际经济法的宪法功能与宪法问题》中指出："国内贸易法的历史发展也受到国内法律体系的经验和宪法的强劲影响。传统上适用的方法论路径——既从比较国内公法的角度

①　杰克逊教授列举了 GATT 贸易体制的不足包括以下几个方面：特殊的议事规则使修改 GATT 的一般条款变得困难重重，GATT 的某些"祖父条款"日益不合时宜，GATT 的组织框架及其与其他国际组织间的关系会阻碍 GATT 的发展，GATT 面临如何完善发展 GATT 义务并使之获得遵守的问题。See H. John Jackson, *World Trade and the Law of GATT* (The Boobs – Merrill Company, Inc. , 1969), pp. 770 – 771.

②　Steger P. Debra, "The World Trade Organization: A New Constitution for the Trading System, "in Macro Bronckers and Reinhard Quik, *New Directions in International Economic Law* (Kluwer Law International, 2000), p. 136.

③　对于世界贸易体制所具有的潜在"宪政功能"，杰克逊教授基本持否定态度。他仅把国际法视为工具，并批评国际法具有高于国内宪法的地位的观点。See Ernst – Ulrich Petersmann, "On the Constitution of John H. Jackson, "*Michigan Journal of International Law* 20 (1999):153 – 154; H. John Jackson, *The World Trading System：Law and Policy of International Economic Relations*, 2nd Edition (The MIT Press, 1997), p. 135.

又从国际法的角度来分析国际法律问题——对国际经济法和国际经济秩序上的任何宪法分析而言都是不可或缺的。"① 虽然彼得斯曼教授关于国际经济体制宪政化问题的研究也起源于对世界贸易体制的分析,但很快彼得斯曼教授将其研究的领域转向欧洲一体化进程。在那里,彼得斯曼教授开辟出了一片新天地,从人权的角度分析国际经济体制宪政化问题。② 他认为,经济自由是一项人权。根据历史经验和宪法理论,国内和国际秩序要求三种不同类型的规则,而国内法和国际法的发展也呈现出三类基本规则:一般规则、结果导向的规则和宪法规则。它们分别用以解决国内和国际社会的"协调问题"、"组织问题"和"宪法问题"。彼得斯曼提出应在国际经济领域制定"管制"市场失灵和政府失灵的规则,这两种失灵问题因此在一定意义上成为一种涉及宪法失灵的"宪法问题"③。

在近期的研究成果中,他进一步将维护欧盟一体化的"经济自由"与经济立宪联系起来,并认为在主权平等的威斯特伐利亚体系下,为了保护保障"经济自由"的基本人权,必须建立政府间的国际组织,对国际社会进行"宪政化"改革。实践中,欧盟人权法及欧盟法的改革很好地体现了这种趋势。④ 虽然彼得斯曼在其文中没有直接提出在国际经济组织中制定竞争规则的观点,但是,依据他的逻辑,可以推断出国际经济一体

---

① E. – U. Petersmann, *Constitutional Functions and Constitutional Problems of International Economic Law* (Fribourg University Press Switzerland, 1991), p. 5. 该书中译本参见 E. – U. 彼得斯曼《国际经济法的宪法功能与宪法问题》,何志鹏等译,高等教育出版社,2004。

② 在此方面的代表著述参见 E. – U. Petersmann, "The Transformation of the World Trading System Through the 1994 Agreement Establishing the World Trade Organization," *European Journal of International Law* 6(1995) : 161 – 221; E. – U. Petersmann, "Constitutionalism and International Organizations," *Northwestern Journal of International Law and Business* 17(1996) : 398; E. – U. Petersmann, "How to Reform the UN System? Constitutionalism, International Law and International Organizations," *Leiden Journal of International Law* 10(1997) : 42 – 174; E. – U. Petersmann, "How to Reform the UN System? Lessons from the International Economic Law Revolution," *UCLA Journal of International Law and Foreign Affairs* 2(1998) : 185 – 224。

③ E. – U. Petersmann, *Constitutional Functions and Constitutional Problems of International Economic Law* (Fribourg University Press Switzerland, 1991).

④ E. – U. Petersman, "State Sovereignty, Popular Sovereignty and Individual Sovereignty: From Constitutional Nationalism to Multilevel Constitutionalism in International Economic Law?" in EUI LAW Working Paper No. 2006/45.

化中需要构建超国家的区域竞争法机制的观点。

在自由的社会中，经济自由是一项基本人权。为了保障经济自由的权利，政府不仅应消除对经济自由的压制，实现经济自由主义，而且应积极作为，防止经济自由受到私主体力量的破坏和压制。[1] 在主权国家的内部，主权国家通过立法机构制定国内宪法和竞争法（经济宪法），保障私人的经济自由不受国内政治势力和私营大企业的破坏。在自由化的浪潮席卷全球的情况下，个人的经济自由不仅是国内法的一项基本权利而且应该是国际法上的一项基本权利。在国际法上要保障经济自由权利的实现需要两个方面的条件：一是要求主权国家的行为不对国际经济造成限制，要实现贸易与投资的自由化；二是要求国际社会使经济自由化不受到私人限制竞争行为的破坏。

在无政府状态下，国际社会难以对私人限制竞争行为进行规制。一方面，政府管辖权的地域边界限制与企业活动的无国界限制存在矛盾，这导致主权国家在规制私人限制竞争行为时力不从心；另一方面，大企业作为国内强大的经济和社会势力，可能要挟国内政治势力为其维护全球市场提供政治保护。为此，国际社会保障私人经济自由权利的途径就是国际经济立宪，建立宪政型的国际组织。[2] 超国家模式的区域竞争法机制是宪政型国际组织中不可缺少的一个组成部分，维护区域经济一体化组织的经济自由应当构建一个强有力的区域竞争法机制。

（二）国际关系理想主义理论

虽然国际经济立宪主义从理论上对构建超国家的区域竞争法机制提供了有力的解释，但是，在威斯特伐利亚体系下，要求主权国家让渡其竞争主权，允许区域竞争执法机构直接对其国内企业的经济行为进行调查、监管和处罚，具有很大的难度。虽然彼得斯曼支持通过国际经济立宪解决国际经济问题，但是，他也认识到，亚当·斯密的经济自由主义——在独立、分隔的国际社会中建立超国家的国际组织——带有理想主义的色

---

[1]　Wtii U. , "The Hayekian Puzzle: Spontaneous Order and the Business Cycle, "in B. Bouckaet and A. Kroon(eds.) , *Hayek Revisited* (Edward Elgar, 2000) , p. 23.

[2]　Erisc A. Posner, "Erga Omnes Norms, Institutionalization, and Constitutionalism in International Law, "*Journal of Chicago Law & Economics* 7(2008) : 356.

彩。① 在理想主义理论的视野中,经济宪政模式无疑是符合区域利益的最优模式。而现实中,欧盟与加勒比共同体建立起经济宪政模式的竞争法区域合作机制,与构建区域经济一体化过程中理想主义理论的影响也是分不开的。

国际关系中的理想主义理论来源于自然法中人性之善的观点。理想主义最早的理论渊源可以溯源到意大利思想家、诗人但丁在《帝制论》中提出的建立"世界国家"思想以及法国法学家杜布瓦提出的建立"国际联盟"的想法,理想主义的法学理论渊源是格劳秀斯、狄德罗、孟德斯鸠等人提出的自然状态、自然法思想及边沁提出的寄维持和平的希望于道德的观点,康德有关和平问题的思想也是理想主义的思想渊源。理想主义强调道德伦理、法律规范和世界组织,而忽视权力和利益在国际政治中的现实性。理想主义最著名的代表人物就是美国第 28 任总统威尔逊。1889年,威尔逊发表了《国家论》,提出应当推动国家和世界民主化,国与国之间的关系应实现道德理想。②

威尔逊的理想主义理论的兴盛时期在两次世界大战之间,二战后新现实主义的勃兴在一定程度上宣告了理想主义的失败。由于时代的限制,威尔逊理想主义提出的主要目的在于维护国际和平,防止战争。在经济秩序的构建方面,理想主义只是简单提出构建平等开放的全球贸易秩序,而未对全球经济秩序作进一步论述。但是,这并不能说理想主义理论在国际经济关系方面的论述没有可取之处,理想主义的建立同一世界、消除利益冲突的思想在很大程度上契合了经济全球化的浪潮。在经济方面,理想主义

---

① Ernst – Uilrich Petersmann, "Constitutionalism and the Regulation of International Markets: How to Define the Development Objectives of the World Trading System?"in EUI Working Paper Law No. 2007/23; Ernst – Uilrich Petersmann, "Addressing Institutional Challenges to the WTO in the New Millennium: A Longer – Term Perspective, "*Journal of International Economic Law* 8 (2005):647 – 665.

② 威尔逊提出的理想主义的核心观点包括两个方面。第一,道德宪政主义,提倡国际道德。主张通过道德规则和国际舆论的制约来遏制现实主义的权力政治,从而实现和平。第二,全球合作主义。全球主义在政治方面主要体现为美国希冀建立一个利益共享的国际社会秩序,在维护国际社会的和平方面,美国则提出了集体安全思想的全球安全观。See Fredrick S. Calhoun, *Power and Principle*:*Armed Intervention in Wilsonian Foreign Policy* (The Kent State University Press, 1986), p. 75;亨利·基辛格《大外交》,顾淑馨、林添贵译,海南出版社,1998,第 33 页。

的主要观点在于制止各国政府滥用权力，减少利益争端，构建一个公平、自由的国际经济秩序。而构建这种理想经济秩序需要构建强有力的国际经济法制。理想主义理论在一定程度上符合全球主义的观点。① 这种思想未能在利益纷繁复杂的全球领域内实现，但在一体化程度较高的区域经济组织（如欧盟）中则一定程度上得到实现。根据理想主义理论，经济宪政模式是理想的竞争法区域合作机制。

第一，理想主义认为国际社会应以国际整体利益出发，不应关注单一国家的权力及利益，鼓励国际法律机制在国际社会发挥重要作用。理想主义的"整体"立足点与经济宪政模式的立足点不谋而合。经济宪政模式是以整个国际或区域"整体"为制度设计的出发点，提出成员国让渡其竞争主权，在国际或区域内构建统一的具有强制力的竞争法机制，由国际或区域竞争法机制从维护共同利益的立场出发，维护自由竞争秩序。事实上，国际社会之所以在构建国际竞争法机制的过程中困难重重，主要原因之一在于各个主权国家的立足点并非国际社会整体利益，而是成员国作为"理性人"的自身利益。排除了成员国的自身利益考量，建立在区域整体利益基础上的竞争法合作机制的最优方案无疑是经济宪政模式。

第二，理想主义认为应该把国际关系法律化，遵从道德宪政主义。理想主义的道德宪政主义思想迎合了秩序自由主义在区域经济领域经济立宪的思想。秩序自由主义认为，维持区域经济一体化组织内的自由竞争，符合区域经济的最大利益。但是，政府放任自由会导致私人垄断行为的出现，对区域经济的自由造成破坏。因此，从区域经济的整体利益出发，区域竞争执法机构应有权力调整区域内私人限制竞争行为。但是，为了防止区域竞争执法机构规制权力的滥用和成员国"违约"，以及解决区域竞争争端问题，有必要将国际关系制度化和法律化。区域经济一体化组织进行经济立宪可以最大限度解决区域经济自由化带来的市场难题。应该说，秩序自由主义的观点与理想主义主张的国际关系法律化、实施道德宪政主义的思想是一脉相承的。

---

① 马丁·阿尔布劳：《全球时代：超越现代性之外的国家和社会》，高湘泽、冯玲译，商务印书馆，2001，第 145 页。

　　第三，理想主义的全球合作观契合经济宪政模式的理论依据。理想主义共同利益思想是希望在全球范围内实现自由经济。[①] 为了实现自由经济的目标，理想主义认为应建立一个利益共享的国际组织来管理国际事务，通过国际组织维持国际社会的和平与公平。这种思想体现在经济方面，则是要构建一个超国家的竞争执法机构，这个超国家的竞争执法机构对国际经济行为进行监管，保证国际经济自由化进程的顺利推进。从这个意义上分析，经济宪政模式的竞争法机制的特征契合了这种观点。

　　第四，理想主义的经济宪政模式在少数区域经济一体化组织中得到实践。由于国际社会成员众多、经济发展差异很大、竞争文化不同，现阶段理想主义在全球层面很难实现。一战后，美国在威尔逊理论的影响下，试图通过构建国际机制维护世界和平发展，但这一梦想被二战所摧毁，二战也因此宣告了国际关系理想主义的失败。即便如此，理想主义理论仍在一定程度上发挥其影响力。在一些经济一体化程度高的区域组织中，经济宪政模式得到了实践，国际社会中，构建经济宪政模式的区域竞争法机制的典范是欧盟。欧盟在构建区域竞争法机制时，共同体的创建者就在一定程度上受到理想主义的影响，欧盟创建者从自由、和平欧洲的共同愿景出发，希望通过区域机制促进欧洲经济的复苏和发展。在加勒比地区的一体化进程中，加勒比地区的精英学者发挥了至关重要的作用，他们受欧盟经济一体化进程的鼓励，希望通过区域竞争法机制推进和加速区域经济一体化的进程。因此，加勒比地区构建的经济宪政模式的区域竞争法机制无疑也是受到理想主义影响的成果之一。

三　经济宪政模式的评价

　　经济宪政模式的区域竞争法机制从共同体主义的视角出发，在区域层面构建一个超国家的区域竞争执法机构，维护区域内的自由竞争秩序。站在区域共同利益的角度分析，经济宪政模式的区域竞争法机制无疑是国际机制的最优选择。构建一个超国家的区域竞争执法机制，可以

---

① Arthur S. Link(eds.), *The Papers of Woodrow Wilson*(Princeton University Press, 1985), p. 145.

有效防止私主体力量和成员国破坏区域自由竞争秩序，实现区域内资源的优化配置。

但是，不容否认，当前国际社会还是在威斯特伐利亚体系下，以主权国家为基础的。[①]基于国际社会的现状，"共同体本位"的思考视角无疑具有理想主义的色彩。马丁·阿尔布劳认为，"凡是在人们把世界作为一个整体看待并承担起对世界责任的地方，凡是在人们信奉'把地球当作自身的环境或参照点来对待'这么一种价值观的地方，我们就可以谈论全球主义"[②]。但是，正如许多学者所指出的，主权的本质内涵是国家利益，主权仍然是国际关系的基础，发展中国家应警惕发达国家以"全球化"之名侵犯其国家利益。[③]因此，国家构建区域组织的谈判和博弈，不仅是从共同体角度出发的，而且甚至更大部分是从主权国家自身利益的角度出发的。

站在主权国家"政府本位"的角度，构建经济宪政模式的区域竞争法机制并不一定对主权国家最有利。在经济宪政模式的区域竞争法机制之中，主权国家需要让渡其竞争主权，主权国家的管制经济行为需要必要的限制。这些对维护共同体自由竞争有利的行为，不一定也符合主权国家的利益。此外，共同体利益最大化，并不意味着其产生的利益在共同体内分配均匀。[④]这意味着经济宪政模式的竞争法机制对共同体最优，但具体到

---

①　实际上，国际经济宪政主义就是要求对这种以主权国家为主的传统二元分立状态进行调整。国际宪政主义认为，传统人类社会呈现"个人—国家"与"国家—国际社会"的分立式组织结构，它使国际事务与国内事务之间存在明显的界限。与此相应，人类传统管辖体制也呈现二元分立特征，即国际法体制与国内法体制各行其道、各司其职，二者具有相互独立的价值追求和制度结构。世界经济一体化的发展，深刻地改变了传统二元分立管辖体制的社会基础。私主体开始普遍地、频繁地和大规模地参与世界经济一体化分工与合作活动，这从根本上打破了传统国际关系中国家对国际事务的垄断地位。但即使是这些持此观点的学者也认为，目前的国际社会基础仍然是二元分立的，主权国家仍然是国际关系的主要参与者。参见路易斯·亨金《国际法：政治与价值》，张乃根等译，中国政法大学出版社，2005，第146～148页；陈辉庭《论世界贸易体制的宪政化》，博士学位论文，厦门大学，2007。

②　马丁·阿尔布劳：《全球时代：超越现代性之外的国家和社会》，高湘泽、冯玲译，商务印书馆，2001，第145页。

③　邹立刚：《全球化背景下的国家主权原则》，《东南学术》2004年第S1期，第99～101页。

④　实际上，在市场自由竞争的情况下，会出现马太效应，也就是强者越强、弱者越弱的现象。在区域经济一体化特别是南北型区域经济一体化中，如果没有进行必要的制度设计，发达国家与发展中国家之间的差距就不是减小的，而是扩大的。

每一个成员国，其获得的利益则不一定最大化。因此，经济宪政模式并不适用于所有的区域经济一体化组织。

理论上，区域经济一体化组织构建超国家的区域竞争法机制应满足以下基础条件。第一，区域经济一体化和自由化的程度较高。只有区域内已经基本实现贸易、投资等消极自由化，才有可能开启构建经济宪政模式的竞争法合作机制的积极自由化进程。第二，区域内成员国的经济实力不能悬殊。由于超国家的竞争法机制要求主权国家让渡其核心的竞争主权给区域竞争执法机构，主权国家在签订区域经济一体化协议时会慎之又慎，如果成员国之间的经济差异太大，则构建超国家的区域竞争法机制后是否会产生严重损害国家利益的结果难以预料，超国家的区域竞争法机制难以成功。第三，区域经济一体化组织的成员国应具备相同或类似的竞争法观念。除了满足上述两个基本条件外，成员国愿意让渡核心的竞争主权给区域竞争执法机构，还必须具备相同或类似的竞争法观念。综上，构建经济宪政模式的区域竞争法机制的条件比较高，目前国际社会中经济宪政模式的区域竞争法机制还不多。截至 2021 年，只有发达国家之间的欧盟及发展中国家之间的加勒比共同体，成功构建了经济宪政模式的区域竞争法机制。

第二节　硬法模式的竞争法区域合作机制

一　硬法模式的内涵及特征

硬法模式的竞争法区域合作机制是区域经济一体化协议规定具有操作性和拘束力的竞争实体性和程序性规则，要求成员国据此完善国内竞争法机制、构建区域竞争协调和争端解决机制的区域竞争法模式。硬法模式的基本特征是，区域经济一体化协议的竞争规则是具有拘束力的，成员国有义务遵守区域竞争规则对本国竞争法的基本原则、实体性和程序性规则提出的要求和标准，并在执行竞争法领域进行国际合作。硬法模式的核心是，区域内没有建立超国家的区域竞争执法机构，竞争法仍由成员国政府分别独立执行，但成员国有义务根据区域经济一体化协议修订和完善本国竞争法，使之与区域内成员国的竞争法趋同。成员国如果未履行上述义务，根据国际法应承担相应的国际责任。[①]

硬法模式是区域经济一体化协议最常采用的竞争法合作方式，体现出以下特征。

（一）没有设立统一的区域竞争执法机构

与经济宪政模式不同，硬法模式的特点在于区域内不需要设立一个超国家的竞争执法机构，竞争法仍由成员方竞争执法机构执行，不需要设立统一的区域竞争执法机构，不需要让渡深层次的国家经济主权，这降低了竞争议题国际谈判的难度，也更容易让成员接受。例如，《欧盟与地中海国家联系国协议》只规定了双方竞争法的原则、执行程序的要求和标准，并要求成员切实履行上述义务，没有设立统一的区域竞争执法机构。晚近签署的 CPTPP、USMCA 等巨型自由贸易协定，同样只规定成员国竞争法的最低要求而不设立区域竞争执法机构。

（二）区域竞争法条款具有法律拘束力

硬法模式的另一个主要特征在于，区域经济一体化协议的竞争法条款规定了成员国的竞争实体性义务、程序性义务等具体、明确的国际法义务，相关义务对成员国具有法律拘束力。如果成员国未根据协议履行竞争义务，应承担违约的国际责任。这也是硬法模式区别于软法模式的关键。当然，不同区域经济一体化组织的历史阶段、文化观念及经济一体化程度不同，硬法模式规定的竞争法合作强度也不同，区域竞争法条款的竞争实体性义务和程序性义务的具体内容存在很大的差别。例如，欧洲经济区的竞争法合作机制合作强度比较大，不仅规定了成员国统一竞争实体性规则的法律义务，还规定了成员国合作执行竞争法的执法义务，而且设置了统一的区域竞争争端解决机制。比较而言，《欧盟与地中海国家联系国协议》就显得比较简单，仅仅规定成员国履行竞争实体性规则的法律义务，没有涉及竞争法合作执行义务及争端解决。

（三）争端解决机制适用范围仅限于政府间的竞争争端

区域竞争争端可以划分为两类：成员国政府之间的竞争争端和跨国私

---

① 邵津主编《国际法》（第二版），北京大学出版社、高等教育出版社，2005，第401页。

主体与竞争执法机构之间的竞争争端。前一种争端是平等主权国家之间的国际争端,而后一种争端则涉及成员国的国内行政执法。虽然不少硬法模式的区域经济一体化协议设立了区域竞争争端解决机制,但是,硬法模式下的区域竞争争端解决机制仅管辖政府间的竞争争端,不涵盖涉及私主体的竞争争端。在竞争争端解决机制的具体设置方面,不同区域经济一体化组织的差异也很大:有的只是简单设置了竞争争端的协商制度,而有的专门设置了竞争争端的仲裁制度。但总体而言,硬法模式的核心限于政府间的竞争执法合作,因此,私主体与执法机构在成员国竞争执法方面产生的争端不在竞争争端解决机制的管辖范围之内。

二 硬法模式的理论解释

硬法模式是国际法现代性在竞争领域的体现[①],因此,硬法模式是目前区域经济一体化组织构建区域竞争法机制最通常选择的模式之一。硬法模式基于国家之上无更高权威的国际社会现状,建立在成员国主权独立平等的国际法理论基础之上。合作博弈理论及新自由主义的国际机制理论为硬法模式提供了有效的理论解释。[②]

(一) 合作博弈理论

在国际经济立宪主义和国际关系理想主义的观点中,区域内成员国愿意从区域共同利益出发,谈判构建区域竞争法机制,因此,构建超国家的区域竞争法机制是最佳选项。但是,这种以区域共同利益为出发点的论证视角,并不符合区域竞争法机制构建的国际现实。在威斯特伐利亚体系下,主权国家是独立主体,有各自的利益诉求,在谈判构建区域竞争法机

---

① 何志鹏:《国际法的现代性:理论呈示》,《清华法学》2020 年第 5 期。
② 新自由主义理论是古典自由主义理论在国际关系方面的延伸。古典自由主义意图建立一个政治、经济、文化一体化的世界秩序,本质上带有一定的理想主义色彩。而新自由主义则是在对新现实主义进行批判的基础上发展起来的。20 世纪 70 年代,世界政治经济发展呈现新的态势,多极化、全球化、区域经济一体化、核战争的恐怖阴云、石油危机、生态环境问题等大大提高了全球相互依存的程度。基于此,一些国际关系理论学者从古典自由主义和早期理想主义的遗产中发掘出有价值的思想,反思现实主义国际关系理论,与经济学家一起发展出在新的自由主义思想指导下的国际关系理论,其逐渐成为西方国际关系理论的主流学派之一。参见倪世雄《当代西方国际关系理论》,复旦大学出版社,2001,第 218~326 页。

制时更多追求自身利益的最大化，而非区域共同利益的最大化。有鉴于此，合作博弈理论提出，构建何种模式的区域竞争法机制更多取决于成员国从自身利益出发的制度博弈。

主权国家构建硬法模式的竞争法区域合作机制的出发点是成员国存在区域层面的竞争执法合作需要。随着区域经济一体化的推进，区域经济逐步实现贸易、投资等领域的经济自由化发展，区域的贸易壁垒大幅度削减。实践中，晚近签订的区域经济一体化协议的经济自由化程度逐步提高，所涉及的经济自由化的经贸议题也逐渐增多。[1] 在贸易壁垒大幅度削减的背景下，消除私人限制竞争行为给区域经济自由带来的障碍成为区域经济一体化组织亟须解决的经贸议题。

竞争法域外适用无法切实维护国际经济的自由竞争秩序，这个结论同样适用于区域经济一体化组织。基于经济主权，成员国有权制定符合本国国情的竞争法。为了解决区域垄断行为产生的垄断问题，对抗邻国"以邻为壑"的竞争政策，成员国赋予本国竞争法域外适用的法律效力。[2] 竞争法域外适用并不能有效解决区域垄断问题。一方面，竞争法域外适用会产生侵犯其他成员国经济主权的现象，引发其他成员国的抵制。另一方面，竞争法域外适用产生的冲突与程序问题，也会阻碍跨国企业的区域经济活动，减损贸易壁垒降低带来的利益。以区域跨国兼并为例，区域内的跨国兼并行为会给许多成员国的竞争秩序造成影响，因此，根据"效果原则"，多个成员国竞争执法机构要进行兼并审查，而不同成员国的兼并审查申报要求、标准和程序各不相同，这影响了正常跨国兼并行为的有效开展。[3]

博弈论是经济学解释合作机制形成的重要理论。区域内成员国采取竞

---

[1] Bjom Hemie, *Globalization and the New Regionalism* (ST. MARTIN'S, INC. , 1999), p. 15.

[2] 正如前文所述，采取出口卡特尔豁免是这种制度的表现。

[3] 这种恶性的竞争法制度竞争可以用博弈论的"囚徒困境"模型解释。"囚徒困境"是博弈论的零和博弈中最具代表性的例子，它反映个人最佳选择并非团体最佳选择。"囚徒困境"模型可以应用到国际竞争法冲突方面。"囚徒困境"产生的原因在于参与决策者之间信息的不沟通，因此解决"囚徒困境"的途径在于合作以减少博弈的成本。参与决策的多方最好保持合作的状态，各方所得利益的总和方可最大化。上述理论适用到竞争法制度竞争方面，政府间应进行竞争执法的合作，加强信息的沟通，摆脱不合作带来的困境。参见本书第一章第二节。

争法域外适用的原因在于，成员国完全从本国利益出发，形成"囚徒困境"。博弈论认为，"囚徒困境"的有效解决途径就是进行合作博弈。根据是否可以达成具有约束力的协议，可以分为合作博弈和非合作博弈两种类型。[1] 合作博弈也称为正和博弈，是指博弈双方的利益都有所增加，或者至少是一方利益增加而另一方利益不受损害，因而整个社会的整体利益有所增加。合作博弈采取合作的方式，或者说相互作出妥协。合作博弈之所以能够增进妥协双方的利益以及社会整体利益，就是因为合作博弈能够产生合作剩余。根据合作博弈理论的合作剩余观点，硬法模式的竞争法区域合作机制不仅有利于区域经济一体化组织，也有利于区域内成员国。

为了解决竞争法域外适用产生的"囚徒困境"，不具有完全共同利益的成员国通过制定具有国际法拘束力的竞争法条款在区域层面建立起信任关系和信息共享机制，产生"竞争合作博弈"的合作剩余。硬法模式不要求成员国将竞争主权完全让渡给区域竞争执法机构，对成员国的经济主权影响小，意味着成员国参与合作博弈需要付出的经济主权成本不高。此外，成员国之间的区域竞争法合作承诺，可以减少"以邻为壑"的竞争法冲突，一定程度上解决区域内出现的私人垄断问题。[2] 同时，成员国愿意付出的竞争主权成本不同，合作博弈的程度不同，竞争法区域合作机制的具体内容就表现出基本原则的不同以及程序合作和实体合作的不同。

（二）新自由主义的国际机制理论

除了合作博弈理论为硬法模式的竞争法区域合作机制提供理论上的解释外，国际关系的新自由主义理论从国际机制的原理出发，进一步解释了硬法模式的竞争法区域合作机制的合理性。新自由主义是20世纪70年代以后兴起的一种国际政治思潮，它在与新现实主义的论战中得到迅速发展。与传统的现实主义理论不同，新自由主义理论虽然同样承认国际社会无政府状态的现实，但强调国际合作的重要性，强调国际合作机制在无政

---

[1]　Jia – Wei Li, "What Determines a Game to Be Cooperative or Non – Cooperative?" http://ssrn. com/abstract = 790244，最后访问日期：2009 年 5 月 12 日。

[2]　Chad Damro, "Transatlantic Competition Policy: Domestic and International Sources of EU – US Cooperation," *European Journal of International Relations* 12(2006) : 456.

府状态下解决国际问题的作用。① 根据新自由主义理论学者基欧汉的观点，国际合作机制不仅重要，而且不可或缺。基欧汉认为，市场调节下的国际互动可能产生次优的结果。在此，问题不在于行为者自身的弱点或者缺陷，而在于整个体系的结构和制度，体系特有的特征造成交易成本（包括信息成本）昂贵以及不确定的问题。归根到底，次优结果产生的根源是制度的缺陷。② 应该说，虽然基欧汉提出新自由主义的国际机制理论的目的是为霸权衰弱后的美国的国际地位进行辩护，但是该理论作为近二十年来最富有开创性的主要国际关系理论之一，有效解释了竞争法区域合作机制硬法模式的可能性。③

依照新自由主义的国际机制理论，构建硬法模式的竞争法区域合作机制是在国际社会的无政府状态下，区域成员国作为"理性人"的理性选择。没有确定的区域竞争法合作义务，成员国无法进行有效合作，会产生竞争法冲突的制度成本。而构建硬法模式的竞争法区域合作机制，可以降低合作的交易成本及不确定性，有效地解决区域竞争法问题。

第一，新自由主义的国际机制理论从批判新现实主义入手，强调在国际社会中进行国际合作具有必要性。新自由主义理论不同于理想主义的"共同体主义"视角，其理论基础与新现实主义是相同的——国际社会无政府状态下主权国家的个体理性利益分析。④ 主权国家在区域经济一体化

---

① Robert O. Keohane, *Neorealism and Its Critics* (Columbia University Press, 1986) , pp. 6 – 7.

② Robert O. Keohane, "The Demand for International Regimes, "in Stephen D. Krasnered. , *International Regimes* (Cornell University Press, 1982) , pp. 150 – 151.

③ Kenneth W. Abbott, "Toward a Richer Institutionalism for International Law and Policy, "*Journal of International Law and International Relations* 1(2005) : 9.

④ 新自由主义理论区别于新现实主义理论主要体现在以下五个方面。第一，主张"以全球相互依存为中心"的观点，认为国家不再是占中心地位的国际社会角色，世界政治经济多极趋势导致众多角色活跃在国际舞台上。第二，国际系统应主要包括结构和过程两部分，强调研究体系角色相互作用的权力模式。第三，权力不再是国家行动的唯一目标，军事力量不再是对外政策的有效手段，经济技术合作及全球相互依存正逐步占据国际关系的主导地位，经济福利与国家安全同等重要，因而不能被随意放弃或牺牲，经济是和平的前提。第四，在国际合作中，国家的目的是获取绝对收益，只考虑在合作中自己是否有所得，不顾及自己的收益比别人多还是少。第五，国家是理性的，国际机制、规则、制度是解决国际社会无政府状态所产生的问题的有效手段，能确保实现国家间合作这一目标。参见苏长和《全球公共问题与国际合作：一种制度的分析》，上海人民出版社，2000。

组织中构建区域竞争法机制的出发点是自身利益的最大化。在区域经济一体化程度不高的情况下，成员国并不愿意让渡过多的竞争经济主权（特别是竞争执法权和行政裁判权）给区域经济一体化组织，建立超国家的区域竞争执法机构只能是理想主义学者的臆想，在国际实践中并不可行。而硬法模式的竞争法区域合作机制则在成员国能接受的主权成本限度内，为区域提供竞争法合作的有效国际机制。

第二，新自由主义理论强调国际合作，认为国际合作能有效促进国际关系的发展。在竞争法冲突方面，新自由主义理论认为，国家间的竞争执法机构进行相互合作，消除竞争法冲突，是摆脱国际市场经济垄断困境的可行途径。这种观点虽然和新现实主义理论的观点相近，但是，相较而言，新自由主义理论更强调国际制度的重要性①，基欧汉认为国际制度是不可或缺的。在这方面，新自由主义理论与新现实主义理论产生了明显的分歧。因此，根据新自由主义理论，区域经济一体化组织有必要构建有约束力的国际竞争法合作机制，维持成员国在竞争法方面的合作。新自由主义的国际机制理论契合硬法模式的竞争法区域合作机制的设置原理。虽然国际社会的主要行动者是国家，国家需要通过国内竞争政策和执法来维护国家利益，但是政府间的竞争法合作机制仍可以产生区域剩余，这有利于区域成员国。根据新自由主义理论，有效的竞争法区域合作机制，必须有一定法律拘束力，也就说，区域经济一体化组织应构建一种"硬"的合作机制。

第三，晚近的巨型自由贸易协定，如 CPTPP、USMCA 等，以及欧盟与其他国家签订的自由贸易协定中的竞争法合作机制是新自由主义理论的实践体现。欧盟本身构建了经济宪政模式的竞争法区域合作机制，但是，基于合作程度不同和竞争文化差异，欧盟与其他国家签订的自由贸易协定更多采取硬法模式的区域竞争法机制。例如，《欧盟与地中海国家联系国协议》的竞争条款，没有建立超国家的区域竞争执法机构，只规定了成员国竞争法合作的实体性和程序性义务。在这些竞争法区域合作机制中，

---

① Cameron G. Thies, "Are Two Theories Better than One? A Constructivist Model of the Neorealist – Neoliberal Debate," *International Political Science Review* 25(2004): 162.

其立足点仍然是成员国（国家集团）自行有效执行国（区域）内竞争法，只是要求成员应根据协定进行竞争执法合作。这也符合新自由主义理论立足于主权国家、重视国际合作机制作用的观点。

三　硬法模式的评价

基于国际社会无政府状态的现实，目前大多数的区域经济一体化组织还很难从"共同体利益"的角度出发构建超国家的区域竞争法机制。主权国家从"个体"国家利益的角度出发，为了解决区域经济自由化出现的垄断问题，通过区域经济一体化协议协调国内竞争法的实体性和程序性规则，构建硬法模式的竞争法区域合作机制，这是实际可行的制度选项。硬法模式建立在承认经济主权的基础上，能够得到国际社会的普遍认同，成为区域经济一体化组织最主要采取的竞争法区域合作机制模式。特别是晚近签署的自由贸易协定，如欧盟与其他国家签订的区域经济一体化协议以及一些巨型自由贸易协定，几乎都采取了这种模式。

硬法模式的竞争法区域合作机制，一方面承认主权国家的竞争主权的重要性，另一方面又认同主权国家基于共同利益通过区域经济一体化协议让渡部分竞争经济主权。但是，竞争主权让渡涉及深层次的国际合作，因此，与成员国减让关税的承诺不同，成员国对让渡竞争经济主权更慎重。基于此，即使区域经济一体化组织采取了硬法模式的竞争法合作机制，其合作强度也是循序渐进的，随着区域经济一体化推进而逐步增大。

正如国际机制理论所论述的，在全球化的今天，国际社会已经形成了一个"复合相互依存"的国际体系，在经济领域合作是正常的，也是经常发生的。[①] 随着全球化、多边主义和经济一体化程度逐渐提高，竞争议题必然成为国际合作的制度需求。硬法模式的竞争法区域合作机制将成为竞争法区域合作机制的主要选项。

但是，也正如本书所论证的，硬法模式并不适用于所有的区域经济一体化组织，硬法模式的前提是政府合作能产生合作剩余，如果成员国

---

① 　罗伯特·吉尔平：《全球政治经济学：解读国际经济秩序》，杨宇光、杨炯译，上海人民出版社，2003，第12~23页。

之间的经济差异过大、缺乏共同的竞争文化，则采用硬法模式的竞争法合作机制可谓操之过急。特别是在南北型区域经济一体化组织中，发展中国家是否可以接受硬法模式的竞争法区域合作机制，仍然要根据其市场经济体制转型阶段以及国内竞争法执行能力进行具体的个案判断。贸然接受强度过大的硬法模式的竞争法区域合作机制，让渡的竞争经济主权程度过大，不仅不会给发展中国家带来国际合作剩余，而且可能带来损害。

第三节　软法模式的竞争法区域合作机制

一　软法模式的内涵及特征

软法模式的竞争法区域合作机制是指区域经济一体化成员国在区域经济一体化协议中达成关于竞争合作的君子协议，表现出相互竞争合作的意愿，提供竞争合作的途径，而构建的松散型、自愿型的竞争法区域合作机制。这种君子协议不具有国际法的强制拘束力，只具有敦促性和宣示性道义义务。软法模式的主要功能是构建一个成员国竞争执法机构相互沟通的区域框架和共同平台，通过成员国竞争执法机构之间的良好沟通推动执法合作文化的形成，协调区域竞争执法的不平衡并且提供相互协商程序。软法模式首先在《北美自由贸易协定》中提出，并随着美国在其双边自由贸易协定中应用而得到国际推广。公共治理理论可以为软法模式提供理论解释。

与硬法模式的竞争法区域合作机制相比，软法模式的竞争法区域合作机制具有以下特征。

（一）不具有国际法的强制拘束力

软法模式的竞争法区域合作机制的最核心特征是不具有国际法的强制拘束力。软法模式的竞争法区域合作机制一般只要求成员国制定和有效执行其本国的竞争法，维持国内竞争执法机构的正常运作，自愿进行竞争执法合作，维持区域内的自由竞争秩序。但软法模式并未对成员国竞争法的实体性规则和程序性规则提出强制性义务，也没有规定竞争法合作的具体程序性义务。软法模式下，成员国不承担具有国际法拘束力的竞争义务，而且区域经济一体化协议的竞争条款更多是具有框架性和自愿性的，没有成员国违反相关义务的国际责任及补救措施。大多数情况下，软法模式的竞争法区域合作机制排除区域争端解决机制的管辖。

NAFTA 升级为 USMCA 之前，北美自由贸易区的竞争法区域合作机制是软法模式的范例。NAFTA 的竞争条款只有五条，除了要求成员国有效规制政府垄断行为之外，NAFTA 没有管制私人限制竞争行为的其他实体性规定，只要求成员国制定和实施国内竞争法。① 美国与许多国家签订的早期自由贸易协定，如《美国—新加坡自由贸易协定》《美国—韩国自由贸易协定》的竞争法合作机制也都采取软法模式。

（二）主要功能在于建立沟通途径

软法模式的主要功能不在于制定具有强制约束力的实体性规则，而是在成员国之间构建一个针对竞争议题的有效沟通平台。NAFTA 第 1504 条建立了贸易与竞争工作组，研究 NAFTA 竞争规则的发展及贸易与竞争之间的关系，但这个工作组并没有太多的进展。NAFTA 只是一个自由贸易协定，因此，其建立的竞争法合作机制的合作程度远远低于欧盟的竞争法合作机制。NAFTA 没有规定统一的竞争实体性规则，没有建立统一的竞争执法机构，没有设立统一的司法裁决法院。NAFTA 构建了独特的区域争端解决机制，但是根据 NAFTA 的规定，竞争案件不适用于 NAFTA 的争端解决机制。因此，NAFTA 的竞争法合作机制充其量只是成员国关于竞争议题协调沟通的软机制。NAFTA 的竞争法机制作为自由贸易政策的补充，目的主要在于防止私人限制竞争行为成为区域自由贸易的新障碍。这个目的在美国律师协会关于 NAFTA 竞争政策的陈述中表现得很清楚："首先，竞争政策和贸易政策共同为区域市场经济提供了经济制度基础。正如自由贸易措施消除了政府贸易壁垒，竞争法的有效执行可以消除私人贸易壁垒。其次，随着贸易自由化的推进，私人和政府采取贸易壁垒保护本国产业的动机会更加强烈。采取竞争政策防止私人限制竞争行为对自由

---

① Terence P. Stewart and Timothy C. Brighbill, "Trade Law and Competition Policy in Regional Trade Arrangements,"*Law and Policy in International Business* 27(1996):135.

贸易造成新的壁垒也变得更加重要。"①

(三) 具有协调竞争文化的合作效果

软法模式虽然不具有国际法上的强制拘束力，但是这种模式并非完全没有实际效果。实际上，有的学者已经发现，软法模式并不只是一个"清谈馆"，而是具有一定的"硬"效果。② 以 NAFTA 构建的政府合作软法模式为例，NAFTA 的政府合作软法模式虽然不具有强制力，但是对 NAFTA 成员国的竞争法机制有重要的影响。一方面，NAFTA 的竞争法机制协调了 NAFTA 成员国的竞争法。墨西哥是 NAFTA 成员国中唯一一个发展中国家，在竞争法方面也最缺乏经验。虽然墨西哥在其 1917 年《宪法》中就已经禁止了垄断行为，并在 1934 年颁布了《反垄断法》，但这些只有原则性规定，并未有实体性具体操作规定。事实上，墨西哥的竞争法在实践中没有得到真正的适用，国有企业在墨西哥的经济中是最主要的市场垄断力量。作为加入 NAFTA 和经济体制改革的前提，墨西哥在 1993 年颁布了一部新的《联邦经济竞争法》，强化了本国竞争法的执行力度。另一方面，NAFTA 为成员国之间进行竞争执法合作提供了平台。美国、加拿大和墨西哥在 NAFTA 的框架下签订了两两之间进行竞争执法合作的协定，方便了相互之间的竞争执法。

随着美国、加拿大和墨西哥竞争执法的沟通和合作加深，三方竞争执法理念的契合度也逐步提高。NAFTA 中软法模式的竞争法合作机制为 2020 年 USMCA 中的具有实体法义务的竞争法合作机制提供了前期的准备。

---

① ABA, Report of the Task Force on the Competition Dimensions of NAFTA, Section of Antitrust Law, 1994, p. 11.

② 这种硬效果可以通过"网络化效应"得到解释。"网络化效应"，是指使用同种商品或其兼容商品的用户越多，那么，对于单个用户来说，这种商品的价值就越大。国际经济软法同样具有一定程度的"网络化效应"，不接受这些统一规则的国家就会被"边缘化"，接受了这些统一规则但不予实施的，同样也享受不到网络化的好处；而对于那些接受并实施跨政府组织网络中国际经济软法的国家，它们给这些国家带来的收益会越来越大，由此，这些国家脱离跨政府组织网络，背弃其中的国际经济软法的可能性也会越来越小。See K. Raustiala, "The Architecture of International Cooperation: Transgovernmental Networks and the Future of International Law," *Virginia Journal of International Law* 43 (2002)：62 – 68；徐崇利《跨政府组织网络与国际经济软法》，《环球法律评论》2006 年第 4 期。

二　软法模式的理论解释

与硬法模式相比，软法模式不要求主权国家承担国际法上的竞争义务和责任，因此，需要承担的竞争主权成本更低，更容易被主权国家接受，特别是一些在竞争法方面还没有执法经验的发展中国家或经济转型国家更容易接受软法模式。软法模式减少了竞争议题不确定性导致的承担过重国际法律责任的担忧。美国与许多发展中国家签订的自由贸易协定中，初期阶段都采取这种模式的竞争法合作机制。软法理论与国际关系的新现实主义理论给软法模式提供了理论解释。

（一）软法理论

"软法"与"硬法"的概念相对应。针对条约、公约、声明、议定书、宣言、官方公报等多种载体形式的国际法规范，国际法学者以规范效力为标准，将其中有些规范称作"硬法"，"硬法"通过详细的条文约定明确地规定对缔约方具有约束力的国际义务与责任，给予权威机构条约解释权，并使有关机构督促国际义务的履行。亦即，硬法具有明确性、国际义务与第三方授权三个基本要素。与之相对的"软法"，则指那些缺少三个要素当中的一个或多个的制度安排：软化（sofening）既可以发生于一个条件的不同层面，也可以发生于多个条件的组合层面。①

软法兴起的主要原因在于全球公共治理的兴起。随着全球化时代的到来，原属各国国内法管制的经济事务不断进入全球市场范围，形成了纷繁复杂的"全球经济问题"。全球经济问题（如国际竞争法冲突问题）本身就是市场在全球市场范围内失灵的产物，因此，对其难以自发地通过市场机制这一"看不见的手"加以解决；即便各国政府存在行政管制行为，也有管制失灵的可能。世界上没有全能的国家可单独或合作解决复杂的全球经济问题。换言之，传统的国家"经济管制"方式已无法单方医治全球经济失灵问题这一顽疾。为了弥补全球市场失灵和管制失灵带来的空

---

① Kenneth W. Abbott and Duncan Snidal, "Hard and Soft Law in International Governance,"*International Organization* 54(2000): 421 – 422.

缺，全球治理作为应对全球经济问题的第三条路径产生。所谓的"全球治理"，是指对于全球经济和管制问题，需要以全球共同目标为支撑，采取相互协调的方式，将不同层次的各类行为体联结在一起，在凝聚共识的基础上实行"各种路径的综合治理"。①

全球公共治理成为全球治道的主要方式，"软法"治理随之而兴。软法与公共治理存在内在关联性，这体现为"软治理"以软法为治理工具。在行政统治模式下，法律是"硬"的；而在治理模式下，法律更多是"软"的。②与传统管理模式不同，公共治理不可能纯粹地建构于硬法之上，只能软硬兼施、刚柔相济。因此，公共领域的治理转型过程，很大程度上表现为由单一、僵化的"硬法体系"向"软硬协调"的混合法体系演进的进程，这就急切需要"软法治理"补充从行政统治管理向公共治理转型而出现的治理空白。

国际竞争领域就是一个典型需要"软法治理"补充的法律领域。随着国际经济一体化进程的不断推进，私人限制竞争行为对经济自由化发展造成了障碍，减损了经济自由化带来的利益。区域经济一体化和自由化的程度越高，这种障碍体现得越明显。在区域经济一体化的发展过程中，单靠成员国竞争执法机构治理无法遏制私人限制竞争行为，区域经济的自由竞争必须依靠区域经济一体化组织成员国进行共同治理。但是，成员国是否接受具有国际法义务的硬法模式，要考虑区域经济一体化的程度及其本国竞争法的执行能力等多个因素。在发展中国家竞争文化还未培育成熟、竞争执法机构执行能力不足的情况下，其对在国际层面承担竞争法合作责任存在很大的疑虑。

在这种国际现状下，软法模式为区域经济一体化组织成员国共同治理区域竞争问题提供了新的合作模式。根据软法治理理论，软法模式是发生在区域经济一体化组织成员国竞争主管机构之间的沟通与合

---

① 詹姆斯·N. 罗西瑙：《面向本体论的全球治理》，载俞可平主编《全球化：全球治理》，社会科学文献出版社，2003，第61页；徐崇利：《国际经济法律冲突与政府间组织的网络化——以世界贸易组织为例的研究》，《西南政法大学学报》2005年第5期。

② Ulrika Morth, *Soft Law in Governance and Regulation: An Interdisciplinary Analysis* (Edward Elgar, 2004), p. 1.

作，这种合作并不要求主权国家承担国际法的强制义务。软法治理理论的核心是民主制度的公共协商，公共协商是指自由、平等的政治共同体主体通过讨论和对话等方式共同审视具有整体约束力的公共政策，并使共同体立法和决策具有合法性的一种治理形式。公共协商的过程具有包容性：政治共同体的所有成员在平等的基础上都可以参与讨论与决策，实现的最终目标是"利用公共理性寻求能够最大限度地满足所有主体愿望的政策"。[①] 竞争法区域合作机制的软法模式，一方面不要求成员国承担国际法上的强制义务，另一方面使成员国竞争执法机构可以在竞争议题上进行公开协商，寻求竞争执法合作的最大公约数。

同时，软法理论认为软法虽然不具有法律上的强制拘束力，但是具有道义和政治的影响力，并为硬法的形成和产生创造了有利的条件。[②] 软法模式的竞争法区域合作机制同样发挥了这样的作用。软法模式的竞争法区域合作机制虽然不具有法律上的强制拘束力，但是为成员国之间进行硬法合作创造了有利的条件。在 NAFTA 区域竞争法机制框架下，美国、加拿大与墨西哥之间签订双边竞争法合作协定就是这种软法硬化的一个表现。同时，NAFTA 软法的协调功能，有力地促进了 2020 年签署的 USMCA 纳入竞争合作硬法机制。

因此，软法理论可以合理地解释为什么软法模式的竞争法区域合作机制经 NAFTA 提出后，能够得到许多发展中国家的认可，并成为美国与许多发展中国家之间自由贸易协定的竞争法合作机制模式。

（二）国际关系的新现实主义理论

软法模式的竞争法合作机制由美国提出，首先出现在 NAFTA 中，并在美国与其他国家签订的初期自由贸易协定中得到推广。从主权成本的角度出发，软法模式没有国际法上的强制义务，因此发展中国家更容易接受该模式。而从美国的角度出发，推广竞争法区域合作机制的软法模式与二战后美国国际关系的主流理论——霸权稳定论，是紧密相关的。

---

① 陈家刚：《协商民主引论》，载薛晓源、李惠斌主编《当代西方学术前沿研究报告》，华东师范大学出版社，2006，第 282 页。

② Hartmart Hillgengerg, "A Fresh Look of Soft Law," *European Journal of International Law* 3 (1999) : 123.

现实主义理论是国际关系理论中的主流观点之一。在国际关系理论的长期争论过程中，现实主义理论一直处于中心地位。[1] 古典现实主义理论认为，在无政府状态的国际社会中，国家作为国际社会的"理性经济人"，融入国际关系的目的在于追求国家利益的最大化，而国家外交政策和国际机制只是国家实现利益最大化的方式和手段。[2]

新现实主义理论根据时代发展对古典现实主义理论进行了部分修正。新现实主义理论强调经济与政治之间的紧密联系，认为国际社会虽然处于无政府状态，但这一情况发生了部分改变，现代通信、交通和人工智能科技的发展与各国之间相互依赖程度的加强促进了全球合作关系。今日之国际关系，不仅存在国家利益的矛盾和冲突，而且有国家的沟通和合作。[3] 但是，正如约瑟夫·葛里格所指出，新现实主义本质上对国际合作采取消极态度，"国际合作很难成功，即使成功了，也很难维持，因为合作大都依赖于国家权力"[4]。为了维持国际合作，国际社会必须有一个霸权国提供维持国际合作的公共物品，这就演化出了新现实主义理论中的霸权稳定论。[5]

---

[1] 在国际关系理论史上，现实主义理论虽屡次遭到挑战，但始终占据主流地位。国际政治理论中的现实主义具有丰富的思想传统，可谓源远流长，人们一般将其追溯到古希腊的修昔底德及其《伯罗奔尼撒战争史》。生活在公元前 5 世纪的修昔底德是西方现实主义思想之父，而马基雅弗利、霍布斯、卢梭等则延续和发展了这一思想传统。在当代，这一思想线索贯穿于爱德华·霍列特·卡尔、莱因霍尔德·尼布尔、汉斯·摩根索、乔治·凯南等人组成的一脉，其中摩根索是公认的理论集大成者。参见倪世雄《当代西方国际关系理论》，复旦大学出版社，2001。

[2] 在现实主义理论中，存在现实主义理论和新现实主义理论的分野。前者认为，国家作为"理性的"行为者总是孜孜不倦地致力于积累越来越大的权力，权力被视为目的本身。新现实主义理论不同，它把权力看作一种有可能使用的手段，国家拥有的权力太小或太大都会有风险，明智的政治家总是力图拥有适度的权力。在重要关头，国家最终所关心的并不是权力，而是安全。因此，新现实主义是发展和修正了的现实主义，它承认存在出于自我利益的互惠行为，而且这种行为成为国际政治生活中一个日益发展的维度。也就是说，结构现实主义的产生表明主流现实主义的内部出现了理论的"调整"和发展，认为在无政府状态下合作也是可能的。参见王在帮《霸权稳定论的批判——布雷顿森林体系的历史考察》，时事出版社，1994。

[3] 卢明华：《当代国际关系理论与实践》，南京大学出版社，1998，第 136 页。

[4] 转引自 Stephen D. Krasner, "State Power and the Structure of International Trade," *World Politics* 28(1976) : 323。

[5] "霸权稳定论"一词最早为美国学者基欧汉所使用。1973 年，美国麻省理工学院经济学教授金德尔伯格出版《1929～1939 年的世界经济萧条》一书，为该理论"奠定基础"。霸权稳定论是新现实主义理论对国际自由经济理论的重要解释和发展。（转下页注）

　　根据新现实主义的霸权稳定论，区域经济一体化组织成员国参与区域竞争法合作的出发点在于国家利益，取决于国家权力的博弈。因此，没有区域霸权国的公共产品提供，竞争法区域合作机制难以维持。为了构建竞争法区域合作机制，在区域范围内必须有一个权力霸主，提供共同产品。"没有一个占霸权地位的自由强国大国，国际经济合作很难实现或维护，国际冲突将成为司空见惯的现象。"[1] 霸权国通过创设、维护和完善一整套的国际制度，支配和影响他国，从而形成霸权体系内国际秩序的相对和平与稳定，并获得霸权收益——相应的额外收益。[2] 二战后的美国曾经在国际经济领域发挥过霸权国的作用，但 20 世纪 70 年代以后，以布雷顿森林体系的崩溃为代表的国际金融秩序的动荡，表明美国作为二战后国际体系中的霸权国的式微。但美国并不愿意放弃其二战后的国际霸权国地位，希望通过倡导美国模式的国际议题和国际机制维持其国际霸权国的地位。软法模式的竞争法合作机制是美国通过软法合作推广其竞争法管制模式，维持霸权国地位的努力，正是在这种理论的指导下，美国早期自由贸易协定积极提倡软法模式的竞争法合作机制。需要特别说明的是，随着国际社会竞争议题接受度的提升，美国主导的自由贸易协定也逐步"硬化"竞争法合作机制的法律效力。

　　第一，新现实主义理论虽然对古典现实主义进行了修正，但是不容否认，其基石还是人性本恶。国际关系的本质是国家对国际利益的争夺。基于利益争夺的出发点，新现实主义认为主权国家参与国际关系是"理性

(接上页注⑤)根据霸权稳定论，特定的国际（自由）经济秩序的稳定与繁荣，需要霸权来维持（或言之，有霸权才有特定经济秩序的稳定与繁荣）。对于"霸权"，尽管霸权稳定论者的解释不尽相同，但总的来说其是指在军事、政治、经济以及自然资源等方面具有压倒别国的优势、能够发挥领导支配作用的大国，例如 18～19 世纪的英国和 20 世纪的美国。霸权稳定论学者认为霸权与经济秩序之间存在正相关关系，当霸权国权力占明显优势时，国际系统内的经济秩序就处于良好状态。反之，当霸权国权力衰弱时，国际经济秩序就会变得紊乱起来，并随着霸权国的完全衰落而最终瓦解。所以霸权系统对国际经济秩序是至关重要的。参见罗伯特·吉尔平《国际关系政治经济学》，杨宇光等译，经济科学出版社，1989，第 125 页；王逸舟《当代国际政治析论》，上海人民出版社，1995。

① 罗伯特·基欧汉：《霸权之后——世界政治经济中的合作与纷争》，苏长和等译，上海人民出版社，2001，第 255 页。

② 这个收益包括国际经济秩序的主导权、规则制定权和危机转嫁权等。

人"的利益计算。竞争事务关系到国家主权的深层次领域，在新现实主义理论视野下，主权国家不愿意也不可能将竞争方面的经济主权让渡给区域经济一体化组织，区域范围内构建对主权国家有强制拘束力的竞争法区域合作机制难以成功。即使构建起合作机制，由于利益博弈，其也难以成功维持。所以，现阶段竞争法区域合作机制的理想方式是构建对成员国没有强制拘束力的软法机制。

第二，虽然主权国家不愿意接受一个有硬义务的国际竞争法合作机制，但是，新现实主义并不否认主权国家在竞争事务方面进行合作的可能性。新现实主义修正了古典现实主义只注重冲突而淡化国际合作的观点，认为如果国际合作对主权国家有利益，主权国家之间就存在国际合作的可能性。① 根据新现实主义的合作观点，主权国家愿意接受对自己有利的国际竞争法合作机制。一方面，软法模式的竞争法区域合作机制为主权国家构建了一个竞争法沟通合作的平台，能够在区域内产生合作剩余；另一方面，其并不要求主权国家让渡竞争方面的经济主权，并不会对成员国的竞争主权形成限制和约束。软法模式下，主权国家在竞争事务上仍然拥有完全主动权，可以根据具体事项对本国利益的影响决定是否进行合作。

第三，根据新现实主义理论的霸权稳定论，区域经济一体化组织需要霸权国提供维持竞争软法合作模式的公共产品。但是，霸权稳定论又未全盘否定国际制度在维持国际秩序中的作用，也就是说，国际制度作为霸权国的副产品，可以帮助霸权国维持国际秩序。② 霸权稳定论应用到竞争法区域合作机制的构建场景，可以解释美国为何热衷于在区域自由贸易协定中构建软法模式的竞争法区域合作机制。以 NAFTA 为例，美国作为北美地区的霸权国，一方面需要提供维持区域自由竞争的公共产品，另一方面不愿意放弃反垄断法域外适用的竞争主权。因此，在 NAFTA 谈判过程中，美国并不希望建立具有强大拘束力的竞争法区域合作机制来限制美国反垄断域外适用的实践。而软法模式的竞争法区域合作机制，能协助美国提供

---

① Robert O. Keohane, "International Institutions: Can Interdependence Work?" *Foreign Policy* 11 (1998): 88.

② Robert O. Keohane, *After Hegemony*: *Cooperation and Discord in World Political Economy*(Princeton University Press, 1984), p. 231.

区域公共产品，又容易得到 NAFTA 三个成员国的接受，符合美国的最大利益。后续谈判的 USMCA，虽然已经将软法模式升级为硬法模式，约定了成员国的竞争法实体性义务，但是仍然保留竞争法域外适用的合法性条款，仍然受 NAFTA 竞争法合作机制的影响。

三　软法模式的评价

软法模式与硬法模式一样，建立在国际社会威斯特伐利亚体系下的无政府状态的现实之上，并承认追求"国家利益"是主权国家构建竞争法区域合作机制的出发点。软法模式的视角同样是"主权国家本位"。同时，借助公共治理理论，软法模式对成员国的合作义务进行了柔性处理。主权国家通过君子协议进行框架性和自愿性约定，成员国竞争执法机构在具体竞争事项上自愿进行合作，构建一个并不具有国际法拘束力的竞争法区域合作机制。软法模式的竞争法合作机制不需要成员国让渡其国家主权，合作建立在完全自愿的基础上。因此，在国际社会竞争观念与文化差异大的现状下，软法模式的竞争法区域合作机制无疑更容易得到主权国家的认同和接受。

此外，正如本书所论述的，这种建立在自愿合作基础上的软法模式并非不具有任何影响力的"无齿之兽"[1]。具体竞争事项的合作，可以推动形成统一的自由竞争观念，加强成员国竞争执法机构之间的交流，促进相互理解，一定程度上维护区域的自由竞争秩序。为了维护美国日渐式微的国际霸权国地位，美国在 NAFTA 谈判中首先提出软法模式的竞争法区域合作机制，并大力在其早期签订的自由贸易协定中进行推广。一方面，美国不希望构建一个强有力的国际竞争法机制来限制其国内法的域外适用；

---

[1]　除了上文论述的"网络化效应"外，经济学理论中的博弈理论也对这种软法合作机制的效力作出论证。从博弈论的角度分析，软法模式的合作属"保证型博弈"或"协调型博弈"。在"保证型博弈"和"协调型博弈"模式下，共同服从于合作机构，可以给各方带来共同合作的剩余，而区域经济一体化组织又可使这种共同合作的剩余不断扩大，从而增强成员方进行这种软合作的动力。See K. W. Abbott, "Modern International Relations Theory: A Prospectus for International Lawyers,"*Yale Journal of International Law* 12 (1989): 373 – 374；苏长和《全球公共问题与国际合作：一种制度的分析》，上海人民出版社，2000，第218页。

另一方面，美国又希望借助柔性合作机制推广其竞争理念、竞争执法经验，推动其国内大企业的国际扩张。

美国推广软法模式的竞争法区域合作机制无疑是希望延续其霸权国的地位，在国际社会中推广其竞争文化和经验。典型的表现是，在后续的USMCA 中，美国在 NAFTA 的基础上"硬化"了竞争法实体性义务，纳入了美国《谢尔曼法》的实体性和程序性规定。广大发展中国家在与美国签订自由贸易协定时，很大程度上被软法合作模式的"无强制力"所诱惑，不在意美国在自由贸易协定中加入软法模式的竞争法区域合作机制，被动接受了美国的竞争观念。在全球化的今天，发展中国家单方面抵制这种推广，容易陷入"边缘化"的困境。因此，对于发展中国家而言，它们并不应单方面抵制这种软法模式的竞争法合作机制，而是应积极研究和应对，通过这种软法模式的竞争法合作机制更好地维护自身的合法权益，构建更加公平公正的国际秩序。

第四节　竞争文化协调模式的竞争法区域合作机制

经济一体化程度低的区域经济一体化组织，例如东盟与 APEC，并没有专门规定区域经济一体化组织的竞争规则。在经济发展阶段和竞争文化都差异巨大的区域经济一体化组织中，前期的首要任务在于促进形成成员对竞争法区域合作机制作用的一致观点。竞争文化协调模式是这些区域经济一体化组织主要采取的模式。

一　竞争文化协调模式的含义及特征

竞争文化的协调是构建竞争法区域合作机制的观念前提和制度基础。竞争文化的协调有广义和狭义的区分。广义的竞争文化协调发生在竞争法区域合作机制构建、维持和运作的全过程。发生在竞争法合作机制构建前，竞争文化的协调通过协调成员国的竞争文化，为构建竞争法合作机制提供观念基础；它也发生在竞争法合作机制构建之后，区域经济一体化组织的竞争法合作机制运作的过程中，竞争法区域合作机制的运作实际上也推动了成员国竞争文化的协调。狭义的竞争文化协调，是正式的竞争法区域合作机制构建之前竞争文化和观念的协调。本节所定义的竞争文化协调模式是狭义范畴的竞争文化协调，竞争文化协调模式是由于区域经济一体化组织成员的竞争法观念和文化差异很大，难以构建区域正式的竞争法协调和合作机制，退而求其次，通过人员交流、技术援助等方式倡导统一的区域竞争文化，以利于未来进一步竞争合作的模式。竞争文化协调模式具有以下特征。

（一）区域自由竞争列为区域经济一体化的目标之一

随着新自由主义理论在全球范围的推广，市场经济成为区域经济一体化组织倡导的经济制度。采取竞争文化协调模式的区域经济一体化组织，虽然未对竞争法区域合作机制进行专章规定，但明确将推动区域自由竞争列为区域经济一体化的目标之一。例如，东盟1998年通过的《河内行动计划》，明确提出推动区域的"贸易与投资自由"，维护区域的"自由竞争"[①]。APEC于1999年9月新西兰奥克兰会议上通过的《APEC经济领导人宣言：奥克兰挑战》也明确指出，"通过强化市场功能和进一步开放来支持增长；通过正在进行的改革促进区域内的自由竞争，恢复和实现可持续的增长"[②]。

（二）现阶段难以制定实体性规则和构建合作机制

基于区域经济一体化的程度低和成员文化差异，一些区域经济一体化组织确定竞争法实体性义务和构建合作机制的时机还未成熟，区域竞争文化的协调是成员接受竞争议题的制度前提。构建竞争法区域合作机制时机不成熟体现在以下两个方面。

第一，区域经济自由化和一体化程度还处于初级阶段。构建竞争文化协调模式的区域经济一体化组织主要有两类：一是发展中国家之间的区域经济一体化组织（如东盟），二是发达国家与发展中国家之间成员广泛的区域一体化组织（如APEC）。这两类区域经济一体化组织的经济合作程度还处于初级阶段。例如，基于成员的广泛性和开放性，APEC并未规定成员经济自由化的强制性义务，因此，区域内成员的自由化程度差异很大。

---

①　杨丽艳：《东盟的法律和政策与现代国际法》，广西师范大学出版社，2000，第41页。

②　张志文：《APEC竞争政策制定的现状及存在的问题》，《世界经济研究》2000年第6期。

第二，区域竞争观念及文化差异很大，成员难以接受统一的竞争执法制度。以东盟为例，东盟成立时，成员国大多未制定或刚刚制定国内竞争法，未形成统一的竞争执法观念。因此，在东盟区域内构建合作程度高的竞争法区域合作机制，难以得到东盟成员国的支持。但是，随着东盟经济合作的推进以及竞争观念的普及，东盟部分成员国开始接受竞争议题。在晚近签署的 CPTPP 中，许多东盟成员国就接受了 CPTPP 的竞争法区域合作机制。

（三）竞争文化的交流与沟通是主要方式

竞争文化协调模式不规定具体的竞争合作条款，而是通过培育项目等能力建设制度加强区域内成员国对于竞争文化的交流和沟通，培育区域内共同的竞争文化。区域经济一体化组织沟通竞争观念的制度主要包括如下三方面。第一，在相关文件的宣言和总则中突出培育区域竞争文化的重要性。如东盟在《河内行动计划》的宣言中，明确指出培育区域竞争文化对推动区域经济一体化具有十分重要的意义。第二，鼓励竞争执法机构的人员相互交流和学习，通过人员交流和学术交流活动培育区域内统一的竞争文化。第三，相互间沟通竞争执法信息。这种信息沟通包括成员国竞争执法机构之间的信息沟通、司法机关关于竞争法案件的信息沟通等。但是，所有项目都建立在自愿的基础上，不具有强制拘束力。

（四）规定推动未来进一步竞争合作的目标和步骤

虽然竞争文化协调模式没有实体性条款，但是其并非没有任何关于竞争议题的内容。区域经济一体化协议明确规定区域竞争议题的目标和原则，并明确实现上述目标的步骤。竞争文化协调模式的主要作用在于通过竞争议题的学术活动、培训和交流培育区域内共同的竞争文化，使成员国竞争执法机构处理竞争事项的思路趋同，并凝聚区域内的竞争共识，为构建更高层次的竞争法区域合作机制奠定思想基础。

二 竞争文化协调模式的理论解释

竞争文化协调模式虽是一种松散的、无国际法强制力的模式，却是所有模式的基础，因为所有模式都必须建立在成员对竞争观念进行协调的基础上。法律社会学理论和国际关系的建构主义理论从理论上解释了竞争文化协调模式的作用。

（一）法律社会学理论

法律社会学（Sociology of Law）又称社会法学、法社会学，是将法律置于社会背景之中，研究法律与其他社会现象之间相互关系的新兴学科，是法学与社会学相互结合而产生的一个学术派别。[①] 作为法学的分支之一，法社会学并不仅仅把研究内容限于具有强制力的法律规则，而是把法律制度、法律规则、法律惯例、法律程序和法律行为视作构成社会整体的某些要素，研究法律在特定社会环境中的功能、影响和效果。

法律社会学理论认为，法学应突破传统法理学从国家强制力的角度给法律下定义的惯性思维，将法的范畴扩展到无国家存在的社会各个领域，道德、习俗、决斗、教条、巫术、威望等一切解决争端的方式，都应成为广义的法的概念和法的现象。这种"非国家法"的观点，使法具有了广泛社会规则的意义，是法社会学不同于其他法学派别的主要观点之一，[②]而这种观点恰恰可以很好地消除竞争文化协调模式是不是一种法机制的疑虑。竞争文化协调模式对于成员国不具有"法律"上的拘束力，但是它作为一种社会规则协调了成员国的竞争执法习惯和竞争文化，营造了区域经济一体化组织中竞争法适用的共同法律环境。从法律社会学的角度分析，竞争文化协调模式可以认定为一种法律模式。

法律社会学理论还认为，法律并非真空中的法律，法律必须与社会紧密结合才能发挥作用。[③] 法律机制的形成，首先需要具备一定的法律社会心理条件。当人们在现实社会中相互交往时，就会产生对相互交往的行为模式化的权利要求，以便更好地维护社会关系参与者的利益。如果没有法律社会心理和法律思想理论，不对以往或其他国家和民族的权利义务形式进行借鉴，法律规范的形成，或者说社会经济关系以及由社会经济关系所制约的社会政治和社会意识形态所决定的法律规范以及整个法律体系的产

---

① 米切尔：《新社会科学词典》，蔡振扬等译，上海译文出版社，1987，第213页。

② 关于法的概念，法律社会学存在自发意识说、社会权威说、多元形式说等各种不同的观点，但是，它们都认为法律文化也是法律的一种表现形式。参见亨利·莱维·布律尔《法律社会学》，许钧译，上海人民出版社，1987，第12~52页。

③ 但秀德、杨青松：《法律社会学的科学背景和科学观》，《法学评论》1997年第3期。

生，是不可能的。一个国家和民族的法律文化和法律传统对这个国家的法律机制有效运行发挥了重要的作用，这个观点从理论上说明了竞争文化协调模式的意义和作用。区域经济一体化组织构建竞争法区域合作机制的社会前提，是成员国要有相同或类似的竞争文化。例如，欧洲大陆在19世纪末就开始了竞争文化的培育，发达的区域市场经济使欧盟成员国更容易接受欧盟经济宪政模式的竞争法机制。① 加勒比共同体虽然也创建了类似于欧盟机制的超国家的竞争法机制，但是由于没有共同的竞争文化，区域竞争法机制的实际运行存在较大的困难。

竞争法的特殊性质也从另一个侧面印证了法律社会学的理论观点。竞争法具有典型的不确定性。② 竞争在经济语境中是一个善变的词，从欧洲竞争法律发源的过程中，我们发现竞争曾在一个时期被视为天使，又在另一时期被视为魔鬼。不同的经济理论和学派对竞争在宏观经济中的作用各执一词，德国的秩序自由主义理论、美国的产权组织理论、德国的有效竞争理论、自由竞争理论，以及奥地利学派、美国的芝加哥学派和比较竞争学派都试图对国际经济运行过程中的竞争作用进行解释，也都在一定程度上分析了理想的竞争环境，然而，由于多种解释理论的存在，经济体制改革阶段的不同、竞争经济理论的争论以及经济发展阶段的差异等因素都在一定程度上导致了竞争执法文化的多元性。对于很多区域经济一体化组织而言，成员国竞争文化的不同，是其构建竞争法合作机制首先要面对的难题。这些区域经济一体化组织中，构建竞争法合作机制的前提是对区域内成员国的竞争文化进行协调。

竞争文化协调模式的主要功能是通过协商沟通促进区域经济一体化组织成员国培育共同的区域竞争文化。法律社会学大师哈贝马斯的沟通交流理论可以很好地解释竞争文化协调模式的运作方式。哈贝马斯认为，为了摆脱韦伯的理性铁牢，法律制度在"理想的沟通环境"中相互交往，以主体间性代替主体性，从而"克服了主体与客体、主观与客观的两难"，也摆脱了摇摆于"唯意志论"与"宿命论"之间的尴尬。③ 交往过程中，

---

① 王晓晔：《欧共体竞争法》，中国法制出版社，2001，第12页。
② 孔祥俊：《反垄断法原理》，中国法制出版社，2001，第3页。
③ 哈贝马斯：《现代性的哲学话语》，曹卫东等译，译林出版社，2004，第369页。

语言和文化发挥了重要的作用。"语言符号先前一直被认为是精神表现的工具和附件，然而，符号意义的中间领域现在展现了其特有的尊严"，自然语言不仅是传达信息的一种媒介，"同时还是社会整合的源泉"①。竞争文化协调模式为区域成员国沟通竞争话语提供了"沟通环境"，从而形成区域竞争法适用的共同语境，它还可以在一定程度上解决成员国在适用竞争法方面的冲突问题。

（二）国际关系的建构主义理论

除了法律社会学的解释，国际关系的建构主义理论从另一方面为竞争文化协调模式提供了理论上的支持。国际关系的建构主义理论从社会学中吸取营养，认为文化和观念在构建国际关系和国际机制方面具有十分重要的作用。② 建构主义的核心命题如下。

第一，承认国际社会的"无政府状态"，并进一步认为这种无政府状态也是一种文化现象，③ 即国家共享关于无政府状态的观念。在这种文化中，国家作为国际社会的主要参与者，具有其利益和身份。在国内政治环境中，政治组织处于一种上下等级制状态中，存在领导与被领导的关系，它们之间是一种命令与服从的关系。国际社会无政府状态就是国家之上不存在更高的权威，主权国家在国际法体系中是平等的，即使国家的实力悬殊。在无政府状态下，国家要相互交往，就需要了解自己相对于他国的身份，从而对应采取不同的行动。

第二，国际体系包括两个方面：物质结构和社会结构。物质结构是行

---

① 哈贝马斯：《后形而上学思想》，曹卫东、付德根译，译林出版社，2001，第59页。

② 从本质上分析，建构主义不同于国际关系理论中的新现实主义和新自由主义。如果说国际关系现实主义理论主要是从经济学中吸取营养，那么，建构主义则主要是从社会学中得到启迪。建构主义的古典根基可以追溯到格劳秀斯、康德、黑格尔的理论以及涂尔干和韦伯的社会学著作中。建构主义的学者剑走偏锋，在主流国际关系学者沉浸于物质理性主义的新现实主义与新自由主义的论战时，以语言、观念、社会等因素分析国际关系的原理，为国际关系理论提供了另一种研究的路径。建构主义的学者较多，至少包括奥努弗、克拉托赫维尔、温特、鲁杰、卡赞斯坦和江忆恩等。参见倪世雄《当代西方国际关系理论》，复旦大学出版社，2001；亚历山大·温特《国际政治的社会理论》，秦亚青译，上海人民出版社，2000。

③ Dale C. Copeland, "The Constructivist Challenge to Structural Realism, "in Stefano Guzzini and Auna Leader, *Constructivism and International Theory: Alexander Wendt and His Critics* (Routledge, 2006), p. 15.

为体的实力分配及相对位置，社会结构则是指行为体占支配地位的信仰、规范、观念和知识等文化因素，国际体系的物质结构只有在社会结构的框架内才具有现实意义。建构主义从不否定物质结构的客观事实，而是强调观念同样具有重要作用。"应当清楚地将建构主义与非科学和后结构的理论区别开来。建构主义者绝非否认物质世界的现实，建构主义者的观点是，物质世界如何塑造、改变和影响人的行为，如何受到人的行为的影响，取决于对物质世界的认知性和规范性诠释，这类诠释是更为重要的，也是在不断变化的。"① 共同认同的观念是利益的基础，认同构成利益和行为。② 认同不是体系的物质结构，而是在国际政治互动中不断产生的社会结构。认同的观念在国际秩序中发挥着重要的作用。认同可以建构主体的利益，并对国家的行为产生重大的影响。因此，在这一层面，理念、共有知识、共有观念、文化等在国际机制中发挥了核心的作用。

第三，建构主义认为言语行为对社会结构的形成有十分重要的作用。在这方面，尼古拉斯·奥努弗提供了有力的论证。③ 他认为，人们通过一定的规则使用语言，语言又演绎出规则，规则成为人和人交往以及人和社会互构的媒介，并最终形成统治，统治又有助于生成新的规则，规则和统治可以相互转化，规则也因此可以造就社会秩序并建构不同的统治形式，共同的言语行为是构建共同规则的基础。在不同的语境下，规则将具有不同的效果，形成不同的社会结构。

---

① 亚历山大·温特：《国际政治的社会理论》，秦亚青译，上海人民出版社，2000，第139页。

② Samuel Barkin, "Realist Constructivism," *International Studies Review* 15(2003): 325 – 342.

③ 尼古拉斯·奥努弗在其代表作《我们造就的世界：论社会理论与国际关系中的规则与统治》中把重新建构国际关系理论体系作为自己的目标，从社会学和哲学角度出发，借鉴了语言学、法学等的理论，以语言和规则为理论核心，发展了自己独特的社会建构理论。See Nicholas G. Onuf, *World of Our Making*: *Rules and Rule in Social Theory and International Relations* (University of South Carolina Press, 1989); Nicholas G. Onuf, "Constructivism: A User's Manual," in Vendulka Kubálková, Nicholas G. Onuf and Paul Kowert, *International Relations in a Constructed World* (M. E. Sharp, 1998); Nicholas G. Onuf, "The Politics of Constructivism," in Karin M. Fieke and Knud Eric Jrgensen(eds.), *Constructing International Relations*: *The Next Generation* (M. E. Sharp, 2001); Nicholas G. Onuf, "Speaking of Policy," in Vendulka Kubálková, *Foreign Policy in a Constructed World* (M. E. Sharp, 2001).

　　竞争文化协调模式虽然没有竞争实体性条款和程序性条款，只是简单提出构建"公平竞争"的区域经济环境和推动区域竞争文化交流，但是，竞争文化协调模式却为区域经济进一步构建拘束力更强的竞争法区域合作机制打造了共同的语境，契合建构主义理论的观点。

　　第一，建构主义并不否认国际社会的无政府状态现实，但是，建构主义认为这种无政府状态存在于主权国家的观念之中。[①] 正如上文所分析的，主权国家是从共同体利益角度出发还是从成员国个体利益角度出发，对竞争法区域合作机制的构建有很大差异。如果从个体利益角度出发，成员国更愿意在竞争主权让渡少的情况下构建区域竞争法机制，这难以在区域内构建合作程度高的区域竞争法机制。只有区域内成员国对于自身身份和利益的观念发生转变，一定程度地将自身的身份融入区域组织中，构建合作程度更大的竞争法区域合作机制才有可能成功。竞争文化协调模式在这一过程中发挥推动竞争观念趋同的作用。

　　第二，建构主义理论突出了观念和共同文化的重要性，认为物质世界如何塑造、改变和影响人的行为，如何受到行为的影响，取决于对物质世界的认知性和规范性诠释。建构主义理论中的共有观念，可以理解为共同文化。当一种观念成为共有观念的时候，它的力量就是巨大的。[②] 根据这种理解，竞争法区域合作机制是否能发挥有效作用，不仅在于是否存在完善的国际义务规定，更在于区域成员国对竞争法区域合作机制的认知和诠释。只有存在统一的竞争文化及认识，竞争法区域合作机制才能发挥重要作用。竞争文化协调模式通过成员国竞争文化和观念的相互沟通与融合，使区域竞争法律制度趋同，推动构建更紧密的竞争法区域合作机制。

　　第三，建构主义认为语言建构世界。本体论上，国际关系很大程度是通过语言建构起来的，不同的语言会建构出不同的社会现实。一方面，语

---

① Alexander Wendt, "Anarchy Is What States Make of It: The Social Construction of Power Politics," *International Organization* 1(1992): 142.

② 芬尼莫尔在《国际社会中的国家利益》一书中，使用了三个案例，说明国际组织（联合国教科文组织、国际红十字会和世界银行）在传播观念方面的重要作用。在这些观念被行为体接受、形成共有观念之后，行为体的身份、认同和利益都得到了重新的界定。See Martha Finnemore, *National Interests in International Society*(Cornell University Press, 1996).

言是社会事实和文化的载体，语言可以展现出一个国家和民族独特的价值观和思维习惯，是民族与国家相互沟通和了解的途径；另一方面，统治者可以通过语言来传播、宣扬自己的思想，维护自己的统治，建构自己理想的社会形态。建构主义关于语言作用的分析有力地解释了竞争文化协调模式的作用和功能。一方面，竞争文化协调模式通过研讨会的学术交流、执法能力建设塑造区域内共同的竞争语境；另一方面，发达国家通过竞争文化协调模式有效地推广其关于竞争议题的话语，在竞争议题谈判中形成绝对优势，获得利益最大化，这需要发展中国家警觉。

第四，APEC 是竞争文化协调模式在国际社会的典型。APEC 作为一个开放性区域经济一体化组织，成员的文化、经济水平差异很大，短时间内难以达成一个即使是最基本的竞争法合作机制。在这种情况下，没有约束力的宣言等，一方面不会给主权国家带来内部的政治压力，另一方面又能逐步培育区域内共同的竞争文化，有利于 APEC 竞争目标的实现。如同温特所说，区域内的共同竞争观念和文化，可以决定竞争法区域合作机制的发展方向。

三　竞争文化协调模式的评价

竞争文化协调模式合作强度低，是竞争法区域合作机制的初级阶段。在区域成员竞争观念与文化差异很大的区域经济一体化组织中，作为构建竞争法合作机制的基础，区域组织通过竞争文化协调模式可有效地协调区域内的竞争文化和观念，使之趋同。竞争文化协调模式不需要成员国作出任何有拘束力的承诺，无须让渡竞争主权。在这一意义上分析，竞争文化协调模式的适用范围最广泛，可以适用于所有的区域经济一体化组织。

竞争文化协调模式的核心是在区域层面拓展竞争事务的沟通路径，同时这种路径不限于官方路径，还包括民间和学术界的路径。通过不同路径的对话与沟通，区域成员可以相互理解各方的竞争政策，使区域内的竞争观念趋同，推动共同竞争文化的形成，为构建更深入的竞争法合作机制提供思想条件。随着经济一体化进程的推进，区域经济一体化中构建竞争法区域合作机制是维护区域自由竞争经济秩序的必然趋势。因此，在竞争法合作实体性规则无法制定的情况下，竞争文化协调模式是区域经济一体化组织解决区域竞争问题的主要方式。

广大发展中国家仍不熟悉竞争议题。竞争文化协调模式可以为发展中国家在国际多边层面的竞争议题谈判积累经验。但是，正如上文分析，发达国家在竞争议题谈判方面的经验和能力强于发展中国家，在竞争议题的沟通与对话过程中，掌握了话语权。例如，许多南南合作的区域经济一体化组织的竞争法区域合作机制缺乏原创性，只是简单地仿照发达国家的竞争法区域合作机制。发展中国家不应单方面接受西方发达国家所灌输的竞争文化，而应加强对南南合作与南北合作的理论研究，创新国际经济新秩序下的国际竞争法律制度，为国际社会构建一个公正合理的国际竞争法合作机制做好理论准备。

第五节　竞争法区域合作机制的模式选择及演变

本章第一节到第四节梳理了竞争法区域合作机制的四种模式，并以理论特别是国际关系理论对四种模式的特征和理论根源进行了分析，论证了四种模式存在的合理性及制度功能。目前，国际社会处于无政府状态，主权国家仍然以"国家本位"而非"共同体本位"为出发点来决定竞争法区域合作机制的模式。① 换言之，主权国家基于"个体理性"选择为其带来最大收益的竞争法区域合作机制模式，因此，分析竞争法区域合作机制的模式选择和路径演进需要分析竞争法合作机制带来的边际收益。借助制

---

① 事实上，不同国际关系理论视野中的区域竞争法机制模式是不同的。理想主义从人性本善出发，提倡国家通过国际制度、国际组织维护国际社会的和平与稳定。在理想主义理论视野下，区域经济一体化组织应构建一个超国家的区域竞争法机制，摆脱区域经济自由化带来的市场困境。现实主义认为国际关系稳定的实质在于权力，国际社会必须存在霸权国，由其提供稳定的公共产品。在现实主义理论视野下，区域竞争法机制建基于区域内霸权国提供公共产品的状态，霸权国提供区域公共产品，也因此获得了特权。这种理论解释了北美自由贸易区软协调的区域竞争法机制的合理性。新自由主义虽然也认为主权国家是国际社会的基本行为体，但强调在国际社会中主权国家合作制度的重要性。在新自由主义理论视野下，区域之间不可能成立超国家的竞争执法机构，但是有必要在竞争实体法与程序法方面进行有效合作，政府合作的硬法模式是新自由主义理论希望构建的竞争法机制。建构主义认同文化及观念在国际关系中的重要性，认为不仅仅是权力，观念和文化对国际关系也有重大的意义。在建构主义理论视野下，构建区域竞争法机制应在区域内形成共同的竞争文化和观念。

度经济学理论，本节从共同体及成员国两个不同视角对竞争法区域合作机制的边际收益进行分析。在此基础上，本节还分析不同区域经济一体化组织选择不同模式的原因，以及不同模式的演进路径。

一　竞争法区域合作机制的制度收益及成本

新制度经济学是用主流经济学的方法分析制度的经济学。[①] 在 20 世纪七八十年代，法律经济学开始蓬勃发展，以个人主义、实效主义和经验理性为理论基石，对法律问题特别是法律机制问题进行原理解释和评估。竞争法区域合作机制从制度属性上分析，属于国际制度的创设及维持，同样可以利用新制度经济学进行有效的解释。

新制度经济学以经济学"理性人"的基本假设出发，通过计算制度的边际收益分析制度创建的原因和变迁的路径。根据新制度经济学，制度主体作为理性经济人，一直在寻求制度利润的最大化，制度利润等于制度收益[②]与制度成本[③]的差值。制度创设只有在制度收益为正值时才可能发生，制度创设后，制度主体经过沟通交往对制度进行博弈，在博弈过程中达到制度均衡[④]；随着制度模型中环境自变量发生变化，原先条件下建立

[①]　卢现祥：《西方新制度经济学》，中国发展出版社，1996，第 1 页。

[②]　制度收益是制度创设后给制度主体带来的好处。根据新制度经济学，制度收益就是当事人交易费用的降低。交易费用，也叫交易成本，由新制度经济学的创始人科斯在《企业的性质》一文中首先提出。科斯说："交易费用就是获得准确的市场信息所需要付出的费用，以及谈判和经常性契约的反映费用。"新制度经济学认为制度产生的原因在于交易费用的存在，制度的运作有利于降低交易费用。参见杨爱民《交易费用理论的演变、困境及发展》，《云南社会科学》2008 年第 4 期。

[③]　制度成本是主体创设制度或制度变迁所需要付出的成本。根据新制度经济学的理论分析，竞争法机制的制度成本包括三部分。第一，成员国主权让渡的成本。在国际社会中，构建一项新的国际制度就意味着国家应让渡其部分主权。主权因素是国际社会最敏感的因素，因此，制度成本的第一部分是成员国主权让渡的成本。第二，制度变迁的经济成本，既包括实施成本，即实施一项新制度所需要的各种成本，如制度设计和选择成本，契约签订中的谈判成本、学习成本、组织成本，以及新的制度实施时取得物质条件所需要付出的费用，还有就是制度创新主体要承担的风险成本，也包括摩擦成本，即制度变迁中因利益冲突而产生的各种矛盾以及解决这些矛盾所耗费的成本，特别是变革的各种阻力所造成的损失（这种成本在国际社会中主要是主权国家受到的政治阻力）。第三，制度运行产生的成本，即制度维持成本。制度维持成本是制度运作过程中需要支付的费用。

[④]　制度均衡，就是人们对既定制度安排和制度结构的一种满足状态或满意状态，在这种状态下，人们无意也无力改变现行制度。

的制度均衡会被打破，形成新的制度不均衡状态[①]；在制度变迁的收益远远高于制度变迁的成本时[②]，国际制度就会发生变更，旧的制度被新的制度取代，制度利益再次达到最大化，新的制度均衡再次建立。人类社会制度的演变过程就是从均衡到不均衡再到均衡的循环上升动态演变过程。

作为一项国际制度，竞争法区域合作机制的变迁同样遵循着制度变迁的规律，因此分析竞争法区域合作机制演变的路径，应首先分析竞争法区域合作机制的制度收益以及制度成本。在此基础上，可以进一步分析竞争法区域合作机制的制度变迁路径。

（一）竞争法区域合作机制的制度收益

在制度经济学上，竞争法区域合作机制产生的制度收益就是区域自由竞争的交易费用的降低。具体而言，考虑不同模式竞争法区域合作机制的制度收益，应该分析特定模式竞争法区域合作机制能多大程度削减限制区域自由竞争的贸易壁垒，为区域自由竞争作出贡献。

从区域共同体的角度分析，区域经济一体化组织的主要功能在于促进经济自由化和一体化进程，发挥市场机制在区域经济体系中有效配置资源的作用。经济学针对不同的区域经济一体化阶段，论证了不同阶段有不同的经济效应，如关税同盟的静态与动态经济效应、自由贸易区的经济效应和共同市场的经济效应等。[③] 但是，不管哪个阶段的区域经济一体化，自由竞争机制都是区域经济效应产生的催化剂。在这一意义上，竞争法区域合作机制对区域经济效应的贡献就转化为竞争法区域合作机制排除成员国政治干预、限制私人垄断行为、维护区域市场竞争的能力。

---

① 制度不均衡，就是人们对现行制度的一种不满意或不满足，准备改变而又尚未改变的状态。制度不均衡是制度安排和制度结构的净利益小于另一种可供选择的制度安排和制度结构的结果，也就是这时的制度利益并非最大化。

② 在制度不均衡状态下，新的潜在的制度需求和潜在的制度供给会产生，潜在的制度需求大于实际的制度需求，潜在的制度供给大于实际的制度供给。由于存在制度路径依赖，这时候制度并不必然发生变迁。

③ 关于区域经济一体化组织的形式对区域经济一体化的作用，发达国家的学者多从区域经济一体化的不同阶段如关税同盟、共同市场和自由贸易区出发进行分析，而发展中国家的学者更多从南北型、南南型和北北型三种不同类型的区域经济一体化组织对发展中国家的经济贡献的角度作出分析。不管从哪一个角度分析，区域经济一体化的主要功能都是确定的，就是促进经济自由化和一体化。参见王微微《区域经济一体化的经济增长效应及模式选择研究》，博士学位论文，对外经济贸易大学，2007。

从区域自由竞争最大化角度分析，构建一个公正的维护市场竞争的经济宪政模式的竞争法合作机制无疑是最优的选择。经济宪政模式可以维护区域层面的自由竞争，为区域组织提供公共产品，这种模式产生的制度收益是最大的。硬法模式及软法模式的竞争法合作机制虽然强度不同，但基本原理相同，即其制度收益在于减少成员国的竞争法冲突，减少成员国之间的对抗和恶性制度竞争，提高国内竞争法的执行效率，维护国内市场的自由竞争。但是，这种收益更多局限于主权国家内部，而比较少关注区域公共领域。相较而言，政府合作的强度越大，区域的自由竞争就更有利。而竞争文化协调模式的主要收益在于培育区域内共同的竞争文化，为构建更高层次的竞争法区域合作机制提供文化基础和铺垫，这种模式最灵活，但其制度收益也最低。换言之，四种模式的竞争法区域合作机制的制度收益是依次递减的，经济宪政模式的制度收益最高，硬法模式其次，软法模式再次，竞争文化协调模式产生的制度收益最低。

从成员国收益的角度分析，竞争法区域合作机制的制度收益比较复杂。成员国加入区域经济一体化组织的原因在于促进本国经济的增长，因此，竞争法区域合作机制对于成员国的具体效益就体现为竞争法区域合作机制对成员国经济增长的贡献。但是，与贸易自由、投资自由等国际经济法律制度不同，竞争法机制维护自由竞争所带来的效益并不是直接而是间接的。[①] 同时，竞争法区域合作机制提高区域自由竞争程度，可以促进区域经济发展，增加区域共同体的利益，但增加的利益并非在成员国内部进行平均分配，分配不均产生了成员国绝对利益和相对利益的分歧。[②] 尽管如此，国际社会大都承认构建一个强大的竞争法区域合作机制有利于区域自由贸易，同样有利于成员国经济的增长。当然，需要特别指出的是，这种观点简化了发展阶段、利益分配等因素的影响。实践中，竞争法合作机制给主权国家带来的制度收益往往更加复杂，难以简单衡量。

---

① 贸易自由化、投资自由化安排可以提高成员国的贸易额和投资额，这种经济效应对于成员国来说是可统计的；而竞争法机制维持市场自由竞争、减少限制竞争行为对市场自由竞争的限制这类经济效应则是难以明确统计的。从这个意义上分析，笔者认为竞争法机制对于成员国的效益是间接的。

② 绝对利益是区域竞争法机制给主权国家带来的绝对的经济利益，而相对利益是区域内成员国之间经济利益的对比。

（二）竞争法区域合作机制的制度成本

制度成本是主权国家创设、维持或变更竞争法区域合作机制所需要承担的成本，也是决定国家选择何种模式的竞争法区域合作机制的主要因素。实践中，不同模式的竞争法区域合作机制的制度收益对于主权国家而言更加复杂，难以简单衡量。因此，这就意味着对于成员国接受何种模式的竞争法区域合作机制，制度成本是需要考量的关键因素。

制度成本同样可以从两个角度进行分析。在区域层面，竞争法区域合作机制的制度成本是制度运行产生的成本，即制度维持成本。制度维持成本是指区域经济一体化组织为了维持竞争法区域合作机制正常运作所需要支出的费用，这部分费用包括人员费用、机构费用、培训费用等。经济宪政模式的竞争法合作机制需要维持一个区域层面的竞争执法机构，但信息沟通的成本降低。而硬法和软法模式虽然不需要维持一个区域层面的竞争执法机构，但信息沟通成本增加，这导致区域层面不同模式的竞争法合作机制的制度成本差异不大。

但是，成员国层面的制度成本存在很大差异。构建竞争法区域合作机制需要主权国家让渡竞争经济主权。经济主权中核心部分的竞争主权的让渡是区域内成员国的主要制度成本，竞争主权成本是指构建竞争法区域合作机制对主权国家经济主权的限制程度。四种模式的主权成本不同。经济宪政模式对于成员国来说，主权成本最高，成员国不仅要承认一个具有超国家性质的竞争执法机构，而且区域竞争法对成员国有优先适用的效力，成员国需要让渡大部分的竞争主权给区域竞争执法机构。而政府合作的硬法与软法模式的主权成本比经济宪政模式小。在硬法模式和软法模式的竞争法区域合作机制中，主权国家并不需要将竞争法适用的主权让渡给区域经济一体化组织。主权国家只是根据协定义务承诺在竞争事项范围内进行必要的合作。当然，在硬法模式下，成员国有义务修改和完善本国的竞争法，使本国竞争法达到区域协定规定的标准，主权成本较高。而软法模式下，成员国有义务制定本国的竞争法，但没有义务协调国内竞争法的规定，主权成本较低。竞争文化协调模式的主权成本最低，成员国没有任何强制的义务，只是根据自己的情况培育本国的竞争文化。

二　竞争法区域合作机制的模式选择

从不同的视角出发，竞争法区域合作机制模式的选择结果不同。从共同体利益的角度出发，四种模式的制度成本差异不大，而经济宪政模式的竞争法区域合作机制可以产生最大的制度收益，因此，构建经济宪政模式的竞争法区域合作机制无疑是最优的选择，但是，现有的国际社会是建立在威斯特伐利亚体系之下的无政府社会，这种状态短时间内难以改变。因此，实践中，国家选择何种模式的竞争法区域合作机制更多从"国家利益"而非"共同体利益"出发。

从主权国家的角度分析，四种模式产生的制度收益难以简单计算，而不同模式产生的制度成本主要是成员国让渡竞争主权的成本，不同区域经济一体化组织成员国可以接受的竞争主权让渡程度不同。因此，从主权国家的角度分析，制度成本是构建竞争法区域合作机制的首要考量因素，只有成员国能接受制度成本，竞争法区域合作机制才可能构建。成员国可以接受的制度成本是区域内成员国能够或愿意让渡多大程度的竞争管辖权给区域经济一体化组织。换言之，要考量区域经济一体化组织与成员国管辖权的划分。

由于一体化程度、成员国利益、经济发展水平的差异，不同成员国在不同区域经济一体化组织中愿意承担的制度成本是不同的。判断成员国能接受多少制度成本，应考虑公共产品的地理范围（溢出效应）、爱好的地理差异、经济规模、体系内的交易费用、寻租情况、分权程度和分权经验等一系列因素。[①]

为了解决联邦制国家的中央与地方的财政管辖权划分问题，经济学发展出财政分权理论。由于财政分权理论的主要关注点在公共物品、再分配和税收，而不是法律规则，因此，其并不能完全适用到区域竞争法机制的管辖权划分问题上。但是，考虑到区域竞争法机制作为一种准公共产品，其管辖权划分与财政分权之间具有相似之处，财政分权理论对区域竞争法机制的治理机制构建仍有一定的指导意义。

---

① 　杨志勇：《财政联邦制理论的新近发展》，《经济学动态》2004 年第 1 期。

借助财政分权理论，判断成员国是否愿意让渡其经济主权要考虑积极因素和消极因素两方面。存在积极因素的情况下，成员国愿意让渡更大的竞争法管辖权给区域经济一体化组织；存在消极因素的情况下，成员国则不愿意让渡其竞争法管辖权给区域经济一体化组织。成员国可以接受的制度成本，是成员国衡量两种因素后的结论。

在竞争法机制方面，积极因素包括以下几个方面。第一，竞争法区域合作机制中的静态经济规模。静态经济规模考虑的因素是经济学的固定成本和边际成本。经济学的固定成本是指在产量的一定变动幅度内，并不随产量变动而保持相对稳定的那部分成本，竞争法机制中的固定成本包括立法者制定法律的立法成本、竞争执法机构的维持成本、对竞争法制定和执行情况进行研究的研究成本。经济学的边际成本与固定成本相对应，指生产者多生产一个单位产品（服务）所需支付的追加成本，竞争法机制中的边际成本主要是案件增多后增加的审理案件的成本。两者相对比，在竞争法机制中，适用竞争法的固定成本大，适用竞争法的边际成本递减。因此，从静态经济规模的角度分析，越集中的竞争法管辖权可以产生越大的经济规模效益：竞争案件的数量越多，保护自由竞争的平均成本就越低。在这方面，竞争法管辖权的分配越趋于集中，越合理。第二，交易成本。区域竞争法机制的主要功能在于维护区域市场的自由竞争，提升市场的效率。在竞争法区域合作机制中，管辖权越分散，越多成员国实施本国的竞争法，区域内企业需要了解的竞争法信息就越多，企业的交易成本也就越高。例如，在跨国兼并中，如果多层的竞争治理网络的管辖权分散，企业必须向不同竞争执法机构进行申报，并符合不同的审查标准，这在很大程度上会增加企业的兼并成本。从经济角度分析，这些成本可以被解释为兼并行为的交易成本。因此，从交易成本的角度分析，一个权力集中的竞争法机制对区域竞争秩序是有利的。

消极因素包括以下几个方面。第一，动态经济规模。动态经济规模也是考察法律规则效能和成本的一个重要考虑因素。法律是一门实践的科学，法律适用越多，实践案件越丰富，在实践中对法律的解释和思考也就越多，这会大幅度提升法律机制实施的质量，法律机制实施质量的提升有利于增强法律的可预见性。因此，有丰富执法经验和实践的竞争法合作机制远远优于一个新设立的竞争法合作机制。由于各国国内竞争执法机构执行竞争法的经验不能完全移植到区域层面，一个管辖权集中的竞争法机制会导致国内竞争执法经验的丧失和区域竞争执法无经验的状态。① 在这方面，一个分散管辖权的竞争法区域合作机制更有利于解决区域竞争问题。第二，爱好的差别性及不同的竞争法目的。财政分权理论的另一个重要标准在于不同地方有不同的传统与爱好，而一个地方的法律规则应符合该地方的法律传统及爱好。同时，在竞争法方面，不同国家的竞争爱好的差别使各国的竞争法目的不同。比较欧盟与美国竞争法的目的就可以发现，由于经济发展阶段、执法历史不同，二者竞争法的目的差异大。从这个角度分析，管辖权在各个主权国家之间分散更有利。同时需要指出的是，主权国家的竞争法传统的差异越大，竞争集权的成本也越大。第三，理论、经验和学识的差别性。在现代的经济学理论中，信息的对称性起到至关重要的作用。在传统的经济学理论中，假设中央集权者拥有制定政策的所有相关信息，中央集权会产生最大的经济效益。但事实往往相反，中央集权者无法获得所有最佳的信息，因此中央集权者的决策会出现偏差。② 在这方面，存在两个原因。其一，中央集权者无法获得地方本土的确切信息，或对地方信息不了解。在这种情况下，适当的分权竞争法管辖比集权竞争法管辖更能适应地方具体情形。其二，最佳理论和最佳规则的不确定性。竞争法集权的另一个难题在于无法确定保护竞争的最佳理论和最佳规则。竞争法受到竞争理论的影响很大，但关于竞争法的经济理论存在很大争议，目前，还未能形成一致的竞争法经济理论。这也是各国竞争法适用差异很大的原因之一。同时，企业也可能出台各种限制竞争措施，对于这些措施，竞争法的适用规则也应不断变化。根据经济学理论，分权更能适应这种不断变化的情况。第四，根据"实验室"理论，在多个管辖权中采用各自的竞争政策，有利于各国积累竞争法方面的经验，并相互学习，通过体制竞争获得更多

---

① Neven and Roller, "The Allocation of Jurisdiction in International Antitrust," *European Economic Review* 44(2000):845.

② OATES, "An Essay of Fiscal Federalism," *Journal of Economic Literature* 3(1999):1120.

的经验。①

从上述有关积极因素和消极因素的分析中可以看出，对于区域经济一体化组织成员国愿意接受何种程度的制度成本并不能得到一个简单的结论，而应该根据具体情况进行确定。例如，欧盟内部各个主权国家之间的经济发展水平接近，经济一体化程度高，同时，欧盟在刚成立之时就建立了统一的竞争法机制，很多成员国的国内竞争法是根据共同体的竞争法制定的。因此，在欧盟内部，动态经济规模、爱好及竞争法目的的差别以及理论、经验和学识的差别等因素的影响并不是主要的，更主要的考虑在于如何减少企业的交易成本，提高法律的适用效率。基于此，成员国可以让渡大部分的竞争主权给欧盟，建立一个比较集权的区域竞争法机制。而在北美自由贸易区内，三个成员国分别处于不同经济发展层次，动态经济规模的成本很高，成员国之间的爱好和竞争法目的的差别也很大。因此，北美自由贸易区主要考虑的因素在于初步协调，减少让渡竞争主权的制度成本，北美自由贸易区构建软法模式的竞争法合作机制，协调各个成员国的管辖权冲突。随着竞争制度和文化的趋同，这三个成员国愿意接受更高的制度成本，2020 年签订的《美墨加协定》设置了硬法模式的竞争法区域合作机制。而在 APEC 中，由于开放性的制度安排特征，以及区域内成员的经济发展水平、文化差异非常大，在这种动态经济规模成本很高，成员之间的爱好和竞争法目的的差别很大的情况下，成员不可能接受任何程度的竞争主权让渡。最终，APEC 构建的竞争法合作机制采取竞争文化协调模式。

三　竞争法区域合作机制的演变分析

根据新制度经济学的制度变迁理论，区域经济一体化组织的成员为理性经济人，制度变迁建立在理性经济人对成本和收益进行比较计算的基础上，是潜在的外部利润和成本比较的结果。只有当潜在利润超过预期成本时，才会发生制度变迁，形成新的区域合作制度安排，而新的区域合作制

---

① Vanberg and Kerber, "Institutional Competition Among Jurisdictions: An Evolutionary Approach," *Constitutional Political Economy* 5(1994) : 193.

度安排必须实现原有制度利润的进一步内部化，以达到帕累托最优。① 从区域共同体的视角出发，区域层面构建紧密的竞争法合作机制产生的制度收益最大，是最优选项。但是，基于主权国家视角，目前无政府状态下，主权国家构建竞争法区域合作机制更需要考虑其承担的制度成本，确定其愿意接受的模式。制度变迁包括从制度创设到制度均衡的整个过程，竞争法区域合作机制包括竞争法机制的创设和竞争法机制的均衡两个阶段。

在竞争法区域合作机制创设阶段，模式选择的关键在于主权国家能承受的制度成本。实践中，判断主权国家能承受的制度成本应考量多个不同的因素，其是区域内成员国相互协商和博弈的结果。根据双层博弈理论的观点，建立区域经济一体化组织的政治家不仅面对区域层面的国家间博弈，而且面对与国内其他政治对手的国内博弈。② 在双层博弈过程中，竞争法区域合作机制能否创建成功取决于参与人主观博弈模型中是否有明显的共有信念因素。因为参加区域经济一体化组织的成员国政府对于博弈的结果只持单方观点，有自己的动机和利益驱动，其说服别人和控制自己行动后果的能力有限，能否实现从一种制度均衡到另一种均衡的结果是不清楚的，所以，只有具有竞争的共有信念才能实现制度的合作博弈，共有信

---

① 新制度经济学中关于制度变迁的理论存在制度建构主义和制度演化主义两种理路，虽然二者在制度变迁中认识的作用方面有一定的区别，但都认可制度变迁的根本原因是制度收益这一观点。参见道格拉斯·诺斯《理解经济变迁过程》，钟正生、邢华等译，中国人民大学出版社，2008；道格拉斯·C. 诺斯：《经济史中的结构与变迁》，陈郁、罗华平等译，上海三联书店，1991。

② 这种主权国家—区域组织的分析框架将主权国家视为一个紧密的原子，而忽略了主权国家内部各个利益集团的博弈。事实上，主权国家并非一个紧密的利益共同体，主权国家内部也存在行政机构与立法机构、各个利益集团之间的博弈。这种内部博弈也会对国际机制的创建产生重大的影响。这种理论被称为双层博弈理论。为了弥补传统国际关系理论中博弈理论的不足，在1988年，罗伯特·D. 帕特南将他两年前在美国政治学年会上宣读过的一篇文章整理发表在《国际组织》杂志当年的夏季号上。这篇文章是《外交和国内政治：双层博弈的逻辑》，提出了"双层博弈"理论，把外交研究中的国际理论与国内理论真正地融合在了一起。"双层博弈"理论的主要观点有两个：第一，国内层次政治家博弈的关键在于其在国内获得的"获胜集合"（win - set）；第二，国际层面议价能力与国内层面的"获胜集合"存在负相关的关系。参见 Robert D. Putnam, "Diplomacy and Domestic Politics: The Logic of Two - Level Games," in Peter B. Evans, Harold K. Jacobson and Robert D. Putnam(eds.), *Double - Edged Diplomacy：International Bargaining and Domestic Politics* (University of California Press, 1993), pp. 436 - 437；秦亚青《层次分析法与国际关系研究》，《欧洲》1998 年第 3 期。

念是竞争法区域合作机制演进的决定因素。[①] 概言之，在双层博弈语境下，主权国家考量是否接受竞争法区域合作机制，应同时考虑区域内成员国及其内部各利益集团对机制的接受程度。

理想环境下，构建经济宪政模式的竞争法合作机制的收益最大，但是，其制度成本（包括合作的风险及成员国国内的政治成本）也最高。在区域经济一体化程度不高的情况下（还处于削减贸易壁垒的经济自由化阶段），成员国不可能有创建经济宪政模式的意愿。相反，其更有意愿创建一个制度成本较低的合作模式。这也是 APEC 和东盟等经济合作程度低的区域经济一体化组织只采取竞争文化协调模式的原因。

结合制度成本分析，本书归纳了以下竞争法区域合作机制模式选择的关键因素：区域经济一体化程度、成员国共同的竞争观念及利益视角。通过上述因素构建数学模型，推断区域经济一体化组织竞争法机制的模式选择和演进。在这个模型（见图 4-1）中，横坐标表示区域经济组织的经济一体化程度，从左到右表示经济一体化程度从低到高；而纵坐标表示竞争法区域合作机制的构建模式，从下到上表示竞争法机制合作程度由低到高；直线 K 表示区域内竞争法共同观念的融合程度，斜率越高表明区域内成员国竞争法共同观念的融合程度越高。借助这个模型，我们可以解释区域经济一体化组织的模式选择，推断模式演进趋势。区域经济一体化程度越低（在横坐标越左边），竞争法共同观念融合程度越低（曲线的斜率越小），区域经济一体化组织构建的竞争法机制合作程度越低，反之亦然。

---

① 根据双层博弈理论，一个国际制度要获得成功除了需要国际层面的博弈外，国内争取"获胜集合"同样至关重要。如果一个国际制度在国内有较大的"获胜集合"的支持，则其在国内层面获得成功的概率较大。创设一个成功的国际制度，可以使政治家获得更多国内支持，赢得更多声望；而一个失败的国际制度将导致政治家失去国内的支持，该国际制度不仅在国际层面难以获得通过，而且可能给该政治家带来负面的影响。根据帕特南的分析，"获胜集合"的大小取决于以下三个因素：第一，国内选民的权力分布、偏好和可能的联盟；第二，谈判方国内的政治制度；第三，国际谈判代表采取的谈判策略。See Robert D. Putnam, "Diplomacy and Domestic Politics: The Logic of Two-Level Games, "in Peter B. Evans, Harold K. Jacobson and Robert D. Putnam(eds.), *Double-Edged Diplomacy：International Bargaining and Domestic Politics*(University of California Press, 1993), pp. 438 – 439.

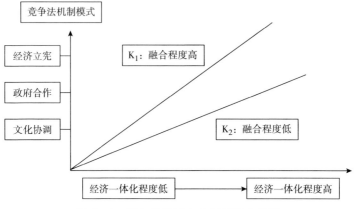

图 4 - 1　竞争法区域合作机制演变模型

在竞争法区域合作机制演变过程中，区域经济一体化的程度是自变量，构建的竞争法区域合作机制是因变量，区域内的竞争文化和观念是嵌入性变量。自变量的变化会引起因变量变动，同时嵌入性变量会对因变量的变动产生有利或不利的影响。在一定的历史时期，区域经济一体化组织会在构建竞争法区域合作机制上达成平衡，选择符合利益最大化的竞争法区域合作机制。

但是，正如演变模型所揭示的，上述因素是变量而非恒量。随着国际生产力的发展，全球化和多边主义是必然方向和趋势，区域经济一体化程度不断提高。对此，功能主义理论提供了有益的解释。① 根据功能主义理

----

① 　学者普遍认为，功能主义理论分为功能主义、新功能主义和新—新功能主义三个阶段。早期的功能主义思想主要是建立在罗马尼亚学者米特兰尼研究的基础之上。米特兰尼把民族主义看作对世界和欧洲和平的主要威胁，认为国家应该相互协调，以减少区域的和全球的那种可能导致战争的紧张关系。新功能主义是对米特兰尼功能主义理论的进一步发展，其奠基人是美国学者哈斯、林德伯格和奈等人，他们早期的研究大多和 20 世纪五六十年代后期欧洲经济共同体的研究联系在一起。新功能主义最有代表性的思想家哈斯认为，一体化是一种涉及讨价还价和相互妥协两个方面的发展和扩大过程，是政治过程的一种形式。新功能主义还强调，一体化合作必须建立在政治领域低级合作成功的基础之上。新—新功能主义对新功能主义作出修正和调整，它主要是解释新功能主义提出的溢出概念的有效性问题。新—新功能主义认为，在一体化发展到一定阶段的时候，外界环境的压力和合作过程中出现的矛盾会引起参与者在追求共同目标的过程中采取未曾预料的行动。See S. A. Sweet, W. Sandholtz and N. Fligstem, *The Institutionalization of Europe* (Oxford University Press, 2001); Ernst B. Haas, "International Integration: The European and the Universal Process," *International Organization* 2 (1960): 4; 汪波、吴仪《新—新功能主义：对功能主义理论的重新审视》，《武汉大学学报》（哲学社会科学版）2004 年第 3 期。

论，地区经济一体化遵循以下演进逻辑。第一，两个或多个成员国通过消除关税和边界限制等内部贸易壁垒创立自由贸易区，而对非成员国仍保持各自的外部关税。第二，内部自由贸易量的增长向成员国施加了达成共同对外关税的压力，共同对外关税的一致导致关税同盟的建立。第三，内部贸易壁垒的消除为农业、工业和服务业扩大了市场范围，这会进一步要求减少或消除对资本、劳动力流动的障碍，从而创立一个共同市场或单一市场。第四，随着国民在共同市场的成员国之间自由流动，对服务领域进行政策协调的要求就会日益强烈。这又进一步要求协调利率、稳定汇率、制定关于通货膨胀的共同政策和形成一种单一货币，最终创立一个经济和货币联盟。第五，随着成员国政府更紧密、更频繁地合作，经济一体化的要求导致日益成熟的政治一体化。每个部门实行共同政策的压力不断增加，涉及外交和防务政策领域，这最终可能导致形成政治联盟。

借鉴功能主义的演进路径分析，我们可以将国际经济合作划分为低级合作领域和高级合作领域。低级合作领域要求主权国家"不作为"或"减少作为"，涵盖不需要主权国家采取积极干预经济的政策就可以实现的合作，如消除关税、非关税壁垒，取消对投资的各种限制，这种合作的交易成本低，比较容易实现；而高级合作领域需要成员国积极作为或构建一个区域内的超国家机制，如统一货币。竞争领域不仅需要国家不作为，而且需要一个超国家的竞争法机制，因此属于高级合作领域。

在同一个区域内，随着国际生产力的提高，成员国不断寻求从经济领域的低级合作转向高级合作。区域经济一体化程度提高的结果，必然是区域竞争法机制的合作程度也加强。此外，在区域经济一体化程度加深的过程中，区域内关于竞争共同观念的融合程度也会升高，这也会要求构建合作程度更加深入的区域竞争法机制。也就是说，随着区域经济一体化合作的深入，区域合作必然从低级合作不断向高级合作纵深发展，原先构建竞争法合作机制的制度均衡被破坏，就要求重新进行制度博弈，构建合作程度更高的竞争法区域合作机制。

上述分析模型建立在成员国利益视角上，如果从区域共同体利益视角分析，经济宪政模式的竞争法区域合作机制给区域经济一体化组织带来的收益无疑是最大的。主权国家利益视角建立在传统国际关系中国际社会和国内社会二元分立的基础上，二战后，随着经济全球化的深入，国际法与国内法二元分立的管辖权体制遭到广泛的质疑，无法满足各国私主体正常参与世界经济一体化活动的现实需要。而私主体以某种主体性身份日益广泛而深入地参与国际关系的实践也在一定程度上解构了国际二元社会。[1] 经济全球化的推进，也要求国际制度构建视角从"国家本位"逐渐向"共同体本位"转变。[2] 因此，随着利益视角的转变，竞争法区域合作机制向更高程度的合作方向发展。

四 结论

借助新制度经济学理论，我们可以分析区域经济一体化组织的竞争法合作机制的模式选择以及发生演变的路径。区域经济一体化组织选择创建何种模式的竞争法合作机制的关键在于哪种模式可以带来最大的制度收益。本节从"主权国家"视角和"共同体"视角分析了竞争法区域合作机制的制度边际收益，并构建了竞争法区域合作机制的演变模型，从这个演变模型中我们可以得出以下结论。

第一，竞争法区域合作机制的模式选择的基础在于区域经济一体化程度。生产力是区域经济一体化过程中最活跃的因素。随着区域内生产力的发展，区域经济一体化产生区域经济和体制的功能性整合，区域经济合作从低级合作一体化向高级合作一体化发展。合作程度低的区域经济一体化组织，无法建立高强度的竞争法区域合作机制，竞争文化协调模式是符合制度均衡的选项。随着区域经济一体化合作程度提高，竞争法区域合作机制模式也会不断演进和变迁，只有处于经济积极一体化阶段的区域经济一体化组织，才能构建经济宪政模式的竞争法区域合作机制。

---

① Sarah H. Cleveland, "Our International Constitution," *The Yale Journal of International Law* 31 (2006): 389.

② 应该承认，这种转变是渐进和长期的，目前国际社会中只有少数经济一体化程度如欧盟的区域组织才在较高程度上实现了这种转变。事实上，欧盟成员国也没有完全以欧盟共同体的角度分析制度收益。但是，国际社会确实出现了这种转变的趋势。参见 P. 诺内特、P. 塞尔兹尼克《转变中的法律与社会：迈向回应型法》，张志铭译，中国政法大学出版社，2004；蔡从燕《论私人结构性参与多边贸易体制——对变动着的国际法结构的一种考察》，博士学位论文，厦门大学，2005。

第二，除了区域经济一体化程度，区域内成员国竞争文化的融合程度也是构建竞争法区域合作机制的重要影响因素。合作程度高的区域竞争法机制只能在竞争文化高度融合的区域经济一体化组织中构建和运行。换言之，区域竞争文化分歧会影响竞争法区域合作机制的模式选择。因此，区域竞争合作法机制演进的另一个重要因素是区域内的共同竞争文化。

第三，从不同的视角出发，构建竞争法区域合作机制的收益是不同的。从"共同体"视角出发，构建经济宪政模式的竞争法区域合作机制是最佳选项，但从"主权国家"视角出发，竞争法区域合作机制的模式选择应考量制度成本——竞争主权让渡程度。特别是从发展中国家的视角出发，发展中国家在竞争议题方面没有太多的经验，而竞争主权是经济主权中的深层核心部分，因此，发展中国家应根据具体情况决定竞争主权让渡的程度。

只有建立与区域发展阶段相适应的区域制度才能实现制度均衡。如果区域制度落后于或超前于区域经济的实际要求，都会对区域经济一体化的经济效应产生不利的影响，无法达到制度均衡的状态。在区域经济一体化程度很高的组织中，构建一个合作程度低的竞争法合作机制，会阻碍区域经济的一体化；相反，在合作程度低（仍停留在简单的贸易自由化阶段）的区域经济一体化组织中，构建一个经济宪政模式的竞争法机制，在现实中会无法发挥制度功能，而且会动摇成员国对竞争法区域合作机制的信心。在这两种情况下，竞争法区域合作机制都处于制度不均衡状态，竞争法合作机制也不能发挥其应有功能，不能产生最大的制度收益。这时候竞争法合作机制应作出改变，以重新达到制度均衡状态，随着生产力的发展，区域经济一体化合作程度逐步提高，又会重新产生制度不均衡。因此，竞争法区域合作机制就随着国际生产力的提高，从均衡到不均衡再到均衡，螺旋式地向更高层次的竞争法区域合作机制演进。

第五章 "一带一路"倡议下自由贸易协定的竞争法合作机制

在全球化的浪潮中，世界经济不断自由化发展，全球形成了统一的竞争市场。国际市场的垄断现象破坏了市场自由竞争，导致了市场困境的出现，为了解决国际市场的垄断问题，有必要在国际社会构建竞争法机制。但是，现阶段构建全球统一的竞争法机制的条件还未成熟，先在区域内构建竞争法区域合作机制，从竞争法区域合作机制走向全球统一竞争法机制，是国际竞争法机制的发展路径。许多区域经济一体化组织已经将竞争议题作为区域经贸议题，并尝试在区域内构建区域竞争法机制。由于区域经济一体化组织成员国的经济发展情况、竞争文化等因素不同，竞争法区域合作机制的构建模式不同。

2013年9月和10月，中国国家主席习近平分别提出建设"丝绸之路经济带"和"21世纪海上丝绸之路"的合作倡议（"一带一路"倡议）。① 2015年3月，中国发布《推动共建丝绸之路经济带和21世纪海上丝绸之路的愿景与行动》。2017年5月，首届"一带一路"国际合作高峰论坛在北京成功召开。中国还先后举办了博鳌亚洲论坛年会、上海合作组织青岛峰会、中非合作论坛北京峰会、中国国际进口博览会等。几年来，共建"一带一路"倡议得到了越来越多国家和国际组织的积极响应，受到国际社会广泛关注，影响力日益扩大。"一带一路"倡议已经成为我国推进对外开放、推动国际区域经济一体化的重要国际实践。

"一带一路"倡议实施以来，我国以"政策沟通、设施联通、贸易畅

---

① 《习近平谈治国理政》，外文出版社，2014，第287、293页。

通、资金融通、民心相通"五通为主要途径①，通过"共商、共建、共享"的合作机制，有力地推进了共建"一带一路"国家的区域经济一体化。在国际社会出现逆全球化、单边化的国际新形势下，亚洲区域经济一体化进程却在"一带一路"倡议的带动下，逆势中前进，独树一帜。中国—东盟自由贸易区升级、上海合作组织扩员、《区域全面经济伙伴关系协定》生效等正在推动亚洲区域经济一体化，促进亚洲区域统一大市场的形成。

在分析了国际竞争法机制的构建路径、区域竞争法机制现状及区域竞争法机制模式之后，本章对"一带一路"区域经济一体化安排进行研究，并分析"一带一路"竞争法合作机制的发展及趋势。本章主要研究以下三个问题：第一，"一带一路"倡议下，我国参与的自由贸易协定的竞争法合作机制现状如何？第二，为什么"一带一路"倡议下的自由贸易协定的竞争法合作机制会呈现这种现状？第三，结合前四章的分析，我国应在"一带一路"倡议下的自由贸易协定的竞争法合作机制谈判中提出何种竞争条款？

第一节　"一带一路"倡议及自由贸易区战略

一　"一带一路"倡议的提出与自由贸易协定

一方面，在经济全球化不断推进的今天，对有限世界资源的全球配置和对世界统一大市场的不懈追求不仅成为全球化的目标，而且成为世界经济发展的大趋势；另一方面，由于不合理的国际经济旧秩序以及资源占有的不平等现状，各国在力图抓住全球化机遇的同时，也在不同程度地感受着全球化带来的各种矛盾和冲突。全球化的公共利益与区域化的单独利益既存在协调又存在冲突，所有国家一般采取两手抓的政策，即在追求经济全球化的同时，也在纵深程度促进区域经济一体化。② GATT 第 24 条规

---

① 《习近平谈治国理政》（第二卷），外文出版社，2017，第 503 页。
② 正如前文论述，世界上大多数国家都已经根据本国的地理位置和情况，制定了本国的区域经济发展战略。欧盟一体化程度不断加深，且欧盟不断东扩；而美国除了构想美洲自由贸易区外，还与许多国家签订自由贸易协定。

定，成员有权在一定条件下相互缔结自由贸易协定及关税同盟，以确保区域集团充分采取贸易整合，不致增加对外贸易障碍，GATT 第 24 条为区域贸易协定提供了多边贸易体系下的合法基础。在这种经济及法律背景下，国际区域经济一体化浪潮迅猛发展，区域经济一体化成为世界各国适应经济全球化的现实选择。

我国参与区域经济一体化的起步较晚，但发展迅速。为了应对经济全球化的挑战，我国开始转变思路，积极参与和推动区域经济合作，对区域经济一体化从"置身其外"到"积极参与"①。晚近，加强区域的经济一体化合作成为我国的经济战略之一。2007 年 10 月，党的十七大报告第一次明确提出要"实施自由贸易区战略"②。加快自由贸易区建设，已经成为我国加入 WTO 后以开放促改革、促发展的新平台和新方式。

"一带一路"倡议，是人类命运共同体理念下我国推进对外开放，加深国际合作的伟大实践。从本质上分析，"一带一路"倡议的国际合作与二战后美国构建的"利益—交换"的国际经济秩序具有理念上的本质差别。"一带一路"倡议下独具特色的国际经济法原则、规则和决策程序，是对二战后西方主导的国际经济法的创新③。"一带一路"倡议作为一个开放、自由、动态的国际合作平台，其制度创新主要表现在，大量采取政策软法、框架协议等多种国际合作形式④。借鉴中国改革开放的进程模式，"一带一路"倡议的国际合作主张先行先试、先易后难，通过备忘录开拓合作路径、开展项目合作，合作成熟后再通过自由贸易协定或区域贸易协定进行法律化和固定化。自由贸易协定作为我国推进国际经济自由化和国际合作的主要法律形式，与"一带一路"倡议具有共同目标，是我

---

① 2003 年 6 月 29 日，《内地与香港关于建立更紧密经贸关系的安排》签署，可以说这是我国政府在区域经济一体化道路上迈出的实质性第一步，也是我国在世界区域经济一体化的大背景之下的发展战略的重要组成部分。

② 胡锦涛：《高举中国特色社会主义伟大旗帜　为夺取全面建设小康社会新胜利而奋斗——在中国共产党第十七次全国代表大会上的报告》，人民出版社，2007，第 33 页。

③ 王彦志：《"一带一路"倡议与国际经济法创新：理念、制度与范式》，《吉林大学社会科学学报》2019 年第 2 期。

④ 李万强：《"一带一路"倡议与包容性国际法发展》，《江西社会科学》2017 年第 5 期。

国"一带一路"倡议中推进合作成果法律化和制度化的主要法律工具之一。

由于历史、体制等因素，早期我国参与的区域经济一体化的模式以自由贸易区为主，区域经济一体化的合作水平比较低，合作一体化还停留在消除货物贸易壁垒的消极一体化阶段。随着我国的区域经济一体化合作深入，我国的区域自由贸易协定的合作范围和合作深度也不断拓展。我国通过不断升级自由贸易协定版本的方式，深化区域经济一体化的合作范围和合作深度。共建"一带一路"国家成为我国自由贸易协定合作升级的主要对象，自由贸易协定也成为我国巩固"一带一路"倡议的主要法律形式。截至 2023 年 6 月，我国与亚洲、大洋洲、拉丁美洲、欧洲、非洲等的共建"一带一路"国家签订了 19 个自由贸易协定，还有 10 个正在谈判的自由贸易协定、8 个正在研究的自由贸易协定。[①] 共建"一带一路"国家与我国签订的自由贸易协定，根据地缘经济情况和经济合作历史的不同，主要分为两类。

（一）已签署的区域经济一体化协议

1. 南南型区域经济一体化协议

中国作为最大的发展中国家，一直关注与其他发展中国家之间的经济合作。中国签订的区域经济一体化协议以南南型区域经济一体化协议为主，中国已经与许多发展中国家签订了自由贸易协定，其中，多个自由贸易协定通过具体实施不断升级，合作深度不断拓展。中国与其他发展中国家间的南南型区域经济一体化协议主要包括以下几个。

（1）《曼谷协定》（后更名为《亚太贸易协定》）（东南亚）。2001 年 5 月 23 日，中国正式成为《曼谷协定》成员。作为中国签署的第一个区域性多边贸易协定，《曼谷协定》在中国关税史上具有重要地位。[②] 一方面，在《曼谷协定》框架下，我国第一次根据协定给予其他国家低于"优惠税率"（从 2002 年 1 月 1 日起改称为"最惠国税率"）的关税优惠税率；另一方面，我国也是第一次通过关税谈判从其他国家获得特别关税

---

① 以上资料来自中国自由贸易区服务网，http://fta.mofcom.gov.cn/fta_qianshu.shtml。

② 黄建忠、洪毅颖：《〈曼谷协定〉与区域经济合作——对我国参与区域性实质优惠制度安排的若干建议》，《国际贸易问题》2003 年第 11 期。

优惠。2005 年 11 月 2 日，在北京举行的《曼谷协定》第一届部长级理事会上，各成员国代表通过新协定文本，决定将《曼谷协定》更名为《亚太贸易协定》，并在各成员国完成国内法律审批程序后，实施第三轮关税减让谈判结果。历经 9 年的谈判，2018 年 7 月 1 日，《亚太贸易协定》第四轮关税减让谈判成果文件——《亚太贸易协定第二修正案》正式生效实施。6 个成员国即中国、印度、韩国、斯里兰卡、孟加拉国和老挝对共计 10312 个税目的产品削减关税，平均降税幅度为 33%。

（2）中国—东盟自由贸易系列协议（东南亚）。2002 年 11 月，在第六次中国—东盟领导人会议上，我国与东盟十国签署《中国—东盟全面经济合作框架协议》。① 2004 年 11 月，我国与东盟签署《中国—东盟全面经济合作框架协议货物贸易协议》，并于 2005 年 7 月开始实施，对 7000 多个税目的产品逐步降低和取消关税。2007 年 1 月，双方又签署《中国—东盟全面经济合作框架协议服务贸易协议》，东盟十国 12 个服务部门的 67 个分部门和我国 5 个服务部门的 26 个分部门相互作出进一步开放的承诺，并于同年 7 月开始实施。2015 年 11 月，中国与东盟十国签署了升级谈判成果文件——《中国与东盟关于修订〈中国—东盟全面经济合作框架协议〉及项下部分协议的议定书》。该议定书是我国在既有自由贸易区基础上完成的第一个升级议定书，涵盖货物贸易、服务贸易、投资、经济技术合作等领域，是对原有协议的丰富、完善、补充和提升，体现了双方深化和拓展经贸合作关系的共同愿望和现实需求。

（3）中国—智利自由贸易系列协定（南美洲）。2005 年 11 月《中国—智利自由贸易协定》签订，并于 2006 年 10 月开始实施。根据该协定，两国占税目总数 97% 的产品的关税要在 10 年内分阶段降为零。两国还在经济、中小企业、文化、教育、科技、环保等领域进一步加强交流合作。2008 年 4 月 13 日，《中国—智利自由贸易协定关于服务贸易的补充协定》在海南三亚签署。该协定是中国与拉美国家签署的第一个自由贸易区服务贸易协定，也是中智关系史上的一个新的里程碑。该协定的签署有助于两

---

① 对于《中国—东盟全面经济合作框架协议》，是东盟十个成员国与中国之间的多边协定，还是东盟一方与中国一方的双边协定，学者之间存在争议。参见曾华群《WTO 规则与中国—东盟自由贸易区的发展》，《厦门大学学报》（哲学社会科学版）2005 年第 6 期。

国进一步相互开放服务市场，增进优势互补，提升国际竞争力；有助于改善投资环境，创造商业机会，降低交易成本，为两国企业和人民带来更多福利。2017 年，中国与智利签署了升级谈判成果文件——《中国和智利关于修订〈自由贸易协定〉及〈自由贸易协定关于服务贸易的补充协定〉的议定书》。该议定书是继《中国与东盟关于修订〈中国—东盟全面经济合作框架协议〉及项下部分协议的议定书》之后，在既有自由贸易区基础上达成的第二个升级议定书，是我国与拉美国家的第一个自由贸易升级议定书，涵盖货物贸易、服务贸易、经济技术合作及规则等领域，体现了双方深化和拓展经贸关系的共同愿望和现实需求。此外，该议定书涵盖了竞争规则。

（4）中国—巴基斯坦自由贸易区两阶段协定（南亚）。2006 年 11 月，两国签署《中国—巴基斯坦自由贸易协定》。根据该协定，双方将分两步对全部货物产品实施关税减让。第一步在协定实施 5 年内，双方对占各自税目总数 85% 的产品按照不同幅度实施降税；第二步从协定实施第 6 年开始，目标是使零关税产品占双方税目数和贸易量的比例均达到 90%。此外，该协定就投资促进与保护等事项作出了规定。2009 年，双方签订了《中国—巴基斯坦自由贸易区服务贸易协定》。2011 年 3 月，中巴双方启动第二阶段谈判。2019 年，两国完成谈判，签署了《中国和巴基斯坦关于修订〈自由贸易协定〉的议定书》。该议定书对原有中巴自由贸易协定进行大幅升级，大幅提高了两国间货物贸易自由化水平。

（5）《中国—秘鲁自由贸易协定》（南美洲）。《中国—秘鲁自由贸易协定》是在 2009 年 4 月 28 日签订的。该协定是我国与拉美国家签署的第一个一揽子自由贸易协定，覆盖领域广、开放水平高。在货物贸易方面，中秘双方要对各自 90% 以上的产品分阶段实施零关税；在服务贸易方面，双方要在各自对世贸组织承诺的基础上，相互进一步开放服务部门；在投资方面，双方要相互给予对方投资者及其投资以准入后国民待遇、最惠国待遇和公平公正待遇，鼓励双边投资并为之提供便利等。与此同时，该协定还涉及知识产权、贸易救济、原产地规则、海关程序、技术性贸易壁垒、卫生和植物卫生措施等众多领域。2016 年，中国与秘鲁启动升级谈判，至 2019 年进行了三轮谈判，但还未形成正式的协定文本。

（6）《中国—格鲁吉亚自由贸易协定》（中亚）。中国与格鲁吉亚于2015年12月启动自由贸易协定的谈判。经过一年多的谈判，在2017年5月，两国正式签署了《中国—格鲁吉亚自由贸易协定》。该协定生效后，在货物贸易方面，格鲁吉亚对我国96.5%的产品立即实施零关税，覆盖格鲁吉亚自我国进口总额的99.6%；我国对格鲁吉亚93.9%的产品实施零关税，覆盖我国自格鲁吉亚进口总额的93.8%。除了货物贸易、服务贸易外，该协定还涉及环境与贸易、竞争、知识产权、投资、电子商务等众多领域。

（7）《中国—哥斯达黎加自由贸易协定》（中美洲）。2011年8月1日，《中国—哥斯达黎加自由贸易协定》正式生效，是我国签署的第十个自由贸易协定。该协定是中国与中美洲国家签署的第一个包括货物贸易、服务贸易、原产地规则、海关程序、技术性贸易壁垒、卫生和植物卫生措施、贸易救济、知识产权、合作等内容的一揽子自由贸易协定。

（8）《中国—马尔代夫自由贸易协定》（南亚）。2017年12月，中国与马尔代夫经过3年多的协商，签署了《中国—马尔代夫自由贸易协定》，这是中国签署的第十六个自由贸易协定。该协定除序言外共有15个章节，分别是总则、一般适用的定义、货物贸易、原产地规则与实施程序、海关程序与贸易便利化、技术性贸易壁垒和卫生与植物卫生措施、贸易救济、服务贸易、投资、经济技术合作、透明度、管理与机构条款、争端解决、例外、最终条款。此外，该协定还有货物贸易关税减让表、服务贸易具体承诺减让表、产品特定原产地规则等9个附件。

（9）《中国—毛里求斯自由贸易协定》（非洲）。2019年10月，中国与毛里求斯签署了《中国—毛里求斯自由贸易协定》，这是我国签署的第十七个自由贸易协定，也是与非洲国家签署的第一个自由贸易协定。该协定涵盖货物贸易、服务贸易、投资、经济合作等内容，实现了"全面、高水平和互惠"的谈判目标。

2. 南北型区域经济一体化协议

中国与发达国家之间签订的区域经济一体化协议从无到有，不断增多，而且涵盖的议题也不断扩展。到2009年3月，中国与发达国家签订的自由贸易协定除了APEC的一体化开放性区域协定外，只有《中国—新西兰自由贸易协定》。但是，近年来，我国已经和韩国、澳大利亚、瑞士、冰岛等多个发达国家签署了多个自由贸易协定。具体如下。

（1）《中国—新西兰自由贸易协定》（大洋洲）。2008 年 4 月 7 日，《中国—新西兰自由贸易协定》在北京签署，并于 2008 年 10 月 1 日开始实施。《中国—新西兰自由贸易协定》是我国签署的第一个涵盖货物贸易、服务贸易、投资等诸多领域的全面的自由贸易协定，也是与发达国家签署的第一个自由贸易协定。该协定对我国具有开创性意义。

（2）中国—新加坡自由贸易区系列协定（东南亚）。中国—新加坡自由贸易区谈判启动于 2006 年 8 月，经过 8 轮艰苦而坦诚的磋商，双方于 2008 年 9 月圆满结束谈判。《中国—新加坡自由贸易协定》涵盖了货物贸易、服务贸易、人员流动、海关程序等诸多领域，是一份内容比较全面的自由贸易协定。双方在中国—东盟自由贸易区的基础上，进一步加快了贸易自由化步伐，拓展了双边自由贸易关系与经贸合作的深度与广度。根据该协定，新方承诺会在 2009 年 1 月 1 日前取消全部自华进口产品关税；中方承诺会在 2010 年 1 月 1 日前对 97.1% 的自新进口产品实施零关税。双方还在医疗、教育、会计等服务贸易领域作出了高于 WTO 要求的自由化承诺。2018 年 11 月，双方签署了《中国和新加坡关于升级〈中国—新加坡自由贸易协定〉的议定书》。该议定书对原产地规则、海关程序与贸易便利化、贸易救济、服务贸易、投资、经济合作等 6 个领域进行升级，还新增电子商务、竞争政策和环境等 3 个领域。

（3）《中国—瑞士自由贸易协定》（欧洲）。2014 年 7 月，《中国—瑞士自由贸易协定》正式生效。该协定是中国对外达成的水平最高、最为全面的自由贸易协定之一，不仅货物贸易零关税比例高，还在钟表等领域为双方合作创设了良好的机制，而且涉及环境、知识产权、竞争规则等许多新规则，提升了中瑞双边经贸合作水平。2017 年，中国与瑞士启动第二轮升级研究。

（4）《中国—冰岛自由贸易协定》（欧洲）。2014 年 7 月，《中国—冰岛自由贸易协定》生效。该协定是我国与欧洲国家签署的第一个自由贸易协定，涵盖货物贸易、服务贸易、投资、竞争等诸多领域。

（5）《中国—韩国自由贸易协定》（东北亚）。2015 年 12 月，《中国—韩国自由贸易协定》正式生效，并于 12 月 20 日第一次降税，于 1 月 1 日第二次降税。该协定除序言外共 22 个章节，包括初始条款和定义、国民待遇和货物市场准入、原产地规则和原产地实施程序、海关程序和贸易便利化、卫生与植物卫生措施、技术性贸易壁垒、贸易救济、服务贸易、金融服务、电信、自然人移动、投资、电子商务、竞争、知识产权、环境与贸易、经济合作、透明度、机构条款、争端解决、例外、最终条款。此外，该协定还有货物贸易关税减让表、服务贸易具体承诺表等 18 个附件。2017 年 12 月，两国签署了《中国与韩国关于启动中韩自贸协定第二阶段谈判的谅解备忘录》，中韩自由贸易协定第二阶段谈判正式启动，至今已经进行了 4 轮谈判。

（6）《中国—澳大利亚自由贸易协定》（大洋洲）。《中国—澳大利亚自由贸易协定》从 2005 年开始谈判，2015 年正式签署生效。该协定包括正文部分和 4 个附件。正文部分除序言以外共 17 章，分别是初始条款与定义、货物贸易、原产地规则和实施程序、海关程序与贸易便利化、卫生与植物卫生措施、技术性贸易壁垒、贸易救济、服务贸易、投资、自然人移动、知识产权、电子商务、透明度、机制条款、争端解决、一般条款与例外、最终条款，其中各章附件共 11 个。协定的 4 个附件分别是货物贸易关税减让表、产品特定原产地规则、服务贸易具体承诺减让表以及关于技能评估、金融服务、教育服务、法律服务、投资者与国家争端解决透明度规则的 5 份换文。

（二）正在谈判或研究的区域经济一体化协议

党的十八大以后，我国加快实施自由贸易区战略，[①] 以更好地衔接"一带一路"倡议。自由贸易协定作为推动当今区域经济合作的主要制度载体已得到普遍认可，已成为我国"一带一路"合作倡议建设的法律化方式。[②] 除了上述已经签订的自由贸易协定，我国与十多个国家和国际组织进行自由贸易协定谈判，例如，中国与海湾阿拉伯国家合作委员会（简称"海合会"，包括沙特、阿曼、阿联酋、卡塔尔、科威特和巴林六

---

① 《十八大以来重要文献选编》（中），中央文献出版社，2016，第 811 页。
② 李董林、张应武：《中国与"一带一路"沿线国家的 FTA 选择研究》，《东南亚纵横》2016 年第 2 期。

国）、日本、韩国、斯里兰卡、挪威、以色列等的谈判也在不同程度地推进。① 此外，我国还正在研究与哥伦比亚、斐济、尼泊尔、巴新、加拿大、孟加拉国、蒙古国的自由贸易协定。从地区范围分析，我国的自由贸易协定谈判基本涵盖了"一带一路"的整体区域，构建了点、层、面一体的自由贸易网络；从国家类别分析，其不仅包括发展中国家，也有发达国家，覆盖了南南型和南北型的自由贸易协定。

二 "一带一路"倡议与自由贸易协定的竞争议题

2013 年，习近平主席在哈萨克斯坦扎尔巴耶夫大学和印度尼西亚国会演讲时，分别提出建设"丝绸之路经济带"和"21 世纪海上丝绸之路"的倡议，引起了国际社会的热烈响应。② 2015 年 3 月，中国正式发布了《推动共建丝绸之路经济带和 21 世纪海上丝绸之路的愿景与行动》，倡导共建"一带一路"国家发挥现有双边、区域、次区域和多边合作机制的作用，加强相关国家之间的互联互通，共同打造陆上经济走廊和海上合作支点。"一带一路"倡议是中国和平崛起过程中勇于承担国际责任、进一步开放合作而推出的伟大创造性提议。作为中国新阶段对外开放的顶层设计，"一带一路"倡议为我国新一轮对外开放提供有力支撑。通过"政策沟通、设施联通、贸易畅通、资金融通、民心相通"的五通发展③，以项目建设、合作机制为载体，"一带一路"倡议形成了独具特色的政策软法与国际协定相辅相成的国际经济法范式。④ 从这一意义上分析，"一带一路"倡议是我国在国际形势变动背景下，构建国际经济治理新秩序，发出中国声音，提供中国方案的重要途径和伟大提议。

"一带一路"倡议提出后，我国通过宣言、合作原则等政策软法的激励性制度安排迅速推进合作。政策软法合作方式，是"一带一路"倡议的主要创新形式，该形式缔约程序简单、谈判难度小，有利于尽快凝聚共

---

① 以上资料来自中国自由贸易区服务网"正在谈判的自由贸易区"与"正在研究的自由贸易"，http://fta.mofcom.gov.cn/，最后访问日期：2020 年 1 月 31 日。
② 《习近平谈治国理政》，外文出版社，2014，第 287、293 页。
③ 《习近平谈治国理政》（第二卷），外文出版社，2017，第 503 页。
④ 王彦志：《"一带一路"倡议与国际经济法创新：理念、制度与范式》，《吉林大学社会科学学报》2019 年第 2 期。

识。但是，过于松散的制度安排，也显现出合作难以深入开展和稳定性缺乏的缺陷。这些缺陷不利于经贸合作中具体问题的解决，甚至会导致协调合作事务的混乱无序。① 党的十八届三中全会通过的《中共中央关于全面深化改革若干重大问题的决定》明确指出："加快同周边国家和区域基础设施互联互通建设，推进丝绸之路经济带、海上丝绸之路建设，形成全方位开放新格局。"② "一带一路"倡议是新时期优化开放格局，提升开放层次的重要指针。积极推进形成"一带一路"大市场，建立"一带一路"沿线自由贸易区，有利于"一带一路"倡议的制度化发展。与共建"一带一路"国家签订自由贸易协定等区域经济一体化安排，可有效补强政策软法合作的国际法效力，强化和法律化前期已协商一致的成果，推进"一带一路"区域的开放和经济合作。换言之，自由贸易协定机制是推进"一带一路"倡议合作深入的重要国际法工具。构建我国与共建"一带一路"国家的自由贸易区网络，是"一带一路"倡议合作深入后的法治化要求。③ "一带一路"倡议与自由贸易区战略相互补充，不仅有利于加强我国"一带一路"倡议中的经济合作，而且有利于形成中国范式的国际经济法理念和制度，提升我国在国际经济治理中的制度供给能力。④

晚近，自由贸易协定成为国际经贸规则的主要博弈场所。特别是，自由贸易协定中的新议题谈判成为国际经贸新规则构建的主要路径。⑤ 竞争议题作为边境后"整平游戏场地"的关键贸易议题之一⑥，在坎昆会议后纳入自由贸易协定谈判议程中。特别是，发达国家主导的巨型自由贸易协定都专章规定了竞争议题，竞争条款覆盖范围扩大，权利和义务越来越详

---

① 李雪平：《"一带一路"的合作机制：法律缺陷、复杂挑战与应对策略》，《理论月刊》2017 年第 1 期。
② 《十八大以来重要文献选编》（上），中央文献出版社，2014，第 526 页。
③ 李西霞：《建立以自由贸易协定机制为支撑的"一带一路"长效合作机制》，《河北法学》2020 年第 1 期。
④ 王燕：《"一带一路"自由贸易协定话语建构的中国策》，《法学》2018 年第 2 期。
⑤ 韩剑、闫芸、王灿：《中国与"一带一路"国家自贸区网络体系构建和规则机制研究》，《国际贸易》2017 年第 7 期。
⑥ OECD, Competitive Neutrality: Maintaining a Level Playing Field Between Public and Private Business, http://www.oecd.org/competition/competitiveneutralitymaintainingalevelplayingfieldbetweenpublicandprivatebusiness.htm, 最后访问日期：2012 年 8 月 30 日。

细，形成了有利于发达国家的国际竞争规则，发达国家以此主导国际竞争规则谈判。随着我国经济实力的提升，作为负责任的发展中大国，我国应在国际竞争议题谈判中提出更加合理的国际竞争规则方案。"一带一路"倡议与自由贸易区战略作为我国国际经济治理理念提出和实践的重要平台，不应局限于关税减让等传统议题，更应在电子商务、竞争等国际经济新议题中积极贡献中国思路，提出中国方案。

竞争议题对于推进"一带一路"倡议和自由贸易区战略具有十分重要的意义。一方面，同共建"一带一路"国家商建自由贸易区，形成"一带一路"大市场，需要构建自由贸易区的竞争法合作机制进行保障；另一方面，通过自由贸易区的竞争法合作机制开展技术协助和执法合作，可以倡导相同的竞争文化和经济治理观念，推进自由贸易区的经济一体化进程。因此，研究和完善中国自由贸易协定的竞争条款，积极推进"一带一路"倡议下自由贸易协定中竞争条款的实践，既是"一带一路"倡议和自由贸易协定合作深化的需要，也有利于完善国际竞争规则的中国方案。

第二节　"一带一路"倡议下自由贸易协定的竞争条款

一　我国自由贸易协定竞争条款的三种模式

我国签署自由贸易协定的历史早于"一带一路"倡议。在 2002 年，中国与东盟十国签署了《中国—东盟全面经济合作框架协议》。虽然该协议是框架性协议，只有简单的 16 个条款，但该协议开启了我国自由贸易区战略的序幕。为了应对经济全球化的挑战，我国开始积极参与和推动区域经济合作，对区域经济一体化的态度从"置身其外"到"积极参与"①。2007 年 10 月，党的十七大报告提出要"实施自由贸易区战略"②。

---

① 梁双陆、程小军：《国际区域经济一体化理论综述》，《经济问题探索》2007 年第 1 期。

② 胡锦涛：《高举中国特色社会主义伟大旗帜　为夺取全面建设小康社会新胜利而奋斗——在中国共产党第十七次全国代表大会上的报告》，人民出版社，2007，第 33 页。

"一带一路"倡议提出后，自由贸易区战略与"一带一路"倡议相互补充，共同推动我国进一步对外开放。党的十八届三中全会将两者结合起来，提出构建和形成"一带一路"沿线自由贸易协定网络。[①]

截至 2020 年 2 月，我国已与 14 个国家和国际组织签署了 18 个自由贸易协定（含 4 个升级协定），同时谈判 13 个自由贸易协定（含 2 个升级协定），研究 8 个自由贸易协定（含 1 个升级协定）[②]，初步形成以周边国家为核心、以共建"一带一路"国家为基础、面向全球的自由贸易区网络。

我国早期签订的自由贸易协定的核心在于深化缔约国之间的关税减让，晚近签署的自由贸易协定开始扩展议题范围。就竞争议题而言，我国的自由贸易协定经历从无到有、从原则规定到单一条款再到实体专章的演变过程。我国自由贸易协定的竞争条款可划分为三种模式。

（一）零星、分散竞争条款模式

2012 年前，我国自由贸易协定未有单独竞争条款。这一时期，我国自由贸易协定的经济一体化程度还不高，还未涉及边境后议题。2007 年，我国《反垄断法》出台，此阶段竞争执法文化还处于培育阶段。[③] 在经济一体化程度低、竞争执法文化培育不足的情况下，竞争议题未成为我国自由贸易协定的独立议题，而是呈现出零星、分散竞争条款模式。

零星、分散竞争条款模式，是指自由贸易协定未有专门的竞争条款，竞争条款零星、分散地分布在总则和服务贸易、知识产权保护等关联章节中。总则部分主要是竞争目的条款，一般参照 APEC 具有宣言性、无约束力的竞争文化协调模式，将维持公平竞争作为自由贸易协定的目的。[④] 例

---

① 中国自由贸易区服务网，http://fta.mofcom.gov.cn/index.shtml，最后访问日期：2020年 2 月 29 日。

② 许培源、罗琴秀：《"一带一路"自由贸易区网络构建及其经济效应模拟》，《国际经贸探索》2021 年第 12 期。

③ 王先林：《理想与现实中的中国反垄断法——写在〈反垄断法〉实施五年之际》，《交大法学》2013 年第 2 期。

④ 骆旭旭：《区域贸易协定的竞争条款研究》，《华侨大学学报》（哲学社会科学版）2011年第 3 期。

如，《中国—智利自由贸易协定》纳入 APEC 关于竞争法的安排。① 而关联议题部分，则主要涉及服务贸易的垄断经营条款以及知识产权的垄断与保护的平衡要求条款等。总体而言，零星、分散竞争条款模式下，竞争议题还未成为自由贸易协定的独立议题。相关竞争条款的出现，主要原因在于相关议题中维护自由竞争的需要。

（二） 单一竞争条款模式

2010 年我国与哥斯达黎加签署《中国—哥斯达黎加自由贸易协定》，第一次规定了专门的竞争条款（第 126 条）。随后，2014 年同时生效的《中国—冰岛自由贸易协定》和《中国—瑞士自由贸易协定》将该条款独立成章，体现出我国自由贸易协定竞争条款的第二个模式：单一竞争条款模式。

单一竞争条款模式下，竞争条款不再只是零星、分散地分布于关联章节中，而是成为自由贸易协定中的独立条款。不同协定的竞争条款虽然存在细微的差别，但内容和框架基本相同，一个主条文，六个细则，主要规定维持自由竞争的意义、缔约国相互合作的意愿以及竞争执法信息的沟通等。特别需要指出的是，首次将竞争条款独立成章（但仍只有一个条文），意味着竞争议题已正式成为我国自由贸易协定谈判的独立议题。

虽然单一竞争条款模式已将竞争议题作为独立议题，但是在该模式下，竞争条款更多采用原则性表述，条款简单，缺乏实体性和程序性条款。总体而言，单一竞争条款模式的意义在于宣示竞争议题独立成为贸易议题，以及维持公平竞争对自由贸易协定的重要性。

（三） 实体竞争专章模式

实体竞争专章模式首先出现在 2015 年生效的《中国—韩国自由贸易协定》中，并被后续生效的《中国—格鲁吉亚自由贸易协定》《中国和智利关于修订〈自由贸易协定〉及〈自由贸易协定关于服务贸易的补充协定〉的议定书》《中国和新加坡关于升级〈中国—新加坡自由贸易协定〉

---

① 参见《中国—智利自由贸易协定》第 2 条和第 103 条。除此之外，在《中国—智利自由贸易协定》的其他条款中也体现出竞争文化协调的目的。例如，第 2 条 "目标" 的第 1 款第 3 项，明确提出 "改善自由贸易区公平竞争条件"，第十三章 "合作"，也提出以合作 "促进竞争"。

的议定书》沿用，形成了我国自由贸易协定中竞争条款的最新模式。与单一竞争条款模式相比，实体竞争专章模式不再只有原则性规定，而是具有实体性和程序性规定，对限制竞争行为的定义、竞争执法原则、透明度和执法合作程序等进行相对详尽的规定。

2015 年 12 月正式生效的《中国—韩国自由贸易协定》，作为亚太地区最重要的自由贸易协定之一①，是我国第一个规定了实体竞争专章的自由贸易协定。该协定第十四章"竞争政策"专章规定了竞争事项。该章共有 13 个条文，每个条文还有细则，规定了限制竞争行为、竞争法的定义、维持竞争执法的义务、缔约国的竞争执法原则、透明度义务、竞争执法的程序合作（通报、磋商、信息交换和技术合作）、争端的联合委员会磋商解决制度等。

实体竞争专章模式下，竞争议题不再仅具有宣示性意义，而是具体规定了缔约国维持竞争法的实体性义务以及执法合作的义务与程序。实体竞争专章的出现意味着我国已形成在自由贸易协定中纳入竞争议题的自觉。通过自由贸易协定的竞争议题谈判，我国开始积极参与国际竞争规则的制定。

二　我国自由贸易协定中竞争条款的演进及理论解释

（一）我国自由贸易协定的竞争条款演进

为了更直观地呈现我国自由贸易协定竞争条款三种模式的发展路径，分析竞争条款的演进规律，本书对截至 2020 年 2 月我国签署的自由贸易协定（18 个协定，包括 4 个升级协定）的竞争条款文本进行梳理和归类。② 根据竞争条款模式、签约时间、缔约国所处区域、是不是共建"一带一路"国家或国际组织等几个因素，整理我国自由贸易协定的竞争条款情况，见表 5 - 1。

根据表 5 - 1，我国自由贸易协定竞争条款的演进有如下特点。

---

① 李杨、冯伟杰、黄艳希：《中韩自由贸易协定的影响效应研究》，《东北亚论坛》2015 年第 6 期。

② 中国自由贸易区服务网，http：//fta. mofcom. gov. cn/index. shtml，最后访问日期：2020 年 2 月 29 日。

表 5 - 1 我国自由贸易协定竞争条款的基本情况

模 式	零星、分散竞争条款模式	单一竞争条款模式	实体竞争专章模式
自由贸易协定（签约时间、缔约国所处区域、是不是共建"一带一路"国家或国际组织）	（1）《中国—东盟全面经济合作框架协议》（2002，东南亚，是） （1-2）《中国与东盟关于修订〈中国—东盟全面经济合作框架协议〉及项下部分协议的议定书》（2015，东南亚，是） （2）《中国—智利自由贸易协定》（2005，南美洲，否） （3）《中国—巴基斯坦自由贸易协定》（2006，南亚，是） （3-2）《中国和巴基斯坦关于修订〈自由贸易协定〉的议定书》（2019，南亚，是） （4）《中国—新加坡自由贸易协定》（2008，东南亚，是） （5）《中国—新西兰自由贸易协定》（2008，大洋洲，是） （6）《中国—秘鲁自由贸易协定》（2009，南美洲，否） （13）《中国—马尔代夫自由贸易协定》（2017，南亚，是） （14）《中国—毛里求斯自由贸易协定》（2019，非洲，否）	（7）《中国—哥斯达黎加自由贸易协定》（2010，中美洲，否） （8）《中国—冰岛自由贸易协定》（2013，欧洲，否） （9）《中国—瑞士自由贸易协定》（2013，欧洲，否） （10）《中国—澳大利亚自由贸易协定》（2015，大洋洲，否）	（11）《中国—韩国自由贸易协定》（2015，东北亚，否） （12）《中国—格鲁吉亚自由贸易协定》（2017，中亚，是） （2-2）《中国和智利关于修订〈自由贸易协定〉及〈自由贸易协定关于服务贸易的补充协定〉的议定书》（2017，南美洲，否） （4-2）《中国和新加坡关于升级〈中国—新加坡自由贸易协定〉的议定书》（2019，东南亚，是）

注：与同一个国家或国际组织签署升级协定的，原协定与升级协定采用同一序号（后者为"×-2"）。

资料来源：中国自由贸易区服务网，http：//fta.mofcom.gov.cn/index.shtml，最后访问日期：2020 年 2 月 29 日。

第一，我国自由贸易协定竞争条款的总体趋势是从简单向详细，从原则性条款向实体性条款方向演进。一方面，从竞争条款模式演进的时间分析，越晚签署的自由贸易协定，协定中的竞争条款越实体化和详细。2010年前的自由贸易协定只有零星、分散的竞争条款；2010 年，《中国—哥斯达黎加自由贸易协定》规定了单独竞争条款；2013 年，《中国—冰岛自由贸易协定》和《中国—瑞士自由贸易协定》将竞争条款独立成章（但仍为一条）；2015 年，《中国—韩国自由贸易协定》将竞争条款升级为实体竞争专章。另一方面，与同一个国家的自由贸易协定经过后续谈判进行版本升级。升级后的协定采用实体竞争专章模式。在我国四个版本升级的自由贸易协定中，《中国和智利关于修订〈自由贸易协定〉及〈自由贸易协定关于服务贸易的补充协定〉的议定书》和《中国和新加坡关于升级〈中国—新加坡自由贸易协定〉的议定书》都增加了竞争规则，并采用了实体竞争专章模式。

第二，我国自由贸易协定采用的竞争条款模式与签约时间具有很强的关联性，同一时期签署的自由贸易协定基本采用相同模式的竞争条款。可以将我国的自由贸易协定以签约时间划分为三个不同的阶段。第一阶段（2010 年以前），签署了 6 个自由贸易协定。这一阶段签署的自由贸易协定都采用零星、分散竞争条款模式，未设立独立的竞争条款。第二阶段（2010 年 ~ 2015 年 6 月），签署了 4 个自由贸易协定。这一时期签署的 4 个自由贸易协定都采取了单一竞争条款模式。第三阶段（2015 年 6 月 ~ 2020 年 2 月），从《中国—韩国自由贸易协定》的签署开始，我国共签署了 8 个自由贸易协定（包括 4 个升级协定）。4 个采用实体竞争专章模式的自由贸易协定（含 2 个升级协定）都在这一阶段签署。

第三，自由贸易协定缔约国的竞争文化和经济发展水平影响了我国竞争条款的模式演进和选择。与竞争文化发达的缔约国达成自由贸易协定，一定程度上促使我国自由贸易协定竞争条款模式的转变。例如，2011 年我国与冰岛和瑞士的自由贸易协定谈判，促使我国自由贸易协定设置竞争专章；2015 年《中国—韩国自由贸易协定》签订后，实体竞争专章成为我国自由贸易协定的主流竞争条款模式。相反，缔约国的竞争文化和经济发展水平相对滞后，则会影响我国自由贸易协定的谈判纳入竞争议题。例如，虽然 2015 年 6 月后，实体竞争专章模式已经成为我国自由贸易协定竞争条款的主要模式，但是，其后签署的自由贸易协定中也有 4 个不涉及独立的竞争议题的自由贸易协定：《中国与东盟关于修订〈中国—东盟全面经济合作框架协议〉及项下部分协议的议定书》、《中国—马尔代夫自由贸易协定》、《中国—毛里求斯自由贸易协定》和《中国和巴基斯坦关于修订〈自由贸易协定〉的议定书》。

第四,"一带一路"倡议下自由贸易协定的竞争条款版本仍相对落后,有进一步提升的需求。从我国自由贸易协定分布的地域分析,我国签署的18个自由贸易协定分布在亚洲、欧洲、大洋洲和拉丁美洲,初步建立了面向全球的自由贸易区网络。但是,共建"一带一路"国家(国家组织)对自由贸易区战略的基础作用还不明显。一方面,签约国家(国家组织)数量少,比例低。共建"一带一路"国家共65个,与我国签署自由贸易协定的只有东盟国家、巴基斯坦、马尔代夫和格鲁吉亚等少数国家,比例不高。另一方面,"一带一路"倡议下的自由贸易协定竞争条款版本落后。"一带一路"倡议下的自由贸易协定中,只有《中国—格鲁吉亚自由贸易协定》《中国和新加坡关于升级〈中国—新加坡自由贸易协定〉的议定书》采用了实体竞争专章模式,其余自由贸易协定,特别是2015年6月后签署的《中国与东盟关于修订〈中国—东盟全面经济合作框架协议〉及项下部分协议的议定书》、《中国—马尔代夫自由贸易协定》、《中国—毛里求斯自由贸易协定》和《中国和巴基斯坦关于修订〈自由贸易协定〉的议定书》仍未涉及独立的竞争议题。增加"一带一路"倡议下的自由贸易协定数量,升级自由贸易协定的标准和版本是我国"一带一路"倡议推进的必然法治要求。

(二)自由贸易协定的竞争条款演进的理论解释

无论是国际层面,还是国内层面,竞争议题作为下一代议题已经成为自由贸易协定谈判的重要内容和追求目标。[1] 国际竞争制度的出现和演进存在国际经济发展和国际关系博弈的深层次动因。马克思制度变迁理论认为,生产力的发展是国际经济制度变迁的根本动因。[2] 科技是生产力变动的推动力,通信、交通等技术高速发展推动国际市场逐步从消极一体化向积极一体化发展。[3] 与国际经济一体化程度相适应,议题融合和议题扩展成为国际经贸法律制度的发展趋势。一方面,投资、知识产权、竞争议题

---

[1] 钟立国:《从 NAFTA 到 TPP:自由贸易协定竞争政策议题的晚近发展及其对中国的启示》,《武大国际法评论》2017年第6期。

[2] 林岗:《诺斯与马克思:关于制度变迁道路理论的阐释》,《中国社会科学》2001年第1期。

[3] Pedro Caro de Sousa. "Negative and Positive Integration in EU Economic Law: Between Strategic Denial and Cognitive Dissonance?" *German Law Journal* 13(2012):979–1012.

与贸易议题的相关性和融合度越来越高；另一方面，随着边境措施对贸易的障碍越来越小，边境后国内管理措施议题，即管制协调或管制合作，越来越突出地成为贸易议题。①

国际经济一体化发展带来了国际竞争。一方面，全球生产价值链分工，跨国公司的限制竞争行为损害了经济一体化带来的利益，需要对跨国限制竞争行为进行规制；另一方面，越来越多的主权国家扩大本国竞争法的域外适用，竞争法冲突同样减损了经济一体化的利益。以经营者集中的申报审查为例，涉及多个主权国家的跨国兼并需要向多个竞争执法机构申报，程序繁杂，甚至出现结论冲突的情况。② 自由贸易协定的竞争议题是解决上述国际竞争问题、提高贸易自由化程度的国际制度安排。国际竞争问题是国际竞争制度出现的原因，而经济一体化是推动国际竞争制度演变的制度动力。随着经济一体化的深入发展，竞争条款必然从原则性规定向深度合作方向发展。

但是，国际竞争制度的演进与国际一体化程度并非简单的直线关系，国际关系的变化同样影响竞争条款的发展。20 世纪初，新制度经济学从制度成本和路径依赖两方面为制度的产生和变迁提供了经济上的解释。在新制度经济学的启发下，国际关系学者将新制度经济学理论嵌入国际政治领域，为国际法律制度的产生和变迁提供理论上的解释。根据基欧汉的国际机制理论观点，正式的国际条约能提供合作预期，促进稳定的国际合作，降低国家之间的合作成本。国际条约的权利义务约定越明确、详细，合作成本越低，违约成本越高。合作均衡被打破后，新的国际合作制度不必然形成，是否形成要考虑缔约方的制度供给。在国际政治博弈过程中，相互之间的权力分配、缔约国的利益互补、缔约国的观念引导和制度的路径依赖是影响国际制度供给的主要因素。

上述理论可以很好地解释我国自由贸易协定竞争条款的演进过程，并有助于预测发展方向。竞争条款的演进路径取决于我国与合作方之间的经济一体化程度，随着一体化的深入，竞争条款模式必然向实体竞争专章模

---

① 韩立余：《自由贸易协定新议题辨析》，《国际法研究》2015 年第 5 期。
② 谢晓彬：《外资并购反垄断规制的国际协调》，《法律科学（西北政法大学学报）》2011年第 6 期。

式发展。同时，我国自由贸易协定的竞争条款受制于双方竞争合作规则的制度供给。

第一，我国与自由贸易协定缔约国之间的经济一体化程度是竞争条款的经济基础。我国自由贸易协定竞争条款从简单到复杂，竞争条款模式演进的根本动力在于我国自由贸易区的经济一体化推进进程。自由贸易区的贸易自由化水平越高，经济关系越紧密，相互之间的贸易量越大，自由贸易协定竞争条款的需求就越大，竞争法合作机制的具体化程度要求也就越高。

竞争条款是经济合作从消极一体化转向积极一体化的过渡阶段出现的国际经济制度。国际社会中，新加坡回合谈判后国际经济一体化程度大幅度提高，竞争议题开始出现在国际视野中。1996 年在新加坡召开的世界贸易组织第一届部长级会议授权成立了贸易与竞争政策工作小组，该工作小组专门研究不公平的竞争政策阻碍国际贸易的问题。[1] 但是，多哈回合谈判自 2001 年启动以后，竞争政策的推进异常困难，经济一体化未取得实质性进展。[2] 世界贸易组织在议题上的分歧导致经济一体化受挫，坎昆会议宣布竞争议题中止。竞争议题在世界贸易组织的发展和困境与世界贸易组织的经济一体化呈现典型的正相关关系。[3] 我国自由贸易协定竞争条款从无到有，从零星、分散条款模式到单一条款模式再到实体专章模式，这也与我国自由贸易区的经济一体化程度正相关。例如，中国与新加坡在 2008 年签署第一阶段的自由贸易协定时，两国之间的经济一体化进程刚启动，因而协定没有专门的竞争条款。随着两国经贸一体化程度提高，2019 年签署的升级协定以竞争实体专章纳入竞争议题。在"一带一路"倡议和自由贸易区战略的推动下，基于"一带一路"建立更加开放、自由和一体化的自由贸易市场是发展趋势和方向。因此，随着"一带一路"倡议下自由贸易市场建设的推进，"一带一路"倡议下自由贸易协定中竞争条款的制度需求将会增加。

---

[1] 王晓晔、陶正华：《WTO 的竞争政策及其对中国的影响——兼论制定反垄断法的意义》，《中国社会科学》2003 年第 5 期。

[2] 张帆：《国际公共产品理论视角下的多哈回合困境与 WTO 的未来》，《上海对外经贸大学学报》2017 年第 4 期。

[3] David J. Gerber. "Competition Law and the WTO: Rethinking the Relationship," *Journal of International Economic Law* 10(2007): 707 – 724.

第二，缔约国竞争条款的制度供给能力影响了我国自由贸易协定竞争条款的演进。根据国际关系理论，在权力、利益、观念和路径依赖等因素的相互作用下，国际规则供给有霸权国提供、国家间合作提供、国际组织提供和个人发起四种方式。① 由于不存在标准国际竞争条款，自由贸易协定竞争条款的制度供给，主要有缔约国一方提供和缔约国协商产生两种方式。从我国竞争条款模式的发展分析，缔约国的制度供给是我国自由贸易协定竞争条款模式演变的重要因素之一。

冰岛作为欧洲国家，有发达的竞争文化、观念和丰富的执法经验。2011年，与冰岛开始自由贸易协定谈判时，我国《反垄断法》已经实施，基本形成竞争文化。虽然双方认同共同的竞争观念，并愿意将竞争议题作为独立议题，但由于竞争条款的制度供给能力不足，《中国—冰岛自由贸易协定》的竞争条款只有原则性规定。《中国—韩国自由贸易协定》的谈判，促使我国竞争条款向实体竞争专章模式转变，这与韩国具备自由贸易协定竞争规则的供给能力密切相关。在与我国签署自由贸易协定之前，韩国已经和美国及欧盟签署了自由贸易协定，竞争条款已经成为韩国与美国、欧盟之间自由贸易协定的重要条款，韩国具有竞争条款的谈判经验和文本供给能力。在观念上，中国与韩国都是亚洲国家，传统文化相近，经济治理文化具有相近的传统价值根源。此外，我国在《反垄断法》实施后也希望在自由贸易协定中纳入竞争条款。基于此，《中国—韩国自由贸易协定》成为我国第一个实体竞争专章模式的自由贸易协定，并且基于制度路径依赖，这种模式在我国后续的自由贸易协定中多有沿用。

第三，共建"一带一路"国家的自由贸易协定竞争条款受制于区域竞争文化和国家的竞争条款供给能力。基欧汉的国际机制理论认为，国际合作机制作为一种公共产品，应由一个主导国发起，这更有利于国际规则的发展，而且更加精确，也更具执行力。② 我国作为"负责任的发展中大

---

① 李增刚：《国际规则变迁与实施机制的经济学分析》，《制度经济学研究》2005年第4期。

② Robert O. Keohene, "The Theory of Hegemonic Stability and Changes in International Economic Regimes, 1967 – 1977," in Ole R. Holsti, Randolph M. Siverson and Alexander L. George(eds.), *Change in the International System* (Westview Press, 1980), pp. 131 – 162.

国"，要在国际社会中有更多作为和担当，有能力、有义务在国际治理中提供中国方案的国际规则。自由贸易协定，特别是"一带一路" 倡议下的自由贸易协定，是我国提出合理国际竞争规则的重要平台。

根据表 5 - 1，我国与共建"一带一路"国家签署的自由贸易协定版本不高，晚近签署的一些自由贸易协定还未涉及独立的竞争议题。这一现象，存在多方面原因，但是，我国国际竞争合作规则的制度供给和观念引导能力不足无疑是重要原因之一。在国际经济一体化过程中，自由贸易协定中竞争条款的权利义务越明确、详细，合作成本越低，越有利于自由贸易区经济一体化的推进。"一带一路" 倡议不仅有单纯的项目建设和经济合作，而且能推动文化沟通和制度建设，以形成开放、自由和共赢的经济一体化。在"一带一路" 倡议下的自由贸易协定中，倡导公平竞争观念，形成公正合理的竞争合作规则，对于推动"一带一路" 倡议的经济制度建设具有重要意义。基于此，我国应提高自身的国际竞争合作规则的供给能力，完善我国自由贸易协定中的竞争文本，积极推动"一带一路" 倡议下自由贸易协定的版本升级。

三　"一带一路" 倡议下自由贸易协定中竞争条款的完善

晚近国际经济格局深度调整，出现了表面"逆全球化"趋势，WTO多边立法机制影响力减弱①，区域自由贸易协定取而代之成为国际立法主要方式。竞争议题作为高水平、高层次的自由贸易协定的新议题之一，也是各国针对国际经贸新规则博弈和竞争的议题。美国、欧盟、日本等通过其签署的自由贸易协定，特别是《全面与进步跨太平洋伙伴关系协定》、《美墨加协定》和《欧盟—日本自由贸易协定》等巨型自由贸易协定，倡导其自身的竞争制度，推广其自身版本的国际竞争合作规则。在国际秩序失衡和国际经济治理规则重构的背景下，我国不应只是简单的规则追随者，而更应该是规则倡导者。只有完善我国自由贸易协定的竞争条款，提升我国国际竞争合作规则的制度供给能力，才会有在国际竞争规则构建中提出中国方案的底气和能力，才有利于"一带一路" 倡议下自由贸易协

① 石静霞：《世界贸易组织上诉机构的危机与改革》，《法商研究》2019 年第 3 期。

定的版本升级。

截至 2020 年 2 月，我国有四个自由贸易协定（《中国—韩国自由贸易协定》《中国—格鲁吉亚自由贸易协定》《中国和智利关于修订〈自由贸易协定〉及〈自由贸易协定关于服务贸易的补充协定〉的议定书》《中国和新加坡关于升级〈中国—新加坡自由贸易协定〉的议定书》，如无特别说明，下文简称为"四个自由贸易协定"）设置了实体竞争专章模式的竞争条款。实体竞争专章一定程度上代表了我国自由贸易协定的竞争条款现状。

我国自由贸易协定的实体竞争专章的竞争条款可以划分为目的条款、实体性义务条款、程序性义务条款和争端解决条款四个部分。目的条款规定自由贸易协定纳入竞争政策的原因、竞争政策的目的以及竞争政策的福利标准，是总则性和概括性规定。缔约国的主要权利与义务规定在实体性义务和程序性义务条款中。比较晚近国际社会中巨型自由贸易协定（CPTPP、USMCA、EPA）竞争条款的最新发展，下文对实体性义务条款、程序性义务条款和争端解决条款进行分析，提出完善我国自由贸易协定竞争条款的建议。

（一）实体性义务条款

我国自由贸易协定中竞争议题的实体性义务条款包括两方面内容：首先，界定属于协定规制范围的反竞争商业行为；其次，规定缔约国应有效实施本国的竞争法，以禁止反竞争商业行为。具体条款包括定义条款和维持竞争法及竞争执法机构条款等。

1. 定义条款

定义条款对反竞争商业行为进行定义和分类，是我国自由贸易协定中的首要条款。

关于反竞争商业行为的定义，我国自由贸易协定存在两种不同的表述。中韩、中新与中智之间的协定的表述为"对一缔约方境内市场竞争产生负面影响的商业行为或交易"；中格之间的协定的表述为"不符合本协定的正常运行，并且可能影响缔约双方之间贸易的商业行为或交易"。两种表述存在以下差别。首先，对相关地域市场的界定不同。对相关市场的界定是建立反垄断法各主要制度的基础，是反垄断法实施中的一个关键问题，决定了反垄断法实施的宽严程度。① 相关市场包括相关地域市场和相关产品市场。在中韩之间的协定中，竞争法实施的相关地域市场明确为"一缔约国境内"；而中格之间的协定，要求反竞争商业行为影响"自由贸易协定的运行"，虽然在分类条款中，其将适用范围同样缩小限定为"任一缔约方全境或大部分地区"。但对比而言，后者关于相关地域市场的界定更加宽泛和灵活。其次，对竞争效果的要求不同。根据条约适用的解释原理，反竞争商业行为只有满足自由贸易协定的定义要求才受到自由贸易协定的规制。因此，根据中韩之间的协定的竞争定义，只要任一缔约国境内存在对竞争产生负面影响的反竞争商业行为，就适用《中国—韩国自由贸易协定》；而中格之间的协定，则要求限制竞争行为不仅具有限制竞争效果，而且应对自由贸易协定下的贸易产生影响。总体而言，前者覆盖的反竞争商业行为范围更宽，更符合竞争议题的目的。

关于反竞争商业行为的分类，我国自由贸易协定将其划分为垄断协议、滥用市场支配地位和经营者集中三类。这一分类方式是沿用我国《反垄断法》关于垄断行为的分类。我国《反垄断法》出台前，国际上存在美国反垄断法和欧盟竞争法两种立法体例。我国《反垄断法》的立法体例主要借鉴欧盟竞争法的立法体例，但由于美国反垄断法理论的巨大影响，我国在法律实施过程中糅合了美国反垄断法的理论和制度。② 有学者已经注意到，不同来源的制度经验和理论观念的排异和冲突带来了我国《反垄断法》实践的范式危机。③ 以欧盟竞争法为模本的垄断行为分类带来执法便利的同时，也带来了一些问题，如跨界行为的执法困境。④ 因此，在自由贸易协定中明确垄断行为的分类，有利于限定协定规制的垄断行为的范围，但也可能存在约定不周延的情况或者产生缔约国之间竞争法模式不一致的冲突。

---

① 王先林：《论反垄断法实施中的相关市场界定》，《法律科学（西北政法大学学报）》2008 年第 1 期。

② 李剑：《中国反垄断法实施中的体系冲突与化解》，《中国法学》2014 年第 6 期。

③ 郝俊淇：《反垄断法学的本土建构："中国问题"抑或主要难题》，《财经法学》2018 年第 2 期。

④ 侯利阳：《垄断行为类型化中的跨界行为：以联合抵制为视角》，《中外法学》2016 年第 4 期。

国际上，CPTPP、USMCA 和 EPA 分别采取美国和欧盟法律体系关于反竞争商业行为的定义和分类模式。CPTPP、USMCA 体现了美国模式，未对反竞争商业行为的定义和分类进行专门规定，只是要求缔约国应根据本国竞争法禁止反竞争商业行为。EPA 则体现了欧盟模式。EPA 设置了专门条款对反竞争商业行为进行定义，也对反竞争商业行为进行分类，但考虑到缔约方竞争法的差异，EPA 并没有简单地规定定义和分类，而是将缔约方法律相关定义和分类纳入其中。[①]

从条款模式进行比较，美国模式的竞争条款未对反竞争商业行为进行明确定义和分类，这不利于竞争法的协调。但是，美国的反垄断法域外适用制度借助其反垄断经济理论的强大影响力，是美国推广其竞争规则的主要方式。我国自由贸易协定的竞争条款对反竞争商业行为进行明确定义，并采取我国《反垄断法》的规定。明确的定义和分类有利于缔约国竞争法的相互协调和趋同，但是，过于刚性的定义，使得条款的适用和接受存在障碍。国际社会的竞争实体性规则仍处于趋同的过程中，过于刚性的定义条款只能适用于与我国有相同竞争立法体系和文化的国家。[②] 欧盟模式将各缔约方的竞争法定义和分类纳入自由贸易协定，既体现明确的定义和分类，又有利于协调和尊重各缔约方的竞争立法传统，值得我国借鉴。我国自由贸易协定的反竞争商业行为定义条款，应以《中国—韩国自由贸易协定》的规定为基础，允许纳入缔约国各自竞争法中的相关定义，在"最大公约数"上形成统一定义。

2. 维持竞争法及竞争执法机构条款

我国四个自由贸易协定中维持竞争法及竞争执法机构的条款基本相同，主要规定缔约国应制定并维持有效的竞争法律，要求各自国内竞争执法机构独立有效地执行竞争法，防止自由贸易协定的贸易自由化利益受损。四个自由贸易协定的条款的细微差别在于：第一，《中国—韩国自由贸易协定》中，需要维持的法律不仅包括反垄断法，还包括消费者权益保护法，其他的三个自由贸易协定只限于反垄断法；第二，《中国—韩国

---

① EPA 第 11.2 条规定，任一缔约方应根据其法律和法规采取其认为合适的措施禁止反竞争商业行为，实现本协定的目的。

② 中川淳司：《国际竞争法的若干问题》，白巴根译，《太平洋学报》2006 年第 11 期。

自由贸易协定》对竞争法的适用进行专门规定,特别是公共企业的竞争法适用原则;第三,中新之间的自由贸易协定中的独立性条款,不仅规定缔约国各自独立执行本国的竞争法,而且规定各缔约国应确保竞争执法机构的独立性。

国际上,维持竞争法与竞争执法机构,并有效执行竞争法同样是自由贸易协定中竞争议题的主要实体性义务。鉴于各国竞争文化、竞争传统还存在较大的水平差异,自由贸易协定大多不对竞争法的具体内容和条款进行强行统一,只要求缔约国制定竞争法、维持竞争法的有效实施。我国亦是如此。但是,晚近自由贸易协定的条款更加详细和具体,这体现在以下几个方面。

第一,竞争法的要求。我国自由贸易协定只要求维持竞争法,促进竞争,但对竞争法没有具体的要求。CPTPP 对缔约国的竞争法进行明确。CPTPP 第 16.1 条第 1 款要求缔约国的竞争法应考虑《APEC 关于加强竞争和管制改革的原则》。该原则有十条,确立了"非歧视性、普遍性、透明度及可靠性"等指导性原则,对成员的管制制度和竞争法执行提出整体要求。但是,该原则是自愿性的,没有强制性要求。[1] CPTPP 纳入了该原则对竞争法的要求,将之作为其对缔约国竞争法的整体要求。

第二,竞争法的范围。作为调整市场竞争关系的法律规范的总称,竞争法存在狭义和广义之分。[2] 狭义竞争法仅限于反垄断法。而广义的竞争法不仅包括反垄断法,还包括反不正当竞争法。同时,对消费者予以有效保护,不仅是有效地对市场予以保护,而且是有效保护市场竞争的有序化和秩序化。[3] 消费者权益保护法与竞争法具有相同的制度目的,因此,晚近巨型自由贸易协定的竞争条款,将反不正当竞争法和消费者权益保护法纳入协定需要维持和实施的竞争法范畴。CPTPP 第 16.6 条将消费者权益保护法和禁止欺诈商业行为的法律纳入协定的竞争法范围。根据该条的规定,缔约国有义务维持和执行有效的消费者权益保护法,并共同合作禁止

---

① 漆彤:《竞争政策区域合作机制探析——以 APEC、NAFTA 和 EU 为例》,《武大国际法评论》2007 年第 1 期。

② 邱本:《论市场竞争法的基础》,《中国法学》2003 年第 4 期。

③ 谢晓尧:《论竞争法与消费者权益保护法的关系》,《广东社会科学》2002 年第 5 期。

跨境的商业欺诈行为。USMCA 第 21.4 条作出与之相同的规定。我国自由贸易协定中除了《中国—韩国自由贸易协定》纳入消费者权益保护法外，其余都将竞争法限于反垄断法。

第三，竞争法的豁免。反垄断法作为"经济宪法"具有普遍适用性，但是也存在一个重要例外，即豁免与适用除外。① 欧盟竞争法与美国反垄断法在豁免和适用除外制度上的差别，使二者对该制度的表述存在差异。出于国家利益、行业保护等原因，每个国家反垄断法适用过程中都存在一定的限制和例外制度。晚近巨型自由贸易协定的竞争条款对竞争法的豁免制度予以肯定，并专门设置条款进行规定。例如，CPTPP 第 16.1 条第 2 款规定，缔约国可以在本国的竞争法中规定竞争法适用的豁免制度，只要该豁免制度公开透明并基于本国公共利益和公共政策。USMCA 第 21.1 条第 3 款作出基本相同的规定，但增加了通过法律规定的形式要求。EPA 第 11.3 条第 2 款同样规定了竞争法的豁免制度。我国自由贸易协定未有竞争法豁免的规定。

第四，竞争法的域外适用。反垄断法的域外适用制度起源于美国的效果原则。在 1945 年的"美国诉美国铝业公司案"中，亨德法官指出，"任何一个国家都有权规定，即便不属于本国的臣民，也不得在该领土外从事一种受该国谴责且对该国境内能够产生不良后果的行为"。由此，美国反垄断法具有域外适用的效力。② 在美国法律的影响下，国家根据属地管辖或保护性管辖的原则，对境外的垄断行为根据本国的法律加以规制，得到了各国反垄断法的普遍接受。反垄断法的域外适用成为美国制裁跨国卡特尔的主要法律手段。美国主导的自由贸易协定十分关注竞争法域外适用的效力。例如，USMCA 第 21.1 条第 2 款规定，协定不阻止缔约国对与其有连接点的境外限制竞争行为行使管辖权。

比较国际巨型自由贸易协定的条款，我国自由贸易协定的维持竞争法与竞争执法机构条款还相对原则化和简单。结合我国反垄断法的立法情况和实施经验，我国可对自由贸易协定的维持竞争法与竞争执法机构条款进

---

① 黄勇：《中国〈反垄断法〉中的豁免与适用除外》，《华东政法大学学报》2008 年第 2 期。

② 王晓晔：《效果原则——美国反垄断法的域外适用》，《国际贸易》2002 年第 1 期。

行如下完善。第一，鉴于保护消费者权益是竞争议题的主要目的，而我国《反垄断法》与《反不正当竞争法》是分开的，同时我国已经制定并有效实施了《反不正当竞争法》和《消费者权益保护法》。因此，我国自由贸易协定可以将我国《反不正当竞争法》《消费者权益保护法》纳入竞争法的范畴。第二，在我国《反垄断法》实施过程中，适用豁免与适用除外制度是协调竞争政策与产业政策冲突、实现竞争政策对产业政策合理兼容的基本制度途径。[①] 以竞争政策为基础、竞争政策与产业政策互为支撑是我国经济治理制度的优势之一。在我国产业政策还在经济领域发挥重要作用的情况下，我国自由贸易协定有必要在竞争条款中明确产业政策的合法地位，并明确产业政策适用除外的条件。第三，随着我国经济的全球化发展，我国反垄断法在一定条件下域外适用是保障我国经济和产业走出去的法律手段。[②] 因此，我国自由贸易协定的竞争条款可以借鉴 USMCA 的规定，规定存在必要连接点的条件下允许反垄断法域外适用。

（二）程序性义务条款

自由贸易协定关于竞争议题的程序性义务条款主要包括两个：一是缔约国竞争执法机构的执法程序要求条款，二是缔约国之间的竞争执法合作程序条款。

1. 执法程序要求条款

自由贸易协定的竞争执法程序要求条款主要规定缔约国执行竞争法的原则、外国人的待遇和执法程序，目的在于限制缔约国滥用本国竞争执法，侵害另一缔约国国民在其境内的合法权益，损害自由贸易。我国四个自由贸易协定中的执法程序要求条款包括非歧视性待遇、程序正义和透明度三个方面的义务。[③] 非歧视性待遇义务规定，竞争执法应给予另一方相

---

① 刘桂清：《反垄断法如何兼容产业政策——适用除外与适用豁免制度的政策协调机制分析》，《学术论坛》2010 年第 3 期。

② 王晓晔、吴倩兰：《国际卡特尔与我国反垄断法的域外适用》，《比较法研究》2017 年第 3 期。

③ 具体条款参见《中国—韩国自由贸易协定》第 14.3 条、《中国—格鲁吉亚自由贸易协定》第十章第 4 条、《中国和智利关于修订〈自由贸易协定〉及〈自由贸易协定关于服务贸易的补充协定〉的议定书》第 62 条、《中国和新加坡关于升级〈中国—新加坡自由贸易协定〉的议定书》附录七第 4 条。

对人不低于本国国民的待遇；程序正义义务规定，竞争执法对相对人进行处罚时，应保障相对人关于法定程序和救济的权利；透明度义务规定，缔约国的竞争法、执法政策和处罚决定应公开。

反垄断法本质上是政府公权力对市场竞争秩序进行干预，恢复垄断行为破坏的市场竞争秩序的法律。但是，反垄断执法具有较大的不确定性，应符合谦抑理念。① 相比较"市场失败"而言，"政府更容易失败"，② 政府的错误执法或肆意执法给市场竞争带来的损害更大。不同主权国家反垄断执法机构的执法冲突已经给跨国兼并行为带来制度冲突和制度成本，③ 美国经济学界甚至曾经出现反《谢尔曼法》的呼声。因此，晚近国际巨型自由贸易协定的竞争议题都将防止竞争执法机构滥用权力作为重要目的，对缔约国竞争执法机构的执法程序进行规定，其与我国自由贸易协定条款相比较，两者差别主要如下。

第一，缔约国的竞争执法程序要求的具体程度。我国自由贸易协定中关于竞争执法机构的执法程序要求，更多采用原则性规定，少有具体展开。例如，《中国—韩国自由贸易协定》第14.3条"执法原则"只有简单的3条规定。比较而言，巨型自由贸易协定的执法程序要求更加具体翔实。例如，CPTPP第16.2条关于执法程序共有9个条款；USMCA第21.2条关于执法程序有10个条款，各条款还有具体细则。

从内容上分析，巨型自由贸易协定主要在以下三个方面进行细化。首先，竞争执法机构调查的时限要求。竞争执法机构对限制竞争行为的调查和处罚往往历时漫长。而过长的调查和审查期限，无疑会降低商业效率，特别是跨国兼并行为需要向多国竞争执法机构申报的情况。巨型自由贸易协定一般明确竞争执法机构的调查应有一定的时限。例如，USMCA第21.2条第2款（b）项明确要求竞争执法机构的执法应在特定的时限内完成，如无特定时限，则应在合理时限内完成；CPTPP第16.2条第2款作

① Thomas W. Dunfee and Frank F. Gibson, *Antitrust and Trade Regulation* (John Wiley & Sons, 1989) , pp. 12 - 26.
② 薛兆丰：《当心反垄断法被滥用》，《经济观察报》2013年4月29日，第44版。
③ 彭兴华：《论中国的跨国兼并审查——兼评西方对中国〈反垄断法〉的观点》，《世界贸易组织动态与研究》2012年第6期。

出相同规定。其次，相对人的程序性权利保障。防止竞争执法机构"失败"的主要方式就是赋予相对人合法权利。因此，巨型自由贸易协定对相对人抗辩权、上诉权、获取证据和专家证人权利、宽恕制度等都进行详细规定。例如，CPTPP 第 16.2 条第 1 款规定了相对人的抗辩权和上诉权，第 3 款规定了获取证据和专家证人的权利，第 5 款规定了宽恕制度。USMCA 第 21.2 条的规定更详细。最后，相对人的商业秘密保护。巨型自由贸易协定一般要求缔约国对相对人的商业秘密进行保护。例如，CPTPP 协定第 16.2 条第 8 款规定，缔约国应制定有关法律和制度，保护竞争执法机构调查过程中获得的相对人的商业信息。

第二，规定反垄断法的私人执行制度。反垄断法的执行可以采用执法机构的公共执行（public enforcement）和私人执行两种方式。反垄断法的私人执行制度滥觞于美国，是美国反垄断法执行的主要方式。在美国，私人执行与公共执行比例大约为 10∶1。① 21 世纪以后，越来越多的国家认识到私人执行的优越性，并通过立法、修改法律等促进本国的私人执行。私人执行与公共执行相比较，具有自发性优势和比较优势等。② 巨型自由贸易协定明确缔约国应设立私人执行制度。例如，CPTPP 第 16.3 条对缔约国的反垄断法私人执行制度进行专门规定，CPTPP 第 16.3 条共 5 个条款，规定了私人执行的定义、缔约国设立私人执行制度的义务以及采取私人执行的国民待遇等。

执法程序要求条款是自由贸易协定的关键条款之一。首先，与我国自由贸易协定的条款相比，CPTPP 等巨型自由贸易协定对执法程序的规定更详细和具体，有利于防止主权国家竞争执法机构的滥权行为损害自由贸易。我国《反垄断法》实施了十多年，已经初步形成了中国特色的反垄断法实施体系和实施文化，我国反垄断执法制度和相对人的权利保障制度不断完善。我国自由贸易协定的竞争执行程序要求条款可以借鉴我国的反垄断法经验，完善和细化竞争条款中执法程序的抗辩权、证据要求和宽恕制度等规定。其次，我国已经建立私人执行制度。我国《反垄断法》第

---

① David Rosenberg and James P. Sullivan, "Coordinating Private Class Action and Public Agency Enforcement of Antitrust Law," *Journal of Competition Law and Economics* 2(2006): 168.

② 王健:《反垄断法私人执行制度初探》,《法商研究》2007 年第 2 期。

50 条规定了私人执行制度,《最高人民法院关于审理因垄断行为引发的民事纠纷案件应用法律若干问题的规定》对该制度作出进一步细化。我国《反垄断法》私人执行制度实施以后,已经出现了一些典型的、具有影响力的案件,并推动了私人执行制度的完善。① 在自由贸易协定中增加私人执行制度,有利于充分利用我国《反垄断法》的私人执行制度经验。

2. 执法合作程序条款

自由贸易协定的执法合作程序条款是缔约国的竞争执法机构在执行竞争法过程中相互合作的程序条款,包括通报、信息交换、磋商和技术协助等。执法合作程序条款是我国自由贸易协定中篇幅最大、规定相对详细的条款。我国四个自由贸易协定中,《中国—韩国自由贸易协定》的规定最全面,共 5 个条款(执法合作、通报、磋商、信息交换、技术合作),包括两方面义务。② 首先,执法合作义务。执法合作义务主要规定缔约国竞争执法机构的相互合作要求和信息通报义务。缔约国竞争执法机构在竞争执法过程中,如果认为会影响到另一方利益,应及时或提前通知、相互协商,进行信息交换。竞争执法机构应进行有效的信息沟通,这既有利于信息共享,降低信息不对称的风险,规制跨境限制竞争行为,又有利于执法文化的协调。其次,技术合作义务。缔约双方可以通过进行经验交流、以培训项目实现能力建设、举办研讨会、开展科研合作等方式开展技术合作,以提高双方执行竞争政策和竞争法的能力。技术合作和协助,同样有利于缔约国培育共同的竞争文化,形成相同的制度惯性,有利于竞争法合作机制的演化。

国际巨型自由贸易协定关于执法合作程序条款的规定与我国自由贸易协定的规定相似,但更为原则性。例如,CPTPP 的执法合作条款只有两条,规定在第 16.4 条和第 16.5 条,相对原则性和简单化。从这一方面分析,与美国主导的自由贸易协定重点规制缔约国滥用竞争法不同,我国自由贸易协定的竞争条款更侧重于竞争执法合作程序。

这一差异可以从两方面进行理解。第一,反垄断法的发展阶段。反垄

---

① 王闯:《中国反垄断民事诉讼概况及展望》,《竞争政策研究》2016 年第 2 期。

② 参见《中国—韩国自由贸易协定》第 14.6 ~ 14.10 条。

断法的发展阶段以及经济一体化的程度，是国际竞争法合作机制的制度基础。美国反垄断法从 1890 年开始，已经有百余年的实施历史。美国形成了高度发达的反垄断法实施机制，以及强大的反垄断法律体系和官僚体系，这些成为美国政府行使经济权力的重要组成部分。[①] 因此，限制和避免反垄断执法机构滥权的风险是美国等反垄断法发达国家的关注重点。相反，我国反垄断法历史较短。我国《反垄断法》2008 年实施后，虽然已经初步形成了我国的反垄断执法文化，但是，我国反垄断法的关键还在于加强《反垄断法》的实施，滥用反垄断法的风险还不是我国反垄断法的关注重点。第二，文化因素。与限制私人垄断行为相比，美国等西方国家更加担心政府公权力，包括竞争执法机构的执法行为对市场的限制和破坏。而我国经济制度的优势在于公权力的组织力和执行力。同时，与西方社会注重个体权利不同，中国社会更注重群体里的个人，更注重过程的合作关系。[②] 与西方社会试图通过国际义务刚性地确定各方的权利义务不同，我国文化更倡导合作、协商和折中。在涉及经济体制的竞争文化方面，我国更倡导通过合作形成共同的竞争文化。

更多通过框架、合作等方式的制度安排推动国际经济秩序的构建，是我国"一带一路"倡议下国际经济法的制度创新之一。[③] 我国自由贸易协定的竞争条款也明显体现出上述特点。特别是在"一带一路"倡议下，大多数共建国家仍处于发展阶段，国家间竞争文化和经济发展水平差异大，竞争法合作模式有利于促进各方竞争文化的协调。虽然竞争执法合作程序条款是我国自由贸易协定中相对突出的条款，但是，相关条款仍是框架性和原则性的。我国应在自由贸易协定中进一步完善竞争合作法条款的具体操作程序，特别是技术合作条款的可操作性。签署双边竞争执法机构执法合作协定作为自由贸易协定的附件，有助于构建常态、制度化的合作项目、合作制度和合作程序，推动竞争能力建设和竞争文化趋同。在实践

---

① 叶卫平：《反垄断法分析模式的中国选择》，《中国社会科学》2017 年第 3 期。
② 秦亚青：《关系本位与过程建构：将中国理念植入国际关系理论》，《中国社会科学》2009 年第 3 期。
③ 王彦志：《"一带一路"倡议与国际经济法创新：理念、制度与范式》，《吉林大学社会科学学报》2019 年第 2 期。

中，要积极通过共同执法、技术合作、培训和研讨等项目带动方式倡导形成自由贸易区内共同的竞争执法观念，推动自由贸易区的经济融合和一体化。

（三）争端解决条款

自由贸易协定中竞争条款的最后一部分是争端解决条款。不管是我国的自由贸易协定，还是巨型自由贸易协定，竞争争端均不适用自由贸易协定的争端解决机制。例如，《中国和智利关于修订〈自由贸易协定〉及〈自由贸易协定关于服务贸易的补充协定〉的议定书》第 68 条规定，"对于本章下产生的任何事项，任何一缔约方不得诉诸《自由贸易协定》第十章（争端解决）"。CPTPP（第 16.9 条）、USMCA 也有相同的规定。虽然自由贸易协定均规定竞争争端不能诉诸争端解决机制，但是，有的自由贸易协定规定了无强制约束力的磋商机制。例如，《中国—韩国自由贸易协定》第 14.12 条规定，"某一行为持续影响本章所指双边贸易，该方可以要求在联合委员会进行磋商，以促进该问题的解决"。

竞争争端一般不适用争端解决机制，主要原因在于竞争争端事项的特殊性。一个国家竞争法的执行与其经济制度和经济政策紧密相关，在这个意义上，反垄断法是国家调节经济活动的政策工具。[①] 作为国家的经济政策工具，反垄断法执行中的经济分析起到不可或缺的主导作用。著名反托拉斯学者罗伯特·博克教授曾指出，虽然反垄断法的首要显著特征是法律，但它"也是一系列持续演变的产业经济学理论的集合"。[②] 经济学在反垄断法中的应用，不是一种时尚，而是区分市场中正常的竞争行为和反竞争行为的必不可少的鉴别工具。对于同一经济行为，不同的经济理论和经济政策有不同的结论。同时，竞争议题涉及经济主权中深层次的经济体制问题。在自由贸易区经济一体化未步入经济共同体的阶段，缔约国难以在自由贸易协定中适用争端解决机制解决竞争争端。

---

① 王先林：《国家战略视角的反垄断问题初探——写在〈中华人民共和国反垄断法〉实施十周年之际》，《安徽大学学报》（哲学社会科学版）2018 年第 5 期。

② Robert H. Bork, "The Role of the Courts in Applying Economics,"*Antitrust L. J.* 54 (1985): 25.

参考文献

一　中文著作

白树强：《全球竞争政策：WTO框架下竞争政策议题研究》，北京大学出版社，2011。

陈安：《陈安论国际经济法学》（1～5卷），复旦大学出版社，2008。

陈乔之：《东亚区域经济合作研究》，中国社会科学出版社，2002。

陈秀山、张可云：《区域经济理论》，商务印书馆，2003。

陈玉刚：《国家与超国家：欧洲一体化理论比较研究》，上海人民出版社，2001。

陈芝芸：《北美自由贸易协定——南北经济一体化的尝试》，经济管理出版社，1996。

邓正来：《哈耶克法律哲学的研究》，法律出版社，2002。

樊莹：《国际区域一体化的经济效应》，中国经济出版社，2005。

范祚军：《中国—东盟区域经济一体化研究》，经济科学出版社，2016。

宫占奎、陈建国、佟家栋：《区域经济组织研究：欧盟、北美自由贸易区、亚太经合组织》，经济科学出版社，2000。

顾肃：《自由主义基本理念》，中央编译出版社，2003。

顾钰民、伍山林：《保守的理念：新自由主义经济学》，当代中国出版社，2002。

郭树勇：《建构主义与国际政治》，长征出版社，2001。

姜凌：《国际区域经济一体化与当代南北经济关系研究》，人民出版社，2019。

金善明:《反垄断法解释:规范、历史与体系》,中国社会科学出版社,2019。

李西霞:《自由贸易协定中的劳工标准》,社会科学文献出版社,2017。

梁昊光、张耀军:《"一带一路":二十四个重大理论问题》,人民出版社,2018。

梁小民:《弗莱堡学派》,武汉出版社,1996。

廖佳:《中国与"一带一路"沿线国家双边贸易研究(东南亚卷)》,中国经济出版社,2020。

廖少廉、陈雯、赵洪:《东盟区域经济合作研究》,中国对外经济贸易出版社,2003。

林珏:《区域自由贸易协定中"负面清单"的国际比较研究》,北京大学出版社,2016。

刘杰:《秩序重构:经济全球化时代的国际机制》,高等教育出版社、上海社会科学院出版社,1999。

刘俊:《区域贸易安排的法学进路》,中信出版社,2004。

卢现祥:《西方新制度经济学》,中国发展出版社,1996。

倪世雄:《当代西方国际关系理论》,复旦大学出版社,2001。

漆多俊:《经济法基础理论》(第三版),武汉大学出版社,2000。

秦亚青:《权力·制度·文化:国际关系理论与方法研究文集》(第二版),北京大学出版社,2016。

舒建中:《国际经济新秩序:历史与现实》,南京大学出版社,2013。

苏长和:《全球公共问题与国际合作:一种制度的分析》,上海人民出版社,2000。

孙玉红:《南北型自由贸易协定非贸易问题演化趋势和中国的对策》,中国社会科学出版社,2015。

汪洪涛:《制度经济学——制度及制度变迁性质解释》,复旦大学出版社,2003。

王杰主编《国际机制论》,新华出版社,2002。

王晓晔:《欧共体竞争法》,中国法制出版社,2001。

王晓晔、〔日〕伊从宽:《竞争法与经济发展》,社会科学文献出版社，2003。

　　王义桅：《"一带一路"：机遇与挑战》，人民出版社，2015。

　　徐宝华：《拉美经济与地区经济一体化发展》，中国社会科学出版社，2016。

　　许光耀：《欧盟竞争法研究》，法律出版社，2002。

　　宣善文：《东北亚区域经济一体化研究》，经济管理出版社，2020。

　　薛敬孝：《APEC 研究——方式·运行·效果》，山西经济出版社，1999。

　　杨丽艳：《区域经济一体化法律制度研究：兼评中国的区域经济一体化法律对策》，法律出版社，2004。

　　张文显：《二十世纪西方法哲学思潮研究》，法律出版社，1996。

　　朱景文：《法律与全球化：实践背后的理论》，法律出版社，2004。

二　中文译著

　　〔美〕阿尔文·托夫勒：《第三次浪潮》，朱志焱等译，新华出版社，1996。

　　〔英〕阿兰·鲁格曼：《全球化的终结：对全球化及其对商业的影响的全新激进的分析》，常志霄、沈群红、熊义志译，生活·读书·新知三联书店，2001。

　　〔印〕阿马蒂亚·森：《以自由看待发展》，任赜、于真译，中国人民大学出版社，2002。

　　〔英〕爱德华·卡尔：《20 年危机（1919～1939）：国际关系研究导论》，秦亚青译，世界知识出版社，2005。

　　〔美〕波斯纳：《反托拉斯法》（第 2 版），孙秋宁译，中国政法大学出版社，2003。

　　〔澳〕伯纳德·霍克曼、迈克尔·考斯泰基：《世界贸易体制的政治经济学——从关贸总协定到世界贸易组织》，刘平、洪晓东、许明德等译，法律出版社，1999。

　　〔美〕博登海默：《法理学——法哲学及其方法》，邓正来译，中国政法大学出版社，2001。

〔美〕布坎南:《自由、市场和国家 20 世纪 80 年代的政治经济学》（第二版），吴良健、桑伍、曾获译，北京经济学院出版社，1988。

〔美〕戴维·J. 格伯尔:《二十世纪欧洲的法律与竞争：捍卫普罗米修斯》，冯克利、魏志梅译，中国社会科学出版社，2004。

〔德〕格拉德·博克斯贝格，哈拉德·克里门塔:《全球化的十大谎言》，胡善君、许建东译，新华出版社，2000。

〔英〕冯·哈耶克:《个人主义与经济秩序》，贾湛、文跃然等译，北京经济学院出版社，1989。

〔英〕哈耶克:《经济、科学与政治——哈耶克思想精粹》，冯克利译，江苏人民出版社，2000。

〔英〕弗里德利希·冯·哈耶克:《法律、立法与自由》（第二、三卷），邓正来等译，中国大百科全书出版社，2000。

〔英〕弗里德利希·冯·哈耶克:《法律、立法与自由》（第一卷），邓正来等译，中国大百科全书出版社，2000。

〔英〕哈耶克:《通往奴役之路》，王明毅、冯兴元等译，中国社会科学出版社，1997。

〔英〕弗里德里希·奥古斯特·冯·哈耶克:《致命的自负》，冯克利、胡晋华等译，中国社会科学出版社，2000。

〔英〕弗里德利希·冯·哈耶克:《自由秩序原理》（上册），邓正来译，三联书店，1997。

《美韩自由贸易协定》，叶兴国、杨旭译，法律出版社，2016。

〔美〕汉斯·J. 摩根索著，肯尼思·W. 汤普森修订《国家间政治——寻求权力与和平的斗争》，徐昕等译，中国人民公安大学出版社，1990。

〔英〕赫德利·布尔:《无政府社会——世界政治秩序研究》（第二版），张小明译，世界知识出版社，2003。

〔法〕亨利·勒帕日:《美国新自由主义经济学》，李燕生译，北京大学出版社，1985。

〔美〕亨廷顿:《文明的冲突与世界秩序的重建》，周琪等译，新华出版社，1998。

〔美〕霍华德:《美国反托拉斯法与贸易法规——典型问题与案例分

析》，孙南申译，中国社会科学出版社，1991。

〔美〕贾格迪什·巴格瓦蒂：《现代自由贸易》，雷薇译，中信出版社，2003。

〔英〕杰拉尔德·莱昂斯：《新经济秩序：全球经济未来20年》，隋芬译，中信出版社，2016。

〔奥〕凯尔森：《法与国家的一般理论》，沈宗灵译，中国大百科全书出版社，1996。

〔英〕R. 科斯、A. 阿尔钦、D. 诺斯：《财产权利与制度变迁——产权学派与新制度学派译文集》，刘守英等译，上海三联书店、上海人民出版社，1991。

〔美〕肯尼思·华尔兹：《国际政治理论》，信强译，上海人民出版社，2003。

〔英〕劳特派特修订《奥本海国际法》（上册第一分册），王铁崖、陈体强等译，商务印书馆，1981。

〔苏〕法里佐夫：《发展中国家间的经济合作》，国际经济合作研究所译，中国对外经济贸易出版社，1986。

〔美〕理查德·布隆克：《质疑自由市场经济》，林季红译，江苏人民出版社，2000。

〔美〕奥利弗·E. 威廉姆森：《反托拉斯经济学——兼并、协约和策略行为》，张群群、黄涛译，经济科学出版社，1999。

〔德〕路德维希·艾哈德：《社会市场经济之路》，丁安新译，武汉大学出版社，1998。

〔奥〕路德维希·冯·米瑟斯：《自由与繁荣的国度》，韩光明、潘琪昌、李百吉等译，中国社会科学出版社，1994。

〔美〕罗伯特·基欧汉：《霸权之后——世界政治经济中的合作与纷争》，苏长和等译，上海人民出版社，2001。

〔美〕罗伯特·基欧汉：《新现实主义及其批判》，郭树勇译，北京大学出版社，2002。

〔美〕罗伯特·基欧汉、约瑟夫·奈：《权力与相互依赖》（第三版），门洪华译，北京大学出版社，2002。

〔美〕罗伯特·吉尔平:《国际关系政治经济学》,杨宇光等译,经济科学出版社,1989。

〔美〕罗伯特·吉尔平:《全球政治经济学:解读国际经济秩序》,杨宇光、杨炯译,上海人民出版社,2003。

〔美〕罗伯特·吉尔平:《全球资本主义的挑战——21世纪的世界经济》,杨宇光、杨炯译,上海人民出版社,2001。

〔美〕罗伯特·诺齐克:《无政府、国家与乌托邦》,何怀宏等译,中国社会科学出版社,1991。

〔德〕马克斯·韦伯:《经济与社会》,林荣远译,商务印书馆,2004。

〔英〕马克·威廉姆斯:《国际经济组织与第三世界》,张汉林等译,经济科学出版社,2001。

〔美〕诺姆·乔姆斯基:《新自由主义和全球秩序》,徐海铭、季海宏译,江苏人民出版社,2000。

〔德〕帕普克:《知识、自由与秩序:哈耶克思想论集》,黄冰源译,中国社会科学出版社,2001。

〔美〕斯蒂芬·D.克莱斯勒:《结构冲突:第三世界对抗全球自由主义》,李小华译,浙江人民出版社,2001。

〔美〕威廉·奥尔森、戴维·麦克莱伦、弗雷德·桑曼德:《国际关系的理论和实践》,王沿等译,中国社会科学出版社,1987。

〔英〕亚当·斯密:《国民财富的性质和原因的研究》(下册),郭大力、王亚南等译,商务印书馆,1974。

〔美〕亚历山大·温特:《国际政治的社会理论》,秦亚青译,上海人民出版社,2000。

〔美〕约翰·罗尔斯:《正义论》,谢延光译,上海译文出版社,1991。

〔美〕约翰·罗尔斯:《作为公平的正义:正义新论》,姚大志译,上海三联书店,2002。

〔美〕詹姆斯·德·代元:《国际关系理论批判》,秦治来译,浙江人民出版社,2003。

〔美〕詹姆斯·多尔蒂、小罗伯特·普法尔茨格拉夫:《争论中的国际关系理论》(第五版),阎学通、陈寒溪等译,世界知识出版社,2003。

〔英〕詹宁斯、瓦茨修订:《奥本海国际法》(第一卷第一分册),王铁崖等译,中国大百科全书出版社,1995。

〔美〕朱迪斯·戈尔茨坦、罗伯特·基欧汉编《观念与外交政策——信念、制度与政治变迁》,刘东国、于军译,北京大学出版社,2005。

三　外文著作

Andreas Hasenclever, Peter Mayer and Volkor Rittberger, *Theorie of International Regimes*, Cambridge University Press, 1997.

Arend and Clark Aren, *Legal Rules and International Society*, Oxford University Press, 1999.

Ball, *Competition and Arbitration Law*, ICC Publishing S. A. , 1993.

Charles Beitz, *Political Theory and International Relations* (2), Princeton University Press, 1999.

Charles Kegley and Eugene R. Wittkopf, *The Global Agenda*: *Issues and Perspectives*, The McGraw – Hill Company, 2001.

Craig Barker, *International Law and International Relations*, Continuum, 2000.

Ernst – Ulrich Petersman(ed.), *Reforming the World Trading System*: *Legitimacy, Efficiency, and Democratic Governance*, Oxford University Press, 2005.

Ernst – Ulrich Petersman, *Constitutional Functions and Constitutional Problems of International Economic Law*, University Press Fribourg Switzerland, 1991.

Franz Xaver Perrez, *Cooperative Sovereignty*: *From Independence to Interdependence in the Structure of International Environmental Law*, Kluwer Law International, 2000.

Fritz Machlup, *A History of Thought in Economic Integration*, Columbia Press, 1977.

Gabrielle Merceau, *Anti – dumping and Anti – trade Issue in Free Trade Area*, Clarendon Press, 1994.

Jane Kelsey, *International Economic Regulation*, Ashgate Publishing Co. , 2002.

Joseph S. Nye and Donahue John D. , *Governance in a Globalizing World*, Brookings Institution Press, 2000.

Kelly – Kate S. Pease, *International Organization*: *Perspectives Governance in the Twenty – First Century*, Prentice – Hall, Inc. , 2000.

Kennedy Kevin C. , *Competition Law and the World Trade Organisation*: *The Limits of Multilateralism*, Sweet & Maxwell Ltd. , 2001.

Kiki Verico, *The Future of the ASEAN Economic Integration*, Palgrave Macmillan, 2017.

Kimberly Hutchings, *International Political Theory*: *Rethinking Ethics in a Global Era*, SAGE Publications Ltd. , 1999.

Leonard Waverner, *Competition Policy in the Global Economy*: *Modalities for Cooperation*, Routledge, 1997.

Marc A. Genest, *Conflict and Cooperation*: *Evolving Theories of International Relations*, Harcourt Brace & Company, a Division of Thomson Learning, 1996.

Michael Byes, *The Role of Law in International Politics*: *Essays in International Relations and International Law*, Oxford UniversityPress, 2000.

M. El – Agraa, *International Economic Integration*, Macmillan Press, 1982.

Peter Roberson, *The Economics of International Integration*, Unwin Hyman Ltd. , 1989.

Peter S. Watson, Flynn Joseph E. and Conwell Chad C. , *Completing the World Trade System proposals for a Millennium Round*, Kluwer Law International, 1999.

Petersman E. U. , *Constitutional Functions and Constitutional Problems of International Economic Law*, University Press Fribourg, 1991.

Phil Williams, Donald M. Goldstein and Jay M. Shafritz, *Classic Readings of International Relations*, Wadsworth, a Division of Thomson Learning, 1999.

Richard Baldwin, Daniel Cohen, Andre Sapir and Anthony Venables, *Market Integration, Regionalism and the Global Economy*, Cambridge University

Press, 1999.

Robert J. Beck, Anthony Clark Arend and Robert D. Vander Lugt, *International Rules*: *Approaches from International Law and International Relations*, Oxford University Press, 1996.

Robert Keohane, *International Institutions and State Power*: *Essays in International Relations Theory*, Westview Press, 1989.

Robert Lawrence, *Regionalism, Multilateralism, and Deeper Integration*, Washington Brookings Institution, 1996.

Roger Zach, *Towards WTO Competition Rules*, Kluwer Law International, 1999.

Sauter Wolf, *Competition Law and Industrial Policy in the EU*, Oxford University Press, 1997.

Soros George, *The Crisis of Global Capitalism*, Public Affair, 1998.

Srikanth Kondapalli, *One Belt, One Road*: *China's Global Outreach*, Pentagon Press, 2017.

Williamson Oliver E., *The Economic Institution of Capitalism*, Free Press, 1985.

WTO Secretariat, *Regionalism and World Trading System*, Geneva, 1995.

四　中文期刊

陈安：《美国单边主义对抗 WTO 多边主义的第三回合——"201 条款"争端之法理探源和展望》，《中国法学》2004 年第 2 期。

陈安：《美国 1994 年"主权大辩论"及其后续影响》，《中国社会科学》2001 年第 5 期。

陈安：《南南联合自强五十年的国际经济立法反思——从万隆、多哈、坎昆到香港》，《中国法学》2006 年第 2 期。

陈安：《世纪之交围绕经济主权的新"攻防战"——兼谈当代"主权淡化"论之不可取》，《中国对外贸易》2001 年第 12 期。

〔美〕大卫·科兹：《全球化与新自由主义》，刘扬、白丹译，《当代思潮》2001 年第 3 期。

〔德〕哈贝马斯：《哈贝马斯谈全球主义、新自由主义和现代性》，沈红文译,《国外理论动态》2002 年第 1 期。

〔美〕江忆恩:《简论国际机制对国家行为的影响》,李韬译,《世界经济与政治》2002 年第 12 期。

李少军:《国际关系研究中的途径与范式》,《欧洲研究》2008 年第 1 期。

刘力:《也论国际经济体系的公平问题——与茅于轼先生商榷》,《国际经济评论》1997 年第 7 期。

刘世元:《区域国际经济法的发展趋势及其影响》,《吉林大学社会科学学报》1998 年第 4 期。

刘世元:《区域经济一体化对多边贸易体制的影响及其法律调整》,《国际经贸探索》2004 年第 6 期。

刘文秀:《欧盟国家主权让渡的特点、影响及理论思考》,《世界经济与政治》2003 年第 5 期。

刘志云:《国家主权的特征分析与全球化背景下主权理论的创新》,《世界经济与政治》2003 年第 8 期。

刘志云:《试论当代国际关系理论中的国际法角色定位》,《现代国际关系》2003 年第 2 期。

刘志云:《新自由制度主义与国际经济法的发展》,《现代国际关系》2003 年第 10 期。

卢光盛:《国际关系理论中的地缘经济学》,《世界经济研究》2004 年第 3 期。

卢现祥:《论制度变迁中的制度供给过剩问题》,《经济问题》2000 年第 10 期。

陆象淦:《经济全球化与当代资本主义民主危机——西方学者的若干论述》,《国外社会科学》2001 年第 1 期。

潘亚玲、张春:《现实主义、国际主义、普世主义——评有关主权的学说及其当代影响》,《欧洲》2000 年第 6 期。

彭羽、沈玉良:《一带一路沿线自由贸易协定与中国 FTA 网络构建》,《国际货币评论》2017 年合辑。

唐永胜:《世界经济格局演变的背后》,《国际经济评论》1997 年第 C6 期。

王爱学、赵定涛：《西方公共产品理论回顾与前瞻》，《江淮论坛》2007 年第 4 期。

王逸舟：《重塑国际政治与国际法的关系——国际问题研究的一个前沿切入点》，《中国社会科学》2007 年第 2 期。

吴其胜：《国际关系研究中的跨层次分析》，《外交评论（外交学院学报）》2008 年第 1 期。

徐崇利：《国际货币基金组织贷款条件的利益分析和法律性质》，《中国法学》1999 年第 5 期。

徐崇利：《国际经济法律冲突与政府间组织的网络化——以世界贸易组织为例的研究》，《西南政法大学学报》2005 年第 5 期。

徐崇利：《国际经济法律秩序与中国的“和平崛起”战略——以国际关系理论分析的视角》，《比较法研究》2005 年第 6 期。

徐崇利：《经济全球化与国际经济条约谈判方式的创新》，《比较法研究》2001 年第 3 期。

徐崇利：《经济全球化与跨国经济立法模式》，《华东政法学院学报》2006 年第 2 期。

徐崇利：《经济一体化与当代国际经济法的发展》，《法律科学》2002 年第 5 期。

徐崇利：《WTO 贸易议题与社会政策连结的内在途径——以农业“多功能性”为例的分析》，《法律科学（西北政法大学学报）》2008 年第 3 期。

徐崇利：《全球化趋势与“跨国法学”的兴起》，《法商研究》2003 年第 4 期。

杨丽艳：《东盟与欧盟一体化进程比较研究及其对现代国际法之影响》，《法学评论》1997 年第 5 期。

杨丽艳：《关于东盟的几点国际组织法思考》，《法学评论》2000 年第 5 期。

杨丽艳：《关于区域经济组织的几点国际组织法思考》，《人大复印资料》2001 年第 1 期。

姚燕：《德国的社会市场经济和经济秩序伦理》，《中国社会科学院研究生院学报》2008 年第 1 期。

余可：《消除林达尔均衡缺陷的制度改进》，《云南财贸学院学报》（社会科学版）2004 年第 2 期。

曾华群：《略论 WTO 体制的"一国四席"》，《厦门大学学报》（哲学社会科学版）2002 年第 5 期。

曾华群：《论内地与香港 CEPA 之性质》，《厦门大学学报》（哲学社会科学版）2004 年第 6 期。

曾华群：《论"特殊与差别待遇"条款的发展及其法理基础》，《厦门大学学报》（哲学社会科学版）2003 年第 6 期。

曾华群：《新型自由贸易区："更紧密经贸关系"的法律模式》，《广西师范大学学报》（哲学社会科学版）2003 年第 3 期。

曾令良：《区域贸易协定的最新趋势及其对多哈发展议程的负面影响》，《法学研究》2004 年第 5 期。

张建民：《WTO 时代区域经济一体化的发展与中国的对策》，《财贸经济》2003 年第 4 期。

张瑞萍：《反垄断国际合作中的积极礼让原则分析》，《环球法律评论》2006 年第 2 期。

张晓红：《全球化中的新自由主义评析》，《马克思主义研究》2002 年第 1 期。

张悦：《全球贸易治理失衡与中国的路径选择——以"一带一路"建设为背景》，《对外经贸实务》2019 年第 8 期。

赵维田：《论 GATT/WTO 解决争端机制》，《法学研究》1997 年第 3 期。

赵鑫全：《中国与"一带一路"沿线国家自由贸易协定中的管制合作研究》，《价格月刊》2018 年第 2 期。

郑明慧：《区域经济一体化与经济全球化》，《经济论坛》2004 年第 15 期。

郑先武：《国际关系研究新层次：区域间主义理论与实证》，《世界经济与政治》2008 年第 8 期。

中川淳司：《国际竞争法的若干问题》，白巴根译，《太平洋学报》

2006 年第 11 期。

钟龙彪：《双层博弈理论：内政与外交的互动模式》，《外交评论（外交学院学报）》2007 年第 2 期。

朱锋：《国际关系研究中的法律主义》，《中国社会科学》2007 年第 2 期。

祝炳奎、刘卫江：《论 WTO 下的金融服务贸易自由化与中国的策略》，《当代经济科学》1999 年第 6 期。

五　英文期刊

Alan O. Sykes, "The(Limited) Role of Regulatory Harmonization in International Goods and Services Market, " *Journal of International Economic Law*, 1999, 2(1) .

Alexandre S. Grewlich, "Globalisation and Conflict in Competition Law Elements of Possible Solutions, " *World Competition*, 2001, (3) .

Andrew D. Mitchell, "Broadening the Vision of Trade Liberalisation International Competition Law and the WTO, " *World Competition*, 2001, (3) .

Anne – Marie Burley, "International Law and International Relations Theory: A Dual Agenda, " *The American Journal of International Law*, 1993, 87(2) .

Anne – Marie Slaught, "An Conference Trends in Global Governance: Do They Threaten American Sovereignty? Article and Response: Building Global Democracy, " *Chicago Journal of International Law*, 2000, 1(2) .

Anne – Marie Slaughter, Andrew S. Tulumello and Stepan Wood, "International Law and International Relations Theory: A New Generation of Interdisciplinary Scholarship, " *The American Journal of International Law*, 1998, 92(3) .

Anthe Robert, "Henrique Choer Moraes & Victor Ferguson, Toward a Geoeconomic Order in International Trade and Investment, " *Journal of International Economic Law*, 2019, (22) .

Arie Reich, "The WTO as a Law – Harmonizing Institution, " *University of Pennsylvania Journal of International Economic Law*, 2004, (25) .

Donald Mcrae, "Developing Countries and the Future of the WTO, " *Journal of International Economic Law*, 2005, (8).

Elean M. Fox, "Competition in World Markets: A Global Problem in Need of Global Solutions, "*Global Competition Review*, 2000, (4).

Eric Stein, "International Integration and Democracy, "*The American Journal International Law*, 2001, (95).

Ernst – Ulrich Petersmann, "Addressing Institutional Challenges to the WTO in the New Millenium: A Longer – Term Perspective, "*Journal of International Economic Law*, 2005.

Ernst – Ulrich Petersmann, "Challenges to the Legitimacy and Efficiency of the World Trading System: Democratic Governance and Competition Culture in the WTO, "*Journal of International Economic Law*, 2004, (7).

Ernst – Ulrich Petersmann, "From' Negative' to ' Positive' Integration in the WTO: Time for ' Mainstreaming Human Rights' into WTO Law?"*Common Market Law Review*, 2000, (37).

Ernst – Ulrich Petersmann, "On Stitutionalism and International Adjudication: How to Constitutionalize the U. N. Dispute Settlement System?"*University Journal of International Law and Politics*, 1999, (31).

Filippo Amato, "International Antitrust: What Future?"*World Competition*, 2001, (4).

Frank Garcia, "Building a Just Trade Order for a New Millennium, "*The George Washington International Law Review*, 2001, 33(3 – 4).

Frederick M. Abbott, "The WTO TRIPS Agreement and Global Economic Development, "in Jane Kelsey, *International Economic Regulation*, Ashgate Publishing Co. , 2002.

G. Richard Shell, "Trade Legalism and International Relations Theory: An Analysis of the World Trade Organization, " *Duke Law Journal*, 1995, (44).

Jack I. Garvey, "AFTA After NAFTA: Regional Trade Blocs and the Propagation of Environmental and Labor Standards, "*Berkeley Journal of International Law*, 1997, 15(2).

J. Benton Heath, "The New National Security Challenge to the Economic

Order, "*Yale Law Journal*, 2020, 129.

Jeanne – Mey Sun and Jacques Pelkmans, "Regulatory Competition in the Single Market, "*Journal of Common Market Studies*, 1995, 33(1).

Jeffey L. Dunoff, , "The WTO in Translation: Of Constituents, Competence and Coherence, " *The George Washington International Law Review*, 2001, 33(3 – 4).

Jeffrey L. Dunoff & Joel P. Trachtman, "Economic Analysis of International Law", *Yale Journal of International Law*, 1999, (24).

Joel Davidow, "United States Antitrust Developments in the New Millennium, "*World Competition*, 2001, (3).

Joel P. Trachtman, "Toward Open Recognition?" *Journal of International Economic Law*, 2003, (2).

Joel R. Paul, "Interdisciplinary Approaches to International Economic Law: The New Movements in International Economic Law, " *The American University Journal of International Law & Policy*, 1995, 10(4).

Joost Pauwelyn, "The Puzzle of WTO Safeguards and Regional Trade Agreements, " *Journal of International Economic Law*, 2004, (1).

Jose E. Alvarez, "Critical Theory and the North American Free Trade Agreement's Chapter Eleven, "*University of Miami Inter – American Law Review*, 1996, (28).

Judith Goldstein and Lisa Martin, "Legalization, Trade Liberalization, and Domestic Politics: A Cautionary Note, " *International Organization*, 2000, 54 (3).

Kenneth W. Abbott and Duncan Snidal, "Hard and Soft Law in International Governance, "*International Organization*, 2000, 54(3).

Mark Gasiorowsk, "Economic Interdependence and International Conflict: Some Cross – national Evidence, " *International Studies Quarterly*, 1986, (30).

Matsushita, "Competition Law and Policy in the Context of the WTO System, "*De Paul Law Review*, 1994, 44(95).

Norio Komuro, "Kodak – Fuji Film Dispute and the WTO Panel Ruling, "

Journal of World Trade, 1998, 32(5).

Patrick A. Mcnutt, "The Relevant Firm in European Merger Law: Spillover Effects and Control," *World Competition*, 2001, (2).

Peristera Kremmyda, "'Walled Gardens'? Cable Provided Broadband Internet and European Competition Law," *World Competition*, 2001, (2).

Philip G. Cerny, "Globalization and the Changing Logic of Collective Action", in Jeffry A. Freden and David A. Lake, *International Political Economy: Perspectives on* Claudio Cocuzza, Masssimiliano Montini, "International Antitrust Co – operation in a Global Economy," *European Competition Law Review*, 1998, (11).

Philip M. Nichols, "Realism, Liberalism, Values, and the World Trade Organization," *University of Pennsylvania Journal of International Economic Law*, 1996, 17.

Rajesh Swaminathan, "Regulating Development: Structural Adjustment and the Case for National Enforcement of Economic and Social Rights," *Columbia Journal of Transnational Law*, 1998, 37(1).

Ralf Boscheck, "The Governance of Global Market Relations: The Case of Substituting Antitrust for Antidumping," *World Competition*, 2001, (1).

R. Chadha, B. Hoekman, W. Martin, A. Oyejide, M. Pangestu, D. Tussie and Zarrouk, "Developing Countries and the Next Round of WTO Negotiations," *The World Economy*, 2000, 23(4).

Richard Blackhurst and David Hartridge, "Improving the Capacity of WTO Institutions to Fulfill Their Mandate," *Journal of International Economic Law*, 2004, 7(3).

Robert Howse, "From Politics to Technocracy—And Back Again: The Fate of the Multilateral Trade Regime," *America Journal of International Law*, 2002, (96).

Robert O. Keohane, "Rational Choice Theory and International Law: Insights and Limitations," *The Journal of Legal Studies*, 2002, 31(1).

Slaughter, "Anne – Marie. A Liberal Theory of International Law," *The*

American Society of International Law Proceedings, 2000, 94.

Stephen D. Krasner, "What's Wrong with International Law Scholarship? International Law and International Relations: Together, Apart, Together?, "*Chicago Journal of International Law*, 2000(1).

Steven R. Ratner, "Regulatory Takings in Institutional Context: Beyond the Fear of Fragmented International Law, "*The American Journal of International Law*, (102).

William Aceves, "Institutionalism Theory and International Legal Scholarship, "*The American University Journal of International Law & Policy*, 1997, 12 (2).

William Aceves, "The Economic Analysis of International Law: Transaction Cost Economics and the Concept of State Practice, "*University of Pennsylvania Journal of International Economic Law*, 1996, (17).

Won – Mog Choi, "Regional Economic Integration in East Asia: Prospect and Jurisprudence, "*Journal of International Economic Law*, 2003.

图书在版编目（CIP）数据

"一带一路"倡议下竞争法区域合作机制研究 / 骆旭旭著 . -- 北京：社会科学文献出版社，2023.10
（华侨大学哲学社会科学文库 . 法学系列）
ISBN 978 - 7 - 5228 - 2212 - 9

Ⅰ . ①一⋯　Ⅱ . ①骆⋯　Ⅲ . ①反不正当竞争法 – 研究
Ⅳ . ①D912.290.4

中国国家版本馆 CIP 数据核字（2023）第 141155 号

华侨大学哲学社会科学文库·法学系列

"一带一路"倡议下竞争法区域合作机制研究

著　　者 / 骆旭旭

出 版 人 / 冀祥德
责任编辑 / 高　媛
文稿编辑 / 齐栾玉
责任印制 / 王京美

出　　版 / 社会科学文献出版社·政法传媒分社（010）59367126
　　　　　地址：北京市北三环中路甲 29 号院华龙大厦　邮编：100029
　　　　　网址：www.ssap.com.cn
发　　行 / 社会科学文献出版社（010）59367028
印　　装 / 三河市龙林印务有限公司

规　　格 / 开　本：787mm × 1092mm　1/16
　　　　　印　张：19.75　字　数：312 千字
版　　次 / 2023 年 10 月第 1 版　2023 年 10 月第 1 次印刷
书　　号 / ISBN 978 - 7 - 5228 - 2212 - 9
定　　价 / 128.00 元

读者服务电话：4008918866